utb 5051

AF286112

Eine Arbeitsgemeinschaft der Verlage

W. Bertelsmann Verlag · Bielefeld
Böhlau Verlag · Wien · Köln · Weimar
Verlag Barbara Budrich · Opladen · Toronto
facultas · Wien
Wilhelm Fink · Paderborn
A. Francke Verlag · Tübingen
Haupt Verlag · Bern
Verlag Julius Klinkhardt · Bad Heilbrunn
Mohr Siebeck · Tübingen
Ernst Reinhardt Verlag · München
Ferdinand Schöningh · Paderborn
Eugen Ulmer Verlag · Stuttgart
UVK Verlagsgesellschaft · Konstanz, mit UVK / Lucius · München
Vandenhoeck & Ruprecht · Göttingen · Bristol
Waxmann · Münster · New York

Frank Fechner
Cordula Pelz

Kurzfälle
zum Medienrecht

Mohr Siebeck

Frank Fechner, geboren 1958; Dr. iur.; Professor für Öffentliches Recht, insbesondere öffentlich-rechtliches Wirtschaftsrecht und Medienrecht an der TU Ilmenau.

Cordula Pelz, geboren 1975; Ass. iur.; seit 2014 Wissenschaftliche Mitarbeiterin im Fachgebiet Öffentliches Recht der TU Ilmenau.

ISBN 978-3-8252-5051-5 (UTB 5051)

Die Deutsche Nationalbibliothek verzeichnet diese Publikation in der Deutschen Nationalbibliographie; detaillierte bibliographische Daten sind im Internet über *http://dnb.dnb.de* abrufbar.

© 2018 Mohr Siebeck Tübingen. www.mohrsiebeck.com

Das Buch wurde von Gulde-Druck in Tübingen auf alterungsbeständiges Werkdruckpapier gedruckt und gebunden.

Vorwort

Die „Kurzfälle zum Medienrecht" sollen es Studierenden von Medienstudiengängen und Jurastudenten mit dem Schwerpunktbereich „Medienrecht" ermöglichen, sich rasch auf Klausuren und mündliche Prüfungen vorzubereiten. Zu diesem Zweck werden gezielt typische Prüfungsfragen anhand kondensierter Sachverhalte behandelt und durch Stoffzusammenfassungen und Merksätze ergänzt.

Das vorliegende Lernbuch richtet sich an alle, die schon medienrechtliche Kenntnisse erworben haben, in Vorlesungen und durch das Lehrbuch „Medienrecht" von Frank Fechner, das 2017 in 18. Aufl. erschienen ist. Die einschlägigen Normen sind in der Vorschriftensammlung „Medienrecht" von Fechner/Mayer zusammengetragen. Wer Fälle ausführlich examensmäßig prüfen will, kann dies mithilfe der „Fälle und Lösungen zum Medienrecht" von Fechner/Rösler/Schipanski tun. Zusammen mit der Entscheidungssammlung, deren 3. Aufl. ebenfalls im Erscheinen begriffen ist, ergänzen sich die genannten Veröffentlichungen zu einem „Lernpaket", das den Erfolg im Medienrecht gewährleisten will.

Für fruchtbare Diskussionen danken wir den anderen Mitgliedern des Teams am Fachgebiet Öffentliches Recht der Fakultät für Wirtschafswissenschaften und Medien der TU Ilmenau, Frau Heike Müller, Herrn Ass. iur. Johannes Arnhold, Herrn Ass. iur. Michael Haueisen und Herrn Ass. iur. Martin Neldner. Der Durchsicht des Manuskripts hat sich dankenswerter Weise Frau Laura Seubert angenommen.

Möge das Buch vielen Studierenden den Umgang mit dem Medienrecht erleichtern.

Ilmenau, im Februar 2018   Frank G. Fechner/Cordula Pelz

Inhalt

Hinweise für die Leser

Das Buch „Kurzfälle zum Medienrecht" möchte Sie beim Lernen und Wiederholen des Medienrechts unterstützen und Ihnen somit als „Lern- und Übungsbuch" dienen. In dieser Funktion ist es kein Buch, das von „vorne bis hinten" gelesen werden will. Es soll Ihnen ermöglichen, für Sie relevante Fragen des Medienrechts zu betrachten und andere unberücksichtigt zu lassen, gelerntes Wissen zu wiederholen, Ihr Problembewusstsein zu stärken und medienrechtliche Zusammenhänge zu erkennen.

„Kurzfälle zum Medienrecht" ist weder ein Lehrbuch noch eine klassische Fallsammlung. Die den einzelnen Kapiteln vorangestellten Übersichten sollen Ihnen dabei behilflich sein, das durch Lehrbücher, Vorlesungen und Übungen vermittelte Wissen zu wiederholen. Sachverhalte und Lösungen sind bewusst kurz gehalten. Aus Gründen der Übersichtlichkeit wurde komplexen medienrechtlichen Fällen oft nur ein Aspekt entnommen und anhand eines kurzen Falles erläutert.

Wir empfehlen, die kurzen Sachverhalte und Fragestellungen gedanklich oder stichpunktartig zu lösen bzw. zu beantworten. Bitte beachten Sie dabei, dass das Buch in erster Linie dem Lernen und Wiederholen dienen soll. Um Abwechslung und Kürze bemüht, enthält es somit keine vollständigen, umfangreichen oder einheitlich gutachterlichen Fall-Lösungen, wie sie z. B. in einer Klausur erwartet werden. Die Ausformulierung der Lösungen erscheint daher mangels Kontrollmöglichkeit nur bedingt sinnvoll.

Die dargestellten Hinweise und Aufbauvorschläge sollen bei der Falllösung als Richtlinien dienen und zum Verständnis der dargestellten Lösungsvorschläge beitragen. Auch sie sind nicht abschließend.

Jedes Kapitel enthält einen Hinweis auf das entsprechende Kapitel im Lehrbuch Medienrecht, auf das auch in einigen Fußnoten hingewiesen wird. So ist es Ihnen möglich, einzelne Fragestellungen genauer nachzulesen. Ausgewählte medienrechtliche Urteile können Sie in „Entscheidungen zum Medienrecht" vertiefen. Mit dem Hinweis E gefolgt von der Entscheidungsnummer, also z. B. E 13, wird in den Fußnoten auf dort aufgeführte Entscheidungen verwiesen.

Abkürzungen

a. A.:	Andere(r) Ansicht
AEUV	Vertrag über die Arbeitsweise der Europäischen Union
Abs.	Absatz
a. F.	alte Fassung
AfP	Zeitschrift für Medien- und Kommunikationsrecht
AG	Aktiengesellschaft
AG	Amtsgericht (z. B. AG Mettmann)
AGB	Allgemeine Geschäftsbedingungen
AktG	Aktiengesetz
AO	Abgabenordnung
Art.	Artikel
AVMD-RL	Richtlinie 2010/13/EU des Europäischen Parlaments und des Rates vom 10. März 2010 zur Koordinierung bestimmter Rechts- und Verwaltungsvorschriften der Mitgliedstaaten über die Bereitstellung audiovisueller Mediendienste (Richtlinie über audiovisuelle Mediendienste)
BAG	Bundesarbeitsgericht
B2B	Business-to-Business
B2C	Business-to-Consumer
BDSG	Bundesdatenschutzgesetz
BeckOK	Beck'scher Online-Kommentar
BeckRS	Beck-Rechtsprechung (über beck-online abrufbar)
BetrVG	Betriebsverfassungsgesetz
BGB	Bürgerliches Gesetzbuch
BGH	Bundesgerichtshof
BGHZ	Entscheidung des Bundesgerichtshofs in Zivilsachen
BKA	Bundeskriminalamt
BPjM	Bundesprüfstelle für jugendgefährdende Medien
BR	Bundesrat
BR-Drs.	Bundesratsdrucksache
BT	Bundestag
BT-Drs.	Drucksache des Deutschen Bundestags
BuchPrG	Gesetz über die Preisbindung für Bücher, Buchpreisbindungsgesetz
BVerfG	Bundesverfassungsgericht
BVerfGE	Bundesverfassungsgerichtsentscheidung
BVerfGK	Kammerentscheidung des Bundesverfassungsgerichts
BVerwG	Bundesverwaltungsgericht
BVerwGE	Entscheidung des Bundesverwaltungsgerichts
Drs.	Drucksache
DS-GVO	Verordnung (EU) 2016/679 des Europäischen Parlaments und des Rates vom 27. April 2016 zum Schutz natürlicher Personen bei der Verarbeitung perso-

nenbezogener Daten, zum freien Datenverkehr und zur Aufhebung der Richtlinie 95/46/EG (Datenschutz-Grundverordnung)

E	Verweis auf eine Entscheidung in der Sammlung „Entscheidungen zum Medienrecht" z. B. E 25
EGBGB	Einführungsgesetz zum Bürgerlichen Gesetzbuche
EGMR	Europäischer Gerichtshof für Menschenrechte
EMRK	Europäische Menschenrechtskommission
ePrivacy-VO	Verordnung des europäischen Parlaments und des Rates über die Achtung des Privatlebens und den Schutz personenbezogener Daten in der elektronischen Kommunikation und zur Aufhebung der Richtlinie 2002/58/EG (Verordnung über Privatsphäre und elektronische Kommunikation)
ErwGr	Erwägungsgrund (zur DS-GVO)
EuGH	Gerichtshof der Europäischen Union
EuZW	Europäische Zeitschrift für Wirtschaftsrecht
f.; ff.	folgende, fortfolgende
FFA	Filmförderungsanstalt
FFG	Gesetz über Maßnahmen zur Förderung des deutschen Films, Filmförderungsgesetz
FSF	Freiwillige Selbstkontrolle Fernsehen
FSK	Freiwillige Selbstkontrolle der Filmwirtschaft
FSM	Freiwillige Selbstkontrolle Multimedia-Diensteanbieter
GEMA	Gesellschaft für musikalische Aufführungs- und mechanische Vervielfältigungsrechte
GG	Grundgesetz für die Bundesrepublik Deutschland
ggf.	gegebenenfalls
GmbH	Gesellschaft mit beschränkter Haftung
GmbHG	GmbH-Gesetz
GRCh	Charta der Grundrechte der Europäischen Union
GRUR	Gewerblicher Rechtsschutz und Urheberrecht
GRUR-RR	Gewerblicher Rechtsschutz und Urheberrecht Rechtsprechungs-Report
GRUR-RS	Gewerblicher Rechtsschutz und Urheberrecht Rechtssprechungs-Sammlung
GVG	Gerichtsverfassungsgesetz
HGB	Handelsgesetzbuch
Hrsg.	Herausgeber
i. d. R.	in der Regel
IFG	Gesetz zur Regelung des Zugangs zu Informationen des Bundes, Informationsfreiheitsgesetz
i. S. d.	im Sinne des
i. S. e.	im Sinne eines
i. V. m.	in Verbindung mit
JMStV	Staatsvertrag über den Schutz der Menschenwürde und den Jugendschutz in Rundfunk und Telemedien, Jugendmedienschutz-Staatsvertrag
JuSchG	Jugendschutzgesetz
K&R	Kommunikation & Recht
KEF	Kommission zur Ermittlung des Finanzbedarfs der Rundfunkanstalten
KEK	Kommission zur Ermittlung der Konzentration im Medienbereich
KG	Kommanditgesellschaft
KG Berlin	Kammergericht Berlin (Oberlandesgericht Berlin)
KJM	Kommission für Jugendmedienschutz

KUG	Gesetz betreffend das Urheberrecht an Werken der bildenden Künste und der Photographie, Kunsturhebergesetz
LG	Landgericht
Lit.	Littera (lateinisch Buchstabe)
LT-BW	Landtag von Baden-Württemberg
MDR-StV	Staatsvertrag über den Mitteldeutschen Rundfunk (MDR)
MitbestG	Gesetz über die Mitbestimmung der Arbeitnehmer, Mitbestimmungsgesetz
MMR	MultiMedia und Recht
n. F.	Neue Fassung
NJOZ	Neue Juristische Online-Zeitschrift
NJW	Neue Juristische Wochenschrift
NJW-RR	Neue Juristische Wochenschrift Rechtsprechungs-Report
Nr.	Nummer
NVwZ	Neue Zeitschrift für Verwaltungsrecht
NVwZ-RR	Neue Zeitschrift für Verwaltungsrecht Rechtsprechungs-Report
OHG	Offene Handelsgesellschaft
OLG	Oberlandesgericht
OVG	Oberverwaltungsgericht
PAngV	Preisangabenverordnung
PartG	Gesetz über die politischen Parteien, Parteiengesetz
RegE	Regierungsentwurf
Rn.	Randnummer
Rspr.	Rechtsprechung
RStV	Staatsvertrag für Rundfunk und Telemedien, Rundfunkstaatsvertrag
RBeitrStV	Rundfunkbeitragsstaatsvertrag
S.	Seite
sog.	sogenannte(s)
SPIO	Spitzenorganisation der Filmwirtschaft
StGB	Strafgesetzbuch
StPO	Strafprozessordnung
T	Verweis auf eine Rechtsgrundlage in der Vorschriftensammlung „Medienrecht" in der Reihe „Textbuch Deutsches Recht"
TKG	Telekommunikationsgesetz
TMG	Telemediengesetz
UKlaG	Gesetz über Unterlassungsklagen bei Verbraucherrechts- und anderen Verstößen, Unterlassungsklagengesetz
UrhG	Gesetz über Urheberrecht und verwandte Schutzrechte, Urheberrechtsgesetz
Urt. v.	Urteil vom
USK	Unterhaltungssoftware Selbstkontrolle
UWG	Gesetz gegen den unlauteren Wettbewerb
v.	vom
Var.	Variante
VersG	Gesetz über Versammlungen und Aufzüge, Versammlungsgesetz
VG Bild-Kunst	Verwertungsgesellschaft Bild-Kunst
VGH	Verwaltungsgerichtshof (in einigen Bundesländern verwendete (alte) Bezeichnung für das OVG, § 184 VwGO)
VG Wort	Verwertungsgesellschaft Wort
VoIP	Voice-over-IP
WDRG	Gesetz über den „Westdeutschen Rundfunk Köln", WDR-Gesetz

A. Kommunikation und Medien

I. Meinungsfreiheit[1]

Kurzübersicht

- Die Meinungsäußerungsfreiheit ist durch Art. 5 Abs. 1 Satz 1, 1. Var. GG verfassungsrechtlich garantiert.
- Auf europäischer Ebene ist die Meinungsäußerungsfreiheit durch Art. 10 EMRK sowie Art. 11 der Charta der Grundrechte der Europäischen Union (GRCh) geschützt.
- Wie alle Kommunikationsfreiheiten i. S. d. Art. 5 Abs. 1 GG dient sie der freien individuellen und öffentlichen Meinungsbildung.[2]
- Für eine freiheitlich demokratische Staatsordnung ist sie konstituierend.[3]

Schutzumfang des Art. 5 Abs. 1 Satz 1, 1. Var. GG

- Art. 5 Abs. 1 Satz 1, 1. Var. GG schützt Meinungen, d. h. durch das Element der Stellungnahme, des Meinens und Dafürhaltens geprägte Werturteile.[4] Der Meinungsbegriff ist weit zu verstehen.[5] Der Schutz besteht unabhängig von Qualität,[6] Inhalt und Gründen[7] der Äußerung. Auf den Wert, die Richtigkeit oder die Vernünftigkeit der Äußerung kommt es nicht an.[8] Auch beleidigende,[9] scharfe und überspitzte Äußerungen sind geschützt.[10]
- Geschützt ist jede Form der Äußerung oder Verbreitung.[11]

---

1 *Fechner*, Medienrecht, 3. Kapitel, Rn. 48 ff.
2 BVerfGE 57, 295, 319 – „FRAG, Privatfunk im Saarland, 3. Rundfunkentscheidung" – E 53.
3 BVerfGE 62, 230, 247 – „Boykottaufruf"; BVerfGE 7, 198, 208 ff. – „Lüth" – E 31.
4 BVerfGE 90, 240, 247 – „Ausschwitzlüge" – E 33; BVerfGE 61, 1, 8 f. – „Wahlkampf", „NPD Europas".
5 BVerfGE 61, 1, 9 – „Wahlkampf", „NPD Europas"; BVerfGE 90, 241, 247 – „Ausschwitzlüge" – E 36.
6 BVerfGE 33, 1, 14 f. – „Strafgefangene".
7 BVerfGE 85, 23 ff. – „rhetorische Fragen".
8 BVerfGE 65, 1, 41 – „Volkszählung" – E 6.
9 BVerfGE 33, 1, 15 – „Strafgefangene".
10 BVerfGE 61, 1, 7 – „Wahlkampf", „NPD Europas"; BVerfGE 85, 1, 15 – „Bayer-Aktionäre" – E 37.
11 BVerfGE 93, 266, 289 – „Soldaten sind Mörder" – E 35.

- Tatsachenbehauptungen werden vom Schutzbereich des Art. 5 Abs. 1 Satz 1, 1. Var. GG erfasst, sofern sie der Meinungsbildung dienen oder sich nicht von Werturteilen trennen lassen.[12] Tatsachenbehauptungen sind i. d. R. mit Werturteilen verbunden.[13] Schon die Entscheidung über das „Ob", „Wann" und „Wie" einer Tatsachenäußerung beinhaltet eine Wertung.[14] Zum Teil wird die Kundgabe von Tatsachen aufgrund der Unmöglichkeit der Unterscheidung zwischen Meinung und Tatsache immer als vom Schutzbereich umfasst angesehen.[15] Die bewusste Lüge wird nach der Rechtsprechung des BVerfG[16] nicht geschützt, während ein Teil der Literatur[17] unwahre Tatsachenbehauptungen in den Schutzbereich einbezieht.[18]
- Tatsachenbehauptungen, die weder mit Werturteilen verbunden noch für die Meinungsbildung relevant sind, fallen nicht in den Schutzbereich (z. B. Angaben im Rahmen statistischer Erhebungen).[19]

Grundrechtsträger der Meinungsäußerungsfreiheit

- Grundrechtsberechtigt ist „jeder" Mensch.
- Inländische voll- und teilrechtsfähige Personenmehrheiten des Privatrechts sind unter den Voraussetzungen des Art. 19 Abs. 3 GG grundrechtsfähig.
- Juristische Personen des öffentlichen Rechts können sich nicht auf die Meinungsfreiheit berufen, sie können sich aber entsprechend ihrer Kompetenzen sachlich äußern.[20]

Schranken

- Begrenzt wird der Schutzbereich durch den qualifizierten Gesetzesvorbehalt in Art. 5 Abs. 2 GG. Die Meinungsfreiheit kann durch Vorschriften der allgemeinen Gesetze, den gesetzlichen Bestimmungen zum Schutze der Jugend und dem Recht der persönlichen Ehre eingeschränkt werden. Die gesetzlichen Bestimmungen zum Schutze der Jugend oder der persönlichen Ehre müssen ebenfalls den Anforderungen an ein allgemeines Gesetz genügen.[21]

---

12 BVerfGE 61, 1, 9 – „Wahlkampf", „NPD Europas".
13 BVerfGE 85, 1, 15 – „Bayer-Aktionäre" – E 37.
14 *Kingreen/Poscher*, Grundrechte, Rn. 653.
15 Z. B.: *Grabenwarter*, in: Maunz/Dürig, GG, Art. 5 Rn. 50.
16 BVerfGE 61, 1, 8 – „Wahlkampf", „NPD Europas"; BVerfGE 90, 241, 247 – „Ausschwitzlüge" – E 36; BVerfGE 99, 185, 197 – Scientology".
17 Z. B.: *Grabenwarter*, in: Maunz/Dürig, GG, Art. 5 Rn. 50 f.
18 In diesem Fall spielt die Unwahrheit erst bei der Abwägung mit dem entgegenstehenden allgemeinen Persönlichkeitsrecht eine Rolle.
19 BVerfGE 65, 1, 41 – „Volkszählung" – E 6.
20 BVerfGE 68, 193, 206 – „Zahntechniker-Innungen".
21 BVerfGE 124, 300, 327 – „Wunsiedel", „Rudolf Heß Gedenkfeier".

Schranken-Schranken

- Zwischen Grundrechtsschutz und Grundrechtsschranken findet eine Wechselwirkung statt.[22] Das die Meinungsfreiheit einschränkende allgemeine Gesetz muss im Lichte der Bedeutung der Meinungsfreiheit gesehen werden und ist in seiner das Grundrecht beschränkenden Wirkung selbst wieder einzuschränken[23] (sog. Wechselwirkungstheorie oder -lehre). Die Schranken der Meinungsfreiheit dürfen deren substantiellen Gehalt nicht in Frage stellen.[24] D. h. das einschränkende Gesetz ist im Lichte der Meinungsäußerungsfreiheit verfassungskonform auszulegen. Der Eingriff bedarf eines legitimen Zwecks,[25] die Einschränkung der Meinungskundgabe muss zur Erreichung des Zwecks geeignet sowie erforderlich sein und der erreichte Erfolg muss in angemessenem Verhältnis zu den Einbußen für die Meinungsfreiheit stehen[26] (Verhältnismäßigkeit).
- Das Zensurverbot in Art. 5 Abs. 1 Satz 3 GG verbietet nur die Vorzensur, d.h. die Abhängigkeit der Meinungsäußerung und -verbreitung von einer staatlichen Vorprüfung oder Genehmigung.[27]

Beispielsfälle

Meinungen sind Werturteile, d.h. wertende Betrachtungen von Tatsachen, Verhaltensweisen oder Verhältnissen.[28]

1. Schutzbereich der Meinungsäußerungsfreiheit

Der **Schutzbereich** ist der Tatbestand eines Grundrechts, d.h. der durch das Grundrecht geschützte Lebensbereich.[29]

a) Persönlicher Schutzbereich

Der **Persönliche Schutzbereich** bestimmt den Personenkreis, der sich auf das jeweilige Grundrecht berufen kann, d.h. die Grundrechtsträger, bzw. Grundrechtsberechtigten.

---

22 BVerfGE 124, 300, 332 – „Wunsiedel", „Rudolf Heß Gedenkfeier".
23 BVerfGE 7, 198, 208 f. – „Lüth" – E 31.
24 BVerfGE 124, 300, 332 – „Wunsiedel", „Rudolf Heß Gedenkfeier".
25 BVerfGE 128, 226, 266 – „Fraport".
26 Vgl.: BVerfGE 59, 231, 265 – „Freie Rundfunkmitarbeiter" – E 61; BVerfGE 71, 206, 214 – „Veröffentlichung der Anklageschrift"; BVerfGE 128, 226, 266 – „Fraport".
27 BVerfGE 33, 52, 72 – „Zensur".
28 BVerfGE 33, 1, 14 – „Strafgefangene".
29 *Kingreen/Poscher*, Grundrechte, Rn. 255.

Fall 1: Meinung eines Siebenjährigen
Der siebenjährige Julian (J) fragt Sie, ob auch er sich auf die Meinungsäußerungsfreiheit des Art. 5 Abs. 1 Satz 1, 1. Var. GG berufen kann.

Gemäß Art. 5 Abs. 1 Satz 1, 1. Var. GG kann sich „jeder" auf die Meinungsäußerungsfreiheit berufen. Die Grundrechtsfähigkeit beginnt grundsätzlich mit der Geburt[30] und endet mit dem Tod.[31] Äußerungen Minderjähriger unterfallen damit ebenso dem Schutzbereich der Meinungsäußerungsfreiheit wie die volljähriger Personen. Bestimmte Anforderungen an Alter oder Einsichtsfähigkeit sind dem Grundgesetz nicht zu entnehmen. Auch Minderjährige können am Meinungsbildungsprozess teilnehmen.[32] J kann sich auf die Meinungsäußerungsfreiheit berufen.

Die Fähigkeit eines Grundrechtsträgers ein Grundrecht auszuüben, bzw. selbst oder durch einen bestellten Vertreter geltend machen zu können,[33] wird als **Grundrechtsmündigkeit**[34] bezeichnet. Unter diesem Stichwort wird diskutiert, ob die Inanspruchnahme eines Grundrechts von einem gewissen Maß an Einsichtsfähigkeit oder einem bestimmten Alter abhängt.[35] Dies ist für jedes Grundrecht gesondert zu beurteilen.

Fall 2: Recht für alle
Der marokkanische Staatsbürger Ismail (I) lebt seit sieben Jahren in Deutschland. Er äußert sich regelmäßig öffentlich zu den unterschiedlichsten Themen. Ist sein Verhalten durch Art. 5 Abs. 1 Satz 1, 1. Var. GG geschützt?

Gemäß Art. 5 Abs. 1 Satz 1, 1. Var. GG hat „jeder" das Recht, seine Meinung zu äußern. Die Meinungsäußerungsfreiheit ist ein Menschenrecht oder Jedermannrecht und besteht unabhängig von der Nationalität. Der persönliche Schutzbereich der Meinungsäußerungsfreiheit ist damit auch für I eröffnet.

Juristische Personen des Privatrechts sind alle Personenmehrheiten mit eigener Rechts- oder Teilrechtsfähigkeit. Juristische Personen des Privatrechts sind z. B. der rechtsfähige Verein (§§ 21, 55 ff. BGB), die GmbH (§ 13 Abs. 1 GmbHG), die AG (§ 1 Abs. 1 Satz 1 AktG) und rechtsfähige Stiftungen (§§ 80 ff. BGB). Art. 19 Abs. 3 GG erfasst auch Vereinigungen des Privatrechts, wie den nichtrechtsfähigen Verein (§ 54 BGB, § 50 Abs. 2 ZPO), die OHG sowie die KG (§ 124 Abs. 1, 161 Abs. 2 HGB).[36] **Juris-**

---

30 Vgl. § 1 BGB zur Rechtsfähigkeit.
31 *Kingreen/Poscher*, Grundrechte, Rn. 179 ff.
32 So z. B. für „jüngere Schüler": BVerwGE 84, 292, Rn. 21 = BVerwG NJW 1990, 2265, 2266.
33 Dies ist eine Frage der Prozessfähigkeit.
34 Siehe: *Fechner*, Medienrecht, 3. Kapitel, Rn. 15 ff.
35 *Grabenwarter*, in: Maunz/Dürig, GG, Art 5 Rn. 25; *Kingreen/Poscher*, Grundrechte, Rn. 144.
36 *Kingreen/Poscher*, Grundrechte, Rn. 204 ff.

tische Personen des öffentlichen Rechts sind Körperschaften, Anstalten und Stiftungen, z. B. Bund, Länder und Gemeinden, öffentlich-rechtliche Religionsgemeinschaften, öffentlich-rechtliche Rundfunkanstalten und staatliche Universitäten. **Inländisch** ist eine juristische Person, wenn sie ihren „Sitz", d. h. ihr tatsächliches Aktionszentrum im Inland hat.[37] Unionsrechtliche Diskriminierungsverbote (Art. 18 AEUV) bewirken durch ihren Anwendungsvorrang vor dem nationalen Recht, dass juristische Personen aus dem EU-Ausland nicht schlechter gestellt werden.[38]

Fall 3: Uni-Meinung
Die staatliche technische Universität U möchte sich auf die Meinungsfreiheit berufen. Ist dies möglich?

Die Universität U kann sich als juristische Person des öffentlichen Rechts auf die Meinungsäußerungsfreiheit berufen, soweit diese „ihrem Wesen nach" auf sie anwendbar ist (Art. 19 Abs. 3 GG). Ein Grundrecht ist wesensmäßig auf eine juristische Person anwendbar, wenn es korporativ betätigt werden kann.[39] Dies ist der Fall, wenn sich die Personenmehrheit in einer mit einer natürlichen Person vergleichbaren **„grundrechtstypischen Gefährdungslage"** befindet.[40] Die Meinungsfreiheit ist in erster Linie ein **Abwehrrecht** des Bürgers gegen den Staat. Juristische Personen des öffentlichen Rechts handeln i. d. R. im Rahmen ihrer Kompetenzen und nicht in der Ausübung von Freiheitsrechten. Sie sind daher nur dann grundrechtsfähig, wenn sie nach den ihnen durch die Rechtsordnung übertragenen Aufgaben unmittelbar dem durch ein Grundrecht geschützten Lebensbereich zugeordnet sind. U ist eine wissenschaftliche Hochschule, die der Forschung und Lehre dient. Staatliche Universitäten können sich auf die Freiheit von Wissenschaft, Forschung und Lehre berufen (Art. 5 Abs. 3 Satz 1 GG). U wurde zwar vom Staat gegründet und wird von ihm unterhalten, ist aber in Wissenschaft, Forschung und Lehre frei[41] und kann sich in diesem Zusammenhang äußern. Die Berufung auf die Meinungsfreiheit ist dagegen nicht möglich.

Gemäß Art. 19 Abs. 3 GG gelten Grundrechte auch für inländische juristische Personen, soweit sie **ihrem Wesen nach** auf diese anwendbar sind. Ein Grundrecht ist wesensmäßig auf eine juristische Person anwendbar, wenn es korporativ betätigt werden kann.[42] Dies ist der Fall, wenn sich die Personenmehrheit in einer mit einer natürlichen Person vergleichbaren „grundrechtstypischen Gefährdungslage" befindet.[43]

---

37 *Kingreen/Poscher*, Grundrechte, Rn. 177, 210.
38 BVerfGE 129, 78, 98 – „Le Corbusier".
39 BVerfGE 106, 28, 43 – „Mithörvorrichtung".
40 BVerfGE 45, 63, 79 – „Stadtwerke Hameln".
41 Vgl.: BVerfGE 15, 256, 262 – „Universitäre Selbstverwaltung".
42 BVerfGE 106, 28, 43 – „Mithörvorrichtung".
43 BVerfGE 45, 63, 79 – „Stadtwerke Hameln".

Inländische voll- und teilrechtsfähige Personenmehrheiten des Privatrechts sind grundrechtsfähig, wenn eine kollektive Ausübung des Grundrechts möglich ist und das Verhalten in den Schutzbereich fällt. **Juristische Personen des öffentlichen Rechts** können sich grundsätzlich nicht auf Grundrechte berufen. Der Staat kann nicht gleichzeitig Adressat und damit Grundrechtsverpflichteter und Träger von Grundrechten sein.[44] Sie sind nur grundrechtsberechtigt, wenn sie unmittelbar dem durch das Grundrecht geschützten Lebensbereich zuzuordnen sind, ihnen also grade die Aufgabe zukommt, ein bestimmtes Grundrecht zu verwirklichen (grundrechtsdienende juristische Personen) und sie vom Staat unabhängig sind. Grundrechtsträger sind demnach öffentlich-rechtliche Rundfunkanstalten **bzgl. der Rundfunkfreiheit** (Art. 5 Abs. 1 Satz 2, 2. Var. GG) und Grundrechte, die die Ausübung der Rundfunkfreiheit unterstützen, wie Art. 10 GG,[45] sowie Universitäten und Fakultäten[46] bzgl. Art. 5 Abs. 3 Satz 1 GG. Öffentlich-rechtliche Religionsgemeinschaften (Art. 140 GG i. V. m. Art. 137 WRV) genießen umfassenden Grundrechtsschutz,[47] da sie dem Staat wie privatrechtliche Personengemeinschaften gegenüberstehen.[48]

Fall 4: X twittert

Die X-Partei twittert regelmäßig ihre Meinung zum aktuellen Zeitgeschehen. Prüfen Sie die Grundrechtsfähigkeit der X.

Gemäß Art. 5 Abs. 1 Satz 1, 1. Var. GG hat jedermann das Recht, seine Meinung frei zu äußern und zu verbreiten. Grundrechtsträger sind nicht nur natürliche Personen. Juristische Personen und Vereinigungen des Privatrechts können sich auf Grundrechte berufen, soweit sie ihrem Wesen nach auf diese anwendbar sind (Art. 19 Abs. 3 GG). Parteien sind i. d. R. nichtrechtsfähige Vereine[49] und damit keine juristischen Personen. Sie können sich auf die Meinungsfreiheit berufen, wenn deren kollektive Ausübung möglich ist und ihr Verhalten in den Schutzbereich des Art. 5 Abs. 1 Satz 1, 1. Var. GG fällt. Politische Parteien sind an der politischen Willensbildung beteiligt (Art. 21 Abs. 1 GG) und nehmen schon deshalb am Meinungsbildungsprozess teil. Bei Meinungsäußerungen befinden sich Parteien ebenso wie natürliche Personen in einer „grundrechtstypischen Gefährdungslage", die mit der von natürlichen Personen vergleichbar ist. Die X-Partei ist bezüglich der Meinungsfreiheit grundrechtsfähig.[50]

---

44 BVerfGE 15, 256, 262 – „Universitäre Selbstverwaltung".
45 BVerfGE 107, 299, 310 – „Aufklärung schwerer Straftaten" – E 49.
46 BVerfG NVwZ 2013, 1145, 1146.
47 *Kingreen/Poscher*, Grundrechte, Rn. 222.
48 BVerfGE 102, 370, 387 – „Zeugen Jehovas".
49 *Kingreen/Poscher*, Grundrechte, Rn. 208.
50 In BVerfGE 90, 241 ff. (E 33) prüft das BVerfG, ob der Bezirksverband der NPD in seinem Grundrecht auf Meinungsfreiheit verletzt ist, ohne auf Art. 19 Abs. 3 GG einzugehen.

Fall 5: Der direkte Präsident

Die rechtsextreme R-Partei wird bei der bevorstehenden Wahl voraussichtlich viele Stimmen erhalten. Bundespräsident P äußert daraufhin bei einer öffentlichen Veranstaltung, man dürfe diesen „*Spinnern*" keine Chance geben. Handelt es sich bei seiner Äußerung um eine Meinungskundgabe i. S. d. Art. 5 Abs. 1 Satz 1, 1. Var. GG?[51]

Gemäß Art. 5 Abs. 1 Satz 1, 1. Var. GG hat jeder das Recht, seine Meinung frei zu äußern. Privatpersonen können sich damit unproblematisch auf die Meinungsfreiheit berufen. P äußert sich jedoch nicht als Privatperson, sondern im Rahmen seiner **amtlichen Funktion** als Bundespräsident. Der Bundespräsident hat die Aufgabe, Staat und Volk nach innen und außen zu repräsentieren und die Einheit des Staats zu verkörpern. In Erfüllung seiner Repräsentations- und Integrationsaufgabe obliegt es ihm, auf Missstände und Fehlentwicklungen in der Gesellschaft aufmerksam zu machen. Er entscheidet grundsätzlich selbst, wie er diese Aufgabe wahrnimmt und hat dabei einen weiten Gestaltungsspielraum. P darf sich im Rahmen seiner Amtsbefugnisse äußern, auf die Meinungsäußerungsfreiheit des Art. 5 Abs. 1 Satz 1, 1. Var. GG kann er sich nicht berufen.

b) Sachlicher Schutzbereich

Der **sachliche Schutzbereich** ist der durch das Grundrecht geschützte Lebensbereich.

Fall 6: Anonyme Staatskritik

Burghardt (B) äußert sich in einem Internetforum kritisch über das seiner Ansicht nach unangemessene Vorgehen der Polizei bei der Auflösung einer Demonstration. Da er Konsequenzen befürchtet, äußert er sich anonym. Fällt diese Meinungskundgabe in den Schutzbereich des Art. 5 Abs. 1 Satz 1, 1. Var. GG?

Die Meinungsäußerungsfreiheit des Art. 5 Abs. 1 Satz 1, 1. Var. GG gibt B grundsätzlich das Recht, seine Meinung frei zu äußern und zu verbreiten. Er hat die Möglichkeit, die Umstände der Meinungskundgabe sowie das Verbreitungsmedium frei zu wählen.[52] B äußert sich anonym, da er aufgrund seiner Äußerung über den Polizeieinsatz Konsequenzen befürchtet. Die Verpflichtung, seinen Namen im Zusammenhang mit seiner Äußerung nennen zu müssen, könnte ihn von einer Meinungskundgabe abhalten. **Anonyme Äußerungen** sind im Internet üblich und weit verbreitet. Das Internet zeichnet sich grade durch die Möglichkeit einer anonymen Nutzung aus.[53] Art. 5 Abs. 1 Satz 1, 1. Var. GG verlangt nicht, sich zu einer bestimmten Meinung namentlich be-

---

51 Angelehnt an: BVerfGE 136, 323 – „Spinner" – E 92.
52 BGHZ 181, 328, Rn. 36 = BGH NJW 2009, 2888, 2892 – „Spickmich" – E 101.
53 BGHZ 181, 328, Rn. 38 = BGH NJW 2009, 2888, 2892 – „Spickmich" – E 101.

kennen zu müssen. Die Möglichkeit, staatliche Maßnahmen kritisieren zu können ohne staatliche Sanktionen befürchten zu müssen, gehört zum Kernbereich der Meinungsäußerungsfreiheit. Die Anonymität der Äußerung steht dem Schutz durch die Meinungsäußerungsfreiheit nicht entgegen. Demnach ist das von B online abgegebene Werturteil über den Polizeieinsatz vom Schutzbereich der Meinungsäußerungsfreiheit erfasst.

Fall 7: Gegen das System

Natalia (N) stößt bei ihrer Internetrecherche auf eine Seite, deren Ersteller kundtut, das Grundgesetz sowie das politische System Deutschlands nicht zu akzeptieren. Sie meint, eine derartige Äußerung richte sich gegen die Verfassung und sei daher nicht durch Art. 5 Abs. 1 Satz 1, 1. Var. GG geschützt. Stimmen Sie ihr zu?

Nach Art. 5 Abs. 1 Satz 1, 1. Var. GG hat jeder das Recht, seine Meinung frei zu äußern und zu verbreiten. Meinungen sind **wertende Stellungnahmen**. Sie werden vom Schutzbereich erfasst, ohne dass es darauf ankommt, ob die Äußerung begründet, rational, emotional, wertvoll oder gefährlich ist.[54] Das Grundgesetz baut zwar auf die Erwartung, dass die Bürger die allgemeinen Werte der Verfassung akzeptieren,[55] es **erzwingt jedoch keine Wertloyalität**.[56] Art. 5 Abs. 1 Satz 1, 1. Var. GG schützt daher auch Meinungen, die sich gegen die bestehende politische Ordnung richten und die Wertsetzung des Grundgesetzes nicht teilen. Es vertraut dabei auf die Macht der freien Auseinandersetzung als wirksamstes Mittel gegen die Verbreitung totalitärer und menschenverachtender Ideologien.[57] Die Infragestellung der geltenden Verfassung fällt daher nicht aus dem Schutzbereich der Meinungsäußerungsfreiheit heraus.[58] Die Meinungsfreiheit schützt auch Meinungsäußerungen, wie sie N auf einer Internetseite begegnet sind. Ihr ist nicht zuzustimmen.

Fall 8: Hyperlink für die Umwelt

Irina (I) setzt sich in ihrem Blog kritisch mit der Umweltpolitik der Bundesregierung auseinander. In ihrem aktuellen Beitrag verweist sie mittels eines Hyperlinks auf die Meinungsäußerung eines anderen „Umwelt-Bloggers". Wird ihr Vorgehen durch die Meinungsäußerungsfreiheit geschützt?[59]

---

54 BVerfGE 90, 241, 247 – „Auschwitzlüge" – E 36.
55 BVerfGE 124, 300, 320 – „Wunsiedel", „Rudolf Heß Gedenkfeier".
56 BVerfGE 124, 300, 320 – „Wunsiedel", „Rudolf Heß Gedenkfeier"; BVerfG ZUM 2012, 322, 323.
57 BVerfGE 124, 300, 320 – „Wunsiedel", „Rudolf Heß Gedenkfeier".
58 BVerfGE 124, 300, 320 – „Wunsiedel", „Rudolf Heß Gedenkfeier".
59 BGHZ 187, 240 = BGH NJW 2011, 2436 – „AnyDVD"; BVerfG NJW 2012, 1205, 1206 – „Any-DVD".

Art. 5 Abs. 1 Satz 1, 1. Var. GG schützt sowohl den Inhalt von Meinungsäußerungen als auch jede Form der Meinungskundgabe und -verbreitung. Der Schutz von Meinungsäußerungen ist für den öffentlichen Meinungsbildungsprozess von überragender Bedeutung. Um eine Diskussion führen zu können, muss es auch möglich sein, andere über Stellungnahmen Dritter zu informieren. Hyperlinks erschließen zusätzliche Informationsquellen und sind daher mit einer Fußnote vergleichbar.[60] Sie dienen entweder als Beleg für eigene Inhalte oder ergänzen diese durch zusätzliche Informationen.[61] Durch den Verweis auf den anderen Blog ergänzt I ihre Darstellung um die Meinungsäußerung eines anderen Bloggers. Das Setzen des Hyperlinks ist durch Art. 5 Abs. 1 Satz 1, 1. Var. GG geschützt.

Fall 9: Warnhinweis

Alle Zigarettenhersteller, darunter auch Z, sind verpflichtet, auf den Verpackungen einen als solchen deutlich gekennzeichneten staatlichen Warnhinweis abzudrucken. Z wehrt sich dagegen, da der Hinweis nicht seiner Meinung entspricht. Er hält diese Verpflichtung für einen unzulässigen Eingriff in den Schutzbereich der Meinungsfreiheit.[62]

Die Verpflichtung, einen staatlichen Warnhinweis abzudrucken, könnte in den Schutzbereich der Meinungsfreiheit eingreifen. Der persönliche Schutzbereich ist eröffnet, da Z sich als privater Unternehmer ebenso auf die Meinungsfreiheit berufen kann wie natürliche Personen. Sachlich schützt die Meinungsfreiheit die Kundgabe von Werturteilen sowie die sog. **negative Meinungsfreiheit**,[63] also das Recht, seine Meinung nicht äußern zu müssen. Allerdings handelt es sich bei dem Warnhinweis erkennbar nicht um eine Meinungskundgabe des Z. Seine Meinungsbildung und -äußerung wird durch den Hinweis nicht berührt.[64] Der Schutzbereich der Meinungsäußerungsfreiheit ist daher durch die Verpflichtung zum Abdruck des Warnhinweises nicht betroffen.

Fall 10: Blogger Clemens fragt …

Blogger Clemens (C) stellt in seinem Blog Fragen zu allen möglichen Themen. Sind seine Fragen durch Art. 5 Abs. 1 Satz 1, 1. Var. GG geschützt?[65]

Art. 5 Abs. 1 Satz 1, 1. Var. GG garantiert die freie Meinungsäußerung. Fragen sind weder Tatsachenbehauptungen noch Werturteile. Sie sind auf die Herbeiführung einer Antwort gerichtet, die in Form einer Tatsachenbehauptung oder eines Werturteils er-

---

60 BGHZ 156, 1, 15 = BGH NJW 2003, 3406, 3409 – „Paperboy" – E 86.
61 BGHZ 187, 240, Rn. 22 ff. = BGH NJW 2011, 2436, 2438 f. – „AnyDVD".
62 Angelehnt an: BVerfGE 95, 173 – „Warnhinweise auf Tabakerzeugnissen" – E 94.
63 Hierzu: *Fechner*, Medienrecht, 3. Kapitel, Rn. 58 ff.
64 BVerfGE 95, 173, 182 – „Warnhinweise auf Tabakerzeugnissen" – E 94.
65 Angelehnt an: BVerfGE 85, 23 – „rhetorische Fragen".

folgen kann.[66] Die Meinungsäußerungsfreiheit schützt den gesamten für die Meinungsbildung erforderlichen Kommunikationsprozess.[67] Innerhalb der Kommunikation spielen **Fragen** eine wichtige Rolle. Sie sind geeignet, die Aufmerksamkeit auf ein bestimmtes Thema zu lenken und damit den Meinungsbildungsprozess anzuregen. Dem, der nicht über genügend Informationen verfügt, ermöglichen Fragen, das Thema besser zu verstehen. Fragen sind damit durch Art. 5 Abs. 1 Satz 1, 1. Var. GG geschützt.[68]

Fall 11: Boykottaufruf
Tierschützer Theodor (T) berichtet in seinem Blog über Tierquälerei in der Massentierhaltung und ruft zum Boykott des lokalen Produzenten P auf. P erleidet dadurch Umsatzeinbußen und fürchtet um seine Existenz. Ist das Verhalten des T durch Art. 5 Abs. 1 Satz 1, 1. Var. GG geschützt?[69]

T äußert sich in seinem Blog zu den Themen Massentierhaltung und Tierquälerei, wobei er auch ein Werturteil über den lokalen Produzenten P abgibt. Gemäß Art. 5 Abs. 1 Satz 1, 1. Var. GG hat er das Recht, seine Meinung frei zu äußern und zu verbreiten. Der grundrechtlichen Schutzwürdigkeit seines Blogeintrags könnte entgegenstehen, dass dieser einen die Existenz des P gefährdenden Boykottaufruf beinhaltet. Soweit einem Boykottaufruf eine bestimmte Meinungskundgabe zugrunde liegt, fällt er aber jedenfalls dann in den Schutzbereich des Art. 5 Abs. 1 Satz 1, 1. Var. GG, wenn er als Mittel eines geistigen Meinungskampfs in einer die Allgemeinheit wesentlich berührenden Frage eingesetzt wird.[70] Dies ist der Fall, wenn dem Boykottaufruf die Besorgnis um politische, wirtschaftliche, soziale oder kulturelle Belange zugrunde liegt.[71] Der Schutz endet erst, wenn der Bereich geistiger Einwirkung auf die Öffentlichkeit verlassen und zur Verstärkung der geäußerten Meinung physischer oder wirtschaftlicher Druck eingesetzt wird.[72] T setzt sich in seinem Blog mit dem Thema Massentierhaltung auseinander und bringt seine Missbilligung gegenüber P zum Ausdruck. Seine Blogeinträge sind als Diskussionsgrundlage geeignet und werden durch Art. 5 Abs. 1 Satz 1, 1. Var. GG geschützt.

Fall 12: Werbung
In einem Werbespot des Telekommunikationsanbieters T informiert der C-Promi Claudius (C) die Zuschauer über dessen Vorteile. Ist der Werbespot durch die Meinungsäußerungsfreiheit geschützt?

66 BVerfGE 85, 23 ff. – „rhetorische Fragen".
67 BVerfGE 57, 295, 319 – „FRAG, Privatfunk im Saarland, 3. Rundfunkentscheidung" – E 53.
68 BVerfGE 85, 23 ff. – „rhetorische Fragen".
69 Siehe auch Fall 117, S. 86.
70 BVerfGE 7, 198, 212 – „Lüth" – E 31.
71 BVerfGE 25, 256, 265 – „Blinkfüer" – E 32.
72 BVerfG NJW 1989, 381, 382 – „Mietboykott".

Art. 5 Abs. 1 Satz 1, 1. Var. GG schützt die Kundgabe von Werturteilen. Mit Hilfe des C stellt T in ihrem Werbespot die Vorteile ihres Angebots heraus und gibt damit ein positives Werturteil über dieses ab. Werturteile sind auch dann Meinungsäußerungen, wenn sie wirtschaftliche Vorteile bringen sollen.[73] Kommerzielle Meinungsäußerungen und Wirtschaftswerbung fallen jedenfalls dann in den Schutzbereich, wenn sie wertenden, meinungsbildenden Inhalt haben oder Informationen enthalten, die der Meinungsbildung dienen.[74] Die **Werbung** der T stellt die Vorteile des Produkts dar und dient der Meinungsbildung. Die Werbung mit einer mehr oder weniger prominenten Person kann die Zuschauer dazu anregen, über diese sowie das Produkt nachzudenken. Die Werbung der T ist daher durch die Meinungsäußerungsfreiheit geschützt.

Tatsachenbehauptungen werden durch die objektive Beziehung zwischen Äußerung und Realität charakterisiert. Ihr Wahrheitsgehalt kann mit den Mitteln des Beweises überprüft werden.[75]

Fall 13: Behandlung ungenügend

Achim (A) schreibt in einem Online-Bewertungsportal, er habe sich bei dem Arzt Dr. M in Behandlung befunden und bewerte diese mit *„ungenügend"*. Handelt es sich dabei um eine Tatsachenbehauptung oder eine Meinungsäußerung?[76]

Meinungsäußerungen sind Werturteile. Sie sind durch die subjektive Beziehung des Äußernden zum Aussageinhalt geprägt. Sie sind weder wahr noch unwahr. Charakteristisch für Tatsachenbehauptungen ist dagegen die objektive Beziehung zwischen Äußerung und Wirklichkeit. Tatsachenbehauptungen sind einer Überprüfung mit den Mitteln des Beweises zugänglich. Sind Tatsachenbehauptungen und Meinungsäußerungen untrennbar miteinander verbunden und durch das Element des Meinens geprägt, werden sie durch die Meinungsfreiheit des Art. 5 Abs. 1 Satz 1, 1. Var. GG geschützt.[77] Die Behauptung des A, er habe sich bei Dr. M in Behandlung befunden, ist dem Beweis zugänglich. Die Bewertung als „ungenügend" ist dagegen eine **wertende Stellungnahme**. Beides ist untrennbar miteinander verbunden. Die Bewertung ist damit als Meinungsäußerung i. S. d. Art. 5 Abs. 1 Satz 1, 1. Var. GG zu qualifizieren.[78]

---

73 BVerfGE 30, 336, 352 – „jugendgefährdende Schriften".
74 BVerfGE 95, 173, 182 – „Warnhinweise auf Tabakerzeugnissen" – E 94; BVerfGE 102, 347, 359 – „Schockwerbung I".
75 BVerfGE 94, 1, 8 – „DGHS" – E 34.
76 Angelehnt an: BGHZ 209, 139 = BGH NJW 2016, 2106 – „jameda.de II", „Ärztebewertungsportal III" – E 102.
77 BVerfGE 85, 1, 15 – „Bayer Aktionäre" – E 37.
78 BGHZ 209, 139, Rn. 32 ff. = BGH NJW 2016, 2106, 2108 f. – „jameda.de II", „Ärztebewertungsportal III" – E 102.

Fall 14: Die dümmliche Staatsanwältin

Strafverteidiger Eckard (E) ist davon überzeugt, dass gegen seinen Mandanten zu Unrecht wegen der Veruntreuung von Spendengeldern ermittelt wird. Bei der Haftbefehlsverkündung kommt es zu einer heftigen Auseinandersetzung zwischen E und der zuständigen Staatsanwältin (S). Als E am Abend desselben Tages von der mit dem Verfahren vertrauten Journalistin Jona (J) angerufen wird, ist er noch immer wütend und möchte eigentlich keine Fragen zu dem Verfahren beantworten. Während des Gesprächs über den Haftbefehl bezeichnet er S dann aber als *„dahergelaufene, geisteskranke, durchgeknallte und dümmliche Staatsanwältin"*. Wird seine Äußerung durch Art. 5 Abs. 1 Satz 1, 1. Var. GG geschützt?[79]

Art. 5 Abs. 1 Satz 1, 1. Var. GG schützt Werturteile sowie zur Meinungsbildung beitragende Tatsachenbehauptungen.[80] Die Meinungsfreiheit ist für eine freiheitliche Demokratie von grundlegender Bedeutung. Der Schutzbereich ist daher weit zu verstehen und umfasst auch emotionale und beleidigende Äußerungen. Sofern die Äußerung des E als **Schmähkritik** einzustufen ist, fällt sie nicht in den Schutzbereich des Art. 5 Abs. 1 Satz 1, 1. Var. GG.[81] Die Äußerung kann erst dann als Schmähkritik angesehen werden, wenn keine Auseinandersetzung mit der Sache mehr stattfindet, sondern die Diffamierung einer Person im Vordergrund steht. Eine überzogene oder ausfällige Kritik macht eine Meinungsäußerung noch nicht zur Schmähkritik. Deren wesentliches Merkmal ist eine das sachliche Anliegen völlig in den Hintergrund drängende Kränkung.[82] Indem E die Staatsanwältin als *„dahergelaufen, geisteskrank, durchgeknallt und dümmlich"* bezeichnet, äußert er sich scharf und beeinträchtigt deren Ehre. E äußert sich während eines Gesprächs mit einer mit dem Verfahren vertrauten Journalistin. Er ist noch immer wütend und ärgert sich über S und J. Bei seiner Äußerung kommt es ihm nicht darauf an, S zu kränken oder zu verletzen. Seine Äußerung ist daher keine Schmähkritik, sie wird durch Art. 5 Abs. 1 Satz 1, 1. Var. GG geschützt.

> **Schmähkritik** liegt vor, wenn nicht mehr die Auseinandersetzung in der Sache, sondern die Diffamierung, Herabsetzung oder Kränkung einer Person im Vordergrund steht. Sie geht über polemische und überspitzte Kritik hinaus[83] und ist nur in seltenen Ausnahmefällen anzunehmen.[84] Andernfalls würde die Äußerung ohne die erfor-

---

79 Angelehnt an: BVerfG NJW 2016, 2870.
80 BVerfGE 85, 1, 15 – „Bayer-Aktionäre" – E 37.
81 Hierzu: *Fechner*, Medienrecht, 3. Kapitel, Rn. 77; Ob Schmähkritik vom Schutzbereich des Art. 5 GG umfasst ist und erst auf der Ebene der verfassungsrechtlichen Rechtfertigung hinter dem allgemeinen Persönlichkeitsrecht des Betroffenen zurücktritt so, z.B.: *Grabenwarter*, in: Maunz/Dürig, GG, Art. 5 GG, Rn. 61 – ist umstritten.
82 BVerfG NJW 2014, 3357, 3358.
83 BVerfGE 82, 272, 284 – „Zwangsdemokrat".
84 BVerfG NJW 2016, 2870, 2871.

derliche Abwägung dem Schutz der Meinungsfreiheit entzogen und deren Anwendungsbereich unzulässig verkürzt.[85]

2. Eingriff

Fall 15: Vanessa und Larissa

Larissa (L) löscht einen Beitrag, den Vanessa (V) in dem von L betriebenen Bewertungsportal veröffentlicht hat. V meint, dies sei ein Eingriff in ihre grundrechtlich garantierte Meinungsfreiheit. Handelt es sich tatsächlich um einen Grundrechtseingriff?

Die Meinungsfreiheit ist in erster Linie ein Abwehrrecht des Bürgers gegen den Staat. Grundrechte sollen die Freiheitssphäre des Einzelnen vor staatlichen Eingriffen schützen.[86] Zwischen Privatpersonen wie L und V entfalten Grundrechte **keine unmittelbare Wirkung**. Ein Grundrechtseingriff in die Meinungsfreiheit kann daher nur durch staatliche Maßnahmen, nicht aber durch privates Vorgehen gegen eine Meinung erfolgen.

Ein **Eingriff** ist jedes staatliche Handeln, das dem Einzelnen ein Verhalten, das in den Schutzbereich eines Grundrechts fällt, ganz oder teilweise unmöglich macht oder erschwert.[87]

Grundrechte sind in erster Linie Abwehrrechte des Bürgers gegen den Staat. Zwischen Privatpersonen entfalten sie daher keine unmittelbare Wirkung. Allerdings sind sie Teil der objektiven Wertordnung, die als verfassungsrechtliche Grundentscheidung für alle Bereiche des Rechts gilt. Grundrechte entfalten daher eine **mittelbare Drittwirkung**. Sie wirken über unbestimmte Rechtsbegriffe und auslegungsbedürftige Vorschriften auf andere Rechtsgebiete ein. Diese werden daher auch als „Einbruchstellen" der Grundrechte in das Straf- oder Zivilrecht bezeichnet.[88] Sie sind so auszulegen, dass den in den Grundrechten zum Ausdruck kommenden Wertentscheidungen Rechnung getragen wird.[89] Im Rahmen der auslegungsfähigen Tatbestände des einfachen Rechts ist in der Regel eine Einzelfallabwägung zwischen den betroffenen Grundrechten vorzunehmen.[90]

---

85 BVerfG NJW 2016, 2870, 2871.
86 BVerfGE 7, 198, 204 – „Lüth" – E 31.
87 *Kingreen/Poscher*, Grundrechte, Rn. 264 ff.
88 BVerfGE 7, 198, 206 – „Lüth" – E 31.
89 BVerfGE 7, 198 – „Lüth" – E 31.
90 BVerfG ZUM 2016, 859, 860.

3. Verfassungsrechtliche Rechtfertigung (Schranken und Schranken-Schranken)

Grundrechte mit **einfachem Gesetzesvorbehalt** können durch oder aufgrund Gesetzes eingeschränkt werden (z. B.: Art. 2 Abs. 2 Satz 3 GG; Art. 8 Abs. 2 GG; Art. 10 Abs. 2 Satz 1 GG).

Bei Grundrechten mit **qualifiziertem Gesetzesvorbehalt** werden zusätzlich bestimmte Anforderungen an das grundrechtseinschränkende Gesetz gestellt (z. B.: Art. 5 Abs. 2 GG; Art. 11 Abs. 2; Art. 14 Abs. 3 GG).

Grundrechte **ohne Gesetzesvorbehalt** werden auch als „geschlossene Grundrechte" bezeichnet. Hier sieht das Grundgesetz keine Einschränkung durch oder aufgrund Gesetzes vor (z. B.: Art. 5 Abs. 3 Satz 1 GG; Art. 9 Abs. 3 GG).

Fall 16: Modefrisur

Die Bundesregierung möchte ein Gesetz erlassen, nach dessen § 3 die Aussage, der Bundeskanzler bzw. die Bundeskanzlerin habe keine modische Frisur, verboten sein soll. Darf die Meinungsfreiheit durch ein derartiges Gesetz eingeschränkt werden?

Die Meinungsfreiheit ist nicht schrankenlos gewährleistet. Gemäß Art. 5 Abs. 2 GG findet sie in den Vorschriften der **allgemeinen Gesetze** ihre Grenzen. Darunter sind Gesetze zu verstehen, die nicht eine Meinung als solche verbieten, sich nicht gegen die Äußerung der Meinung als solche richten, sondern dem Schutz eines schlechthin ohne Rücksicht auf eine bestimmte Meinung zu schützenden Rechtsguts dienen.[91]

Der geplante § 3 knüpft an den Inhalt einer Meinungsäußerung an und verbietet diesen. § 3 ist nicht meinungsneutral, sondern richtet sich gegen die Meinung, der Kanzler habe keine modische Frisur. Es handelt sich nicht um ein allgemeines Gesetz. Die Meinungsfreiheit darf durch dieses Gesetz nicht eingeschränkt werden.

Allgemeine Gesetze sind Gesetze, die sich nicht gegen die Äußerung einer Meinung als solche richten, sondern dem Schutz eines im Vergleich zur Meinungsfreiheit höherrangigen Rechtsgutes dienen.[92]

Fall 17: Zivilrecht oder Grundrechte?

Christiane (C) fühlt sich durch eine Bemerkung von Alfredo (A) in ihrem allgemeinen Persönlichkeitsrecht verletzt, während dieser sich auf die Meinungsfreiheit des Art. 5 Abs. 1 Satz 1, 1. Var. GG beruft. Die Streitigkeit soll vor dem Amtsgericht in A ausgetragen werden. Hat das Zivilgericht die Meinungsfreiheit bei seiner Entscheidung überhaupt zu berücksichtigen?

---

91 BVerfGE 7, 198, 209 – „Lüth" – E 31.
92 BVerfGE 7, 198, 209 – „Lüth" – E 31; hierzu *Fechner*, Medienrecht, 3. Kapitel, Rn. 61 ff.

Die Meinungsfreiheit ist ein **Abwehrrecht** des Bürgers gegen den Staat. Sie bindet nur Gesetzgebung, vollziehende Gewalt und Rechtsprechung unmittelbar (Art. 1 Abs. 3 GG). Zwischen Privatpersonen wie C und A ist Art. 5 Abs. 1 Satz 1, 1. Var. GG nicht unmittelbar anwendbar. Das heißt jedoch nicht, dass Grundrechte zwischen Privaten keine Rolle spielen würden. Die in den Grundrechten zum Ausdruck kommende objektive Wertordnung gilt für alle Bereiche des Rechts. Bürgerlich-rechtliche Vorschriften dürfen nicht im Widerspruch zum Grundgesetz stehen und müssen in seinem Geiste ausgelegt werden.[93] Grundrechte entfalten damit eine Ausstrahlungswirkung, bzw. **mittelbare Drittwirkung**.[94] D. h. der Richter hat bei der Auslegung und Anwendung zivilrechtlicher Vorschriften den Einfluss der Grundrechte und damit auch der Meinungsfreiheit zu beachten und zwischen den widerstreitenden grundrechtlich geschützten Interessen abzuwägen.

Fall 18: Alles Idioten
Juliet (J) postet in einem sozialen Netzwerk, alle Polizisten seien Idioten. Das Amtsgericht in A verurteilt sie daraufhin wegen Beleidigung (§ 185 StGB) zu einer Geldstrafe. Verletzt der durch die Verurteilung erfolgte Grundrechtseingriff die Meinungsfreiheit der J?[95]

Der Eingriff ist verfassungsrechtlich gerechtfertigt, wenn er auf einer verfassungsgemäßen Grundlage beruht und das zuständige Amtsgericht von dieser in verfassungsmäßiger Weise Gebrauch macht. § 185 StGB knüpft nicht an eine bestimmte Meinungsäußerung an und ist daher als allgemeines Gesetz i. S. d. Art. 5 Abs. 2 GG grundsätzlich geeignet, die Meinungsfreiheit einzuschränken.[96] § 185 StGB ist formell und materiell verfassungsgemäß. Die Anwendung des § 185 StGB muss in verfassungsmäßiger Weise erfolgen. § 185 StGB ist im Lichte der Meinungsfreiheit auszulegen und in seiner das Grundrecht beschränkenden Wirkung selbst wieder einzuschränken (sog. Wechselwirkungslehre). Die Verurteilung der J verfolgt den legitimen Zweck, die Ehre der Polizisten zu schützen. Hierzu ist es auch geeignet und als mildestes Mittel erforderlich. Das Amtsgericht muss bei der Anwendung des § 185 StGB die Bedeutung und Tragweite der Grundrechte in angemessener Weise beachtet haben. Die Grenze der Ausübung der Meinungsfreiheit ist überschritten, sobald die Äußerung das allgemeine Persönlichkeitsrecht der Polizisten verletzt. **Kollektivbeleidigungen** können ehrverletzend sein. Je größer das Kollektiv, desto geringer ist die Auswirkung auf den Einzelnen. Die allgemein formulierte Äußerung *„alle Polizisten sind Idioten"* bezieht sich nicht auf eine hinreichend überschaubare und abgegrenzte Personengruppe. J geht es bei ihrer Äußerung nicht um individuelle Merkmale der Mitglieder oder deren Fehl-

---

93 BVerfGE 7, 198, 205 – „Lüth" – E 31.
94 BVerfGE 73, 261, 269 – „Sozialplan".
95 Angelehnt an: BVerfG NJW 2016, 2643 – „ACAB".
96 BVerfGE 93, 266, 290 – „Soldaten sind Mörder" – E 35.

verhalten, sondern um den aus ihrer Sicht bestehenden Unwert des Kollektivs. Die strafrechtliche Verurteilung verletzt J in ihrer Meinungsfreiheit.

Verhältnismäßigkeit einer Maßnahme: Die Maßnahme muss einen legitimen Zweck verfolgen. Sie muss **geeignet** sein, den gewünschten Zweck zu erreichen, das mildeste der geeigneten Mittel bilden und damit **erforderlich** sein und sie muss **angemessen** sein, darf also nicht außer Verhältnis zu dem mit der Maßnahme verfolgten Zweck stehen. Im Rahmen der Angemessenheit (Verhältnismäßigkeit im engeren Sinne) findet eine ausführliche Güterabwägung statt, d. h. es muss argumentiert werden.

Schranken-Schranken sind Schranken, die der grundrechtseinschränkende Gesetzgeber zu beachten hat.

Fall 19: Netiquette
Matthias (M) liest die Online-Zeitung (O) und nutzt regelmäßig das dort angebotene Forum, um Artikel zu kommentieren. O löscht einen dieser Kommentare, da er gegen ihre Netiquette verstößt. Zudem stellt O ihren Lesern die Kommentarfunktion für bestimmte Themengebiete nicht mehr zur Verfügung. M hält beides für Zensur i. S. d. Grundgesetzes. Stimmen Sie ihm zu?[97]

Das Zensurverbot des Art. 5 Abs. 1 Satz 3 GG richtet sich nur gegen staatliche Maßnahmen. Es dient als **Schranken-Schranke** dem Zweck, die die Meinungsfreiheit beschränkenden staatlichen Maßnahmen zu begrenzen. O ist als privater Anbieter einer Online-Zeitschrift nicht Teil des Staates. Das Zensurverbot des Art. 5 Abs. 1 Satz 3 GG ist daher auf O nicht anwendbar.

Fall 20: Stopp!
Das Bundeskriminalamt (BKA) nimmt bestimmte Webinhalte in eine Sperrliste auf. Nutzern, die diese aufrufen, wird ein Stoppschild angezeigt, was den Zugang erschwert. Ist dies Zensur?[98]

Art. 5 Abs. 1 Satz 3 GG verbietet lediglich die Vor- oder Präventivzensur. Meinungsäußerungen dürfen nicht von einer vorherigen behördlichen Vorprüfung oder Erlaubnis abhängig gemacht werden (Verbot mit Erlaubnisvorbehalt).[99] Die Inhalte, die das BKA in die Sperrliste aufnimmt, sind schon online verfügbar und damit bereits veröffentlicht. Die **Nachzensur** ist von Art. 5 Abs. 1 Satz 3 GG nicht erfasst.

---

[97] Siehe auch Fall 92 bis 94, S. 66.
[98] *Fink*, in: Spindler/Schuster, Recht der elektronischen Medien, Allgemeines, C. Verfassungsrecht, Rn. 54.
[99] BVerfGE 33, 52, 72 – „Zensur".

II. Informationsfreiheit[100]

Kurzübersicht

- Die Informationsfreiheit ist durch Art. 5 Abs. 1 Satz 1, 2. Var. GG verfassungsrechtlich garantiert.
- Auf europäischer Ebene ist die Informationsfreiheit durch Art. 10 Abs. 1 Satz 2 EMRK sowie Art. 11 Abs. 1 der Charta der Grundrechte der Europäischen Union (GRCh) geschützt.

Schutzumfang der Informationsfreiheit

- Jeder hat das Recht, sich aus allgemein zugänglichen Quellen ungehindert zu unterrichten. Soweit Medien an einer zugänglichen Informationsquelle teilhaben, können sie sich wie jedermann auf die Informationsfreiheit berufen.[101]
- Die Informationsfreiheit schützt die aktive Informationsbeschaffung ebenso wie die schlichte Entgegennahme von Informationen,[102] jedoch gewährt sie keinen Anspruch auf Eröffnung einer Informationsquelle oder auf Informationsverschaffung.[103]
- Bei aufgedrängten E-Mails bzw. Werbung wird auch eine negative Informationsfreiheit für möglich gehalten.[104]

Schranken

- Gemäß Art. 5 Abs. 2 GG findet die Informationsfreiheit ihre Schranken in den allgemeinen Gesetzen.[105]

Beispielsfälle

Fall 21: Rundfunkbeitrag

Nachdem Gina (G) in ihre erste eigene Wohnung gezogen ist, wird sie aufgefordert, den „Rundfunkbeitrag" zu entrichten. G ist der Ansicht, der Rundfunkbeitrag verstoße gegen ihr Grundrecht auf Informationsfreiheit. Was meinen Sie?

Gemäß Art. 5 Abs. 1 Satz 1, 2. Var. GG hat jeder das Recht, sich aus allgemein zugänglichen Quellen ungehindert zu unterrichten. Die Informationsfreiheit beinhaltet auch

---

100 *Fechner*, Medienrecht, 3. Kapitel, Rn. 80 ff.
101 BVerfGE 119, 309, 318 – „Gerichtsfernsehen".
102 BVerfGE 27, 71, 82 – „Leipziger Volkszeitung".
103 BVerfGE 119, 309, 319 – „Gerichtsfernsehen"; BVerfGE 103, 44, 60 – „Fernsehaufnahmen im Gerichtssaal II" – E 41.
104 Hierzu: *Fikentscher/Möllers* NJW 1998, 1337, 1340 f.
105 Siehe hierzu die Übersicht zur Meinungsfreiheit, S. 2.

die **Rundfunkempfangsfreiheit**. G wird durch die Beitragserhebung weder gehindert noch verpflichtet, öffentlich-rechtlichen Rundfunk als Informationsquelle zu nutzen. Art. 5 Abs. 1 S. 1, 2. Var. GG garantiert den Zugang zu verfügbaren Informationsquellen, enthält jedoch keinen Anspruch auf kostenlose Informationen. Der Rundfunkbeitrag zielt nicht darauf ab, Interessierte von bestimmten Informationsquellen fernzuhalten. Die Informationsfreiheit wird durch den Rundfunkbeitrag somit nicht beeinträchtigt.[106]

Informationsquellen sind alle Träger von Informationen, auch tatsächliche Ereignisse und Vorgänge.[107]

Fall 22: Zeitung per Post
Agnieszka (A) lässt sich regelmäßig die aktuelle Auflage einer polnischen Tageszeitung per Post zusenden. Da die Zeitung in Deutschland nicht erhältlich ist, fragt sie sich, ob es sich dabei um eine allgemein zugängliche Informationsquelle handelt.[108]

Bei der Tageszeitung handelt es sich unproblematisch um eine Informationsquelle. Diese ist allgemein zugänglich, wenn sie geeignet und bestimmt ist, einem individuell **nicht bestimmbaren Personenkreis** Informationen zu verschaffen. Tageszeitungen sind Massenkommunikationsmittel, die an alle Interessenten abgegeben werden. Für die Beurteilung, ob eine Informationsquelle allgemein zugänglich ist, kommt es ausschließlich auf die Art der Abgabe an, die Verfügbarkeit oder tatsächliche Kenntnisnahmemöglichkeit ist nicht entscheidend. Die von A abonnierte Zeitung verliert ihre Eigenschaft als allgemein zugängliche Informationsquelle auch nicht dadurch, dass sie ihr als Einzelexemplar per Post zugesandt wird. Bei der Frage der Allgemeinzugänglichkeit einer Informationsquelle ist nicht auf ein einzelnes Exemplar, sondern auf die Gesamtauflage einer Zeitung abzustellen. Die Verschaffung des Einzelexemplars konkretisiert lediglich die Unterrichtungsfreiheit.

Eine Informationsquelle ist **allgemein zugänglich**, wenn sie technisch geeignet und bestimmt ist, einem individuell nicht bestimmbaren Personenkreis Informationen zu verschaffen.[109]

Fall 23: Direkt aus der Redaktion
Blogger Balduin (B) meint, beim V-Verlag gingen merkwürdige Dinge vor. Um dies zu überprüfen, möchte er sich selbst ein Bild vom dortigen Geschehen verschaffen. Ge-

---

106 BVerwGE 154, 275, Rn. 50 = BVerwG NVwZ 2016, 1081.
107 BVerfGE 103, 44, 60 – „Fernsehaufnahmen im Gerichtssaal II" – E 41.
108 Angelehnt an: BVerfGE 27, 71 – „Leipziger Volkszeitung".
109 BVerfGE 27, 71, 83 – „Leipziger Volkszeitung"; BVerfGE 103, 44, 60 – „Fernsehaufnahmen im Gerichtssaal II" – E 41.

tarnt als freier Mitarbeiter schleicht er sich in die Redaktionsräume ein. Er ist der Ansicht, sein Vorgehen sei aufgrund der grundrechtlich garantierten Informationsfreiheit kein Problem.[110]

Die Informationsfreiheit gibt jedermann und damit auch B das Recht, sich aus allgemein zugänglichen Informationsquellen zu unterrichten. Die Redaktion eines privaten Verlags ist nicht für eine unbestimmte Anzahl an Personen zugänglich und zählt damit nicht zu den **allgemein zugänglichen Quellen.** Das Einschleichen in die Verlagsräume ist entgegen der Auffassung des B nicht durch die Informationsfreiheit geschützt.

Fall 24: Mieterprobleme
Jurastudentin Marietta (M) meint gehört zu haben, dass das Aufstellen einer Parabolantenne zum Hörfunk- und Fernsehempfang via Satellit in der Mietwohnung aufgrund der Informationsfreiheit stets zulässig ist. Stimmt das?[111]

Art. 5 Abs. 1 Satz 1, 2. Var. GG schützt den Zugang zu allgemein zugänglichen Quellen, wie den Massenmedien Hörfunk und Fernsehen. Soweit für den Empfang dieser Medien technische Anlagen wie eine Parabolantenne erforderlich sind, um sich diese individuell zu erschließen, erstreckt sich der Grundrechtsschutz auch auf deren Anschaffung und Nutzung.[112] Das heißt jedoch nicht, dass das Aufstellen der Parabolantenne immer zulässig ist. Vielmehr sind entgegenstehende Grundrechte des Eigentümers, bzw. des Vermieters, wie die Eigentumsfreiheit aus Art. 14 GG zu berücksichtigen. Grundrechte sind im Verhältnis zwischen Privatpersonen nicht unmittelbar anwendbar, entfalten zwischen diesen aber eine mittelbare Drittwirkung. Ob das Aufstellen einer Parabolantenne zulässig ist, kann erst nach einer umfassenden Abwägung der wechselseitigen Grundrechtspositionen ermittelt werden. Das Aufstellen der Parabolantenne ist nicht schon aufgrund der durch das Grundgesetz garantierten Informationsfreiheit zulässig.

III. Presse[113]

Kurzübersicht

- Die Pressefreiheit ist in Art. 5 Abs. 1 Satz 2, 1. Var. GG verfassungsrechtlich garantiert und durch die Landespressegesetze[114] ausgestaltet.

---

110 BVerfGE 66, 116, 137 – „Springer/Wallraff" – E 47.
111 Angelehnt an: BVerfGE 90, 27 – „Parabolantenne" – E 40.
112 BVerfGE 90, 27, 32 – „Parabolantenne" – E 40.
113 *Fechner*, Medienrecht, 8. Kapitel.
114 Sofern nicht anders bezeichnet, beziehen sich die Verweise auf das PresseG auf das Musterpressegesetz in der Textsammlung – T 19.

20 A. Kommunikation und Medien

- Auf europäischer Ebene werden Massenmedien wie die Presse durch Art. 11 Abs. 2 GRCh geschützt. Art. 10 EMRK schützt nicht nur die Meinungs- und Informationsfreiheit; wie sich aus Art. 10 Abs. 1 Satz 3 EMRK ergibt, unterfallen auch Massenmedien dem Schutzbereich.

Schutzbereich

- Geschützt ist die Gründung von Presseunternehmen,[115] die Gestaltung von Presseerzeugnissen, einschließlich der Entscheidung, ob und wie ein Presseerzeugnis bebildert wird,[116] die publizistische Tätigkeit, das Presseerzeugnis selbst,[117] die Informationsbeschaffung und -verbreitung,[118] das Redaktionsgeheimnis,[119] der Informantenschutz,[120] das Vertrauensverhältnis zum Informanten,[121] die Tendenz[122] und der gesamte Inhalt des Presseerzeugnisses, d.h. auch Anzeigen,[123] Werbung[124] sowie pressebezogene Hilfstätigkeiten.[125]
- Meinungsäußerungen in der Presse werden durch die Meinungsäußerungsfreiheit geschützt.[126]
- Nicht geschützt ist die rechtswidrige Informationsbeschaffung.[127] Wegen der Aufgabe der Presse, auf Missstände von öffentlicher Bedeutung hinzuweisen, besteht aber ggf. ein Verbreitungsrecht bzgl. rechtswidrig erlangter Informationen.[128]
- Die Pressefreiheit hat nicht nur eine abwehrrechtliche Dimension, sondern auch eine objektiv-rechtliche Seite. Sie garantiert das Institut „Freie Presse".[129]

---

115 BVerfGK 13, 97, Rn. 25 = BVerfG MMR 2008, 327 – „Gegendarstellungsanspruch".
116 BVerfGE 101, 361, 389 – „Caroline von Monaco II" – E 10.
117 BVerfGE 85, 1, 13 – „Bayer-Aktionäre" – E 37.
118 BVerfGE 20, 162, 176 – „Spiegel" – E 46; BVerfGE103, 44, 59 – „Fernsehaufnahmen im Gerichtssaal II" – E 40.
119 BVerfGE 100, 313, 365 – „Telekommunikationsüberwachung II".
120 BVerfGE 117, 244, 265 – „Cicero" – E 91.
121 BVerfGE 20, 162, 176 – „Spiegel" – E 46; BVerfGE 117, 244, 258 – „Cicero" – E 91.
122 BVerfGE 52, 283, 296 – „Tendenzschutz".
123 BVerfGE 21, 271, 278 – „Südkurier".
124 BVerfGE 107, 275, 280 – „Schockwerbung", „Benetton II" – E 33.
125 BVerfGK 11, 21, Rn. 24 = BVerfG NVwZ 2007, 1306 – „Straßenverkauf von Sonntagszeitungen".
126 BVerfGE 85, 1, 11 – „Bayer-Aktionäre" – E 37.
127 BVerfGE 66, 116, 137 – „Springer/Wallraff" – E 47.
128 BVerfGE 66, 116, 137 – „Springer/Wallraff" – E 47.
129 BVerfGE 20, 162, 175 ff. – „Spiegel" – E 46.

Schranken

- Begrenzt wird der Schutzbereich durch den qualifizierten Gesetzesvorbehalt in Art. 5 Abs. 2 GG.[130]

Schranken-Schranke

- Hier ist insbesondere das Zensurverbot des Art. 5 Abs. 1 Satz 3 GG von Bedeutung.

Rechte und Pflichten der Presse

- Ein **Zeugnisverweigerungsrecht mitwirkender Personen** ergibt sich aus § 53 Abs. 1 Satz 1 Nr. 5 StPO, soweit dieses reicht besteht ein Beschlagnahmeverbot, § 97 Abs. 5 StPO, § 98 Abs. 1 Satz 2 StPO; § 383 Abs. 1 Nr. 5 ZPO.
- Weitere Pflichten sind z. B. die publizistische Sorgfaltspflicht (§ 5 PresseG), Impressumspflicht (§ 7 PresseG), Offenlegungspflicht (§ 11 PresseG), Qualifikation des verantwortlichen Redakteurs (§ 8 PresseG), Kennzeichnung entgeltlicher Veröffentlichungen (§ 9 PresseG) und die Ablieferung von Pflichtexemplaren (§ 12 PresseG).

Auskunftsanspruch der Presse gegenüber Behörden

- Aus der Pressefreiheit folgen behördliche Auskunftspflichten. Ein Auskunftsanspruch der Presse kann sich beispielsweise aus den Landespressegesetzen (§ 4 PresseG) oder dem Informationsfreiheitsgesetz (IFG) des Bundes[131] ergeben.
- Der Auskunftsanspruch beinhaltet keinen Informationsverschaffungsanspruch. Gewährt wird nur der Zugang zu amtlichen Informationen, die bei der jeweiligen Stelle vorhanden sind.[132]
- Das BVerwG bejaht einen verfassungsunmittelbaren Auskunftsanspruch gegenüber Bundesbehörden aus Art. 5 Abs. 1 Satz 2 GG.[133] Das BVerfG lässt die Frage offen.[134]

> **Presse i. S. d. Art. 5 Abs. 1 Satz 2, 1. Var. GG** sind alle zur Verbreitung an einen unbestimmten Personenkreis geeigneten und bestimmten Druckerzeugnisse. Geschützt sind auch Tonträger. Es gibt keine Anforderungen an Inhalt, Qualität und Seriosität. Die verfassungsrechtliche Einordnung elektronischer Presse ist noch nicht abschließend geklärt. Einige Autoren wollen sie der Rundfunkfreiheit zurechnen.[135] Da die redaktionelle Arbeit einer Onlinezeitung nicht weniger schutzwürdig er-

---

130 Siehe hierzu die Übersicht zur Meinungsfreiheit, S. 2.
131 Beachte auch vergleichbare Informationsfreiheitsgesetze der Länder.
132 BVerfG NVwZ 2016, 50, 51.
133 BVerwGE 154, 222; BVerwGE 146, 56; BVerwG NVwZ 2016, 945; BVerwG NVwZ 2015, 1383.
134 BVerfG NVwZ 2016, 50, 51.
135 Siehe z. B.: *Bethge*, in: Sachs, GG, Art. 5 GG Rn. 88.

scheint als die einer gedruckten Zeitung, spricht einiges dafür, sie auch über die Pressefreiheit zu schützen.
Der **landesgesetzliche Pressebegriff** erfasst alle Druckwerke. Das sind alle mittels eines Massenvervielfältigungsverfahrens hergestellten und zur Verbreitung bestimmten Schriften, bildliche Darstellungen, Tonträger sowie Musikalien mit Text und Erläuterungen (§ 6 PresseG).

Beispielsfälle

1. Schutzbereich

Fall 25: Sensationspresse
Das Landgericht (LG) in L ist der Ansicht, Sensationspresse sei nicht schützenswert und falle daher nicht in den Schutzbereich des Art. 5 Abs. 1 Satz 2, 1. Var. GG. Stimmen Sie dem zu?

Der verfassungsrechtliche Pressebegriff ist weit zu verstehen.[136] Geschützt sind alle zur Verbreitung an einen unbestimmten Personenkreis geeigneten und bestimmten Druckerzeugnisse **unabhängig von deren Wert**. Der grundgesetzliche Schutz darf nicht von einer Bewertung des Druckerzeugnisses abhängig gemacht werden.[137] Niveau, Qualität und Seriosität einer Zeitung sind daher für die Qualifizierung als Presse nicht entscheidend.[138] Indem das Landgericht Sensationspresse schon als nicht vom Schutzbereich des Art. 5 Abs. 1 Satz 2, 1. Var. GG erfasst ansieht, verkennt es die Bedeutung und Tragweite dieses Grundrechts. Dem Landgericht ist nicht zuzustimmen.

Fall 26: Leserbrief
Eva (E) schreibt einen Leserbrief an ihre regionale Tageszeitung T. Dass dieser nicht abgedruckt wird, hält sie für unzulässige Zensur. Sie ist der Ansicht, als langjährige Abonnentin habe sie ein Recht auf die Veröffentlichung ihres Briefs. T beruft sich auf die Pressefreiheit.

Zwischen E und T besteht ein Abo-Vertrag und damit ein Dauerschuldverhältnis, das T verpflichtet, E regelmäßig eine regionale Zeitung zur Verfügung zu stellen, während E verpflichtet ist, den vertraglich vereinbarten Preis für das Abonnement zu zahlen. Eine Verpflichtung, **Leserbriefe** der E abzudrucken, ergibt sich aus dem Vertragsverhältnis zwischen E und T nicht. T beruft sich auf die Pressefreiheit (Art. 5 Abs. 1 Satz 2, 1. Var. GG). Deren Schutz reicht von der Beschaffung der Information bis zur Verbreitung der Nachrichten. Sie beinhaltet auch die Entscheidung über den Inhalt und die

---

136 BVerfGE 34, 269, 283 – „Soraya" – E 2.
137 BVerfGE 34, 269, 283 – „Soraya" – E 2.
138 BVerfGE 101, 361, 389 – „Caroline von Monaco II" – E 10.

Tendenz des Presseerzeugnisses. Folglich obliegt auch die Entscheidung über den Abdruck von Leserbriefen der T. E hat kein Recht auf Veröffentlichung ihres Leserbriefs.

Fall 27: Anzeigen

Der angehende Journalist Jonathan (J) fragt Sie, ob auch der Anzeigenteil einer Zeitung durch die grundgesetzlich garantierte Pressefreiheit gedeckt ist. Was antworten Sie ihm?[139]

Der Schutz der Pressefreiheit reicht von der Beschaffung der Information bis zur Verbreitung der Nachrichten und Meinungen.[140] Anzeigen sind Nachrichten. Sie werden den Lesern ohne Stellungnahme der Redaktion zur Kenntnis gebracht. Durch die Veröffentlichung von Anzeigen werden **Nachrichten** verbreitet. Dies gehört zu den typischen Aufgaben der Presse.[141] Der Anzeigenteil einer Zeitung ist von der durch Art. 5 Abs. 1 Satz 2, 1. Var. GG garantierten Pressefreiheit erfasst.[142]

Fall 28: Online-Archiv

Zeitungsverlag Z-AG (Z) möchte alle in der Z-Zeitung erschienenen Artikel nach deren Erscheinen in der Print-Ausgabe für zwei Wochen in einem Online-Archiv veröffentlichen. Ist das Anbieten des Online-Archivs mit Presseartikeln vom Schutzbereich der Pressefreiheit erfasst?[143]

Z kann sich als juristische Person des Privatrechts gemäß Art. 19 Abs. 3 GG auf die Pressefreiheit berufen,[144] durch die sie als Zeitungsverlag geschützt ist. Es ist Aufgabe der Presse, umfassende Information zu ermöglichen, die Vielfalt der bestehenden Meinungen wiederzugeben und selbst Meinungen zu bilden und zu vertreten.[145] Die Pressefreiheit sichert neben der Freiheit der Herstellung und Verbreitung von Druckerzeugnissen auch das Unterhalten eines Online-Archivs mit bereits in gedruckter Form erschienenen Zeitungsartikeln.[146]

---

139 Angelehnt an: BVerfGE 21, 271 – „Südkurier".
140 BVerfGE 10, 118, 121 – „Berufsverbot"; BVerfGE 21, 271, 278 – „Südkurier".
141 BVerfGE 21, 271, 279 – „Südkurier".
142 BVerfGE 21, 271, 278 – „Südkurier"; BVerfGE 64, 108, 114 – „Chiffreanzeigen" – E 43.
143 Angelehnt an: BVerfGK 19, 193 = BVerfG NJW 2012, 754.
144 Vgl.: BVerfGE 80, 124, 131 – „Postzeitungsdienst".
145 BVerfGK 19, 193, Rn. 8 = BVerfG NJW 2012, 754, 755.
146 BVerfGK 19, 193, Rn. 8 = BVerfG NJW 2012, 754, 755; Beachte: Dies besagt noch nichts über die Zulässigkeit einer konkreten Berichterstattung. Im Falle einer identifizierenden Berichterstattung ist das allgemeine Persönlichkeitsrecht des Betroffenen zu berücksichtigen.

Fall 29: Betriebszeitung

Die S-AG gibt betriebsintern die B-Zeitung heraus, die sich mit Unternehmensinterna befasst und an sämtliche Mitarbeiter verteilt wird. Wird die betriebsinterne B-Zeitung durch die Pressefreiheit geschützt?

Die Pressefreiheit ist ihrem Wesen nach auch auf die S-AG als juristische Person anwendbar (vgl. Art. 19 Abs. 3 GG; § 1 Abs. 1 Satz 1 AktG). Der persönliche Schutzbereich ist damit eröffnet. Der sachliche Schutzbereich ist betroffen, wenn es sich bei der betriebsintern herausgegebenen B-Zeitung um Presse i. S. d. Art. 5 Abs. 1 Satz 2, 1. Var. GG handelt. Die B-Zeitung ist zwar ein zur Verbreitung geeignetes Druckerzeugnis, sie wird jedoch nicht der Allgemeinheit zum Kauf angeboten, sondern nur betriebsintern verteilt. Der Pressebegriff ist jedoch **„weit und formal"** zu verstehen.[147] Die Pressefreiheit dient der Gewährleistung freier, individueller und öffentlicher Meinungsbildung. Sie soll eine nicht reglementierte, offene Kommunikation gewährleisten.[148] Diese wird nicht nur durch allgemein zugängliche, sondern auch durch betriebsinterne Publikationen ermöglicht. Für den Grundrechtsschutz entscheidend ist allein das Kommunikationsmedium, nicht dagegen der Empfängerkreis oder der Vertriebsweg.[149] Es ist ausreichend, wenn sich ein Presseerzeugnis an eine größere Anzahl von Lesern richtet. Die Betriebszeitung der S-AG ist Presse i. S. d. Art. 5 Abs. 1 Satz 2, 1 Var. GG.

Fall 30: Enthüllungsjournalist

Enthüllungsjournalist Elmar (E) zieht dem zwielichtigen Manager Malte (M) der Firma F heimlich sein Smartphone aus der Tasche, um dessen Kontaktpersonen zu erfahren. Er plant, das Telefon anschließend zu behalten. Ist sein Verhalten durch die Pressefreiheit geschützt?

Art. 5 Abs. 1 Satz 2, 1. Var. GG schützt die gesamte Pressetätigkeit, von der Informationsbeschaffung bis zur Verbreitung der Nachricht. Indem E dem M sein Smartphone aus der Tasche zieht und dabei beabsichtigt, dieses zu behalten, begeht er einen Diebstahl i. S. d. § 242 Abs. 1 StGB. Auch Journalisten müssen sich an die geltenden (Straf-) Gesetze halten. Das Vorgehen des E ist nicht durch die Pressefreiheit geschützt. Weder die Meinungs- noch die Pressefreiheit können eine **rechtswidrige Informationsbeschaffung** rechtfertigen.[150]

---

147 BVerfGE 34, 269, 283 – „Soraya" – E 2.
148 BVerfGE 95, 28, 35 – „Werkszeitung" – E 45.
149 BVerfGE 95, 28, 35 – „Werkszeitung" – E 45.
150 BVerfGE 66, 116, 137 f. – „Springer/Wallraff" – E 47; Demgegenüber fällt die Verbreitung rechtswidrig erlangter Informationen in den Schutzbereich des Art. 5 Abs. 1 GG. Den Besonderheiten des konkreten Falles ist im Rahmen der Würdigung der Schrankenproblematik Rechnung zu tragen.

Fall 31: Verdeckte Recherche

Redakteur Leon (L) möchte sich mit versteckter Kamera in einen Lebensmittelbetrieb einschleichen. Er meint, die Anfertigung und Veröffentlichung solcher Aufnahmen sei zulässig, schließlich sei er Journalist und der Betrieb habe bestimmt etwas zu verbergen. Was meinen Sie?

Die Erstellung und Veröffentlichung der Aufnahmen kann in Persönlichkeitsrechte betroffener Personen sowie das Unternehmenspersönlichkeitsrecht des betroffenen Lebensmittelbetriebs eingreifen. Auch der eingerichtete und ausgeübte Gewerbebetrieb kann hier betroffen sein (§ 823 BGB). Das Anfertigen bzw. Verbreiten des Filmmaterials kann nicht nur zu Unterlassungs- und Schadensersatzansprüchen führen, L kann sich zudem wegen der Verletzung der Vertraulichkeit des Worts (§ 201 StGB) strafbar machen. Auch eine Strafbarkeit wegen Hausfriedensbruchs nach § 123 StGB ist möglich. Allerdings können Medien ihrer Kontroll- und Aufklärungsfunktion nur gerecht werden, wenn sie in der Lage sind, **Missstände aufzudecken**. Während die rechtswidrige Informationsbeschaffung nicht durch die Pressefreiheit geschützt ist, fällt die Verbreitung rechtswidrig erlangter Informationen in den Schutzbereich des Art. 5 Abs. 1 GG.[151] Die Verbreitung im Wege heimlicher Aufnahmen erlangter Informationen ist nur zulässig, wenn hinreichend sichergestellt ist, dass es dabei um Missstände von erheblichem Gewicht geht, an deren Aufdeckung ein überragendes öffentliches Interesse besteht.[152] Die Veröffentlichung heimlich aufgenommener Bilder ist damit nur in Ausnahmefällen möglich. Ein derartiger Ausnahmefall ist dem Sachverhalt nicht zu entnehmen. L hat lediglich den vagen Verdacht, der Betrieb habe etwas zu verbergen. Aufnahme und Veröffentlichung sind unzulässig.

Fall 32: Homestory

Die Illustrierte I veröffentlicht eine „Homestory" über Schauspielerin Simona (S). Diese hat sich in einem mit I geschlossenen Exklusivvertrag verpflichtet, mit keiner anderen Zeitung zu kooperieren. In der X-Zeitung erscheint ein Artikel, der sich ebenfalls mit S befasst und einige Fakten enthält, die diese in ihrer von I veröffentlichten „Homestory" bekanntgegeben hat. Bei I ist man empört und möchte gegen X vorgehen. Ist dies möglich?

Die Tätigkeit der X ist ebenso wie die der I durch die durch Art. 5 Abs. 1 Satz 2, 1. Var. GG garantierte Pressefreiheit geschützt. Ihre Mitarbeiter können sich wie jedermann aus allgemein zugänglichen Quellen unterrichten, wobei es ihnen freisteht, über was sie berichten. X ist nicht Partei des Exklusivvertrags und daher an eine zwischen I und

---

151 BVerfGE 66, 116, 137 – „Springer/Wallraff" – E 47.
152 Siehe auch § 201 Abs. 2 Satz 2 StGB.

S bestehende Vereinbarung nicht gebunden. X darf aus der bei I erschienenen „Homestory" zitieren,[153] sofern sie deren Urheberrecht beachtet.[154]

Fall 33: Der gefälschte Lebenslauf

Journalist Youssef (Y) verdächtigt Politikerin Paola (P), ihren Lebenslauf gefälscht zu haben. Er hat dies jedoch nur von einer „Quelle" gehört und kann dies nicht beweisen. Darf er über diesen Verdacht berichten?

Es ist Aufgabe der Presse, Missstände aufzuklären. Grundsätzlich darf über einen Verdacht berichtet werden, wenn er ein erhebliches Gewicht hat und an der Berichterstattung öffentliches Interesse besteht. Damit über einen Verdacht berichtet werden darf, müssen konkrete Anhaltspunkte vorliegen, die diesen begründen. Je mehr die Anschuldigungen geeignet sind, das allgemeine Persönlichkeitsrecht zu beeinträchtigen, desto höher sind die Anforderungen an eine sorgfältige Recherche. Der gefälschte Lebenslauf einer Politikerin ist von großem öffentlichem Interesse. Grundsätzlich obliegt es der Presse, im Rahmen ihrer Funktion als „Wachhund" über derartige Missstände zu berichten. Allerdings ist ein Bericht, P habe ihren Lebenslauf gefälscht, geeignet, sich abträglich auf ihr öffentliches Ansehen auszuwirken, weshalb eine sorgfältige Recherche geboten ist. Den Vorwurf allein auf eine einzige Quelle zu stützen, genügt den Anforderungen an die **journalistische Sorgfalt** nicht. Y darf über den Verdacht nicht berichten. Er muss erst noch weiter recherchieren.

Um ihrer publizistischen Sorgfaltspflicht im gebotenen Umfang nachzukommen, müssen Journalisten im Falle einer **Verdachtsberichterstattung** einiges beachten. Zunächst muss eine hinreichend sorgfältige Recherche über den Wahrheitsgehalt des Verdachts angestellt werden. Die Anforderungen an die anzuwendende Sorgfalt steigen mit der Schwere der drohenden Persönlichkeitsrechtsbeeinträchtigung. Dabei ist auch das Interesse der Allgemeinheit an einer Berichterstattung zu berücksichtigen. Öffentlichkeitswert hat eine Information erst dann, wenn ein Mindestmaß an Beweistatsachen für deren Wahrheitsgehalt sprechen. Es muss sich um einen Vorgang von gravierendem Gewicht handeln, dessen Mitteilung durch das Informationsbedürfnis der Allgemeinheit gerechtfertigt ist. Mit der Darstellung darf nicht der unzutreffende Eindruck erweckt werden, der mögliche Täter sei der ihm vorgeworfenen Handlung bereits überführt. Vor Veröffentlichung des Beitrags muss der mögliche Täter um eine Stellungnahme gebeten werden, sodass er sich zu den Vorwürfen äußern kann.[155] Ihm ist dabei mitzuteilen, was ihm konkret vorgeworfen wird.

---

153 Zum Zitatrecht siehe die Fälle 206 bis 208, S. 157 f.
154 *Fechner/Wössner*, Journalistenrecht, S. 9 und 155 ff.
155 BGHZ 199, 237, Rn. 26 = BGH NJW 2014, 2029, 2032 – „Sächsische Korruptionsaffäre"; siehe auch: *Fechner/Wössner*, Journalistenrecht, S. 77.

Fall 34: Presse-GmbH

Der Zeitungsverlag Z, eine GmbH, fühlt sich in seinen Grundrechten verletzt und möchte Verfassungsbeschwerde erheben. Ist Z grundrechtsfähig?[156]

Gemäß Art. 19 Abs. 3 GG gelten Grundrechte auch **für juristische Personen** wie eine GmbH (§ 13 GmbHG), soweit sie ihrem Wesen nach auf diese anwendbar sind. Die Pressefreiheit schützt alle im Pressewesen tätigen Personen.[157] Der Schutz ist nicht auf natürliche Personen beschränkt, auch eine GmbH kann im Pressewesen tätig sein. Die Z-GmbH ist bezüglich der Pressefreiheit grundrechtsberechtigt.

Fall 35: Schülerzeitung

In der Schülerzeitungs-AG der A-Gesamtschule haben sich Schüler im Alter von 14 bis 17 Jahren zusammengeschlossen, um gemeinsam eine Schülerzeitung herauszugeben. Sie möchten wissen, ob sie bei ihrer Tätigkeit durch Art. 5 Abs. 1 Satz 2, 1. Var. GG geschützt sind.

Die Pressefreiheit schützt die Herstellung und Verbreitung von Druckerzeugnissen. Der Schutz ist nicht auf bestimmte Personengruppen beschränkt. Minderjährige können sich auf die Pressefreiheit berufen, sobald sie die erforderliche Einsichtsfähigkeit besitzen. Eine genaue Altersgrenze lässt sich nicht festlegen.[158] Bei den 14-17jährigen Schülern der Schülerzeitungs-AG ist mangels entgegenstehender Anhaltspunkte von einer **Grundrechtsmündigkeit** auszugehen.[159] Schülerzeitungen bilden ein Übungsfeld für die Teilnahme am öffentlichen Meinungsbildungsprozess. Die Mitwirkung an einer Schülerzeitung ermöglicht Schülern, Meinungsäußerungen sowie den Umgang mit Andersdenkenden zu erlernen.[160] Diese wichtige Aufgabe können sie nur erfüllen, wenn sie durch die Pressefreiheit geschützt werden. Damit sind auch die an der Schülerzeitung mitwirkenden Schüler der Gesamtschule durch die Pressefreiheit geschützt.

2. Eingriff und verfassungsrechtliche Rechtfertigung

Fall 36: Verfassungsschutzbericht

Lissy (L) ist Verlegerin und Herausgeberin der Wochenzeitung W. Der aktuelle Verfassungsschutzbericht enthält den Hinweis auf den Verdacht, L sei bestrebt, mit Hilfe der W-Zeitung die freiheitlich-demokratische Grundordnung in Bund und Ländern zu

---

156 Angelehnt an: BVerfGE 21, 271, 277 – „Südkurier"; BVerfGE 80, 124, 131 – „Postzeitungsdienst".
157 BVerfGE 117, 244, 259 – „Cicero" – E 91.
158 Siehe hierzu: *Fechner*, Medienrecht, 3. Kapitel, Rn. 16.
159 Siehe auch die Erläuterung unter A. I. S. 4.
160 BVerfG NJW 1992, 2409, 2410 = BVerfGE 86, 122, Rn. 28 – „Berufsschüler".

beseitigen. Zur Begründung greift der Bericht einige Artikel der W heraus, um auf dieser Grundlage ein Gesamturteil über die Zeitung zu begründen.[161] Prüfen Sie, a) ob der Schutzbereich der Meinungs- oder der Pressefreiheit betroffen ist und ob b) der Verfassungsschutzbericht einen Eingriff darstellt.

a) Die durch Art. 5 Abs. 1 Satz 2, 1. Var. GG garantierte **Pressefreiheit** sichert die Freiheit der Herstellung und Verbreitung von Druckerzeugnissen und damit das Kommunikationsmedium Presse. Demgegenüber schützt die **Meinungsäußerungsfreiheit** des Art. 5 Abs. 1 Satz 1, 1. Var. GG Inhalt und Form von Meinungsäußerungen auch dann, wenn sie in Presseerzeugnissen verbreitet werden.[162] Der Verfassungsschutzbericht enthält den Hinweis auf den Verdacht, L versuche mit Hilfe der W, die freiheitlich-demokratische Grundordnung zu beseitigen. Damit betrifft er das **Presseerzeugnis** W selbst und beeinflusst die Rahmenbedingungen pressemäßiger Betätigung. Als Verlegerin und Herausgeberin der W ist L durch die Pressefreiheit (Art. 5 Abs. 1 Satz 2, 1. Var. GG) geschützt.

b) Ein Grundrechtseingriff liegt vor, wenn L die Ausübung ihres Grundrechts aus Art. 5 Abs. 1 Satz 2, 1. Var. GG durch den Verfassungsschutzbericht erschwert oder unmöglich gemacht wird. Der Verfassungsschutzbericht hat keine unmittelbaren Auswirkungen auf L und die Herausgabe der W. L wird durch den Bericht nicht gehindert, die W-Zeitung weiter herzustellen und zu vertreiben oder Artikel mit dem in dem Bericht beanstandeten Inhalt abzudrucken. Allerdings werden ihre Wirkungsmöglichkeiten durch den Bericht beeinträchtigt. Ein Verfassungsschutzbericht dient dem Zweck, durch Aufklärung der Öffentlichkeit, Bestrebungen gegen die freiheitlich demokratische Grundordnung des Bundes und der Länder abzuwehren.[163] Der Bericht hat den Charakter einer Warnung vor L und der von ihr verantworteten W. Potentielle Leser können durch den Bericht davon abgehalten werden, die W zu kaufen und zu lesen. Es ist nicht unwahrscheinlich, dass Inserenten, Journalisten oder Leserbriefschreiber die Erwähnung der W im Verfassungsschutzbericht zum Anlass nehmen, sich von der W-Zeitung abzuwenden oder sie zu boykottieren. Die im Rahmen dieser Zielsetzung ausgelösten Wirkungen erschweren der L die Ausübung des Grundrechts auf Pressefreiheit und kommen einem unmittelbaren **Eingriff** gleich.

Fall 37: Das Verbot

Die Regierung des Bundeslands B möchte gegen unlautere Methoden von Immobilienmaklern vorgehen. Sie plant daher ein Gesetz, durch das Anzeigen von Immobilienmaklern in Zeitungen und Zeitschriften generell verboten werden sollen. Greift das Gesetz in die grundrechtlich geschützte Pressefreiheit ein?

---

161 Angelehnt an: BVerfGE 113, 63, 75 – „Junge Freiheit".
162 BVerfGE 113, 63, 75 – „Junge Freiheit".
163 BVerfGE 113, 63, 77 – „Junge Freiheit".

Die Pressefreiheit schützt alle zur Verbreitung geeigneten und bestimmten Druckerzeugnisse. Auch der **Anzeigenteil von Zeitungen und Zeitschriften** wird vom Schutzbereich umfasst.[164] Die Veröffentlichung von Anzeigen gehört zu den typischen Aufgaben der Presse. Durch den Anzeigeteil ist es dem Presseverlag möglich, Einnahmen zu erzielen, die es ihm erlauben, sich staatlichen Einflussnahmen zu entziehen. Durch das Gesetz wird in den Schutzbereich des Art. 5 Abs. 1 Satz 2, 1. Var. GG eingegriffen.

Fall 38: Das Bild

Hermine (H), Herausgeberin der A-Zeitung, wird gerichtlich untersagt, ein Foto zu veröffentlichen. Das Bild zeigt die Lebensgefährtin Patty (P) eines Fußballprofis beim Spaziergang und wurde heimlich aufgenommen. H fühlt sich durch die letztinstanzliche Gerichtsentscheidung in Grundrechten verletzt.

Im Zentrum der Gewährleistung der Pressefreiheit steht das Recht, Art, Inhalt, Form und Ausrichtung eines Presseerzeugnisses frei zu bestimmen. Dazu zählt auch die Entscheidung, ob und wie die Zeitung bebildert wird. Der Schutz der Pressefreiheit erfasst auch **Abbildungen von Personen**.[165] Durch die Untersagung der Veröffentlichung des Fotos wird der Schutzbereich der Pressefreiheit berührt.[166] Indem das letztinstanzliche Urteil H die Veröffentlichung des Bildnisses untersagt, greift es in ihr Grundrecht auf Pressefreiheit ein. Der Eingriff könnte verfassungsrechtlich gerechtfertigt sein. Die Pressefreiheit ist nicht schrankenlos gewährleistet, sondern kann gemäß Art. 5 Abs. 2 GG durch allgemeine Gesetze eingeschränkt werden. §§ 22 ff. KUG sind allgemeine Gesetze. Sie lassen alle Arten von Meinungsäußerungen zu und bezwecken einen wirksamen Schutz des allgemeinen Persönlichkeitsrechts. Auslegung und Anwendung dieser Vorschriften, an deren Verfassungsmäßigkeit keine Bedenken bestehen, ist Sache der Zivilgerichte. Diese müssen dabei jedoch Bedeutung und Tragweite der von ihren Entscheidungen berührten Grundrechte beachten.[167] Das Zivilgericht hat §§ 22 ff. KUG in verfassungsgemäßer Weise angewandt. Der Pressefreiheit der H steht das durch Art. 2 Abs. 1 i. V. m. Art. 1 Abs. 1 GG garantierte allgemeine Persönlichkeitsrecht der P gegenüber. Deren Foto wurde ohne ihre Einwilligung veröffentlicht und auch eine Ausnahme i. S. d. § 23 KUG war nicht ersichtlich. Dass das Zivilgericht bei seiner Entscheidung die Bedeutung der Pressefreiheit missachtet haben könnte, ist nicht ersichtlich. Der Eingriff in die Pressefreiheit ist damit verfassungsrechtlich

---

164 BVerfGE 21, 271, 278 – „Südkurier".
165 BVerfG NJW 2001, 1921, 1922 – „Prinz Ernst August von Hannover"; BVerfG NJW 2017, 1376 – „Kachelmann".
166 Ob daneben auch das Grundrecht auf Meinungsfreiheit betroffen ist, lässt das Gericht offen, da sich dadurch keine abweichende Beurteilung ergibt. Allerdings scheint die Anwendung der Pressefreiheit bei Bildberichterstattungen auch dann üblich, wenn sie im Zusammenhang mit einer Wortberichterstattung stehen.
167 BVerfG NJW 2001, 1921, 1922 – „Prinz Ernst August von Hannover".

gerechtfertigt. H wird durch die Entscheidung, die ihr die Veröffentlichung des Fotos untersagt, nicht in Art. 5 Abs. 1 Satz 2, 1. Var. GG verletzt.

Fall 39: Die beschlagnahmte Kamera

Journalist Timur (T) besucht eine Demonstration von Globalisierungsgegnern und macht Fotos für die kommende Ausgabe der A-Zeitung. Als der zuständige Einsatzleiter der anwesenden Polizei dies entdeckt, beschlagnahmt er die Kamera, um auf den bereits angefertigten Fotos die Identität der Versammlungsteilnehmer feststellen zu können. Hierfür gibt es keine gesetzliche Grundlage.

Die grundrechtlich garantierte Pressefreiheit schützt nicht nur die Verbreitung von Informationen, sondern auch die hierfür notwendigen Vorbereitungsarbeiten, zu denen auch das Anfertigen von Fotografien gehört. Indem der Einsatzleiter T durch die Beschlagnahme der Kamera daran hindert, Fotoaufnahmen anzufertigen sowie die bereits erstellten Fotos zu verwenden, greift er irreversibel in die Pressefreiheit des T ein. Die Pressefreiheit kann grundsätzlich durch allgemeine Gesetze i.S.d. Art. 5 Abs. 2 GG, zu denen auch die Polizeigesetze der Länder gehören, eingeschränkt werden. Danach können Sachen unter bestimmten Voraussetzungen, wie z. B. bei Gefahren für die öffentliche Sicherheit und Ordnung, beschlagnahmt werden. Für eine Beschlagnahme, die allein der Identitätsfeststellung der Versammlungsteilnehmer dienen soll, gibt es keine gesetzliche Grundlage. Die Beschlagnahme ist damit unzulässig.

3. Themenauswahl und Tendenz

Fall 40: Die regierungskritische A-Zeitung

Die A-Zeitung veröffentlicht regelmäßig kritische Berichte über die Bundesregierung. Um dies zu unterbinden, macht die Bundesregierung A Vorgaben hinsichtlich der Themenauswahl. Ist dies zulässig?[168]

Es ist Aufgabe der Presse und damit auch der A-Zeitung, die Bevölkerung zu informieren und damit zur öffentlichen Meinungsbildung beizutragen.[169] Dies ist nur möglich, wenn ihr keinerlei Vorgaben hinsichtlich der Themenauswahl gemacht werden. Das Recht, Art, Ausrichtung, Inhalt und Form eines Presseerzeugnisses zu bestimmen, ist Grundvoraussetzung einer **freien Presse**.[170] Die A-Zeitung kann demnach selbst entscheiden, ob und wie sie über ein bestimmtes Thema berichtet. Indem die Regierung der A-Zeitung Vorgaben macht, greift sie in die grundrechtlich garantierte Pressefreiheit ein. Die Pressefreiheit ist zwar nicht schrankenlos gewährleistet, eine gesetzliche Grundlage für einen derartigen Eingriff ist jedoch weder ersichtlich noch zulässig. Ge-

---

168 Vgl. auch Fall 16 „Modefrisur", S. 14.
169 BVerfGE 57, 295, 319 – „FRAG, Privatfunk im Saarland, 3. Rundfunkentscheidung" – E 53; BVerfGE 101, 361, 389 – „Caroline von Monaco II" – E 10.
170 BVerfGE 52, 283, 296 – „Tendenzbetrieb".

mäß Art. 19 Abs. 1 Satz 1 GG müssen Gesetze allgemein und nicht nur für den Einzelfall gelten. Art. 5 Abs. 2 GG sieht Grundrechtseinschränkungen nur aufgrund von allgemeinen und damit meinungsneutralen Gesetzen vor. Das Vorgehen der Bundesregierung ist unzulässig.

Fall 41: Tendenz

A ist Verlegerin der A-Zeitung. Der Betriebsrat (B) ist der Ansicht, er dürfe über die Tendenz der A-Zeitung mitbestimmen. Teilen Sie diese Auffassung?[171]

Zu den durch Art. 5 Abs. 1 Satz 2, 1. Var. GG garantierten Grundbedingungen einer freien Presse gehört das Recht, die **Tendenz** einer Zeitung festzulegen und zu verwirklichen. A ist als Verleger befugt, die politische Ausrichtung der A-Zeitung zu bestimmen. B vertritt sämtliche Arbeitnehmer des Betriebs. Könnte er die Tendenz einer Zeitung bestimmen, würde das die Pressefreiheit des Verlegers erheblich einschränken. § 118 Abs. 1 Satz 1 BetrVG[172] beschränkt die Pressefreiheit nicht, sondern schützt sie. Danach sind die Vorschriften des BetrVG auf Unternehmen, auf die Art. 5 Abs. 1 Satz 2 GG Anwendung findet, nicht anwendbar, soweit die Eigenart des Unternehmens dem entgegensteht. B ist nicht befugt, die Tendenz der A zu bestimmen. Seine Aufgabe steht mit der Pressefreiheit in keinem Zusammenhang.

Die Pressefreiheit umfasst die **Tendenzfreiheit**, d. h. die Freiheit, die Grundrichtung des Presserzeugnisses in politischer und weltanschaulicher Hinsicht unbeeinflusst zu bestimmen, beizubehalten, zu verändern und zu verwirklichen.[173]

Fall 42: Innere Angelegenheiten

Die bei der Z-Zeitung angestellte Redakteurin Karina (K) verfasst einen Kommentar über den ungesetzlichen Umgang mit Spendengeldern der P-Partei. Da die Z der P nahesteht, hält Verleger (V) diesen Artikel aus politischen Gründen für nicht opportun und möchte diesen nicht veröffentlichen.

Meinungsäußerungen in Presseerzeugnissen werden durch die Meinungsfreiheit geschützt (Art. 5 Abs. 1 Satz 1, 1. Var. GG). Als Abwehrrecht des Bürgers gegen den Staat entfaltet die Meinungsäußerungsfreiheit keine unmittelbare Wirkung auf das Verhältnis zwischen der Redakteurin K und dem Verleger V. Die in Art. 5 Abs. 1 Satz 2, 1. Var. GG verankerte Pressefreiheit gewährt V die Befugnis, die **Tendenz** seiner Zeitung festzulegen, beizubehalten oder zu ändern. Dieser Tendenzschutz wäre hinfällig, könnte K sich gegenüber V unmittelbar auf die Meinungsäußerungsfreiheit oder eine **innere**

---

171 Angelehnt an: BVerfGE 52, 283 – „Tendenzbetrieb".
172 Siehe auch § 1 Abs. 4 MitbestG.
173 BVerfGE 52, 283, 296 – „Tendenzbetrieb"; BVerfGE 59, 231, 258 – „Freie Rundfunkmitarbeiter" – E 61.

Pressefreiheit berufen. Sie könnte die politische oder weltanschauliche Ausrichtung der Z auf diese Weise ändern. Folglich muss sich K an die von V vorgegebene Tendenz der Z halten.

Fall 43: Kürzung durch die Chefin

Die angestellte Journalistin Chiara (C) verfasst einen ausführlichen Artikel zum Thema Lebensversicherungen und ist stolz auf ihre umfangreichen Recherchen. Ihre Vorgesetzte Selina (S) kann den Artikel in dieser Länge in der aktuellen Ausgabe nicht unterbringen und fordert sie auf, diesen erheblich zu kürzen. C hält dies für unzulässige Zensur.

Entgegen der Auffassung der C handelt es sich hier nicht um Zensur. Das **Zensurverbot** gemäß Art. 5 Abs. 1 Satz 3 GG richtet sich ausschließlich an den Staat, den es als sog. „Schranken-Schranke" bei Beschränkungen der Kommunikationsfreiheiten seinerseits einschränkt.[174] Im Verhältnis einer Journalistin zu ihrer Vorgesetzten findet das Zensurverbot keine Anwendung. C ist als angestellte Journalisten an die Weisungen ihrer Vorgesetzten gebunden. Indem diese ihr Vorgaben macht, übt sie ihr arbeitsrechtliches **Direktionsrecht** in zulässiger Weise aus.

4. Redaktionsgeheimnis, Zeugnisverweigerung und Informantenschutz

Fall 44: Durchsuchung

Das Nachrichtenmagazin N zitiert in seiner aktuellen Ausgabe ausführlich aus geheimen Dokumenten des BKA. Gegen den möglichen Informanten wird wegen des Verrats von Dienstgeheimnissen ermittelt. Um den Informanten zu ermitteln, beantragt die Staatsanwaltschaft daher im Rahmen des Ermittlungsverfahrens beim zuständigen Amtsgericht eine Durchsuchungsanordnung. Der zuständige Richter ordnet die beantragte Durchsuchung der Redaktionsräume des N an. Chefredakteur Edmond (E) ist damit nicht einverstanden und beruft sich auf Art. 5 GG. Greift die Durchsuchungsanordnung in den Schutzbereich der Pressefreiheit ein?

Das Nachrichtenmagazin N ist ein zur Verbreitung geeignetes und bestimmtes Druckerzeugnis und damit unproblematisch ein Presseerzeugnis i. S. d. Art. 5 Abs. 1 Satz 2, 1. Var. GG. Die Pressefreiheit schützt nicht nur das Presseerzeugnis selbst, sondern alle mit der Pressearbeit zusammenhängenden Tätigkeiten, von der Beschaffung der Information bis zur Verbreitung der Nachricht.[175] Geschützt sind auch alle Voraussetzungen und Hilfstätigkeiten, ohne die die Presse ihre Funktion nicht angemessen erfüllen kann. Dazu zählen die Vertraulichkeit der Redaktionsarbeit, die Geheimhaltung der Informationsquellen sowie das Vertrauensverhältnis zwischen Presse und

---

174 Zur Zensur siehe auch die Fälle 19, S. 16, 20, S. 16, 92, S. 66, 93, S. 66 und 94, S. 66.
175 BVerfGE 10, 118, 121 – „Berufsverbot".

Informanten.[176] Da die Pressefreiheit alle im Pressewesen tätigen Personen schützt, ist auch Chefredakteur E Grundrechtsträger. Die Durchsuchung der Redaktionsräume stört die redaktionelle Arbeit und ist geeignet, das **Vertrauensverhältnis zu den Informanten** nachhaltig zu beeinträchtigen. Redaktionsdurchsuchungen können eine einschüchternde Wirkung entfalten und potentielle Informanten davon abhalten, Informationen zu liefern, die sie nur im Vertrauen auf die Wahrung ihrer Identität herauszugeben bereit sind.[177] Sie müssten begründet befürchten, bei einer Durchsuchung könnte ihre Identität festgestellt werden. Zudem liegt in der Verschaffung staatlichen Wissens über die im Bereich journalistischer Recherche hergestellten Kontakte ein Eingriff in das Redaktionsgeheimnis, dem neben dem Vertrauensverhältnis der Medien zu ihren Informanten eigenständige Bedeutung zukommt.[178] Die Durchsuchungsanordnung stellt mithin einen Grundrechtseingriff dar.

Fall 45: Kann Bob die Aussage verweigern?

Journalist Bob (B) wird in einem Strafprozess gegen einen BKA-Mitarbeiter als Zeuge geladen. Er soll dazu befragt werden, ob ihm der Angeklagte Costas (C) die vertraulichen Informationen zugespielt hat, über die er in einem seiner Artikel berichtet. Darf B die Aussage verweigern?

B darf die Aussage verweigern, wenn ihm ein **Zeugnisverweigerungsrecht** zusteht. Gemäß § 53 Abs. 1 Nr. 5 StPO sind Personen, die bei der Vorbereitung, Herstellung oder Verbreitung von Druckwerken mitwirken, zur Zeugnisverweigerung berechtigt. B ist grundsätzlich berechtigt, sein Zeugnis über die Person des Informanten sowie über den Inhalt erhaltener Informationen zu verweigern. Dies gilt jedoch nur, soweit es sich um Beiträge für den redaktionellen Teil oder redaktionell aufbereitete Informations- und Kommunikationsdienste handelt. Zur Aufklärung eines Verbrechens oder eines in § 53 Abs. 2 Satz 2 StPO genannten Vergehens kann das **Zeugnisverweigerungsrecht** eines Journalisten ausnahmsweise eingeschränkt werden. Gemäß § 53 Abs. 2 Satz 3 StPO ist es jedoch auch in diesen Fällen möglich, das Zeugnis zu verweigern, soweit die Aussage zur Offenbarung der Person des Informanten führen würde. Dies ist hier der Fall. Aus Gründen des Informantenschutzes ist B zur Zeugnisverweigerung berechtigt. Er darf seine Aussage daher verweigern.

Fall 46: Chiffregeheimnis

Die bei der Wochenzeitung W beschäftigte Redakteurin Valeska (V) soll wegen des Inhalts einer in der Samstagsausgabe erschienenen Chiffreanzeige als Zeugin vernommen werden. Sie verweigert unter Hinweis auf das Chiffregeheimnis die Aussage, wo-

---

176 BVerfGE 117, 244, 258 – „Cicero" – E 91; BVerfGE 20, 162, 176 – „Spiegel" – E 46.
177 BVerfGE 117, 244, 259 – „Cicero" – E 91.
178 BVerfGE 117, 244, 259 – „Cicero" – E 91.

raufhin das Amtsgericht ein Ordnungsgeld gegen sie festsetzt. V fühlt sich dadurch in ihrem Grundrecht auf Pressefreiheit verletzt.[179]

Das Grundrecht der Pressefreiheit umfasst auch den Anzeigenteil von Zeitungen.[180] Anzeigen dienen der Erhaltung der wirtschaftlichen Grundlage von Zeitungen und sind damit wesentliche Voraussetzung für deren Unabhängigkeit. Die Vertrauenswürdigkeit der Presse kann bei Anzeigen ebenso wie beim redaktionellen Teil davon abhängen, ob eine staatliche Einflussnahme zu befürchten ist. Das **Chiffregeheimnis** fällt damit ebenso wie das Redaktionsgeheimnis, in den Schutzbereich des Art. 5 Abs. 1 Satz 2, 1. Var. GG.[181] Mit der Festsetzung des Ordnungsgelds greift das Amtsgericht in diesen Schutzbereich ein. Der Eingriff ist zulässig, wenn er verfassungsrechtlich gerechtfertigt ist. Die Pressefreiheit kann nach dem qualifizierten Gesetzesvorbehalt in Art. 5 Abs. 2 GG durch allgemeine Gesetze eingeschränkt werden. Das Amtsgericht setzt gegen V ein Ordnungsgeld fest. Nach § 70 Abs. 1 Satz 2 StPO ist gegen den Zeugen ein Ordnungsgeld festzusetzen, sofern er das Zeugnis ohne gesetzlichen Grund verweigert. § 70 StPO enthält eine meinungsneutrale Regelung, gegen deren Verfassungsmäßigkeit keine Bedenken bestehen. § 70 StPO gilt auch für Pressevertreter, sofern ihnen nicht ein Zeugnisverweigerungsrecht nach § 53 Abs. 1 Satz 1 Nr. 5 StPO zusteht. Das Zeugnisverweigerungsrecht gilt jedoch gemäß § 53 Abs. 1 Satz 3 StPO nur, soweit es sich um Beiträge, Unterlagen, Mitteilungen und Materialien für den redaktionellen Teil oder redaktionell aufbereitete Informations- und Kommunikationsdienste handelt. Dies ist bei einer Anzeige nicht der Fall. Es erscheint hier auch nicht geboten, das Zeugnisverweigerungsrecht unmittelbar aus der Pressefreiheit herzuleiten, was in Sonderfällen möglich ist. Es gibt keine Anhaltspunkte dafür, dass die Anzeige einen Beitrag zur öffentlichen Meinungsbildung enthält oder etwas mit der Kontrollaufgabe der Presse zu tun hat. Die Festsetzung des Ordnungsgelds ist damit zulässig. Der Eingriff ist verfassungsrechtlich gerechtfertigt und verletzt V nicht in ihrem Grundrecht auf Pressefreiheit.

Fall 47: Videoüberwachung

Die Stadtverwaltung der Stadt S stellt vor dem Redaktionsgebäude der regionalen R-Zeitung eine Kamera auf, die den Eingang des Gebäudes rund um die Uhr videoüberwacht. S möchte damit in Erfahrung bringen, wer R so umfassend über die Geschehnisse im Rathaus informiert. Bei der R-Zeitung ist man der Auffassung, dies greife in die Pressefreiheit ein.

Die Pressefreiheit schützt die Medien vor dem Eindringen des Staates in die Vertraulichkeit der Redaktionsarbeit. Sie umfasst u. a. die Geheimhaltung der Informations-

---

179 Angelehnt an: BVerfGE 64, 108 – „Chiffreanzeigen" – E 43.
180 BVerfGE 64, 108, 114 – „Chiffreanzeigen" – E 43; BVerfGE 21, 271, 278 – „Südkurier".
181 BVerfGE 64, 108, 115 – „Chiffreanzeigen" – E 43.

quelle sowie das **Vertrauensverhältnis zum Informanten**. Medien sind für ihre Tätigkeit auf private Informationen angewiesen, wobei der Informationsfluss nur gewährleistet ist, wenn sich der Informant auf die Wahrung seiner Anonymität verlassen kann.[182] Die Videoüberwachung des Eingangs kann Informanten davon abhalten, das Redaktionsgebäude der R aufzusuchen. Indem die Stadtverwaltung der Stadt S die Videokamera aufstellt, um den Eingang des Redaktionsgebäudes der R zu überwachen, greift sie in den Schutzbereich der durch Art. 5 Abs. 1 Satz 2, 1. Var. GG garantierten Pressefreiheit ein.

5. Chancengleichheit

Fall 48: Pool-Lösung

Vor dem OLG Hamm findet ein im Interesse der Medienöffentlichkeit stehender, spektakulärer Strafprozess statt. Da für die Pressefotografen nicht genügend Sitzplätze zur Verfügung stehen, ordnet der Vorsitzende eine Pool-Lösung an, bei der aus dem Kreis interessierter Pressevertreter eine begrenzte Anzahl ausgewählt wird. Von diesen gefertigte Aufnahmen sind sämtlichen interessierten Medienvertretern kostenlos zur Verfügung zu stellen. Ist eine derartige Anordnung verfassungsrechtlich zulässig?

Soweit Pressevertreter zu pressespezifischen Zwecken Zugang zu Gerichtsverhandlungen begehren, fällt dies in den Schutzbereich des Art. 5 Abs. 1 Satz 2, 1. Var. GG. Erst der prinzipiell ungehinderte Zugang zu Informationen ermöglicht es der Presse, die ihr in der freiheitlichen Demokratie zukommende Rolle wirksam wahrzunehmen.[183] Die Frage der Verteilung knapper Sitzplätze an Pressevertreter wird unter dem verfassungsrechtlichen Schutz der Unabhängigkeit der Gerichte zunächst nach einfachem Recht entschieden[184] und obliegt dem Vorsitzenden des jeweiligen Verfahrens. Dieser ist gemäß § 176 GVG für die Aufrechterhaltung der Sitzungsordnung zuständig. Die Anordnung einer **Pool-Lösung** ist grundsätzlich ein geeignetes und gegenüber dem vollständigen Ausschluss der Pressefotografen milderes Mittel, Beeinträchtigungen des äußeren Ablaufs von Gerichtsverhandlungen entgegenzuwirken.[185] Der Vorsitzende kann damit auch eine Pool-Lösung vorgeben.

Fall 49: Chancengleichheit

Vor dem OLG der Stadt B wird eine im Interesse der Medienöffentlichkeit stehende Verhandlung durchgeführt. Die Platzvergabe soll nach dem Prioritätsprinzip erfolgen. Der Vertreter der Z-Zeitschrift Jason (J) ist einer der ersten Bewerber. Aufgrund seiner

182 BVerfGE 117, 244, 259 – „Cicero" – E 91.
183 BVerfGE 50, 234, 240 – „Gerichtspresse".
184 BVerfG NJW 2013, 1293, 1294 – „NSU-Prozess".
185 BVerfG NJW-RR 2008, 1069, 1071.

stets kritischen Berichterstattung wird ihm kein Platz zugewiesen. Ist dies mit dem Grundgesetz vereinbar?

Indem das OLG J keinen Zugang zu der Gerichtsverhandlung gewährt, kann es gegen die staatliche Neutralitätspflicht verstoßen. Medienvertreter haben Anspruch auf **gleichberechtigte Teilhabe** an den Berichterstattungsmöglichkeiten zu gerichtlichen Verfahren. Dieses Recht auf **Gleichbehandlung** wird aus Art. 5 Abs. 1 Satz 2 GG i. V. m. mit dem allgemeinen Gleichheitssatz aus Art. 3 Abs. 1 GG abgeleitet[186] und verhindert die willkürliche Ungleichbehandlung der Medienvertreter. Sofern die Chancengleichheit gewahrt ist, ist die Verteilung knapper Sitzplätze grundsätzlich nach dem Prioritätsprinzip möglich.[187] Hier soll die Platzvergabe zwar nach dem Prioritätsprinzip erfolgen, obwohl J einer der ersten Bewerber ist, wird er jedoch nicht berücksichtigt. Ein sachlicher Grund für diese Ungleichbehandlung gegenüber anderen Medienvertretern ist nicht ersichtlich. Es ist sachlich nicht gerechtfertigt, nur solche Medienvertreter zuzulassen, die unkritisch berichten. Der Schutz des Art. 5 Abs. 1 Satz 2 GG gilt unabhängig von der Art ihrer Berichterstattung für alle Medienvertreter. Andernfalls könnte das Gericht mittels der ihm eingeräumten sitzungspolizeilichen Befugnisse, Medienvertreter für die Art ihrer Berichterstattung nach Belieben „belohnen" und „bestrafen", die künftige Berichterstattung steuern und damit Einfluss auf den Inhalt von Veröffentlichungen gewinnen.[188] Als einer der ersten Bewerber ist J bei der Sitzplatzvergabe in unzulässiger Weise nicht berücksichtigt worden. Die Entscheidung des Gerichts ist mit Art. 5 Abs. 1 Satz 2 i. V. m. Art. 3 Abs. 1 GG unvereinbar.

Fall 50: Presse-Reise

Bundeskanzler B wird auf seinen Auslandsreisen regelmäßig von Medienvertretern begleitet. Da das Interesse die Kapazität an zur Verfügung stehenden Plätzen übersteigt, orientiert sich die Auswahl an der sachgerechten Berücksichtigung aller Medienarten, den Schwerpunktthemen der Reise sowie daran, welche Medienvertreter bei vergangenen Reisen teilnehmen durften. Der bei der Modezeitschrift M tätige Redakteur Reinhold (R) möchte auf einer Reise zum Nato-Gipfel zum ersten Mal dabei sein. R ist der Ansicht, sein Teilnahmerecht ergebe sich direkt aus dem Grundgesetz.

B ist verpflichtet, R mit auf seine Reise zum Nato-Gipfel zu nehmen, wenn dieser aus dem aus Art. 5 Abs. 1 Satz 2 i. V. m. Art. 3 GG abgeleitetes **Recht auf gleichberechtigte Teilhabe** einen Teilnahmeanspruch ableiten kann. Indem R anders als andere Medienvertreter, nicht an der Reise teilnehmen darf, wird er diesen gegenüber ungleich behandelt. Allerdings liegt ein sachlicher Grund für die Ungleichbehandlung des R gegenüber den von B eingeladenen Medienvertretern vor. Die bei der Reise des Bundes-

---

186 BVerfG NJW-RR 2008, 1069, 1071; BVerfGE 80, 124, 133 – „Postzeitungsdienst".
187 BVerfG NJW 2013, 1293, 1294 – „NSU-Prozess".
188 BVerfGE 50, 234, 243 – „Gerichtspresse".

kanzlers für Medienvertreter zur Verfügung stehenden Plätze sind begrenzt. Diese begrenzte Kapazität erfordert eine Auswahlentscheidung, die sich hier an der sachgerechten Berücksichtigung aller Medienarten, dem Schwerpunkt der Reise sowie daran orientiert, wer bei vergangenen Reisen berücksichtigt wurde. R möchte zum ersten Mal an einer derartigen Reise teilnehmen. Allerdings arbeitet er für eine Modezeitschrift, die sich gewöhnlich nicht mit einem Nato-Gipfel auseinandersetzt. R hat keinen verfassungsrechtlichen Anspruch auf Teilnahme an der Auslandsreise des Bundeskanzlers B.

6. Werbung

Fall 51: Werbung für die A-Partei

Die A-Partei möchte in der Z-Zeitung eine Anzeige schalten, in der zu einem „Bürgerdialog" aufgerufen werden soll. Z weigert sich, die Anzeige zu drucken, A meint jedoch, Z sei hierzu aufgrund ihrer Monopolstellung in der Region verpflichtet.[189]

Die Auswahl von Nachrichten und Meinungen obliegt allein den Presseorganen. Presseunternehmen dürfen den Abdruck von Anzeigen und Leserzuschriften einer bestimmten **Tendenz** verweigern und sind nicht zur Neutralität verpflichtet.[190] Die Freiheit der politischen Willensbildung wird dadurch nicht in unzulässiger Weise beeinträchtigt. Daran ändert auch eine regionale Monopolstellung nichts. Aufgrund moderner Informationstechnologien bestehen vielfältige Möglichkeiten der Verbreitung entsprechender Informationen.

7. Der Gegendarstellungsanspruch[191]

Prüfung des Gegendarstellungsanspruchs
Anspruchsgrundlage: § 4 PresseG oder § 56 RStV
1. Tatsachenbehauptung
2. berechtigtes Interesse an der Verbreitung der Gegendarstellung
   – entfällt bei offenbar unwahrem Inhalt, Belanglosigkeit, Unvollständigkeit
3. Angemessenheit des Umfangs der Gegendarstellung, d.h. keine Überschreitung des Umfangs des beanstandeten Textes
4. nur Tatsachen
5. kein strafbarer Inhalt
6. unverzüglich, d.h. spätestens drei Monate nach Veröffentlichung
7. Unterschrift

---

189 Angelehnt an: BVerfG NJW 2016, 788.
190 BVerfG NJW 2016, 788.
191 Siehe: *Fechner*, Medienrecht, 4. Kapitel, Rn. 132 ff.

Aufbau einer Gegendarstellung:
1. Überschrift: „Gegendarstellung"
2. Hinweis auf die Erstmitteilung
3. Wiedergabe der Erstmitteilung
4. Erwiderung
5. Ort, Datum, Unterschrift

Fall 52: Blödes Schwein

Die Z-Zeitung berichtet regelmäßig kritisch über den Parteivorsitzenden Peter (P). In der aktuellen Ausgabe wird P als *„blödes Schwein"* bezeichnet. Kann er mit Erfolg den Abdruck einer Gegendarstellung verlangen?

Der Gegendarstellungsanspruch kann sich aus § 10 Abs. 1 PresseG ergeben. Eine Gegendarstellung kommt nur bei **Tatsachenbehauptungen** in Betracht. Tatsachen sind im Gegensatz zu Meinungsäußerungen objektiv überprüfbar, d. h. der Wahrheitsgehalt kann grundsätzlich in einem gerichtlichen Verfahren im Rahmen einer Beweisaufnahme festgestellt werden. Der Ausdruck *„blödes Schwein"* ist nicht dem Beweis zugänglich. Es handelt sich um eine Meinungsäußerung. Da es sich nicht um eine Tatsachenbehauptung handelt, kann P keine Gegendarstellung verlangen.

Fall 53: Schock-Geständnis

Fernsehmoderator Berndt (B) sagt zu einem Kandidaten, der meint, er würde gerne nochmal heiraten, um seine Ehe zu festigen: *„Ich würde nochmal heiraten, wenn's bröckelt"*. Daraufhin veröffentlicht die Z-Zeitschrift am 12.4. auf ihrer Titelseite ein Bild, auf dem B mit seiner Frau zu sehen ist mit der Schlagzeile: *„Schock-Geständnis – Steckt seine Ehe in der Krise?"* Die von B verfasste Gegendarstellung geht Z am 16. April zu.[192]
   a) Wie wird die Gegendarstellung des B aussehen?
   b) Muss Z die Gegendarstellung des B abdrucken?

a) Die Gegendarstellung könnte so aussehen:

Gegendarstellung:
Auf der Titelseite der „Z" vom …heißt es über mich: „Schock-Geständnis – Steckt seine Ehe in der Krise?".
Hierzu stelle ich fest:
Ich habe im Zusammenhang mit meiner Ehe nichts gestanden.
Ort, Datum, Unterschrift

b) Muss Z die Gegendarstellung abdrucken?

---

[192] Angelehnt an: OLG Karlsruhe ZUM 2016, 53.

Die Verpflichtung der Z, die Gegendarstellung des B zu drucken, kann sich aus § 10 Abs. 1 PresseG ergeben. Sie besteht nur, wenn B durch eine in der Z-Zeitschrift aufgestellte Tatsachenbehauptung betroffen ist. Für die Beurteilung, ob eine Meinungsäußerung oder eine Tatsachenbehauptung vorliegt, ist die von B beanstandete Behauptung der Z in ihrem Gesamtkontext zu werten. Während Tatsachenbehauptungen dem Beweis zugänglich sind, handelt es sich bei Meinungsäußerungen um rein wertende Stellungnahmen. Dem Titel: "*Schock-Geständnis – Steckt seine Ehe in der Krise?*" wird ein unvoreingenommener und verständiger Leser die Behauptung entnehmen, B habe im Zusammenhang mit seiner Ehe etwas gestanden. Ob ein diesbezügliches Geständnis des B vorliegt, kann mit Mitteln des Beweises festgestellt werden. Sofern sich B in seiner Gegendarstellung auf diese **Tatsachenbehauptung** bezieht, besteht ein berechtigtes Interesse am Abdruck der Gegendarstellung. Diese sollte auf der Titelseite abgedruckt werden, denn grundsätzlich ist die Gegendarstellung an der Position abzudrucken, an der sie dieselbe Aufmerksamkeit des Lesers wie die bekämpfte Behauptung bewirken kann (vgl. dazu auch § 10 Abs. 3 Satz 1 PresseG). Die Gegendarstellung des B ist der Z unverzüglich, d.h. spätestens drei Monate nach Veröffentlichung der beanstandeten Äußerung, am 16. April zugegangen. Gegen die Zulässigkeit der Gegendarstellung des B bestehen keine Bedenken. Z muss diese abdrucken.

Fall 54: Der Sportwagen

Die Z-Zeitung veröffentlicht einen Artikel, in dem es heißt: „*Krankenhausdirektor Dirk (D) hat die ihm von Spendern anvertrauten Gelder verwendet, um sich einen Sportwagen zu kaufen.*" Die von D eingenommenen Spendengelder befinden sich jedoch nach wie vor auf dem dafür vorgesehenen Konto. Den Wagen hat er sich, wie er nachweisen kann, mit Mitteln aus einer Erbschaft gekauft. Kann er eine Gegendarstellung verlangen?

D kann eine Gegendarstellung verlangen, wenn die rechtlichen Voraussetzungen dafür erfüllt sind. Wie er die Spendengelder verwendet hat, ist dem Beweis zugänglich; es handelt sich damit um eine Tatsachenbehauptung. Durch die Beschuldigung, Spendengelder veruntreut zu haben, wird in das allgemeine Persönlichkeitsrecht des D eingegriffen. Er hat folglich auch ein berechtigtes Interesse an der Verbreitung einer Gegendarstellung. D muss jedoch darauf achten, dass er nur Tatsachen schreibt, keinen strafbaren Inhalt veröffentlicht und seine Gegendarstellung den Umfang des gerügten Artikels nicht übersteigt. Zudem muss die Gegendarstellung von ihm unterschrieben werden und der Z-Zeitung unverzüglich, spätestens innerhalb von drei Monaten nach der Veröffentlichung des Artikels zugehen.

8. Auskunftsansprüche von Medienvertretern[193]

Fall 55: Transparente Justiz

Die Zeitungsverlagsgruppe V begehrt die Übersendung einer Kopie des in einem Strafverfahren gegen den Innenminister des Landes T ergangenen Urteils. Bereits die sechs Tage dauernde Hauptverhandlung war von umfassender Medienberichterstattung begleitet. Besteht ein Auskunftsanspruch nach § 4 PresseG?[194]

Nach § 4 Abs. 1 PresseG sind Behörden sowie die der Aufsicht des Landes unterliegenden Körperschaften des öffentlichen Rechts verpflichtet, Vertretern der Presse die der Erfüllung ihrer öffentlichen Aufgaben dienenden **Auskünfte** zu erteilen. Der Inhalt des presserechtlichen Auskunftsanspruchs wird in den Landespressegesetzen nicht näher präzisiert. Für die Bestimmung des konkreten Auskunftsanspruchs ist daher eine Abwägung der widerstreitenden Interessen durchzuführen, wobei das öffentliche Informationsinteresse vom Gegenstand des Auskunftsersuchens und damit der beabsichtigten Berichterstattung abhängt.[195] Während Medienvertreter grundsätzlich nicht berechtigt sind, Behördenakten einzusehen, bestehen bzgl. Gerichtsentscheidungen Besonderheiten. Für veröffentlichungswürdige Gerichtsentscheidungen besteht grundsätzlich eine Publikationspflicht, die aus dem Rechtstaatsprinzip i. V. m. der Justizgewährungspflicht, dem Demokratieprinzip und dem Grundsatz der Gewaltenteilung hergeleitet wird.[196] Diese Pflicht kann bereits vor Eintritt der Rechtskraft greifen und bezieht sich auf Entscheidungen in ihrem amtlichen Wortlaut, wobei persönliche Angaben und Umstände in der Regel zu anonymisieren sind. Pressevertreter üben mit der Recherche über Gerichtsverfahren, an dem ein ehemaliger Innenminister beteiligt ist, eine wichtige **Kontrollfunktion** aus.[197] Auskunftsverweigerungsgründe i. S. d. § 4 Abs. 2 PresseG sind nicht ersichtlich, insbesondere droht keine konkrete Gefahr für das Strafverfahren. Die Herausgabe des Urteils darf daher nicht verweigert werden. V steht ein Auskunftsanspruch aus § 4 Abs. 1 PresseG zu.

Fall 56: Abwasser- und Energieversorgung

Die A-AG (A) erbringt Leistungen der Abwasser- und Energieversorgung. 70 % der Aktienanteile werden von der Kommune K gehalten. Journalistin Melinda (M) verdächtigt A, öffentliche Mittel nicht sachgerecht verwendet zu haben und verlangt Auskunft nach dem Landespressegesetz.[198]

---

193 Hierzu: *Fechner*, Medienrecht, 8. Kapitel, Rn. 87 ff.
194 Angelehnt an: BVerfG NJW 2015, 3708.
195 BVerfG NJW 2015, 3708, 3709.
196 BVerfG NJW 2015, 3708, 3710.
197 BVerfG NJW 2015, 3708, 3709.
198 Angelehnt an: BGH NJW 2005, 1720.

Nach § 4 PresseG sind Behörden verpflichtet, Pressevertretern die der Erfüllung ihrer öffentlichen Aufgaben dienende Auskünfte zu erteilen. Der presserechtliche Behördenbegriff ist nicht organisatorisch-verwaltungstechnisch, sondern funktionell-teleologisch zu verstehen. Um die Funktion der Presse im Rahmen der demokratischen Meinungs- und Willensbildung zu gewährleisten, ist die Berichterstattung nicht auf die staatliche Eingriffsverwaltung als typische Form staatlichen Handelns beschränkt, sie umfasst auch die Wahrnehmung öffentlicher Aufgaben im Bereich der Leistungsverwaltung.[199] Der presserechtliche Behördenbegriff erfasst auch von der öffentlichen Hand beherrschte juristische Personen des Privatrechts, die zur Erfüllung öffentlicher Aufgaben im Bereich der Daseinsvorsorge eingesetzt werden.[200] Eine Beherrschung i. d. S. liegt in der Regel vor, wenn **mehr als die Hälfte** der Anteile im Eigentum der öffentlichen Hand stehen.[201] K hält 70 % der Anteile der A. A kann sich nicht auf § 4 Abs. 2 Nr. 3 PresseG berufen. Im Hinblick auf die sachgerechte Verwendung öffentlicher Mittel kommt dem Informationsinteresse der M größeres Gewicht zu als dem Interesse der A an der Geheimhaltung der Vertragskonditionen. M steht ein Auskunftsanspruch nach § 4 PresseG zu.

Fall 57: Das richtige Gesetz
Journalist Glenn (G) möchte einen Auskunftsanspruch gegenüber dem Thüringer Landesamt für Statistik geltend machen. Steht ihm ein Auskunftsanspruch nach dem IFG des Bundes zu?[202]

Journalist G hat wie jeder andere Bürger nach Maßgabe des IFG Anspruch auf Zugang zu amtlichen Informationen. Dieser Anspruch besteht jedoch gemäß § 1 Abs. 1 Satz 1 IFG nur gegenüber **Behörden des Bundes**. Das Landesamt für Statistik ist eine Behörde des Freistaats Thüringen. Landesbehörden fallen nicht in den Anwendungsbereich des IFG des Bundes.[203] G kann aus dem IFG des Bundes keinen Auskunftsanspruch gegenüber dem Thüringer Landesamt für Statistik geltend machen. Allerdings existieren in vielen Bundesländern vergleichbare Regelungen.

Fall 58: Akteneinsicht
Journalist Nathan (N) macht gegenüber dem Bundesverteidigungsministerium einen Auskunftsanspruch geltend. Da es sich nicht um vertrauliche Informationen handelt, ist er sicher, dass Auskunft erteilt wird. Er möchte wissen, ob er auch Akteneinsicht verlangen kann und ob er diese nach dem IFG oder dem Landespressegesetz geltend machen kann.

199 BGH, Urt. v. 16.03.2017 – I ZR 13/16 – BeckRS 2017, 120117, Rn. 18 f.
200 BGH NJW 2005, 1720.
201 BGH, Urt. v. 16.03.2017 – I ZR 13/16.
202 Angelehnt an: VG München, Urt. v. 21.07.2015 – M 5 K 14.3675, BeckRS 2015, 52839.
203 Zum IFG siehe auch: *Fechner*, Medienrecht, 3. Kapitel, Rn. 92 ff.

Gemäß § 1 Abs. 1 Satz 1 IFG hat jeder, und damit auch N, gegenüber Bundesbehörden Anspruch auf Zugang zu amtlichen Informationen. Sofern keine spezielleren gesetzlichen Vorschriften ersichtlich sind, kann N gegenüber dem Bundesverteidigungsministerium einen Anspruch auf Akteneinsicht geltend machen. Die Akteneinsicht ist ihm zu gestatten, wenn der Anspruch auf Informationszugang nicht nach §§ 3–6 IFG ausgeschlossen ist. Die Akteneinsicht kann nur aus wichtigem Grund durch eine andere Art des Informationszugangs ersetzt werden (§ 1 Abs. 2 Satz 2 IFG). Davon abgesehen, dass dem Landesgesetzgeber die Kompetenz fehlt, Bundesbehörden zur Auskunft zu verpflichten[204], besteht nach den Pressegesetzen der Länder grundsätzlich kein Anspruch auf Akteneinsicht. Hier liegt die Art und Weise der Auskunftserteilung grundsätzlich im Ermessen der Behörde.[205]

Fall 59: Zugang zu Informationen
Journalistin Edith (E) macht beim Bundesverkehrsministerium einen Anspruch auf Einsicht bestimmter Unterlagen nach dem Informationsfreiheitsgesetz geltend. Die begehrten Informationen liegen dem Verkehrsministerium tatsächlich nicht vor, könnten von diesem jedoch mit einigem Aufwand beschafft werden. Steht E ein Auskunftsanspruch nach dem IFG zu?[206]

§ 1 Abs. 1 Satz 1 IFG garantiert E gegenüber dem Bundesverkehrsministerium einen Anspruch auf Zugang zu amtlichen Informationen. Amtliche Information ist gemäß § 2 Nr. 1 IFG jede amtlichen Zwecken dienende Aufzeichnung, unabhängig von der Art ihrer Speicherung. Der E grundsätzlich zustehende Informationsanspruch ist auf die beim Bundesverkehrsministerium **vorhandenen Informationen** beschränkt.[207] Es ist daher nicht verpflichtet, die von E begehrten Informationen zu beschaffen. E steht kein Auskunftsanspruch nach dem IFG zu.

Fall 60: Außerirdisches Leben
Journalistin Naomi (N) beantragt beim Deutschen Bundestag, ihr Kopien von Ausarbeitungen des Wissenschaftlichen Dienstes über die Suche nach außerirdischem Leben zur Verfügung zu stellen. Steht N ein Auskunftsanspruch nach dem IFG zu?[208]

N könnte gemäß § 1 Abs. 1 Satz 1 IFG Anspruch auf Zugang zu den begehrten Unterlagen haben. Der Anspruch auf Zugang zu amtlichen Informationen besteht danach ausschließlich gegenüber „Behörden des Bundes". Dieser Regelung liegt ein funktioneller Behördenbegriff zugrunde. Eine **Behörde** ist jede Stelle im Sinne einer eigenständigen

---

204 So: BVerwGE 146, 56, Rn. 18; *Fechner/Krischok/Pelz* AfP 2014, 213 f.; a. A.: *Dietrich* K&R 2011, 385, 387.
205 BVerfG NJW 2015, 3708, 3709.
206 Angelehnt an: OLG Hamm ZD 2016, 439.
207 Vgl.: BVerfG, Beschluss vom 20.06.2017 – 1 BvR 1978/13, BeckRS 2017, 116390, Rn. 23.
208 Angelehnt an: BVerwG ZUM-RD 2016, 265.

Organisationseinheit, die öffentlich-rechtliche Verwaltungsaufgaben wahrnimmt.[209] Der Begriff der Verwaltung ist dabei in Abgrenzung zu anderen Staatsfunktionen zu bestimmen. Demnach ist der Bundestag bei der Ausübung des Budgetrechts, in seiner Funktion als Gesetzgeber sowie im Bereich der Wahrnehmung sonstiger parlamentarischer Angelegenheiten nicht informationspflichtig.[210] Zur Erfüllung ihrer Aufgaben sind die Abgeordneten auf verlässliche Informationen angewiesen, zu deren Erlangung sie sich des Wissenschaftlichen Dienstes bedienen können. Allerdings geht diese Zuarbeit der mandatsbezogenen Aufgabenerfüllung voraus. Sie muss politisch neutral sein.[211] Parlamentarische Bedeutung erlangt sie erst mit Verarbeitung, Bewertung und Umsetzung durch die Abgeordneten. Es gibt keine Anhaltspunkte dafür, dass die Art und Weise der Ausübung des freien Mandats (Art. 38 Abs. 1 Satz 2 GG) durch den Zugang zu der Ausarbeitung des Wissenschaftlichen Dienstes beeinträchtigt wird. Der Anspruch auf Informationszugang ist auch nicht nach § 6 Satz 1 IFG ausgeschlossen. Der Schutz geistigen Eigentums steht der Weitergabe der Informationen nicht entgegen. Ob der Ausarbeitung des Wissenschaftlichen Dienstes die notwendige Schöpfungshöhe (§ 2 Abs. 2 UrhG) zukommt, um als Sprachwerk nach § 2 Abs. 1 Nr. 1 UrhG urheberrechtlich geschützt zu sein, kann dahinstehen. Durch den begehrten Informationszugang wird das Erstveröffentlichungsrecht (§ 12 UrhG) des Urhebers[212] nicht verletzt. Da die Ausarbeitung im Rahmen eines Dienstverhältnisses erfolgt, sind die Vorschriften über die Einräumung von Nutzungsrechten (§§ 31 ff. UrhG) anwendbar (§ 43 UrhG). Es ist davon auszugehen, dass ein Beamter, der in Erfüllung seiner Dienstpflichten ein Werk geschaffen hat, seinem Dienstherrn stillschweigend sämtliche Nutzungsrechte einräumt, die dieser zur Erfüllung seiner Aufgaben benötigt.[213] Das Erstveröffentlichungsrecht steht somit nicht mehr dem Urheber zu, sondern ist auf die Bundestagsverwaltung übergegangen. Der Gewährung von Informationszugang steht nichts entgegen. N steht ein Auskunftsanspruch nach § 1 Abs. 1 Satz 1 IFG zu.

Fall 61: Zutritt verweigert

Der freie Fotojournalist Fabritius (F) plant eine Bildberichterstattung über eine in einer Veranstaltungshalle stattfindende Sportveranstaltung. Er bittet den privaten Veranstalter (P) dort Fotos anfertigen zu dürfen, doch dieser verweigert ihm den Zutritt. F meint, der Zutritt dürfe ihm schon aufgrund des Versammlungsgesetzes nicht verweigert werden.

Gemäß § 6 Abs. 2 VersG ist Pressevertretern der Zutritt zu öffentlichen Versammlungen in geschlossenen Räumen zu gestatten. F muss Zutritt gewährt werden, wenn es

209 BVerwG ZUM-RD 2016, 265, 267.
210 BVerwG ZUM-RD 2016, 265, 267.
211 BVerwG ZUM-RD 2016, 265, 268.
212 Siehe hierzu D, S. 146 f.
213 BVerwG ZUM-RD 2016, 265, 271 f.

sich bei der Sportveranstaltung um eine **Versammlung** i.S.d. Versammlungsgesetzes handelt. Eine Versammlung in diesem Sinne liegt nur vor, wenn sich eine Mehrheit von Personen zusammenfindet, um gemeinsam eine Meinung zu bilden oder zu äußern. Volksfeste und Vergnügungsveranstaltungen fallen damit ebenso wenig unter den Versammlungsbegriff wie Veranstaltungen, die der bloßen Zurschaustellung eines Lebensgefühls dienen oder die als eine auf Spaß und Unterhaltung ausgerichtete öffentliche Massenparty gedacht sind.[214] Die Sportveranstaltung hat daher nicht den Charakter einer öffentlichen Versammlung. Das Versammlungsgesetz steht einer Zutrittsverweigerung durch den Veranstalter nicht entgegen.

IV. Buch[215]

Kurzübersicht

- Bücher sind „Presse" i.S.d. Art. 5 Abs. 1 GG und der Landespressegesetze.[216]

Buchpreisbindung

- Die Buchpreisbindung ist im Gesetz über die Preisbindung von Büchern geregelt (BuchPrG).[217]
- Zweck des Gesetzes ist der Schutz des „Kulturguts" Buch, der Erhalt eines breiten Buchangebots sowie die Förderung einer Vielzahl von Verkaufsstellen (§ 1 Buch-PrG).
- Die Preisbindung bezieht sich nicht nur auf gedruckte Bücher, sondern auch auf E-Books, Musiknoten, kartographische Werke (§ 2 Abs. 1 BuchPrG), nicht jedoch auf Hörbücher.
- Der Verleger/Importeur ist verpflichtet, einen Endpreis für den Verkauf an Letztabnehmer i.S.d. § 2 Abs. 3 BuchPrG festzusetzen und zu veröffentlichen (§ 5 Buch-PrG).
- Wer Bücher gewerbs- oder geschäftsmäßig an Letztabnehmer in Deutschland verkauft, muss den nach § 5 BuchPrG festgesetzten Preis einhalten (§ 3 Satz 1 Buch-PrG). Dies gilt nicht für gebrauchte Bücher (§ 3 Satz 2 BuchPrG). Maßgeblich ist, ob der festgesetzte Preis schon einmal bezahlt worden ist.
- Ausnahmen können sich aus § 7 BuchPrG ergeben.
- Die Dauer der Preisbindung ist in § 8 BuchPrG geregelt.

---

214 BVerfG NJW 2001, 2459, 2460 – „Love Parade".
215 *Fechner*, Medienrecht, 9. Kapitel.
216 Allerdings ist zu beachten, dass einige presserechtliche Vorschriften nur auf „periodische Presse" anzuwenden sind.
217 Vorschriftensammlung T 27.

Beispielsfälle

Fall 62: Happy Hour

Buchhändlerin Lily (L) möchte neue Kunden anlocken. Aus diesem Grund gewährt sie jeden Tag von 17–18 Uhr im Rahmen einer „Happy Hour" „20 % auf alle Taschenbücher". Halten Sie dies für zulässig?

L könnte mit ihrem Verhalten gegen die Vorschriften des Gesetzes über die Preisbindung von Büchern verstoßen. Gemäß § 3 Satz 1 BuchPrG müssen beim **geschäfts- oder gewerbsmäßigen Verkauf von Büchern an Letztabnehmer** die entsprechend § 5 BuchPrG festgesetzten Preise verlangt werden. L ist Buchhändlerin, die gewerblich sowie geschäftlich Bücher an Endkunden verkauft. Ihre Rabattaktion kann dazu führen, dass Kunden die Entscheidung, bei welchem Händler sie ihre Bücher beziehen, am Preis ausrichten. Ein derartiger Preiswettbewerb zwischen Buchhändlern soll durch die Buchpreisbindung verhindert werden. Mit ihrer „Happy Hour" verstößt L gegen § 3 BuchPrG.

Gewerbsmäßig i. S. d. BuchPrG handelt, wer berufsmäßig in der Absicht dauernder Gewinnerzielung geschäftlich tätig wird.[218]

Fall 63: Mängelexemplar

Um Platz für die neuesten Bestseller zu schaffen, kennzeichnet Buchhändler Benno (B) mangelfreie Bücher durch einen Stempelaufdruck auf dem Einband als „Mängelexemplar" (sog. „Mängelung"), um diese preisgünstiger verkaufen zu können. Ist dies zulässig?[219]

Die Kennzeichnung mangelfreier Bücher als „Mängelexemplar" könnte einen Verstoß gegen § 3 Satz 1 BuchPrG darstellen. B verkauft gewerbsmäßig und geschäftsmäßig Bücher an Endkunden und ist daher grundsätzlich an die festgesetzten Buchpreise gebunden (§ 3, 5 BuchPrG). Nach § 7 Abs. 1 Nr. 4 BuchPrG ist der Verkauf von Büchern, die aufgrund einer Beschädigung oder eines sonstigen Fehlers als Mängelexemplare gekennzeichnet sind, ausnahmsweise nicht an den festgesetzten Buchpreis gebunden. Dies setzt jedoch voraus, dass das Buch äußerlich erkennbare Schäden oder Fehler aufweist. Allein die entsprechende Kennzeichnung macht ein Buch nicht zum „Mängelexemplar". Der Verkauf mangelfreier Bücher als „Mängelexemplar" verstößt gegen das Buchpreisbindungsgesetz.

Möglicher Prüfungsaufbau
1. Preisbindung (§ 3 Satz 1 BuchPrG)
– gewerbs-/ geschäftsmäßiger Verkauf von Büchern an Letztabnehmer

---

218 BT-Drs. 14/9196, 10.
219 Angelehnt an: OLG Frankfurt a. M. NJW 2005, 3359.

- Buch (§ 2 Abs. 1 BuchPrG)
- Letztabnehmer (§ 2 Abs. 3 BuchPrG)
- Preisfestsetzung durch Verleger/Importeur (§ 5 Abs. 1 BuchPrG)
2. Ausnahmen (§ 7 BuchPrG)
3. Ablauf der Bindungsfrist (§ 8 BuchPrG)
Ansprüche bei Verstoß gegen die Buchpreisbindung
- Unterlassung (§ 9 Abs. 1 Satz 1 BuchPrG)
- Schadensersatz (§ 9 Abs. 1 Satz 2 BuchPrG)

Fall 64: Hörbücher und Noten
Buchhändlerin Cindy (C) bietet Hörbücher für 2 €/Stück und Notenhefte für 1 €/Stück und damit weit unterhalb des üblichen Preises an. Ist dies zulässig?

Gemäß § 3 Satz 1 BuchPrG muss beim gewerbs- oder geschäftsmäßigen Verkauf von Büchern an Endkunden der vom Verleger oder Importeuer festgesetzte Preis (§ 5 Buch-PrG) eingehalten werden. C ist gewerblich tätig und verkauft ihre Bücher an Letztabnehmer. Die Anwendbarkeit des BuchPrG ergibt sich aus § 2 Abs. 1 BuchPrG. Danach sind auch **Musiknoten** Bücher i. S. d. Gesetzes. **Hörbücher** fallen nicht in den Anwendungsbereich des BuchPrG. Während die Reduzierung des Kaufpreises bei den Hörbüchern nach dem BuchPrG zulässig war, verstößt die Reduzierung des festgesetzten Preises der Musiknoten gegen § 3 BuchPrG.

Geschäftsmäßig handelt, wer die Wiederholung gleichartiger Tätigkeiten zum wiederkehrenden Bestandteil seiner Beschäftigung macht. Gewinnerzielungsabsicht ist nicht erforderlich.[220]

Fall 65: Gutschein
Internethändler Igor (I) vertreibt „fast alles" – und damit auch Bücher. Er kauft auch alte Bücher seiner Kunden auf und schenkt Kunden, die ihm mehrere ihrer gebrauchten Bücher verkaufen, einen Fünf-Euro-Rabattgutschein. Der Gutschein kann nach Wahl des Kunden für alle Produkte eingelöst werden – auch für preisgebundene Bücher.[221]

Bei dem Verkauf neuer Bücher an Letztabnehmer ist I nach § 3 Satz 1 BuchPrG verpflichtet, die nach § 5 BuchPrG von den Verlegern festgesetzten Preise einzuhalten. Sofern ein Kunde den erhaltenen **Gutschein** bei einem Kauf eines preisgebundenen Buches einsetzt, erhält I für den Verkauf dieses Buches ein geringeres Entgelt als den gebundenen Preis. Dass der Gutschein auch für andere Produkte hätte eingesetzt werden können und die Entscheidung, den Gutschein für preisgebundene Bücher einzu-

---

220 BT-Drs. 14/9196, 10.
221 Angelehnt an: BGH GRUR 2016, 298 – „Gutscheinaktion beim Buchankauf".

setzen, eine autonome Kundenentscheidung darstellt, ändert daran nichts. I gewährt mit der Gutscheinaktion einen Preisnachlass auf den gebundenen Buchpreis. Eine Ausnahme i. S. d. § 7 BuchPrG liegt nicht vor. Der Verstoß gegen § 3 BuchPrG ist damit auch hier zu bejahen.

Fall 66: Gebrauchte Bücher

Bernd (B) betreibt eine Internetseite, über die er regelmäßig alte, gelesene Bücher preisgünstig verkauft. Er hat auch einige neue Bücher, die er einmal als Geschenk erhalten hat, in seinem Regal stehen und fragt, ob er diese ebenfalls unter dem vorgesehenen Ladenpreis veräußern darf.

Nach § 3 Satz 1 BuchPrG muss beim gewerbs- oder geschäftsmäßigen Verkauf von Büchern an Letztabnehmer der festgesetzte Preis eingehalten werden. B verkauft regelmäßig Bücher an Letztabnehmer und handelt damit jedenfalls geschäftsmäßig. Gemäß § 3 Satz 2 BuchPrG gilt die Buchpreisbindung nicht für **gebrauchte Bücher**. Die Bücher, die B in seinem Regal aufbewahrt, sind zum Teil neuwertig. Allerdings kommt es im Rahmen des § 3 Satz 2 BuchPrG nicht darauf an, in welchem Zustand sich das Buch befindet. Entscheidend ist, ob einmal der dafür vorgesehene Kaufpreis gezahlt wurde. Die Bücher des B sind zwar neuwertig, der Ladenpreis wurde aber bereits entrichtet. B ist damit bei dem Verkauf der Bücher nicht an den festgesetzten Kaufpreis gebunden.

Fall 67: Rezensenten-Exemplare

Über eine Auktionsplattform „versteigert" Annegret (A) regelmäßig Bücher. Sämtliche der von ihr angebotenen Werke sind originalverpackte Neuerscheinungen, die A von Verlagen zu Rezensionszwecken erhalten hat. Bei einem Startgebot von 1 € verkauft sie sämtliche Werke für Preise, die unterhalb des Ladenpreises liegen.[222]

Gemäß § 3 Satz 1 BuchPrG muss beim gewerbs- oder geschäftsmäßigen Verkauf von Büchern an Endkunden der vom Verleger oder Importeuer festgesetzte Preis (§ 5 BuchPrG) eingehalten werden. Indem A regelmäßig Bücher an Letztabnehmer verkauft, handelt sie jedenfalls geschäftsmäßig. Sämtliche Werke sind neuwertig, sie verkauft keine gebrauchten Bücher, die gemäß § 3 Satz 2 BuchPrG keiner Preisbindung unterliegen. Es handelt sich um Bücher, die A von den Verlagen zu Rezensionszwecken erhalten hat. Ein entgeltlicher Verkauf hat daher bisher nicht stattgefunden. Da keine Ausnahme i. S. d. § 7 BuchPrG vorliegt, ist A an den festgesetzten Buchpreis gebunden.

Fall 68: Schulbücher

Die Schulverwaltung des Bundeslands L bestellt bei Buchhändler Blake (B) Schulbücher. B ist über die Bestellung von 700 Exemplaren eines Schulbuchs, bei dem es sich um Pflichtlektüre für das Zentralabitur handelt, begeistert. Da er fürchtet, L könne

---

222 Angelehnt an: OLG Frankfurt a. M. MMR 2004, 685 – „Rezensionsexemplare" – E 88.

demnächst bei seinem aufstrebenden Konkurrenten K bestellen, gewährt er in diesem Fall ausnahmsweise 20 % Rabatt.

Buchhändler B ist an den festgesetzten Buchpreis gebunden (§§ 3, 5 BuchPrG). Die Schulverwaltung erwirbt die Bücher nicht zum Weiterverkauf und ist damit Letztabnehmer (§ 2 Abs. 3 BuchPrG). Gemäß der Ausnahmevorschrift des § 7 Abs. 3 BuchPrG gewähren Händler bei **Sammelbestellungen von Büchern** für den Schulunterricht, die zu Eigentum der öffentlichen Hand angeschafft werden, abhängig von der bestellten Stückzahl und dem Gesamtwert Nachlässe. Bei einem Auftrag im Gesamtwert von mehr als 50.000 € sind 15 % Nachlass vorgesehen. 20 % Nachlass können jedoch bei keiner Bestellung gewährt werden. B durfte der Schulverwaltung daher keinen Nachlass in Höhe von 20 % gewähren. Indem er dennoch Rabatt gewährt, verstößt er gegen § 3 BuchPrG.

Fall 69: Noch mehr Schulbücher

Buchhändlerin Birte (B) vertreibt über einen Online-Marketplace Bücher. Der Schulförderverein S richtet auf seiner Website einen Link zu dieser Seite ein. Für so bestellte Bücher erhält S eine Werbekostenerstattung von 6 Prozent des Kaufpreises. Buchkäufer müssen den vollen Buchpreis bezahlen.[223]

B verkauft Bücher an Letztabnehmer und muss den nach § 5 BuchPrG festgesetzten Preis einhalten (§ 3 Abs. 1 BuchPrG). Für die Prüfung eines Verstoßes gegen die Buchpreisbindung ist maßgeblich, ob das Vermögen des Buchhändlers beim Verkauf neuer Bücher in Höhe des gebundenen Preises vermehrt wird.[224] Das ist auch dann der Fall, wenn Letztabnehmer über den Link auf der Website des S zu dem Angebot der B gelangen und bei ihr preisgebundene Bücher erwerben.[225] Der Umstand, dass S für solche Verkäufe eine Werbekostenerstattung erhält, ändert daran nichts. Die Buchpreisbindung bezweckt nicht die Unterbindung jeglichen Wettbewerbs, sondern dient ausschließlich der **Verhinderung des Preiswettbewerbs** gegenüber Letztabnehmern. Ein Verstoß gegen die Buchpreisbindung liegt hier nicht vor.

---

223 Angelehnt an: BGH GRUR 2017, 199 – „Förderverein".
224 BGH GRUR 2016, 298, 300 – „Gutscheinaktion beim Buchankauf".
225 BGH GRUR 2017, 199, 200 – „Förderverein".

V. Rundfunk[226]

Kurzübersicht

- Die Rundfunkfreiheit ist in Art. 5 Abs. 1 Satz 2, 2. Var. GG verfassungsrechtlich garantiert. Sie wird durch die „Rundfunkentscheidungen" des Bundesverfassungsgerichts ausgestaltet.
- Der Rundfunkbegriff ist im Grundgesetz nicht definiert. Eine einfachgesetzliche Definition findet sich in § 2 Abs. 1 Satz 1 RStV.
- Auf europäischer Ebene wird die Rundfunkfreiheit durch Art. 11 Abs. 2 GRCh gewährleistet, wonach die Freiheit der Medien und ihre Pluralität geachtet werden. Wie sich aus Art. 10 Abs. 1 Satz 3 EMRK ergibt, erfasst die Rundfunkfreiheit i. S. d. EMRK sowohl den Hörfunk als auch den Fernsehrundfunk.

Schutzbereich

- Grundrechtsberechtigt ist jeder, der Rundfunk veranstaltet[227] oder sich um eine Rundfunklizenz bewirbt.[228]
- Art. 5 Abs. 1 Satz 2, 2. Var. GG schützt jede Vermittlung von Informationen und Meinungen,[229] insbesondere die Beschaffung von Informationen, die Produktion von Sendungen, die Vertraulichkeit der Redaktionsarbeit, das Vertrauensverhältnis zum Informanten[230] sowie die Auswahl der Mitarbeiter.
- Die Rundfunkfreiheit ist eine „dienende Freiheit". Sie dient der freien individuellen und öffentlichen Meinungsbildung.[231]
- Rundfunk muss von staatlicher Beherrschung und Einflussnahme frei sein[232] (Grundsatz der Staatsferne). Der Gesetzgeber ist verpflichtet, einer vorherrschenden Meinungsmacht entgegenzuwirken und die Meinungsvielfalt zu sichern.[233]

Schranken

- Begrenzt wird der Schutzbereich durch den qualifizierten Gesetzesvorbehalt in Art. 5 Abs. 2 GG.[234]

---

226 *Fechner*, Medienrecht, 10. Kapitel.
227 BVerfGE 95, 220, 235 – „Aufzeichnungspflicht" – E 64.
228 BVerfGE 97, 298, 312 – „extra radio", „private Rundfunkanbieter" – E 66.
229 BVerfGE 57, 295, 319 – „FRAG, Privatfunk im Saarland, 3. Rundfunkentscheidung" – E 53.
230 BVerfGE 77, 65, 74 – „Beschlagnahme von Filmmaterial".
231 BVerfGE 74, 297, 323 f. – „5. Rundfunkentscheidung", „Baden-Württemberg" – E 55; BVerfGE 87, 181, 197 – „7. Rundfunkentscheidung", „Hessen 3" – E 57.
232 BVerfGE 73, 118, 152 – „4. Rundfunkentscheidung", „Niedersachsen" – E 54.
233 BVerfGE 73, 118, 172 – „4. Rundfunkentscheidung", „Niedersachsen" – E 54.
234 Siehe hierzu A. I., S. 2.

Schranken-Schranke

▪ Das Zensurverbot in Art. 5 Abs. 1 Satz 3 GG verbietet nur die Vorzensur, d. h. die Abhängigkeit von einer staatlichen Vorprüfung oder Genehmigung.[235]

Derzeit besteht eine duale Rundfunkordnung (auch „duales System"), d. h. öffentlich-rechtliche und private Veranstalter stehen nebeneinander.

Öffentlich-rechtliche Rundfunkanstalten

▪ Vorschriften für den öffentlich-rechtlichen Rundfunk finden sich im Rundfunk-staatsvertrag (insbesondere §§ 11 ff. RStV) sowie den Landesrundfunkgesetzen.[236]

▪ Öffentlich-rechtliche Rundfunkanstalten sind Grundrechtsträger bzgl. der Rund-funkfreiheit, da sie unmittelbar dem durch Art. 5 Abs. 1 Satz 2, 2. Var. GG geschützten Lebensbereich zuzuordnen sind.[237] Zum Schutz der Vertraulichkeit der Redaktionsarbeit und Informationsbeschaffung können sie sich auch auf das Fernmeldegeheimnis (Art. 10 GG) berufen.[238]

▪ Sie müssen binnenplural organisiert sein, d. h. das Gesamtprogramm jedes Veranstalters muss ausgewogen sein.

▪ Um die Grundversorgung sicherzustellen, müssen sie ein Programm für die Gesamtheit der Bevölkerung anbieten, die Meinungsvielfalt sichern und in voller Breite des klassischen Rundfunkauftrags informieren.[239] Der vom BVerfG verwendete Begriff „Funktionsauftrag des öffentlich-rechtlichen Rundfunks"[240] meint das Gleiche.[241]

▪ Der Gesetzgeber muss die hierfür erforderlichen finanziellen, personellen, technischen und organisatorischen Vorbedingungen sicherstellen.[242] Durch die Bestands- und Entwicklungsgarantie[243] werden auch neuere Kommunikationsformen garantiert.

▪ Sofern der öffentlich-rechtliche Rundfunk neue, bzw. veränderte Telemedien anbieten möchte, ist ein Drei-Stufen-Test (besonderes Genehmigungsverfahren) nach

---

235 BVerfGE 33, 52, 72 – „Zensur".
236 Beachte: Gemeint sind hier die Rechtsgrundlagen der öffentlich-rechtlichen Rundfunkanstalten, in denen u. a. Aufbau und Funktion einer öffentlich-rechtlichen Rundfunkanstalt geregelt werden (z. B.: MDR-StV). Der Begriff wird jedoch z. B. auch für das Rundfunkgesetz eines Bundeslandes verwendet.
237 BVerfGE 59, 231, 254 – „freie Rundfunkmitarbeiter" – E 61.
238 BVerfGE 107, 299, 310 „Aufklärung schwerer Straftaten" – E 49.
239 BVerfGE 73, 118, 157 f. – „4. Rundfunkentscheidung", „Landesrundfunkgesetz Niedersachsen" – E 54; BVerfGE 74, 297, 325 – „5. Rundfunkentscheidung", „Baden-Württemberg" – E 55.
240 BVerfGE 119, 181, 218 ff. – „9. Rundfunkentscheidung", „Rundfunkgebühren II" – E 59; siehe auch §§ 11 ff. RStV.
241 *Fechner*, Medienrecht, 10. Kapitel, Rn. 44.
242 BVerfGE 119, 181, 218 – „9. Rundfunkentscheidung", „Rundfunkgebühren II" – E 59.
243 BVerfGE 83, 238, 299 – „6. Rundfunkentscheidung", „Nordrhein-Westfalen" – E 56.

§ 11f RStV durchzuführen. Für ausschließlich im Internet verbreitete Hörfunkprogramme ist das Verfahren nach § 11f ebenfalls verbindlich vorgeschrieben (§ 11c Abs. 1 Satz 2, Abs. 3 Nr. 4 RStV).[244]

- Der öffentlich-rechtliche Rundfunk ist hauptsächlich abgabenfinanziert (Rundfunkbeitrag[245]). Den Finanzbedarf stellt die Kommission zur Ermittlung des Finanzbedarfs der Rundfunkanstalten (KEF) fest. Hinzu kommen sonstige Einnahmen, z. B. aus Werbung (Mischfinanzierung, § 13 RStV).[246]
- Organe sind Rundfunk- bzw. Fernsehrat, Verwaltungsrat und Intendant.[247]
- Sie unterliegen der Rechtsaufsicht der Landesregierungen.[248]

Privatrundfunk

- Spezielle Rechtsvorschriften finden sich z. B. im RStV (insbesondere §§ 20 ff. RStV) und den Landesmediengesetzen.
- Die Meinungsvielfalt wird durch die Vielzahl der Veranstalter gewährleistet (außenpluralistisches Modell).
- Der private Rundfunk ist zu einem „Grundstandard gleichgewichtiger Vielfalt" verpflichtet[249] (vgl.: § 25 Abs. 1 Satz 1 RStV).
- Der einzelne Sender ist in seiner Tendenz grundsätzlich frei. Er darf die Meinungsbildung nicht in hohem Maße ungleichgewichtig beeinflussen (§ 25 Abs. 2 RStV) und ist an bestimmte Programmgrundsätze gebunden (für bundesweit verbreitete Programme, §§ 3 Abs. 1, 41 RStV).
- Er finanziert sich durch Werbung, Teleshopping und sonstige Einnahmen (§ 43 RStV).
- Er unterliegt der begrenzten Staatsaufsicht durch die Landesmedienanstalten. Diese bedienen sich nach § 35 Abs. 2 Satz 1 Nr. 1, § 36 Abs. 2 Satz 1 Nr. 7 RStV der Kommission für Zulassung und Aufsicht (ZAK) als Organ.
- Privater Rundfunk ist grundsätzlich zulassungspflichtig (§§ 20, 20a RStV). Für die Veranstaltung von Hörfunksendungen, die ausschließlich im Internet verbreitet werden, besteht lediglich eine Anzeigepflicht gegenüber der Landesmedienanstalt (§ 20b RStV).

---

244 Siehe auch die Übersicht unter E., S. 171 f.
245 Geregelt im Rundfunkbeitragsstaatsvertrag (RBeitrStV) – T 22.
246 BVerfGE 83, 238 ff.- „6. Rundfunkentscheidung", „Nordrhein-Westfalen" – E 56; siehe auch §§ 12 ff. RStV.
247 Z. B.: § 13 Abs. 1 WDRG; § 18 MDR-StV; § 19 ZDF-StV.
248 Z. B.: § 31 ZDF-StV; § 37 MDR-StV.
249 BVerfGE 73, 118, 160 – „4. Rundfunkentscheidung", „Niedersachsen"– E 54.

Beispielsfälle

1. Rundfunk und Grundgesetz

> **Rundfunk i. S. v. Art. 5 Abs. 1 S. 2, 2. Var.** GG ist jede an eine unbestimmte Vielzahl von Personen gerichtete Übermittlung von Gedankeninhalten durch physische, insbesondere elektromagnetische Wellen.

Fall 70: Hat der Bund die Kompetenz?

Die Bundesregierung ist mit der heutigen Medienlandschaft unzufrieden. Aus diesem Grund plant sie einen bundeseigenen Fernsehsender, der Programme für ganz Deutschland ausstrahlen soll. Sie möchte ein entsprechendes Gesetz erlassen. Hat der Bund dafür die Gesetzgebungskompetenz?[250]

Die Gesetzgebung des Bundes ist in Art. 70–82 GG geregelt. Das Grundgesetz geht von dem **Grundsatz der Länderzuständigkeit** aus (Art. 30, 70 Abs. 1 GG). Das heißt, die Länder haben das Recht zur Gesetzgebung, soweit dem Bund keine Gesetzgebungsbefugnisse zustehen (Art. 70 Abs. 1 GG). Eine ausschließliche Bundeskompetenz für die Veranstaltung von Rundfunksendungen könnte sich aus Art. 73 Abs. 1 Nr. 7 GG, aus Art. 5 Abs. 1 Satz 2 GG oder aus der Natur der Sache ergeben. Gemäß Art. 73 Abs. 1 Nr. 7 GG hat der Bund die ausschließliche Gesetzgebung über das Postwesen und die Telekommunikation. „Telekommunikation" ist die unkörperliche Übermittlung von Informationen mittels technischer Einrichtungen (§ 3 Nr. 22 TKG). Art. 73 Abs. 1 Nr. 7 GG bezieht sich damit nur auf die technische Seite der Telekommunikationsinfrastruktur, nicht auf deren Nutzung oder die übermittelten Inhalte. Eine Kompetenz zur Veranstaltung von Rundfunksendungen kann daraus nicht begründet werden. **Art. 5 GG ist keine Kompetenznorm**, sondern bindet den zuständigen Gesetzgeber. Aus Art. 5 Abs. 1 Satz 2 GG kann der Bund daher keine Zuständigkeit herleiten. Der Bund hat auch nicht kraft Natur der Sache die Gesetzgebungskompetenz, die Veranstaltung von Rundfunksendungen gesetzlich zu regeln.[251] Die ungeschriebene Kompetenz aus der Natur der Sache ist nur dann anwendbar, wenn eine Angelegenheit begriffsnotwendig nur vom Bund geregelt werden kann. Der Wunsch, ein bundesweites Programm für ganz Deutschland anzubieten, ist ebensowenig geeignet, eine natürliche Bundeszuständigkeit zu begründen, wie der Umstand, dass sich Funkwellen nicht an Landesgrenzen halten, weshalb Rundfunkprogramme überregional empfangen werden können. Dem Bund fehlt damit die Gesetzgebungskompetenz für den Rundfunk. Er darf das geplante Gesetz nicht erlassen.

---

250 Angelehnt an: BVerfGE 12, 205 – „1. Rundfunkentscheidung", „Deutschland-Fernsehen-GmbH" – E 51.
251 BVerfGE 12, 205, 242; 250 – „1. Rundfunkentscheidung", „Deutschland-Fernsehen-GmbH" – E 51.

Fall 71: Dualistisches Modell

Ihr Nachbar Nicolas (N) ist der Meinung, die aktuelle Entwicklung der Medienlandschaft erfordere eine Neustrukturierung der Rundfunkordnung. Ein rein außenpluralistisches oder binnenplurales Modell sei zeitgemäßer. Das Grundgesetz müsse hierfür nicht geändert werden. Stimmen Sie ihm zu?

Der Gesetzgeber ist im Rahmen des Art. 5 Abs. 1 Satz 2, 2. Var. GG zur **Ausgestaltung** der Rundfunkfreiheit berechtigt und verpflichtet. Er hat sich dabei für ein duales Rundfunkmodell und damit für eine Kombination aus außen- und binnenpluralistischem Modell entschieden. Die Meinungsvielfalt könnte jedoch ebenso durch ein ausschließlich außenpluralistisches oder durch ein binnenplurales Modell gewährleistet werden.[252] Beim **binnenpluralen Modell** muss das Programm jedes Veranstalters ausgewogen sein, während beim **außenpluralistischen Modell** nicht das Programm einzelner Veranstalter ausgewogen sein muss, sondern die Meinungsvielfalt durch eine Vielzahl von Anbietern gewährleistet wird.[253] Die Wahl des Modells liegt im Ermessen des Gesetzgebers.[254] Allerdings muss dieser gewährleisten, dass der Rundfunk imstande ist, seine dienende Funktion für die individuelle und öffentliche Meinungsbildung zu erfüllen. Eine Verfassungsänderung ist nicht erforderlich.

Fall 72: Niveaulose Unterhaltung

Die öffentlich-rechtliche Rundfunkanstalt A plant eine neue Comedy-Serie. Aufgrund deren Niveaulosigkeit fragt sich der Redakteur Rudolfo (R), ob diese von der Rundfunkfreiheit geschützt ist.

Die Rundfunkfreit hat der Gewährleistung der freien individuellen und öffentlichen Meinungsbildung zu dienen. Zur **Meinungsbildung** tragen nicht nur Nachrichten, zeit- oder gesellschaftskritische Sendungen sowie politische Kommentare, sondern auch Sendungen bei, die ausschließlich der Unterhaltung der Zuschauer dienen. Rundfunkfreiheit ist Programmfreiheit.[255] Jede fremde Einflussnahme auf den Programminhalt ist unzulässig. Die verfassungsrechtliche Rundfunkfreiheit erfasst damit grundsätzlich jede Sendung.[256] Unabhängig davon, ob sie von R für niveaulos gehalten wird, ist die von A geplante Comedy-Serie von der Rundfunkfreiheit erfasst.

---

252 BVerfGE 57, 259, 325 – „FRAG, Privatfunk im Saarland, 3. Rundfunkentscheidung" – E 53.
253 BVerfGE 57, 259, 325 f. – „FRAG, Privatfunk im Saarland, 3. Rundfunkentscheidung" – E 53.
254 BVerfGE 83, 238, 305 – „6. Rundfunkentscheidung", „Nordrhein-Westfalen" – E 56.
255 BVerfGE 59, 231, 258 – „freie Rundfunkmitarbeiter" – E 61; BVerfGE 97, 298, 310 – „extra radio", „private Rundfunkanbieter" – E 66.
256 BVerfGE 35, 202, 223 – „Lebach" – E 3; BVerfGE 59, 231, 258 – „freie Rundfunkmitarbeiter" – E 61.

Fall 73: Praktikantin Svenja

Svenja (S) absolviert im Rahmen ihres Studiums ein Praktikum bei der öffent-lich-rechtlichen Rundfunkanstalt R. Sie fragt sich, ob R mit ihrem Programm eine bestimmte politische Tendenz verfolgen darf.

Die durch Art. 5 Abs. 1 Satz 2, 2. Var. GG garantierte Rundfunkfreiheit dient der Ge-währleistung einer freien individuellen und öffentlichen Meinungsbildung. Inhalt, Ge-staltung und Auswahl des Programms obliegen der Rundfunkanstalt und müssen von fremden Einflüssen frei bleiben. Rundfunkfreiheit ist in erster Linie **Programmfrei-heit**.[257] Allerdings ist R zur Meinungsvielfalt verpflichtet. Das heißt, sie darf nicht eine bestimmte Tendenz verfolgen, sondern muss prinzipiell allen Tendenzen Raum ge-ben.[258] Eine eigene Tendenz ist R damit untersagt.

Fall 74: Radio im Krankenhaus

Die Uni-Klinik Mannheim betreibt einen hausinternen Radiosender. Handelt es sich dabei um Rundfunk i. S. d. Art. 5 Abs. 1 Satz 2, 2. Var. GG?

Der verfassungsrechtliche Rundfunkbegriff verlangt eine **an die Allgemeinheit ge-richtete** Übertragung von Rundfunksendungen. Da es sich bei dem Radiosender der Uniklinik Mannheim um einen hausinternen Sender handelt, könnte es hier an der Allgemeingerichtetheit fehlen. Allerdings richten sich die Sendungen auch bei einem hausinternen Sender an einen unbestimmten Personenkreis. Somit ist auch der Sender der Uniklinik Mannheim durch Art. 5 Abs. 1 Satz 2, 2. Var. GG geschützt.

Fall 75: Eigentum der R

Die Staatsanwaltschaft durchsucht die Redaktionsräume der öffentlich-rechtlichen Rundfunkanstalt R und beschlagnahmt zahlreiche Computer und Festplatten. R fühlt sich dadurch in der durch Art. 14 GG garantierten Eigentumsfreiheit verletzt. Redak-teurin Fina (F) meint, R sei bezüglich der Eigentumsfreiheit gar nicht grundrechtsbe-rechtigt. Stimmen Sie F zu?

Die Grundrechtsfähigkeit juristischer Personen richtet sich nach Art. 19 Abs. 3 GG. Danach muss das Grundrecht, auf das sich die juristische Person beruft, seinem Wesen nach auf diese anwendbar sein. Die Rundfunkanstalt R ist eine **juristische Person des öffentlichen Rechts.** Juristische Personen des öffentlichen Rechts können sich grund-sätzlich nicht auf Grundrechte berufen, da diese in erster Linie **Abwehrrechte des Bür-gers gegen den Staat** sind. Sie genießen nur insoweit Grundrechtsschutz, als sie von ihren Aufgaben her unmittelbar einem bestimmten grundrechtlich geschützten Le-

---

257 BVerfGE 59, 231, 258 – „freie Rundfunkmitarbeiter" – E 61; BVerfGE 97, 298, 310 – „extra radio", „private Rundfunkanbieter" – E 66.
258 BVerfGE 59, 231, 258 – „freie Rundfunkmitarbeiter" – E 61.

bensbereich zugeordnet sind.[259] Die Tätigkeit der öffentlich-rechtlichen Rundfunkanstalt R dient der Gewährleistung freier, individueller und öffentlicher Meinungsbildung. Sie ist damit durch die Rundfunkfreiheit geschützt und folglich im Hinblick auf Art. 5 Abs. 1 S. 2, 2. Var. GG grundrechtsfähig. Bezüglich der Eigentumsfreiheit (Art. 14 GG) ist R dagegen nicht grundrechtsberechtigt. F ist zuzustimmen.

Fall 76: Vor Gericht

Fünf Offiziere müssen sich vor dem zuständigen Landgericht dem Vorwurf der körperlichen Misshandlung von Rekruten stellen. Der Vorfall sowie das Verfahren sind Gegenstand öffentlicher Diskussionen und medialer Berichterstattung. Zum Schutz der Verfahrensbeteiligten ordnet der vorsitzende Richter (V) an, Foto- und Filmaufnahmen 20 Minuten vor Beginn bis 10 Minuten nach Abschluss der Verhandlung zu unterlassen, was er nicht näher begründet. Ist der Eingriff in die Rundfunkfreiheit verfassungsrechtlich gerechtfertigt?[260]

§ 176 GVG, an dessen Verfassungsmäßigkeit keine Bedenken bestehen, ist als allgemeines Gesetz i. S. d. Art. 5 Abs. 2 GG grundsätzlich geeignet, die Rundfunkfreiheit einzuschränken. Danach obliegt die Aufrechterhaltung der Ordnung in der Sitzung dem Vorsitzenden. § 169 Abs. 1 Satz 2 GVG[261] schließt Ton- und Bildaufnahmen während der mündlichen Verhandlung aus, davor und danach sind diese zulässig. Die Gestaltung der gerichtlichen Verhandlung sowie der sitzungspolizeilichen Anordnungen liegen im Ermessen des Vorsitzenden.[262] Dieses Ermessen hat er unter Beachtung der Bedeutung der Rundfunkberichterstattung für die Gewährleistung öffentlicher Wahrnehmung und Kontrolle von Gerichtsverhandlungen und der einer Berichterstattung entgegenstehenden Interessen auszuüben und dabei sicherzustellen, dass der Grundsatz der Verhältnismäßigkeit gewahrt ist.[263] § 176 GVG bezweckt die Aufrechterhaltung der Ordnung bei Gerichtsverfahren. Hierzu ist es dem Vorsitzenden gestattet, Anordnungen zu erlassen und Filmaufnahmen zu begrenzen. Die Anordnung des V ist geeignet, diesen Zweck zu fördern. Ein Verbot von Ton- und Rundfunkaufnahmen ist nicht erforderlich, wenn dem Schutz kollidierender Belange bereits durch eine beschränkende Anordnung Rechnung getragen werden kann. Gerichtsverhandlungen, auf die ein besonderes Informationsinteresse der Öffentlichkeit gerichtet ist, sind Ereignisse aus dem Bereich der Zeitgeschichte; der Schutz des Persönlichkeitsrechts der daran Beteiligten fordert daher kein völliges Filmverbot. Zum Schutz des Persönlichkeitsrechts der Beteiligten kann deren Identifizierbarkeit auch durch einen Verzicht auf Großaufnahmen oder geeignete Maßnahmen der Anonymisierung verhindert

---

259 BVerfGE 78, 101 – „Eigentumsrecht von Rundfunkanstalten" – E 62.
260 Angelehnt an: BVerfGE 119, 309 – „Fernsehberichterstattung".
261 Bis Mitte April 2018 § 169 Satz 2 GVG.
262 BVerfGE 119, 309, 321 – „Fernsehberichterstattung".
263 BVerfGE 119, 309, 321 – „Fernsehberichterstattung".

werden.[264] Da mildere Mittel ersichtlich sind, ist die Anordnung des V nicht erforderlich und damit unverhältnismäßig. Zudem hat V es unterlassen, seine Anordnung zu begründen. Der Eingriff in die Rundfunkfreiheit ist damit nicht gerechtfertigt.

2. Rundfunkbeitrag

Steuern sind öffentliche Abgaben, die als Gemeinlast voraussetzungslos, d. h. ohne individuelle Gegenleistung von einem öffentlichen Gemeinwesen zur Deckung des allgemeinen Finanzbedarfs erhoben werden (§ 3 Abs. 1 AO).
Nichtsteuerliche Abgaben:
Beiträge sind Geldleistungen, die zur vollen oder teilweisen Deckung des Aufwands einer öffentlichen Einrichtung von denjenigen erhoben werden, denen diese besondere Vorteile gewährt. Für die Erhebung ist die bloße Nutzungsmöglichkeit der Einrichtung ausreichend. **Gebühren** sind Geldleistungen, die an eine konkrete öffentliche Leistung anknüpfen, um deren Kosten ganz oder teilweise zu decken.[265]

Fall 77: Ist der Beitrag eine Steuer?

Constanze (C) ist der Auffassung, der Rundfunkbeitrag sei eigentlich kein „Beitrag", sondern eine Steuer. Stimmen Sie C zu?

Steuern sind öffentliche Abgaben, die **keine Gegenleistung** für eine besondere staatliche Leistung darstellen. Sie werden zur Deckung des allgemeinen Finanzbedarfs eines öffentlich-rechtlichen Gemeinwesens erhoben (§ 3 Abs. 1 AO). Beiträge werden dagegen schon für die potenzielle Inanspruchnahme einer öffentlichen Einrichtung oder Leistung erhoben.[266] Gemäß § 1 RBeitrStV und § 12 Abs. 1 RStV dient der Rundfunkbeitrag der **funktionsgerechten Finanzausstattung** des öffentlich-rechtlichen Rundfunks und nach § 13 Satz 1 RStV ist er dessen vorrangige Finanzierungsquelle. Rundfunkbeiträge sind für die Nutzungsmöglichkeit des öffentlich-rechtlichen Rundfunkangebots zu entrichten.[267] Das Beitragsaufkommen wird nicht in die Landeshaushalte eingestellt. Der Rundfunkbeitrag ist nicht nur eine Gegenleistung für die Möglichkeit, öffentlich-rechtlichen Rundfunk zu empfangen, sondern stellt auch ein unabhängiges Rundfunkangebot sicher. Der Rundfunkbeitrag ist keine Steuer i. S. d. Art. 105 Abs. 2 GG, sondern eine nichtsteuerliche Abgabe.[268] C ist nicht zuzustimmen.

---

264 BVerfGE 119, 309, 326 – „Fernsehberichterstattung".
265 BVerfGE 110, 370, 388 – „Klärschlamm".
266 BVerfGE 110, 370, 388 – „Klärschlamm".
267 BVerwG, Urt. v. 25.01.2017 – 6 C 7.16, BeckRS 2017, 103249, Rn. 14.
268 Dies ist streitig. Das LG Tübingen ist der Ansicht, der Beitrag komme einer Steuer gleich (Beschluss v. 3.8.2017, Az.: 5 T 246/17 u. a. Das Gericht hat den EuGH angerufen, um klären zu lassen, ob der Rundfunkbeitrag europarechtskonform ist (Vorlagebeschluss nach Art. 267 AEUV). Das Verfahren ist dort unter dem Az.: C-492/17 anhängig.

Fall 78: Die erste eigene Wohnung

Amanda (A) zieht in ihre erste eigene Wohnung. Nach einigen Wochen erhält sie einen Beitragsbescheid, in dem sie aufgefordert wird, den fälligen Rundfunkbeitrag zu entrichten. A gefällt das Rundfunkangebot öffentlich-rechtlicher Sender nicht, weshalb sie den Beitrag nicht entrichten möchte.

Öffentlich-rechtliche Rundfunkanstalten sind berechtigt und verpflichtet, den aus Art. 5 Abs. 1 Satz 2, 2. Var. GG folgenden Rundfunkauftrag selbstständig zu erfüllen. Um die Programmvielfalt und institutionelle Unabhängigkeit sicherzustellen, haben sie Anspruch auf Ausstattung mit den zur Erfüllung ihres Funktionsauftrags notwendigen Finanzmitteln.[269] Die Gebührenfinanzierung ermöglicht es dem öffentlich-rechtlichen Rundfunk, sein Programm unabhängig von staatlichen Zuwendungen, Einschaltquoten und Werbeaufträgen zu gestalten und damit den verfassungsrechtlichen Anforderungen an die Meinungsvielfalt gerecht zu werden. Zu diesem Zweck kann der Rundfunkbeitrag ohne Rücksicht auf die Nutzungsgewohnheiten des Einzelnen erhoben werden. Dies gilt insbesondere deshalb, weil sich die Nutzungsgewohnheiten nur schwer ermitteln lassen und der Nachweis, öffentlich-rechtliche Rundfunkprogramme nicht zu empfangen, kaum möglich ist.[270] A ist verpflichtet, den Rundfunkbeitrag zu entrichten.

3. Rundfunk i. S. d. RStV

Rundfunk i. S. d. § 2 Abs. 1 Satz 1 RStV ist ein linearer Informations- und Kommunikationsdienst, der unter Benutzung elektromagnetischer Schwingungen entlang eines Sendeplans Angebote in Bewegtbild oder Ton zum zeitgleichen Empfang für die Allgemeinheit veranstaltet und verbreitet.

Fall 79: Videos auf Abruf

Die A-AG betreibt ein Videoportal, bei dem eine Vielzahl von Videos zum jederzeitigen Abruf bereitstehen. Handelt es sich dabei um zulassungspflichtigen Rundfunk i. S. d. RStV?

Gemäß § 2 Abs. 1 Satz 1 RStV ist Rundfunk ein linearer Informations- und Kommunikationsdienst. Das setzt voraus, dass das Angebot der Allgemeinheit zum **zeitgleichen Empfang entlang eines Sendeplans** zur Verfügung gestellt wird. Mit ihrem Videoportal stellt A die Videos zum jederzeitigen Abruf zur Verfügung. Da die Nutzer nicht an den Sendeplan eines Anbieters gebunden sind, fehlt es an der Linearität. Das Angebot der A ist kein zulassungspflichtiger Rundfunk i. S. d. § 2 Abs. 1 Satz 1 RStV.

---

269 BVerwGE 154, 275, Rn. 20 = BVerwG NVwZ 2016, 1081, 1083.
270 BVerwGE 154, 275, Rn. 37 = BVerwG NVwZ 2016, 1081, 1086.

4. Öffentlich-rechtlicher Rundfunk

Fall 80: Zuviel Staat im Gremium

Eugen (E) ist als Intendant der öffentlich-rechtlichen Rundfunkanstalt O für deren
Geschäftsleitung zuständig und trägt die Verantwortung für das Programm. Mit dem
Fernseh- und dem Verwaltungsrat verfügt O über zwei weitere interne Aufsichtsgre-
mien. Der Staatsvertrag der Rundfunkanstalt O sieht vor, dass die Aufsichtsgremien
(Rundfunkrat und Verwaltungsrat) zur Hälfte mit Staatsvertretern besetzt sind. Ist
diese Regelung mit Art. 5 Abs. 1 Satz 2, 2. Var. GG vereinbar?[271]

Die Rundfunkfreiheit dient der freien, individuellen und öffentlichen Meinungsbildung. Der in Art. 5 Abs. 1 Satz 2, 2. Var. GG enthaltene Gewährleistungsauftrag zielt
auf eine Ordnung, die sicherstellt, dass die Vielfalt bestehender Meinungen im Rundfunk möglichst vollständig Ausdruck findet.[272] Die institutionelle Ausgestaltung der
Rundfunkanstalten hat sich daher am **Grundsatz der Vielfaltsicherung** zu orientie-
ren. Die Kollegialorgane öffentlich-rechtlicher Sender müssen eine Vielzahl von Pers-
pektiven aus allen Bereichen des Gemeinwesens abbilden. Neben großen, das öffentliche Leben bestimmenden Verbänden, müssen, untereinander wechselnd, auch kleinere Gruppierungen Zugang haben. Der Gesetzgeber ist jedoch nicht gehindert, auch
Staatsvertreter zuzulassen, sofern sie nach dem Grundsatz der Vielfaltsicherung aus
unterschiedlichen Bereichen stammen. Die Gremien müssen aber so zusammenge-
setzt sein, dass eine Beeinflussung der Berichterstattung durch staatliche oder staats-
nahe politische Akteure verhindert wird. Aufgrund des **Grundsatzes der Staatsferne**,
der Ausdruck der durch Art. 5 Abs. 1 Satz 2, 2.Var. GG garantierten Vielfalt ist, dürfen
die Aufsichtsgremien jeweils nicht zu mehr als einem Drittel der gesetzlichen Mitglieder mit Staatsvertretern, bzw. staatsnahen Mitgliedern besetzt sein.[273] Die „Staatsnä-
he" ergibt sich dabei aus einer funktionalen Betrachtung. Staatsvertreter sind Regie-
rungsmitglieder, Abgeordnete, politische Beamte, Wahlbeamte in Leitungsfunktionen
oder Mitglieder politischer Parteien mit herausgehobener Verantwortung, nicht jedoch Hochschulmitarbeiter oder Richter.[274] Der Anteil der staatsnahen Mitglieder des
Fernsehrats und des Verwaltungsrats übersteigt jeweils die verfassungsrechtlich er-
laubte Grenze von einem Drittel. Die Regelung im Staatsvertrag der Rundfunkanstalt
O verstößt damit gegen Art. 5 Abs. 1 Satz 2, 2. Var. GG.

Fall 81: Bundestagswahlen

Vor der bevorstehenden Bundestagswahl möchte die rechtsextreme A-Partei (Partei
i. S. d. § 2 PartG) ihre Wahlwerbung nach den Nachrichten, im „Vorabendprogramm"

---

271 Angelehnt an: BVerfGE 136, 9 – „ZDF-Staatsvertrag" – E 60.
272 BVerfGE 139, 9, 28 – „ZDF-Staatsvertrag" – E 60.
273 BVerfGE 136, 9, 37 – „ZDF-Staatsvertrag" – E 60.
274 BVerfGE 136, 9, 41 – „ZDF-Staatsvertrag" – E 60.

der öffentlich-rechtlichen Rundfunkanstalt R positionieren. Dafür möchte sie genausoviel Sendezeit erhalten, wie die bedeutende P-Partei. R ist damit nicht einverstanden, da sie A für verfassungswidrig hält. Muss R ihr Sendezeit gewähren, wenn sie Wahlwerbung anderer Parteien zulässt?

Sofern die öffentlich-rechtliche Rundfunkanstalt R Parteien Sendezeit zum Zwecke der Wahlwerbung zur Verfügung stellt, muss sie alle Parteien gleich behandeln (§ 5 Abs. 1 Satz 1 PartG[275]; Art. 3 i. V. m. Art. 21 GG). Der Umfang, der der einzelnen Partei zur Verfügung gestellten Sendezeit ist von deren Bedeutung abhängig („abgestufte Chancengleichheit"). Die Gewährung von Sendezeit für Wahlwerbung im Rundfunk soll dem Wähler ein zutreffendes Bild über die Bedeutung einer Partei vermitteln. Kleinere Parteien dürfen daher gemessen am Umfang der zugeteilten Sendezeit nicht genauso behandelt werden wie große, etablierte Parteien. Sonst würde der Wähler über die wahre Bedeutung und das parteipolitische Kräfteverhältnis getäuscht.[276] Für die Bedeutung einer Partei ist insbesondere deren Ergebnis bei vorausgegangenen Wahlen maßgeblich (§ 5 Abs. 1 Satz 3 PartG). Nach dem **Prinzip der abgestuften Chancengleichheit** muss R der A weniger Sendezeit gewähren als der bedeutenden P-Partei. R ist es allerdings nicht gestattet, der zur Teilnahme an der Bundestagswahl zugelassen A-Partei keine Sendezeit zur Verfügung zu stellen, weil sie diese für verfassungswidrig hält. Nach dem in Art. 21 Abs. 2 GG statuiertem **Parteienprivileg** entscheidet über die Verfassungswidrigkeit einer Partei ausschließlich das Bundesverfassungsgericht. R muss A Sendezeit für ihre Wahlwerbung zur Verfügung stellen.

5. Private Rundfunkangebote

Fall 82: Hörfunk online
Radiofan Dustin (D) möchte online auf Sendung gehen. Sein Freund Günther (G) meint jedoch, D brauche hierfür eine Zulassung. Stimmt diese Aussage des G?

Private Veranstalter bedürfen zur Veranstaltung von Rundfunk grundsätzlich einer Zulassung (§ 20 Abs. 1 RStV). Wer Hörfunkprogramme **ausschließlich im Internet verbreitet**, benötigt jedoch gemäß § 20b RStV keine Zulassung. D benötigt daher keine Zulassung. Er hat sein Angebot jedoch der zuständigen **Landesmedienanstalt anzuzeigen** (§ 20b RStV).

Fall 83: Wahlwerbung
Die rechtsextreme A-Partei ist bei der bevorstehenden Bundestagswahl mit mehreren Landeslisten zugelassen. Sie möchte ihre Wahlwerbung über das Programm des privaten Fernsehsenders F verbreiten, der ein bundesweites Programm ausstrahlt. F fürchtet um sein Image und weigert sich, den Wahlwerbespot der A auszustrahlen.

---

275 Siehe z. B. auch § 11 Abs. 1 ZDF-StV; § 8 Abs. 2 WDRG; § 14 Abs. 2 MDR-StV.
276 OVG Koblenz NVwZ 2006, 109.

Gemäß § 42 Abs. 2 RStV ist Parteien während ihrer Beteiligung an Bundestagswahlen gegen Erstattung der Selbstkosten angemessene Sendezeit zu gewähren, wenn mindestens eine Landesliste für sie zugelasen wurde. Bei der zur Verfügung gestellten Sendezeit ist die Chancengleichheit der Parteien (Art. 21 Abs. 1 i. V. m. Art. 3 Abs. 1 GG) zu beachten.[277] F ist daher verpflichtet, A angemessene Sendezeit für ihre Wahlwerbung zur Verfügung zu stellen. F kann sich jedoch durch einen Hinweis vom Inhalt des Wahlwerbespots der A distanzieren.

Fall 84: KEK

Die A-AG (A) beabsichtigt die Übernahme der M-Media-AG (M), die ein bundesweites Fernsehprogramm ausstrahlt und in den letzten 12 Monaten einen Zuschaueranteil von 20 % hatte. A meldet die geplante Übernahme bei der zuständigen Landesmedienanstalt (L) an und beantragt eine rundfunkrechtliche Unbedenklichkeitsbestätigung. L legt den Vorgang der Kommission zur Ermittlung der Konzentration im Medienbereich (KEK) vor, die der Auffassung ist, die Übernahme begründe eine vorherrschende Meinungsmacht der A, weshalb der Vorgang nicht als unbedenklich bestätigt werden könne.[278]

Gemäß § 29 Satz 1 RStV ist jede geplante Änderung von Beteiligungsverhältnissen der zuständigen Landesmedienanstalt schriftlich mitzuteilen. Die Veränderung darf nur dann als unbedenklich bestätigt werden, wenn unter den veränderten Voraussetzungen eine Zulassung erteilt werden könnte (§ 29 Satz 3 RStV). Die Unbedenklichkeit der beabsichtigten Beteiligungsveränderung kann nicht bestätigt werden, wenn M durch die Veränderung der Beteiligungsverhältnisse eine **vorherrschende Meinungsmacht** erlangt. Für Fragestellungen im Zusammenhang mit der Sicherung der Meinungsvielfalt ist die KEK zuständig (§ 36 Abs. 4 Satz 1 RStV). Vorherrschende Meinungsmacht wird nach § 26 Abs. 2 Satz 1 RStV vermutet, wenn die einem Unternehmen zurechenbaren Programme im Jahr durchschnittlich einen Zuschaueranteil von 30 % erreichen, bzw. 25 % bei einer marktbeherrschenden Stellung auf einem medienrelevanten verwandten Markt. Da M lediglich einen Zuschaueranteil von 20 % hatte, werden diese Werte hier nicht erreicht, zumal ggf. weitere 5 % für Fensterprogramme abzuziehen sind (§ 23 Abs. 2 Satz 3 RStV). Besonderheiten, aus denen von den Regelbeispielen des § 26 Abs. 2 RStV abzuweichen wäre, sind nicht ersichtlich. Mit ihrer Annahme, die Übernahme begründe vorherrschende Meinungsmacht, hat die KEK den ihr zustehenden Beurteilungsspielraum überschritten. Die medienrechtliche Unbedenklichkeitsbestätigung hätte erteilt werden müssen.

---

277 BVerfGE 47, 198, 225 – „Wahlwerbung".
278 Angelehnt an: BVerwGE 149, 52 = BVerwG NVwZ-RR 2014, 473.

6. Kurzberichterstattung

Fall 85: Exklusivvertrag

Veranstalter Wolfram (W) schließt mit dem Pay-TV-Sender P einen Exklusivvertrag über die Ausstrahlung eines regelmäßig stattfindenden Eiskunstlaufturniers, an dem diesmal auch Eisprinzessin Fiona teilenehmen soll. Sender B möchte ebenfalls dort drehen und über das Ereignis berichten. Darf er das?

Zwischen B und W ist kein Vertrag bezüglich der Fernsehübertragung des Eiskunstlaufwettbewerbs zustande gekommen, vielmehr besteht zwischen W und V ein Exklusivvertrag. Trotz des mit P bestehenden Exklusivvertrags muss V die Berichterstattung durch B hinnehmen, wenn diesem ein Kurzberichterstattungsrecht nach § 5 Abs. 1 Satz 1 RStV[279] zusteht. Das Recht auf **Kurzberichterstattung** erfasst öffentlich zugängliche Veranstaltungen von allgemeinem Informationsinteresse, zu denen auch das Eiskunstlaufturnier zählt. § 5 Abs. 4 Satz 1 RStV erlaubt eine dem Anlass entsprechende nachrichtenmäßige Berichterstattung. Da es sich um eine regelmäßig widerkehrende Veranstaltung handelt, beträgt die Obergrenze 90 Sekunden. Obwohl B dem Pay-TV-Sender P vertraglich zusichert, exklusiv über das Eiskunstlaufturnier berichten zu dürfen, muss er gemäß § 5 Abs. 11 RStV mindestens einen weiteren Veranstalter zu Kurzberichterstattungszwecken zulassen. Sofern sich noch weitere Fernsehveranstalter um eine Drehgenehmigung bemühen, hat B keinen Anspruch darauf, dass diese grade ihm erteilt wird. Allerdings muss der zugelassene Veranstalter sein Material eventuell nicht zugelassenen Veranstaltern gegen Ersatz angemessener Aufwendungen zur Verfügung stellen (§ 5 Abs. 10 RStV). B hat auch zu Kurzberichterstattungszwecken keinen Anspruch auf Zugang zu dem Eiskunstlaufturnier, er darf aber im Rahmen seines Kurzberichterstattungsrechts darüber berichten.

7. Werbung

Fall 86: Poker

Der private Fernsehsender F strahlt wöchentlich die Sendung „Pokern mit P" aus, in der Tipps zur Vervollkommnung des Pokerspiels gegeben werden. In der aktuellen Folge ist in fast jeder Einstellung das Logo einer Pokerwebsite zu sehen. Das Logo erscheint bei allen für den Zuschauer besonders interessanten Vorgängen, ist gelegentlich im Hintergrund zu sehen, auf animierten und tatsächlichen Spielchips sowie auf der Rückseite der Spielkarten. Ist dies zulässig?[280]

Die Werbung für die Poker-Website ist unzulässig, wenn es sich dabei um nach § 7 Abs. 7 Satz 1 RStV unzulässige **Schleichwerbung** i. S. d. § 2 Abs. 2 Nr. 8 RStV handelt. Das ist der Fall, wenn F die Pokerwebsite absichtlich zu Werbezwecken erwähnt und

---

279 Verweise auf § 5 RStV finden sich z. B. in § 7 ZDF-StV; § 5a WDRG.
280 Angelehnt an: BVerwGE 154, 10 = BVerwG NVwZ 2016, 773.

die Werbung mangels Kennzeichnung geeignet ist, die Allgemeinheit hinsichtlich des eigentlichen Zwecks dieser Erwähnung irrezuführen (§ 2 Abs. 2 Nr. 8 RStV). Das eingeblendete Logo der Poker-Website weist auf die dort angebotenen Dienstleistungen hin. Ob auch eine Werbeabsicht vorliegt, ist, sofern kein Entgelt oder eine sonstige Gegenleistung gewährt wird, anhand objektiver Indizien zu bestimmen. Die gesamte Sendung ist durch Einblendungen der Pokerwebsite geprägt. Das Logo erscheint bei allen für den Zuschauer besonders interessanten Vorgängen, ist gelegentlich im Hintergrund zu sehen, auf animierten und tatsächlichen Chips und sogar auf der Rückseite der Spielkarten. Zudem wird ausschließlich die Marke dieser Pokerwebsite genannt. Aus der Sicht eines objektiven Betrachters geht von der Präsentation eine werbliche Wirkung aus. Da die Einblendung des Logos nicht aus programmlich-dramaturgischen Gründen erforderlich ist und F dadurch keiner Informationspflicht nachkommt, ist von wirtschaftlichen Gründen auszugehen. F beabsichtigt mit ihrer Darstellung, für die Pokerwebsite zu werben. Indem F das Logo in die Sendung integriert, droht eine **Irreführung der Allgemeinheit** über den werblichen Zweck. Die Offensichtlichkeit des werbenden Charakters steht dem nicht entgegen. Es handelt sich um gemäß § 7 Abs. 7 Satz 1 RStV unzulässige Schleichwerbung.

Fall 87: Unterstützt durch Produktplatzierung
Der private Fernsehsender P strahlt gegen 23 Uhr eine selbstproduzierte Reality-Show aus. Sowohl zu Beginn der Sendung als auch nach jeder Werbeunterbrechung sowie am Schluss der Sendung wird an der rechten Seite des oberen Bildrandes der Hinweis „Unterstützt durch Produktplatzierungen P" eingeblendet. In einer Szene isst ein Kandidat Cornflakes, wobei die Verpackung mit dem Namen des Produkts deutlich erkennbar ist. Für die Darstellung des Produkts erhält P vom Hersteller ein Entgelt. Die ZAK ist der Ansicht, P habe gegen den RStV verstoßen, was zu beanstanden sei. Stimmen Sie zu?[281]

Gemäß § 38 Abs. 2 RStV trifft die zuständige Landesmedienanstalt die erforderlichen Maßnahmen (z.B.: Beanstandung), wenn sie den Verstoß eines Anbieters gegen den Rundfunkstaatsvertrag feststellt. Das Einblenden der Cornflakes-Verpackung ist eine gemäß § 7 Abs. 7 Satz 1 RStV **grundsätzlich unzulässige Produktplatzierung** i. S. d. § 2 Abs. 2 Nr. 11 RStV. Die Cornflakespackung wird in einer Reality-Show des P dargestellt und als Produktplatzierung kenntlich gemacht, wofür P ein Entgelt erhält. Bei der um 23 Uhr ausgestrahlten Reality-Show handelt es sich um eine nicht an Kinder gerichtete Sendung der leichten Unterhaltung. In Sendungen dieser Art sind Produktplatzierungen gemäß § 44 Satz 1 Nr. 1 RStV[282] ausnahmsweise zulässig. Unzulässig ist sie jedoch dennoch, wenn eine Voraussetzung des § 7 Abs. 7 Satz 2 RStV erfüllt ist.

---

281 Angelehnt an: VG Hannover ZUM-RD 2016, 624.
282 Für Rundfunkanstalten des öffentlichen Rechts findet sich die Ausnahmeregelung in § 15 RStV.

Anhaltspunkte für eine Beeinträchtigung der redaktionellen Unabhängigkeit hinsichtlich Inhalt und Sendeplatz oder eine zu starke Herausstellung des Produkts sind dem Sachverhalt nicht zu entnehmen. Ebenso wird der Zuschauer nicht unmittelbar zum Cornflakeskauf aufgefordert. Der nach § 7 Abs. 7 Satz 3 und 4 RStV erforderliche eindeutige Hinweis auf die Produktplatzierung ist erfolgt. Die Produktplatzierung ist zulässig. P verstößt nicht gegen den Rundfunkstaatsvertrag. Es gibt also keinen Grund zu einer Beanstandung.

Produktplatzierungen[283] sind die gekennzeichnete Erwähnung oder Darstellung von Produkten eines Herstellers von Waren oder eines Erbringers von Dienstleistungen in Sendungen gegen Entgelt oder eine ähnliche Gegenleistung mit dem Ziel der Absatzförderung (§ 2 Abs. 2 Nr. 11 RStV). Sie sind von unzulässiger **Schleichwerbung**[284] i. S. d. § 2 Abs. 2 Nr. 8 RStV zu unterscheiden. Diese ist mangels Kennzeichnung geeignet, die Allgemeinheit über den Zweck der Darstellung irrezuführen.

Fall 88: Programmhinweise

Der private Fernsehsender A zeigt nach einem zuvor als solchen gekennzeichneten Werbespot einen Programmhinweis, in dem die nächste Folge einer Serie angekündigt wird. Danach wird ein weiterer Werbespot ausgestrahlt, ohne dies durch ein Werbelogo kenntlich zu machen. Verstößt dies gegen den RStV?[285]

§ 7 Abs. 3 Satz 3 RStV verlangt eine klare Abgrenzung zwischen Programm und Werbung (**Trennungsgebot**). Werbung darf nicht mit dem Programm des Senders verbunden werden. Sie muss **durch optische, räumliche oder akustische Mittel** eindeutig vom Programm abgegrenzt werden. Die Trennung ist eindeutig, wenn einem aufmerksamen aber nicht hoch konzentrierten Zuschauer bewusst ist, dass Werbung folgt.[286] A strahlt innerhalb eines zuvor als Werbung gekennzeichneten Werbeblocks einen Programmhinweis aus, ohne danach erneut ein Werbelogo einzublenden. Programmhinweise auf später ausgestrahlte Sendungen sind keine Werbung i. S. d. § 2 Abs. 2 Nr. 7 RStV, sondern Teil des Programms (§ 45 Abs. 2 RStV). Der Werbespot folgt ohne eindeutig erkennbare Trennung direkt nach dem Programm. A verstößt damit gegen das Trennungsgebot aus § 7 Abs. 3 Satz 3 RStV.

Nach dem **Erkennbarkeitsgebot** in § 7 Abs. 3 Satz 3 RStV muss sich dem Fernsehpublikum beim Zusehen erschließen, dass gerade Werbung läuft. Demgegenüber ver-

---

283 Beachte auch die Definition in Art. 1 Abs. 1 m) AVMD-RL sowie Art. 11 AVMD-RL. Im Rahmen der bevorstehenden AVMD-Novelle sollen TV-Werbevorschriften, wie auch Regeln zur Produktplatzierung gelockert werden.
284 Beachte auch die Definition in Art. 1 Abs. 1 J) AVMD-RL sowie Art. 9 Abs. 1 a) AVMD-RL.
285 Angelehnt an: VG Hannover, Urt. v. 17.11.2016 – 7 A 430/16, BeckRS 2016, 116382.
286 BVerwG NVwZ-RR 2016, 142, 143 = BVerwGE 153, 129, Rn. 9.

langt das **Trennungsgebot**[287] (§ 7 Abs. 3 Satz 3 RStV) zwischen Programm und Werbung eine klare optische, akustische oder räumliche Zäsur. [288]

VI. Film[289]

Kurzübersicht

- Die Filmfreiheit ist durch Art. 5 Abs. 1 Satz 2, 3. Var. GG verfassungsrechtlich garantiert.
- Auf europäischer Ebene sind Massenmedien durch Art. 11 Abs. 2 GRCh geschützt. Art. 10 EMRK schützt nicht nur die Meinungs- und Informationsfreiheit; wie sich aus Art. 10 Abs. 1 Satz 3 EMRK ergibt, unterfallen auch Massenmedien dem Schutzbereich.

Schutzbereich

- In den Schutzbereich fallen Filme, die am Ort des Abspielens des Bildträgers vorgeführt werden, wie z. B.: Kinofilme[290] und Videoformate (z. B. Blu-ray).
- Geschützt sind die Herstellung, Verbreitung sowie die Vorführung des Films.
- Die Werbung für einen Film wird ebenfalls geschützt.
- Inhalt und Qualität des Films sind für dessen grundrechtlichen Schutz ohne Bedeutung.
- Filme sind häufig Kunstwerke. Ist dies der Fall, wird die Filmfreiheit von der stärker ausgestalteten Kunstfreiheit (Art. 5 Abs. 3 Satz 1 GG) verdrängt.

Schranken

- Für die Filmfreiheit gelten dieselben Schranken wie für die Meinungs- und Informationsfreiheit sowie die anderen Medienfreiheiten. Diese ergeben sich aus Art. 5 Abs. 2 GG.

Schranken-Schranke

- Das Zensurverbot in Art. 5 Abs. 1 Satz 3 GG verbietet nur die Vorzensur, d. h. die Abhängigkeit von einer staatlichen Vorprüfung oder Genehmigung.[291]

---

287 Die Trennung von Werbung und redaktionellem Teil spielt auch im Presserecht (§ 9 PresseG) sowie im Wettbewerbsrecht eine Rolle, siehe hierzu § 5a Abs. 6; Nr. 11 Anhang zu § 3 Abs. 3 UWG.
288 BVerwG NVwZ-RR 2016, 142, 143 = BVerwGE 153, 129, Rn. 14 f.
289 *Fechner*, Medienrecht, 11. Kapitel.
290 *Fechner*, Medienrecht, 11. Kapitel, Rn. 6.
291 BVerfGE 33, 52, 72 – „Zensur".

Relevante einfachgesetzliche Regelungen

- Die Filmförderung wird durch das Filmförderungsgesetz (FFG[292]) des Bundes geregelt. Zuständig ist die Filmförderungsanstalt (FFA) in Berlin. Finanziert wird sie durch die sog. Filmabgabe, die z. B. von Kinos, der Videowirtschaft und dem Fernsehen erhoben wird.
- Urheberrechte der Mitwirkenden ergeben sich aus dem Urheberrechtsgesetz (UrhG). §§ 88 ff. UrhG enthalten besondere Bestimmungen für Filme.

Beispielsfälle

1. Schutzbereich

Fall 89: Paulines Drehbuch

Pauline (P) hat ein Drehbuch für eine Tragikomödie verfasst, das demnächst verfilmt werden soll. Sie fragt sich, ob ihr Drehbuch durch die Filmfreiheit geschützt ist.

Der Film zählt zu den durch Art. 5 Abs. 1 Satz 2 GG verfassungsrechtlich garantierten Massenmedien. Um einen umfassenden Schutz zu gewährleisten, erfasst Art. 5 Abs. 1 Satz 2, 3. Var. GG neben der Verbreitung und notwendigen Hilfstätigkeiten **sämtliche Herstellungsschritte**. Indem es dessen Handlung und Charaktere beschreibt und festlegt, bildet ein Drehbuch die Grundlage für einen Film und ist Teil dessen Herstellungsprozesses. Als solcher wird das Drehbuch durch die Filmfreiheit geschützt.

Fall 90: Information im Kino

Filmfreund Nico (N) schaut sich einen Film im Kino an. Er ist der Auffassung, er mache damit von seiner grundrechtlich garantierten Filmfreiheit Gebrauch. Stimmen Sie ihm zu?

Art. 5 Abs. 1 Satz 2, 3. Var. GG schützt die Filmfreiheit. Der Schutzbereich umfasst die **Herstellung und Verbreitung** von Filmen. Das Anschauen von Filmen fällt hingegen nicht in den Schutzbereich der Filmfreiheit. Als Zuschauer kann sich N aber auf die durch Art. 5 Abs. 1 Satz 1, 2. Var. GG garantierte Informationsfreiheit berufen.[293]

Fall 91: Praktikant beim Privatfernsehen

Helmut (H) ist Praktikant bei dem privaten Fernsehsender X. Er möchte wissen, ob dieser sich bezüglich der ausgestrahlten Filme auf die Filmfreiheit berufen kann.

Art. 5 Abs. 1 Satz 2 GG schützt die Berichterstattung durch Rundfunk und Film. Während die Filmfreiheit Filme schützt, die am Ort des Abspielens vorgeführt werden, wie es z. B. bei im Kino gezeigten Filmen der Fall ist, schützt die Rundfunkfreiheit die

---

292 Vorschriftensammlung T 28.
293 So für Rundfunkteilnehmer: BVerfG NJW 1990, 311.

drahtlose oder drahtgebundene Ausstrahlung von Filmen. Die Ausstrahlung der Filme durch den privaten Fernsehsender X wird nicht durch die Filmfreiheit geschützt.

2. Zensur[294]

Fall 92: Abgesagte Filmvorführung

Filmproduzent Oliver (O) möchte seinen neuen Film öffentlich vorführen. Der private Veranstalter sagt ihm kurzfristig ab. O ist empört und beruft sich auf sein „Grundrecht auf Zensurverbot".

Nach Art. 5 Abs. 1 Satz 3 GG findet eine Zensur nicht statt. Dabei handelt es sich entgegen der Auffassung des O nicht um ein eigenständiges Grundrecht. Das Zensurverbot ist eine sog. Schranken-Schranke, die den in Art. 5 Abs. 2 GG vorgesehenen Beschränkungsmöglichkeiten des Gesetzgebers wiederum Schranken setzt. Dabei richtet es sich ausschließlich gegen staatliche Maßnahmen. Da O die Filmvorführung durch einen privaten Veranstalter untersagt wird, ist es nicht anwendbar.

Fall 93: Filmkontrollbehörde

Die Bunderegierung plant ein neues Gesetz zum Schutz der Jugend. § 4 lautet: „Sämtliche Filme müssen vor ihrer Veröffentlichung einer staatlichen Kontrollbehörde vorgelegt werden." Wie ist dies rechtlich zu beurteilen?

Indem § 4 des geplanten Gesetzes die Verbreitung und Veröffentlichung eines Films von einer staatlichen Vorprüfung abhängig macht, greift es in die durch Art. 5 Abs. 1 Satz 2, 3. Var. GG garantierte Filmfreiheit ein. Diese findet ihre Schranken in den Vorschriften der allgemeinen Gesetze, den gesetzlichen Bestimmungen zum Schutze der Jugend und in dem Recht der persönlichen Ehre (Art. 5 Abs. 2 GG). Als dem Jugendschutz dienendes Gesetz, das sich nicht gegen eine bestimmte Meinung richtet, ist § 4 grundsätzlich geeignet, die Filmfreiheit einzuschränken. Bei der Einschränkung von Grundrechten hat der Gesetzgeber jedoch seinerseits Schranken zu beachten (sog. „Schranken-Schranken"). Gemäß Art. 5 Abs. 1 Satz 3 GG ist eine **Zensur** unzulässig. Der Begriff „Zensur" meint die **Vorzensur**, also ein präventives Verfahren, vor dessen Abschluss das Werk nicht veröffentlicht werden darf.[295] Ein solches Verfahren soll nach dem Gesetzesvorhaben eingeführt werden, indem Filme **vor der Veröffentlichung** einer staatlichen Kontrollbehörde vorgelegt werden sollen. Dies ist gemäß Art. 5 Abs. 1 Satz 3 GG nicht erlaubt. Das Gesetzesvorhaben ist damit unzulässig.

Fall 94: Freiwillige Selbstkontrolle

Filme, die auch vor Kindern oder Jugendlichen gezeigt werden sollen, benötigen gemäß § 11 Abs. 1 JuSchG grundsätzlich die Freigabe durch die oberste Landesbehörde

---

294 Siehe auch Fall 19 und 20, S. 16.
295 BVerfGE 87, 209, 230 – „Tanz der Teufel" – E 69.

oder einer Organisation der Freiwilligen Selbstkontrolle. Filmproduzent Lennox (L) möchte seinen Film nicht der FSK vorlegen, weil er dies für Zensur hält.

Art. 5 Abs. 1 Satz 3 GG verbietet die Vorzensur, d.h. ein präventives Verfahren, vor dessen Abschluss der Film nicht veröffentlicht werden darf.[296] Das Zensurverbot des Art. 5 Abs. 1 Satz 3 GG richtet sich ausschließlich an den Staat. Die Freiwillige Selbstkontrolle der Filmwirtschaft (FSK) ist keine staatliche Einrichtung. Allerdings sind die Länder an den Entscheidungen der FSK beteiligt. Sie entsenden drei hauptamtliche ständige Vertreter der obersten Landesjugendbehörden in die FSK und benennen eine Vielzahl von Jugendschutzsachverständigen für die Ausschüsse. Zudem übernehmen sie die Beschlüsse der FSK.[297] Zensur i.S.d. Art. 5 Abs. 1 Satz 3 GG kann nur dann vorliegen, wenn es L ausnahmslos verboten wäre, seinen Film ungeprüft zu veröffentlichen. § 11 Abs. 1 JuSchG erfordert die Jugendfreigabe jedoch nur für Filme, die auch Kindern und Jugendlichen zugänglich gemacht werden sollen. Sofern der Film ausschließlich volljährigen Personen gezeigt wird, ist keine Freigabeentscheidung erforderlich. Es handelt sich hier nicht um ein umfassendes Verbot, sondern nur um eine **Verbreitungsbeschränkung**. § 11 Abs. 1 JuSchG verstößt nicht gegen das Zensurverbot des Art. 5 Abs. 1 Satz 3 GG.

3. Filmförderung

Fall 95: Serienfolgen auf DVD
A, Tochterunternehmen einer öffentlich-rechtlichen Rundfunkanstalt, vertreibt DVDs, die jeweils mehrere Folgen verschiedener Fernsehserien enthalten. Die Laufzeit der einzelnen Folgen, die z. T. inhaltlich zusammenhängen, liegt zwischen 18 und 50 Minuten. Die DVDs haben eine Gesamtlaufzeit von ca. 95 Minuten. Obwohl ihr Nettoumsatz ausreicht, ist A der Ansicht, keine Filmabgabe bezahlen zu müssen.[298]

Nach § 152 Abs. 1 Satz 1 FFG hat ein Videoanbieter, der Bildträger mit Filmen mit einer Laufzeit von über 58 Minuten an Letztverbraucher verkauft, eine Filmabgabe zu errichten. A vertreibt DVDs mit Fernsehserien, deren Folgen als Filme i.S.d. § 152 Abs. 1 Satz 1 FFG anzusehen sind. Allerdings haben die einzelnen Folgen lediglich eine Laufzeit von 18 bis 50 Minuten. § 152 Abs. 1 Satz 1 FFG stellt seinem Wortlaut nach auf die Filmlaufzeit, nicht auf die des Bildträgers ab. Obwohl die Folgen z. T. inhaltlich zusammenhängen, können sie nicht als einheitlicher, abgabepflichtiger Film angesehen werden, weshalb die Laufzeiten nicht addiert werden dürfen. Der Abgabepflicht nach dem FFG liegt kein inhaltlicher, sondern ein formaler Ansatz zugrunde. Die einzelnen Folgen erreichen nicht die vorgesehene Mindestlaufzeit von 58 Minuten. A darf nicht nach § 152 Abs. 1 Satz 1 FFG zu einer Filmabgabe herangezogen werden.

---

296 BVerfGE 87, 209, 230 – „Tanz der Teufel" – E 69.
297 Hierzu: http://www.spio-fsk.de.
298 Angelehnt an: BVerwG Urt. v. 20.8.2014 – 6 C 14.13, BeckRS 2014, 56503.

B. Persönlichkeitsrechte und Medien

I. Persönlichkeitsrechte[1]

Kurzübersicht

- Verankert ist das allgemeine Persönlichkeitsrecht in der allgemeinen Handlungsfreiheit (Art. 2 Abs. 1 GG) und der Menschenwürde (Art. 1 Abs. 1 GG).
- Die Achtung des Privat- und Familienlebens wird durch Art. 8 EMRK und Art. 7 GRCh garantiert.
- Das allgemeine Persönlichkeitsrecht gewährleistet die engere persönliche Lebenssphäre des Menschen.[2]
- Nach Art. 2 Abs. 1 GG ist „jeder" grundrechtsberechtigt. Träger des Grundrechts sind daher alle natürlichen Personen.
- Ob das allgemeine Persönlichkeitsrecht i. S. d. Art. 19 Abs. 3 GG „seinem Wesen nach" auf juristische Personen des Privatrechts anwendbar ist, ist von der im jeweiligen Einzelfall anwendbaren Fallgruppe abhängig.[3] Da ihnen jedenfalls keine Menschenwürde zukommt, sind Personenmehrheiten bei grundrechtstypischer Gefährdungslage über Art. 2 Abs. 1 GG geschützt.[4]
- Wenn Eltern gemeinsam mit ihren minderjährigen Kindern in der Öffentlichkeit stehen, wird das allgemeine Persönlichkeitsrecht durch Art. 6 Abs. 1, 2 GG verstärkt.[5]
- Besondere Persönlichkeitsrechte ergeben sich z. B. aus §§ 22 ff. KUG und § 12 BGB. Sie sind als lex specialis vorrangig zu prüfen. Sofern sie nicht anwendbar sind, kann auf das allgemeine Persönlichkeitsrecht aus Art. 2 Abs. 1 i. V. m. Art. 1 Abs. 1 GG zurückgegriffen werden.
- Das allgemeine Persönlichkeitsrecht ist eigenständiger Bestandteil des Zivilrechts.[6] Dort wirkt es unmittelbar zwischen Privaten.

---

1 *Fechner*, Medienrecht, 4. Kapitel.
2 BVerfGE 54, 148, 153 – „Eppler".
3 BVerfGE 118, 168, 203 – „Kontenabfrage".
4 BVerfGE 106, 28, 43 f. – „Mithörvorrichtung".
5 BVerfGE 120, 180, 199 – „Caroline von Monaco III".
6 Beachte: Das zivilrechtliche und das verfassungsrechtliche allgemeine Persönlichkeitsrecht können einen unterschiedlichen Schutzumfang aufweisen.

- Als „sonstiges Recht" ist es durch § 823 Abs. 1 BGB geschützt.[7]

Schranken

- Das allgemeine Persönlichkeitsrecht kann durch Rechte anderer, die verfassungsmäßige Ordnung und das Sittengesetz beschränkt werden, Art. 2 Abs. 1 GG (sog. Schrankentrias).
- Das allgemeine Persönlichkeitsrecht ist ein sog. Rahmenrecht, dessen Reichweite nicht absolut feststeht, sondern durch Abwägung kollidierender Grundrechte ermittelt werden muss.[8] Im Bereich des Medienrechts steht das allgemeine Persönlichkeitsrecht der Person, über die berichtet wird, der Meinungs- und Medienfreiheit der Medien bzw. dem Informationsinteresse der Allgemeinheit gegenüber.[9] Das Ergebnis der Abwägung ist von den besonderen Umständen des jeweiligen Einzelfalls abhängig. Im Rahmen der Abwägung sind die Gewährleistungen der EMRK interpretationsleitend zu berücksichtigen.[10]

Das allgemeine Persönlichkeitsrecht ist inhaltlich nicht abschließend, es haben sich aber Fallgruppen herausgebildet, deren Grenzen fließend sind. Dazu gehören insbesondere:

- Das **Recht am eigenen Bild** bietet Schutz vor unautorisierten Abbildungen von Personen und ist in §§ 22 ff. KUG spezialgesetzlich geregelt.
- Das **Recht der persönlichen Ehre** schützt vor diffamierenden Äußerungen und Darstellungen. Der zivilrechtliche Anspruch ergibt sich aus § 823 Abs. 2 BGB i. V. m. den strafrechtlichen Ehrschutzdelikten, §§ 185 ff. StGB.
- Das **Recht am eigenen Namen** ist in § 12 BGB spezialgesetzlich geregelt.
- Der **Schutz des Kernbereichs privater Lebensgestaltung** umfasst Intimes, Geheimes und Privates.
- Das **Recht am gesprochenen Wort** soll sicherstellen, dass nicht für die Allgemeinheit bestimmte Äußerungen vertraulich bleiben. Die Verletzung der Vertraulichkeit des Wortes ist gemäß § 201 StGB strafbar.
- Das **Recht am geschriebenen Wort** schützt vor unautorisierten Veröffentlichungen.
- Der **Schutz gegen Entstellung und Unterschieben von Äußerungen** begründet einen Anspruch auf korrektes Zitieren.
- Der **Schutz vor Imitationen der Persönlichkeit** bietet Schutz vor Nachahmungen von Image und Persönlichkeit.

---

7 BGHZ 13, 334, 337 ff. – „Leserbrief"; BGHZ 26, 349, 354 –„Herrenreiter" – E 1.
8 BGH NJW 2016, 1584 – „Nerzquäler".
9 BGH MMR 2012, 256, 257.
10 BGH NJW 2015, 782, 784 – „Uneheliches Kind des Ministers", „Innenminister unter Druck" – E 21.

- Das **Recht auf informationelle Selbstbestimmung** gibt dem Einzelnen ein Selbstbestimmungsrecht über seine persönlichen Daten.
- Das **Recht auf Gewährleistung der Vertraulichkeit und Integrität informationstechnischer Systeme** bietet als IT-Grundrecht Schutz vor Online-Durchsuchungen.
- Entsprechend seinem **Verfügungsrecht über Darstellungen der eigenen Person** darf jedermann grundsätzlich selbst bestimmen, ob und inwieweit andere sein Lebensbild öffentlich darstellen dürfen.[11]

Das (zivilrechtliche) allgemeine Persönlichkeitsrecht schützt ideelle sowie kommerzielle (vermögensrechtliche) Persönlichkeitsinteressen.

- Vermögensrechtliche Bestandteile des allgemeinen Persönlichkeitsrechts gehören zum Nachlass. Sie sind vererblich (§ 1922 Abs. 1 BGB).[12]
- Bei immateriellen Schäden kommt ein Anspruch auf Geldentschädigung aus § 823 Abs. 1 BGB i. V. m. Art. 2 Abs. 1, Art. 1 Abs. 1 GG in Betracht, wenn es sich um einen schwerwiegenden Eingriff in das allgemeine Persönlichkeitsrecht handelt und die Beeinträchtigung nicht in anderer Weise befriedigend ausgeglichen werden kann.[13]
- Der Geldentschädigungsanspruch ist grundsätzlich nicht vererblich.[14]

Beispielsfälle

1. Allgemeines

Fall 96: Individualisierende Berichterstattung
Adriana (A) erklärt ihrer Kommilitonin Kyra (K), jede individualisierende Berichterstattung über eine Person greife in deren allgemeines Persönlichkeitsrecht ein. Stimmen Sie A zu?

Das allgemeine Persönlichkeitsrecht (Art. 2 Abs. 1 i. V. m. Art. 1 Abs. 1 GG) bietet Schutz vor Beeinträchtigungen des engen persönlichen Lebensbereichs, vor herabsetzenden, ehrverletzenden Äußerungen oder davor, falsch zitiert zu werden. Ein vom Kommunikationsinhalt unabhängiger Schutz ist im Bereich der Textberichterstattung nur unter dem Gesichtspunkt des Rechts am gesprochenen Wort anerkannt, das die Selbstbestimmung über die unmittelbare Zugänglichkeit der Kommunikation garantiert. Das allgemeine Persönlichkeitsrecht schützt nicht davor, überhaupt in einem Bericht individualisierend benannt zu werden. Auch das Recht auf informationelle Selbstbestimmung garantiert einer Person nicht, nur dargestellt zu werden, wenn und

11 BVerfGE 35, 202, 220 – „Lebach" – E 3.
12 BGHZ 169, 193, Rn. 13 = BGH NJW 2007, 684, 685 – „kinski-klaus.de" – E 28.
13 BGH NJW 2012, 1728.
14 BGHZ 201, 45, Rn. 8 ff. = BGH NJW 2014, 2871 – „Berichterstattung über trauernden Entertainer"; BGH, Urt. v. 23.05.2017 – VI ZR 261/16, BeckRS 2017, 118928.

wie sie dies wünscht. Für die Beurteilung, ob eine Persönlichkeitsrechtsverletzung vorliegt, kommt es daher entscheidend auf den **Inhalt der Berichterstattung** an. Die Veröffentlichung des Fotos einer Person stellt hingegen grundsätzlich eine rechtfertigungsbedürftige Beschränkung ihres allgemeinen Persönlichkeitsrechts dar. Der Schutz durch das allgemeine Persönlichkeitsrecht reicht hinsichtlich der Veröffentlichung von Bildern und der Berichterstattung durch Wortbeiträge unterschiedlich weit.[15] Die Frage, ob eine individualisierende Berichterstattung Persönlichkeitsrechte verletzt, kann daher nur anhand der Umstände des konkreten Einzelfalls beurteilt werden. Der Aussage der A ist nicht zuzustimmen.

2. Schutz des Kernbereichs privater Lebensgestaltung (Privates, Intimes, Geheimes)

Fall 97: Hochzeitsgerüchte
Die auflagenstarke, überregionale A-Zeitschrift veröffentlicht einen frei erfunden Bericht über die bevorstehende Hochzeit der prominenten Sportlerin Joanna (J). J bittet die A-Zeitung um Richtigstellung.[16]

J steht gegenüber A ein Berichtigungsanspruch aus § 1004 Abs. 1 Satz 2 BGB analog i. V. m. § 823 Abs. 1 BGB i. V. m. Art. 1 Abs. 1, 2 Abs. 1 GG zu, wenn diese mit ihrem frei erfunden Bericht über die bevorstehende Hochzeit unrichtige Tatsachen behauptet, die das allgemeine Persönlichkeitsrecht der J fortwirkend beeinträchtigen. Bei dem Bericht über die bevorstehende Hochzeit handelt es sich um eine unrichtige Tatsachenbehauptung. Diese muss auch persönlichkeitsrechtsverletzend sein. Heiratsabsichten zählen zu den zentralen biographischen Ereignissen und daher zu denjenigen Informationen, aufgrund derer andere sich ein Bild von einer Person machen.[17] Falsche Behauptungen über Heiratsabsichten beeinträchtigen damit das Persönlichkeitsbild, eine Rufschädigung oder Ehrverletzung ist nicht erforderlich. Unter Berücksichtigung der Auflagenstärke der A und dem mithin hohen Verbreitungsgrad der unwahren Darstellung, ist von einem Fortbestehen der Beeinträchtigung auszugehen. Der erfundene Bericht über die bevorstehende Hochzeit beeinträchtigt J aktuell in ihrem **Selbstbestimmungsrecht über ihr eigenes Erscheinungsbild in der Öffentlichkeit**. Die Richtigstellung ist ein geeignetes Mittel, um die Persönlichkeitsrechtsverletzung rückgängig zu machen. J steht gegenüber A ein Berichtigungsanspruch aus § 1004 BGB analog i. V. m. § 823 Abs. 1 BGB i. V. m. Art. 2 Abs. 1 i. V. m. Art. 1 Abs. 1 GG zu.

---

15 BGHZ 187, 200, Rn. 13 f. = BGH NJW 2011, 744, 745 – „Party-Prinzessin".
16 Angelehnt an: OLG Hamburg NJW-RR 1999, 1701.
17 BVerfGE 97, 125, 152 – „Caroline von Monaco I" – E 9.

Voraussetzungen des Richtigstellungsanspruchs[18]
Anspruchsgrundlage: § 1004 analog i. V. m. §§ 823 ff. BGB
1. unrichtige Tatsachenbehauptung
2. fortwirkende Persönlichkeitsrechtsbeeinträchtigung
3. Berichtigung als geeignetes Mittel zur Beseitigung der Persönlichkeitsrechtsbeeinträchtigung

Fall 98: Ende einer Ehe

Nachdem Ulla (U) bei einer Castingshow gewonnen hat, beschließt sie auch ihre Hochzeit zu vermarkten und dreht eine entsprechende Doku-Soap. In den kommenden Jahren berichtet sie der Z-Zeitung regelmäßig detailliert über die Höhen und Tiefen ihres Ehelebens. Als die Ehe nach drei Jahren geschieden wird, veröffentlicht Z sofort einen Artikel darüber. U ist damit überhaupt nicht einverstanden. Sie meint, die Scheidung ihrer Ehe sei Privatsache. Stimmen Sie ihr zu?

Heirats- und Scheidungspläne zählen grundsätzlich zu dem durch das allgemeine Persönlichkeitsrecht geschützten privaten Lebensbereich. Indem U eine Doku-Soap über ihre Hochzeit dreht und Z regelmäßig über Höhen und Tiefen ihres Ehelebens berichtet, setzt sie sich selbst der Medienöffentlichkeit aus. U war bis zu der Scheidung ihrer Ehe mit einer Berichterstattung über private Details ihres Ehelebens einverstanden. Aufgrund dieser **„Selbstöffnung"** oder **„Selbstbegebung"** kann U sich nicht auf ein Recht auf Privatheit bezüglich solcher Aspekte ihres Privatlebens berufen, die sie selbst der Öffentlichkeit preisgegeben hat. U ist nicht zuzustimmen.

Fall 99: P liebt D

Patrick (P) ist ein bekannter Sänger. Über sein Privatleben ist nur wenig bekannt. Die Beziehung zu der Kellnerin Dagmar (D) hält er schon seit Jahren geheim. In der aktuellen Ausgabe der B-Zeitung erscheint ein Artikel mit der Überschrift: *„P liebt D: Warum die Turteltauben so gut zueinander passen."* P möchte nicht, dass über seine private Beziehung berichtet wird und begehrt Unterlassung.[19]

P könnte gegenüber B einen Anspruch auf Unterlassung der Berichterstattung über seine Liebesbeziehung aus § 1004 Abs. 1 BGB analog, § 823 BGB haben. Das allgemeine Persönlichkeitsrecht garantiert jedermann ein Recht auf Achtung der Privatsphäre und damit einen **autonomen Bereich eigener Lebensgestaltung**. Zu diesem Bereich gehören auch Informationen über eine Liebesbeziehung, die vor der Medienöffentlichkeit geheim gehalten wird. Indem B Informationen über die Beziehung zwischen P und D veröffentlicht, greift sie in das allgemeine Persönlichkeitsrecht des P aus Art. 2 Abs. 1 i. V. m. Art. 1 Abs. 1 GG ein. Die Preisgabe der Liebesbeziehung durch B ist rechtswid-

---

18 Zum Gegendarstellungsanspruch siehe Fall 52, 53 und 54, S. 38 f.
19 Angelehnt an: BGH GRUR 2017, 850 – „Popstar und Dessousmodel".

rig, wenn das allgemeine Persönlichkeitsrecht des P (Art. 2 Abs. 1 i. V. m. Art. 1 Abs. 1 GG; Art. 8 EMRK) das durch die Meinungsfreiheit (Art. 5 Abs. 1 Satz 1, 1. Var. GG; Art. 10 EMRK) geschützte Interesse der B an der Veröffentlichung einer Wortberichterstattung über seine Beziehung zu D überwiegt. B kann grundsätzlich selbst entscheiden, welche Informationen sie in ihrer Ausgabe veröffentlicht. Je größer der Informationswert für die Öffentlichkeit ist desto eher muss das Schutzinteresse des P, über den berichtet wird, zurücktreten. P ist ein bekannter Sänger, der seinen Anhängern als Leitbild dienen kann. Die Nachricht, mit wem er liiert ist, gibt einen tiefen Einblick in seine persönlichen Lebensumstände, die er vor der Öffentlichkeit geheim halten wollte. Der Bericht befriedigt in erster Linie die Neugier der Leser und ist von nur geringem Informationswert. Das allgemeine Persönlichkeitsrecht des P überwiegt daher die Meinungsfreiheit der B. Ein rechtswidriger Eingriff in das Persönlichkeitsrecht des P liegt damit vor. Die Wiederholungsgefahr ist aufgrund des erfolgten Eingriffs zu vermuten. P steht ein Unterlassungsanspruch aus § 1004 Abs. 1 BGB analog i. V. m. § 823 BGB zu.

Voraussetzungen des Unterlassungsanspruchs[20]
Anspruchsgrundlage: § 1004 Abs. 1 BGB analog i. V. m. § 823 Abs. 1 BGB
Evtl. § 823 Abs. 2 i. V. m. §§ 185 ff. StGB oder §§ 22 ff. KUG
1. Beeinträchtigung des Persönlichkeitsrechts
2. Rechtswidriger Eingriff in das Persönlichkeitsrechts steht bevor
3. Gefahr eines Eingriffs (Erstbegehungsgefahr oder Wiederholungsgefahr)

Fall 100: Krankheit ist Privatsache

Der bekannte Schauspieler Magnus (M) liegt seit einem Autounfall im Koma. Die C-Zeitschrift beschäftigt sich in ihrer neuesten Ausgabe ausführlich mit dem Gesundheitszustand des M. Neben Einzelheiten über seine lebensgefährlichen Verletzungen ist dort zu lesen: „*Sicher ist, dass er alles neu lernen muss: Sprechen, Laufen, Schlucken* …". Steht M gegenüber C ein Anspruch auf Unterlassung der Äußerung zu?[21]

M könnte gegenüber C einen Anspruch auf Unterlassung der Äußerung „*Sicher ist, dass er alles wieder lernen muss: Sprechen, Laufen, Schlucken*" aus § 823 Abs. 1 BGB, 1004 Abs. 1 BGB analog i. V. m. Art. 2 Abs. 1 i. V. m. Art. 1 Abs. 1 GG haben. Die eigene Erkrankung gehört auch bei prominenten Persönlichkeiten wie M grundsätzlich zu dem durch das allgemeine Persönlichkeitsrecht geschützten **Kernbereich privater Lebensgestaltung**. Die durch die Berichterstattung erfolgte Beeinträchtigung des allgemeinen Persönlichkeitsrechts ist rechtswidrig, da das Persönlichkeitsrecht des M das Berichterstattungsinteresse der C überwiegt. Die Berichterstattung der C veranschaulicht dem Leser das Ausmaß der Verletzungen und führt ihm die Hilflosigkeit des M

---

20 Siehe hierzu: *Fechner*, Medienrecht, 4. Kapitel, Rn. 126 ff.
21 Angelehnt an: BGH GRUR 2017, 304 – „Michael Schumacher".

vor Augen. Derartige Berichte sind nicht durch das Informationsinteresse der Öffentlichkeit gedeckt. Sie haben „in der Öffentlichkeit nichts zu suchen".[22] Die Meinungsfreiheit der C muss hinter dem allgemeinen Persönlichkeitsrecht des M zurücktreten. Wiederholungsgefahr wird aufgrund erfolgter Rechtsverletzung vermutet.[23] M steht gegenüber C ein Anspruch auf Unterlassung der fraglichen Äußerung aus § 1004 Abs. 1 BGB analog i. V. m. § 823 BGB i. V. m. Art. 2 Abs. 1; 1 Abs. 1 GG zu.

Fall 101: E-Mail für Laurenz

Laurenz (L) bittet Unternehmerin Erna (E) per E-Mail um Bestätigung der Kündigung seines Mobilfunkvertrags. Als Antwort erhält er eine automatisch generierte E-Mail, die Werbung für eine App enthält. L teilt E mit, mit dem Werbezusatz nicht einverstanden zu sein. Als Antwort auf diese und eine weitere E-Mail erhält er erneut automatische Antworten mit Werbung. Steht L ein Unterlassungsanspruch zu?[24]

L steht gegenüber E ein Anspruch auf Unterlassung der Zusendung von E-Mail-Werbung aus § 1004 Abs. 1 Satz 2 BGB analog, § 823 Abs. 1 BGB zu, wenn diese in rechtswidriger Weise in sein allgemeines Persönlichkeitsrecht eingreift. Das allgemeine Persönlichkeitsrecht schützt die **private Lebensgestaltung** und gibt L das Recht, im privaten Bereich in Ruhe gelassen zu werden sowie selbst entscheiden zu können, mit wem er per E-Mail Kontakt hat. Das von L genutzte E-Mail-Postfach ist Teil seiner Privatsphäre. Indem ihm E trotz seines ausdrücklichen Widerspruchs weitere Werbung zusendet, greift sie in seinen privaten Lebensbereich ein. Der Eingriff ist rechtswidrig, wenn das Recht auf Schutz seiner Persönlichkeit und Achtung der Privatsphäre aus Art. 2 Abs. 1 i. V. m. Art. 1 Abs. 1 GG das Interesse der E, mit ihren Kunden zum Zwecke der Werbung in Kontakt zu treten, überwiegt. Die E-Mail-Werbung ist für L sofort als solche erkennbar und stellt damit eine vergleichsweise geringfügige Beeinträchtigung dar. Andererseits ist sie keine derartige Bagatelle, dass eine Belästigung ausgeschlossen werden könnte. L muss die Werbung jedenfalls zur Kenntnis nehmen, um sie von sonstigem Inhalt trennen zu können. Nach seinem Widerspruch hat L praktisch keine Möglichkeit mehr, sich gegen die E-Mail-Werbung zur Wehr zu setzen. Im Ergebnis überwiegt daher das Recht des L, seinen persönlichen Lebensbereich von unerwünschter Werbung freizuhalten. Die für den Unterlassungsanspruch erforderliche Wiederholungsgefahr wird durch das festgestellte rechtsverletzende Verhalten der E indiziert. L hat gegen E einen Anspruch auf Unterlassung der Werbung aus § 823 BGB i. V. m. § 1004 BGB analog.[25]

---

22 BGH GRUR 2017, 304, 307 – „Michael Schumacher".
23 BGH GRUR 2017, 304, 307 – „Michael Schumacher".
24 Angelehnt an: BGH GRUR 2016, 530 – „No-Reply"-E-Mails".
25 Bei Werbung unter Verwendung von elektronischer Post, ohne vorherige ausdrückliche Einwilligung des Adressaten, ist eine unzumutbare Belästigung anzunehmen, § 7 Abs. 2 Nr. 3 UWG; siehe auch Fall 319 bis 322, S. 244 ff.

Fall 102: Kein Unterhalt fürs Kind

Der ein hohes politisches Amt bekleidende Politiker Pablo (P) steht mit seiner Geliebten Gesine (G) in regelmäßigem E-Mail-Kontakt. Den E-Mails zufolge weigert er sich schon seit einigen Jahren, seine uneheliche Tochter durch Unterhaltszahlungen zu unterstützen, obwohl G ihn regelmäßig dazu auffordert und verweist sie auf staatliche Zahlungen. Die Mails werden der Redaktion der Z-Zeitung zugespielt. Sie stammen von seinem Laptop, der P unter dubiosen Umständen abhanden gekommen ist. P ist der Auffassung, sein allgemeines Persönlichkeitsrecht werde im Falle einer Veröffentlichung der Mails beeinträchtigt, während Z sich auf ihre Meinungsfreiheit beruft. Wägen Sie ab.[26]

Der Schutzbereich des aus Art. 2 Abs. 1 i. V. m. Art. 1 Abs. 1 GG abgeleiteten allgemeinen Persönlichkeitsrechts umfasst neben der Vertraulichkeit privater E-Mails auch das durch das **Recht auf informationelle Selbstbestimmung** abgesicherte Recht, selbst zu entscheiden, in welchem Rahmen persönliche Daten wie E-Mails veröffentlicht werden. Die Veröffentlichung der Mails ist geeignet, sich abträglich auf das öffentliche Ansehen des P auszuwirken, so dass auch sein Recht auf **persönliche Ehre** betroffen ist. Dem durch diese Ausprägungen des allgemeinen Persönlichkeitsrechts geschützten Interesse des P, den Inhalt seiner privaten Kommunikation nicht zum Gegenstand der Medienberichterstattung werden zu lassen, steht die durch Art. 5 Abs. 1 Satz 1, 1. Var. GG geschützte Meinungsfreiheit der Z gegenüber. Beide Grundrechte sind gegeneinander abzuwägen. Sie sind zwar auf Privatpersonen nicht unmittelbar anwendbar, entfalten aber eine mittelbare Drittwirkung. Die E-Mails des P haben einen hohen Öffentlichkeitswert. Sie offenbaren den Missstand, dass sich ein Politiker und Träger eines hohen politischen Amts jahrelang der wirtschaftlichen Verantwortung für seine Tochter entzogen und diese auf den Steuerzahler abgewälzt hat. Derartige Missstände aufzudecken, gehört grade zu den Aufgaben der Presse, weshalb einer Veröffentlichung der E-Mails auch nicht entgegensteht, dass diese von einem Laptop stammen, der P unter dubiosen Umständen abhandenkam und die E-Mails der Z zugespielt wurden. Da an der Veröffentlichung der Mails ein überragendes öffentliches Interesse besteht, muss das allgemeine Persönlichkeitsrecht des P hier hinter der Meinungsfreiheit der Z zurücktreten.[27]

Fall 103: Der rasende Verkehrsminister

Die Z-Zeitung berichtet, Verkehrsminister Ingolf (I) sei bei einer privaten Autofahrt wegen Überschreitung der zulässigen Höchstgeschwindigkeit zu einem Fahrverbot und einer Geldbuße verurteilt worden. I fühlt sich durch die Berichterstattung der

---

26 Angelehnt an: BGH NJW 2015, 782 – „Uneheliches Kind des Ministers", „Innenminister unter Druck" – E 21.
27 Siehe auch Fall 30, S. 24 und 31, S. 25.

Z-Zeitung in seinem allgemeinen Persönlichkeitsrecht verletzt, während diese sich auf Art. 5 GG beruft.[28]

Die identifizierende Berichterstattung über die von I begangene Ordnungswidrigkeit macht sein Fehlverhalten einer breiten Öffentlichkeit bekannt und ist grundsätzlich geeignet, sein allgemeines Persönlichkeitsrecht (Art. 2 Abs. 1 i. V. m. Art. 1 Abs. 1 GG) erheblich zu beeinträchtigen. Auch Berichterstattungen über leichte Verfehlungen können das **soziale Ansehen** des Betroffenen mindern. Das allgemeine Persönlichkeitsrecht des I ist gegenüber der Meinungsfreiheit (Art. 5 Abs. 1 Satz 1, 1. Var. GG) der Z abzuwägen. Der Bericht über den Verkehrsverstoß des I dient aufgrund seiner Tätigkeit als Verkehrsminister nicht allein der Befriedigung der Neugier der Leser, sondern ist geeignet, zur öffentlichen Meinungsbildung beizutragen. An Personen des politischen Lebens wie I besteht aus Gründen der demokratischen Transparenz und Kontrolle ein gesteigertes Informationsinteresse. Aufgrund des hohen Informationswerts muss das allgemeine Persönlichkeitsrecht des I hinter der Meinungsfreiheit der Z zurücktreten.

Fall 104: Außenaufnahme
Im Südviertel der Stadt S befinden sich zahlreiche Villen prominenter Persönlichkeiten. Journalist Malte (M) spaziert durch die öffentlichen Straßen und wartet auf interessante Begegnungen. Da niemand unterwegs ist, fotografiert er die Straßenfront der Villa des prominenten Sängers Orpheus (O). Das Foto möchte er in der neuen Ausgabe der Z-Zeitschrift veröffentlichen. Er befürchtet jedoch, dass O sich dadurch in seinem allgemeinen Persönlichkeitsrecht verletzt fühlt. Würden Sie ihm davon abraten, das Foto zu veröffentlichen?

M ist von einer Veröffentlichung des Fotos abzuraten, wenn diese das allgemeine Persönlichkeitsrecht (Art. 2 Abs. 1 i. V. m. Art. 1 Abs. 1 GG) des O verletzt. Das allgemeine Persönlichkeitsrecht schützt den persönlichen Lebensbereich, zu dem jedenfalls die Wohnung sowie von außen nicht einsehbare Grundstücksteile zählen. Durch die Veröffentlichung des Fotos der Straßenfront wird der Öffentlichkeit kein Einblick in einen Bereich ermöglicht, der dieser sonst verschlossen ist. **Außenaufnahmen von Gebäuden**, die von einem für jedermann zugänglichen Ort aufgenommen werden, dürfen ohne Einwilligung des Eigentümers bzw. Nutzers veröffentlicht werden.[29] Dies ergibt sich auch aus einer Parallelwertung zu der durch § 59 UrhG garantierten **Panoramafreiheit**.[30] Anhaltspunkte dafür, dass das Foto der Straßenfront seiner Villa in das allgemeine Persönlichkeitsrecht des O eingreifen könnte, sind nicht ersichtlich. M darf das Foto veröffentlichen. Es gibt keinen Grund, ihm davon abzuraten.

---

28 Angelehnt an: BVerfGK 8, 205 = BVerfG NJW 2006, 2835 – „Prinz Ernst August von Hannover".
29 BGH NJW 2004, 762, 763 – „Prominentenvilla".
30 Siehe hierzu auch Fall 219 und 220, S. 64.

Fall 105: Hier wohnt Fernando

Filmstar Fernando (F) ist in jeder Talkshow zu Gast und erzählt bereitwillig über seine Wohnverhältnisse sowie Lage und Gestaltung seines durch eine Umzäunung vor fremden Blicken geschützten Feriendomizils im Thüringer Wald. In einem Buch hat er bereits eine Skizze sowie Fotos dieses Anwesens veröffentlicht. Als die Illustrierte I ein aus dem Hubschrauber aufgenommenes Bild seines Anwesens unter Nennung seines Namens veröffentlicht, ist F damit nicht einverstanden und verlangt Unterlassung.[31]

Der Unterlassungsanspruch des F könnte sich aus § 1004 Abs. 1 Satz 2 BGB analog i. V. m. § 823 Abs. 1 BGB ergeben. Das allgemeine Persönlichkeitsrecht (Art. 2 Abs. 1 i. V. m. Art. 1 Abs. 1 GG) schützt den privaten Lebensbereich und das Recht auf informationelle Selbstbestimmung. Zum **privaten Lebensbereich** des F zählt nicht nur der innere häusliche Bereich, sondern auch sein umfriedetes Feriendomizil. Indem das Foto von einem Hubschrauber aus angefertigt wird, werden seine Privatheit schützende Sichtbarrieren überwunden. Durch die Zuordnung seines Namens wird die Anonymität des Anwesens aufgehoben und der Öffentlichkeit verfügbar gemacht, wodurch sein Recht auf **informationelle Selbstbestimmung** beeinträchtigt wird. Grundsätzlich muss niemand hinnehmen, dass seine Privatsphäre mit einem Hubschrauber „ausgespäht" wird.[32] Der durch die Veröffentlichung des Fotos verursachte Eingriff in das allgemeine Persönlichkeitsrecht ist jedoch dann nicht rechtswidrig, wenn das allgemeine Persönlichkeitsrecht hinter dem durch Art. 5 GG geschützten öffentlichen Informationsinteresse zurücktritt. Hierfür spricht in diesem Fall, dass F selbst bereits mehrfach in Wort und Bild über sein Feriendomizil berichtet hat **(sog. Selbstöffnung)** und auf dem Bild keine Personen erkennbar sind. Obwohl sein Anwesen aus dem Hubschrauber aufgenommen wurde, wird F nicht in seinem allgemeinen Persönlichkeitsrecht verletzt. Ihm steht gegenüber I kein Unterlassungsanspruch aus § 1004 BGB analog i. V. m. § 823 BGB zu.

Fall 106: Abseits vom Medienrummel

Die beliebte Schauspielerin Samira (S) hat neben ihrer Wohnung in Berlin ebenfalls ein beachtliches Anwesen im Thüringer Wald, wo sie sich abseits vom Medienrummel mit ihrer Familie zurückzieht. Das Anwesen ist von einer hohen Mauer umschlossen und kann von außen nicht eingesehen werden. Journalist Lennart (L) filmt das Anwesen mittels einer Drohne und veröffentlicht einzelne Bilder davon in der Z-Zeitschrift, wobei er den Namen der S nennt. S hält dies für eine Beeinträchtigung ihres allgemeinen Persönlichkeitsrechts.[33]

---

31 Angelehnt an BGH NJW 2004, 762; BGH NJW 2004, 766 – „Prominentenvilla" – E 17.
32 BGH NJW 2004, 762, 763.
33 Siehe auch den Fall 124, S. 95.

Das Anwesen im Thüringer Wald dient S als **privater Rückzugsort**, der als Teil ihres Privatbereichs durch das allgemeine Persönlichkeitsrecht geschützt ist. L dringt mittels der Drohne in die durch die Umfriedung des Grundstücks dort geschaffene Privatsphäre ein. S muss es nicht hinnehmen, dass ihr privates Anwesen gegen ihren Willen und unter Überwindung der Mauer mittels einer Drohne ausgespäht wird. Indem L einzelne Bilder veröffentlicht, beeinträchtigt er außerdem ihr Recht auf **Selbstbestimmung bei der Offenbarung ihrer privaten Lebensverhältnisse.** Durch die Nennung ihres Namens wird die Anonymität ihres Anwesens aufgehoben. Dadurch besteht die Gefahr, dass das Grundstück in seiner Eigenschaft als Rückzugsort beeinträchtigt wird. Das allgemeine Persönlichkeitsrecht fungiert nicht nur als Abwehrrecht gegenüber dem Staat, sondern bietet auch Schutz vor Eingriffen Privater, die den Privatbereich gegen den eigenen Willen öffentlich verfügbar machen. Ein aus der Meinungs- und Medienfreiheit hergeleitetes übergeordnetes öffentliches Informationsinteresse an einer Veröffentlichung der von der Drohne aufgenommenen Bilder ist nicht ersichtlich. Durch die Veröffentlichung der Bilder wird das allgemeine Persönlichkeitsrecht (Art. 2 Abs. 1 i. V. m. Art. 1 Abs. 1 GG) der S in unzulässiger Weise beeinträchtigt.

3. Das Recht am geschriebenen/gesprochenen Wort

Fall 107: Tagebuch

Journalist Jeremy (J) entwendet der berühmten Sängerin Annabella (A) das Tagebuch, dem sie ihre privatesten Gedanken und Gefühle anvertraut hat und veröffentlicht die Aufzeichnungen. Nachdem A Klage erhoben hat, möchte der zuständige Zivilrichter wissen, ob er das verfassungsrechtliche allgemeine Persönlichkeitsrecht zu berücksichtigen hat und ob dessen Schutzbereich eröffnet ist.

Der Zivilrichter entscheidet den Fall nach Maßgabe zivilrechtlicher Vorschriften, wobei es seine Aufgabe ist, diese auszulegen und anzuwenden. Hierbei muss er die **wertsetzende Bedeutung der Grundrechte** beachten. Aus diesem Grund hat er bei der Entscheidung Bedeutung und Tragweite des allgemeinen Persönlichkeitsrechts (Art. 2 Abs. 1 i. V. m. Art. 1 Abs. 1 GG) zu berücksichtigen. Zwischen Privatrechtssubjekten entfaltet es eine mittelbare Drittwirkung.

Das allgemeine Persönlichkeitsrecht schützt den **Kernbereich privater Lebensgestaltung** und garantiert dem Einzelnen das Recht, grundsätzlich selbst über Zeit und Grenzen der Veröffentlichung persönlicher Aufzeichnungen zu bestimmen.[34] Die von J veröffentlichten Tagebuchaufzeichnungen enthalten von A niedergeschriebene Aufzeichnungen über ihre Gedanken und Gefühle, die sie ausschließlich für sich selbst festgehalten hat. Sie sind dem Kernbereich privater Lebensgestaltung zuzuordnen. Indem J diese veröffentlicht, kann A nicht selbst über die Veröffentlichung bestimmen. Durch die Veröffentlichung der Tagebuchaufzeichnungen ist A sowohl in ihrem Recht

---

34 Beachte auch das urheberrechtliche Erstveröffentlichungsrecht, § 12 UrhG.

am geschriebenen Wort[35] als auch im Kernbereich ihrer privaten Lebensgestaltung betroffen.

Fall 108: O-Ton

Radiomoderatorin Anja (A) plaudert in ihrer morgendlichen Radiosendung über Prominente. Um die Sendung unterhaltsamer zu gestalten, möchte sie sich neue O-Töne verschaffen. Aus diesem Grund nimmt sie heimlich ein Gespräch der bekannten Sänger Babette (B) und Collin (C) auf. Am nächsten Tag sind Ausschnitte daraus in der Morgensendung zu hören. Ist der Schutzbereich des allgemeinen Persönlichkeitsrechts betroffen?

Die Äußerungen von C und B könnten durch das **Recht am gesprochenen Wort**[36] geschützt sein. Dieses Recht schützt den Einzelnen in seiner Spontanität. Es soll verhindern, dass nicht für die Allgemeinheit bestimmte Äußerungen veröffentlicht werden. Indem A das Gespräch der beiden Sänger heimlich aufzeichnet und später veröffentlicht, nimmt sie den beiden das Recht, über ihr eigenes Wort zu bestimmen. Der Schutzbereich des allgemeinen Persönlichkeitsrechts (Art. 2 Abs. 1 i. V. m. Art. 1 Abs. 1 GG) ist in der Ausprägung des Rechts am eigenen Wort betroffen.[37]

Fall 109: Die angebliche Bundeskanzlerin

Journalistin Rita (R) möchte Parteiinterna der aufstrebenden B-Partei erfahren. Aus diesem Grund ruft sie den Parteivorsitzenden P mit verstellter Stimme an, wobei sie sich als Bundeskanzlerin ausgibt und vorgibt „Koalitionsverhandlungen" führen zu wollen. Tatsächlich gelingt es ihr, P vertrauliche Informationen zu entlocken. Das mit P geführte Gespräch zeichnet sie ohne dessen Wissen auf. Hat R sich strafbar gemacht?

Indem sie das mit P geführte Telefonat aufzeichnet, kann R sich nach § 201 StGB strafbar gemacht haben. Gemäß § 201 Abs. 1 Nr. 1 StGB wird bestraft, wer das **nicht** öffentlich gesprochene Wort eines anderen auf Tonträger aufnimmt. R führt mit P ein nichtöffentliches Telefonat, das sie ohne seine Einwilligung aufzeichnet. Da R auch vorsätzlich, rechtswidrig und schuldhaft handelt, hat sie sich nach § 201 Abs. 1 Nr. 1 StGB strafbar gemacht.

---

35 Hierzu: *Fechner*, Medienrecht, 4. Kapitel, Rn. 71.
36 Hierzu: *Fechner*, Medienrecht, 4. Kapitel, Rn. 68 ff.
37 Beachte auch die Strafbarkeit der Verletzung der Vertraulichkeit des gesprochenen Worts nach § 201 StGB.

4. Schutz gegen Entstellen und Unterschieben von Äußerungen[38]

Fall 110: Nun sagt sie alles über ihr Leben
Journalistin Lynn (L) möchte über die beliebte Sängerin Mirja (M) berichten, doch leider fehlt es ihr an aktuellem Material. Aus diesem Grund holt L mit M geführte Interviews aus dem Archiv. Die darin enthaltenen Aussagen stellt sie so zusammen, dass es aussieht, als habe M ein aktuelles Interview über ihre Beziehung zu Schlagzeuger Sam (S) gegeben. Das Interview veröffentlicht sie unter der Überschrift: *„Nun sagt M alles über ihr Leben"*. M begehrt Unterlassung.

M könnte gegenüber L ein Anspruch auf Unterlassung der Veröffentlichung des „Interviews" aus § 1004 Abs. 1 BGB analog i. V. m. § 823 BGB zustehen. Das durch Art. 2 Abs. 1 i. V. m. Art. 1 Abs. 1 GG garantierte allgemeine Persönlichkeitsrecht schützt M vor einer **unrichtigen, verfälschten oder entstellten Wiedergabe ihrer Äußerungen.** Durch das vorgetäuschte Interview wird beim Leser der Eindruck erweckt, M habe sich in einem aktuellen Gespräch über ihre Beziehung zu S geäußert. Dadurch wird M die Möglichkeit genommen, selbst zu bestimmen, wie sie sich öffentlich darstellen will. Zwar stammen sämtliche Äußerungen aus früheren Interviews mit M, das angeblich aktuell geführte Gespräch über ihr Leben hat es jedoch nie gegeben. Da L ihr „gebasteltes Interview" als tatsächlich geführt hinstellt und dieses damit keinen satirischen Charakter hat, muss das Informationsinteresse der Öffentlichkeit (Art. 5 Abs. 1 GG; Art. 10 EMRK) hier hinter dem allgemeinen Persönlichkeitsrecht (Art. 2 Abs. 1 i. V. m. Art. 1 Abs. 1 GG; Art. 8 EMRK) zurücktreten. Ein nie geführtes Interview kann zur Meinungsbildung nichts beitragen.[39] Wiederholungsgefahr wird aufgrund der Rechtswidrigkeit vermutet. M hat gegenüber L einen Unterlassungsanspruch aus § 1004 Abs. 1 Satz 2 BGB analog i. V. m. § 823 BGB.

5. Recht auf informationelle Selbstbestimmung[40]

Fall 111: Alter, Geburtstag, Adresse
Journalistin Anna-Marie (A) veröffentlicht Geburtsdatum, Alter und Adresse der Castingshow-Gewinnerin Janine (J) in der A-Zeitschrift. J beruft sich auf ihr allgemeines Persönlichkeitsrecht.

Das **Recht auf informationelle Selbstbestimmung** ist als Teil des allgemeinen Persönlichkeitsrechts durch Art. 2 Abs. 1 i. V. m. Art. 1 Abs. 1 GG gewährleistet. Es garantiert dem Einzelnen das Recht, selbst zu entscheiden, wann und innerhalb welcher Grenzen persönliche Lebenssachverhalte offenbart werden sollen.[41] D. h. jeder kann grundsätz-

---

38 Hierzu: *Fechner*, Medienrecht, 4. Kapitel, Rn. 72 ff.
39 BVerfGE 34, 269, 283 – „Soraya" – E 2.
40 Hierzu: *Fechner*, Medienrecht, 4. Kapitel, Rn. 82 ff.
41 BVerfGE 65, 1, 41 – „Volkszählung" – E 6.

lich selbst über die Erhebung, Speicherung, Verwendung und Preisgabe seiner persönlichen Daten bestimmen. Das **Recht auf informationelle Selbstbestimmung** ist in erster Linie ein Abwehrrecht gegenüber staatlichen Eingriffen. Zwischen Privatpersonen ist es nicht unmittelbar anwendbar. In dem privaten Rechtsverhältnis zwischen J und A entfaltet es mittelbare Drittwirkung, weshalb es bei der Abwägung der wechselseitigen Rechtspositionen zu berücksichtigen ist. Sofern an einer Veröffentlichung dieser Daten kein besonderes, das allgemeine Persönlichkeitsrecht (Art. 2 Abs. 1 i. V. m. Art. 1 Abs. 1; Art. 8 EMRK) übersteigendes Informationsinteresse aus Art. 5 Abs. 1 GG; Art. 10 EMRK besteht, dürfen personenbezogene Daten wie Alter, Geburtstag oder Anschrift ohne Einwilligung der J nicht veröffentlicht werden. J hat zwar bei einer Castingshow gewonnen, wodurch ein gesteigertes öffentliches Interesse an ihrer Person besteht, jedoch sind keine Anhaltspunkte dafür ersichtlich, dass dieses Informationsinteresse so erheblich ist, dass es das Recht auf Geheimhaltung der persönlichen Daten überwiegt. Die Veröffentlichung ihres Alters, Geburtstags sowie ihrer Anschrift beeinträchtigt das allgemeine Persönlichkeitsrecht der J.

6. Grundrecht auf Gewährleistung der Vertraulichkeit und Integrität informationstechnischer Systeme[42]

Fall 112: Online-Durchsuchung

Maximilian (M) ist Journalist bei einer überregionalen Tageszeitung. Aufgrund seiner zahlreichen Kontakte möchte die Polizei in Erfahrung bringen, mit welchen Leuten er beruflich und privat in Verbindung steht. Aus diesem Grund verschafft sie sich unbemerkt Zugang zu seinem Computer, um diesen zu durchsuchen. Für dieses Vorgehen gibt es keine Ermächtigungsgrundlage. M meint, er werde durch das Verhalten der Polizei in seinem allgemeinen Persönlichkeitsrecht verletzt.

Das aus dem allgemeinen Persönlichkeitsrecht folgende „IT-Grundrecht" auf **Gewährleistung der Vertraulichkeit und Integrität informationstechnischer Systeme** schützt die in informationstechnischen Systemen gespeicherten Daten vor heimlichen Zugriffen des Staates.[43] Die heimliche Durchsuchung durch die Polizei stellt einen Eingriff dar. Das Computergrundrecht ist nicht schrankenlos gewährleistet. Es kann durch Rechte anderer, die verfassungsmäßige Ordnung und das Sittengesetz beschränkt werden (Art. 2 Abs. 1 GG). Eingriffe können sowohl aus präventiven Zwecken als auch zur Strafverfolgung gerechtfertigt sein. Allerdings muss M nur solche Beschränkungen seines allgemeinen Persönlichkeitsrechts hinnehmen, die auf einer verfassungsmäßigen gesetzlichen Grundlage beruhen. Das Handeln der Polizei erfolgt allein aus dem Grund, persönliche Kontakte des M in Erfahrung zu bringen. Eine gesetzliche Grundlage für die heimliche Durchsuchung seines Computers gibt es dem

---

42 Hierzu: *Fechner*, Medienrecht, 4. Kapitel, Rn. 89 ff.
43 BVerfGE 120, 274, Rn. 205 – „Online-Dursuchung" – E 7.

Sachverhalt zufolge nicht. Der Eingriff in das aus Art. 2 Abs. 1 i. V. m. Art. 1 Abs. 1 GG hergeleitete Grundrecht auf Gewährleistung der Vertraulichkeit und Integrität informationstechnischer Systeme ist nicht verfassungsrechtlich gerechtfertigt. M wird durch das Handeln der Polizei in seinem allgemeinen Persönlichkeitsrecht verletzt.

7. Persönliche Ehre[44]

Fall 113: Lusche allerersten Grades
Bobby (B) liegt regelmäßig im Streit mit seinem Nachbarn Victor (V). Innerhalb von zwei Tagen schickt er V mehrere Kurzmitteilungen (SMS), in denen er ihn als *„Lusche allerersten Grades"* und *„feiger Pisser"* bezeichnet. Im Wege des einstweiligen Verfügungsverfahrens erwirkt V gegen B ein Anerkenntnisurteil wonach es B unter Androhung eines Ordnungsgelds zu unterlassen hat, V zu beleidigen und unmittelbar Kontakt zu ihm aufzunehmen. Von der Möglichkeit, Privatklage zu erheben hat V keinen Gebrauch gemacht. V begehrt eine Geldentschädigung.[45]

Der Geldentschädigungsanspruch könnte sich aus § 823 BGB i. V. m. Art. 2 Abs. 1, Art. 1 Abs. 1 GG ergeben. Er setzt einen **schwerwiegenden Eingriff in das allgemeine Persönlichkeitsrecht** voraus. Ob V durch die Beleidigungen des B in schwerwiegender Weise in seiner Ehre verletzt ist, muss aufgrund der gesamten Umstände des Einzelfalls beurteilt werden. B beleidigt V, indem er ihn u. a. als *„feiger Pisser"* bezeichnet. Allerdings handelt es sich um Beleidigungen im persönlichen Umfeld ohne Breitenwirkung in der Öffentlichkeit. Von einer schwerwiegenden Persönlichkeitsrechtsbeeinträchtigung ist daher nicht auszugehen. Zudem ist der Geldentschädigungsanspruch gegenüber anderen Ansprüchen **subsidiär**. Die mit der Beleidigung verbundenen Beeinträchtigungen können befriedigend durch den im einstweiligen Verfügungsverfahren erwirkten strafbewehrten Unterlassungstitel und das Ordnungsmittelverfahren aufgefangen werden. Zudem hatte V die Möglichkeit, den Privatklageweg zu beschreiten und sich auf diese Weise Genugtuung zu verschaffen. V hat keinen Anspruch auf Geldentschädigung aus § 823 BGB i. V. m. Art. 2 Abs. 1 i. V. m. Art. 1 Abs. 1 GG.

Anspruch auf Geldentschädigung[46]
Anspruchsgrundlage: § 823 Abs. 1 BGB i. V. m. Art. 2 Abs. 1, Art. 1 Abs. 1 GG
1. immaterieller Schaden
2. schwere Persönlichkeitsrechtsverletzung
3. schuldhaftes Handeln des Verletzers
4. keine zumutbare anderweitige Ausgleichsmöglichkeit

---

44 Hierzu: *Fechner*, Medienrecht, 4. Kapitel, Rn. 25 ff.
45 Angelehnt an: BGH NJW-RR 2016, 1136 – „Beleidigung per SMS".
46 Ausführlich: *Fechner*, Medienrecht, 4. Kapitel, Rn. 167 ff.

Fall 114: Korruptionsverdacht

Journalistin Lia (L) bezichtigt den bekannten Unternehmer Melvin (M) in einem Beitrag bei voller Namensnennung der Pädophilie sowie der Korruption. Die Vorwürfe stützen sich allein auf die Aussage seiner ehemaligen Sekretärin (S). Eine weitergehende Ermittlung hat nicht stattgefunden, M hatte vor Veröffentlichung keine Gelegenheit, eine Stellungnahme abzugeben. Er fühlt sich in seiner Ehre verletzt und verlangt eine Entschädigung in Geld.[47]

Der Geldentschädigung aus § 823 BGB i. V. m. Art. 2 Abs. 1 i. V. m. Art. 2 Abs. 1, Art. 1 Abs. 1 GG setzt voraus, dass das Persönlichkeitsrecht des M durch den Artikel der L schwerwiegend beeinträchtigt wird und dies nicht in anderer Weise als durch **Geldentschädigung** aufgefangen werden kann. Die von L veröffentlichten Vorwürfe greifen in den Schutzbereich des allgemeinen Persönlichkeitsrechts des M ein. Sie beeinträchtigen M in erheblichem Maße in Ehre und sozialer Anerkennung. Die Äußerungen sind geeignet, sich abträglich auf sein öffentliches Ansehen auszuwirken, dieses nachhaltig zu beeinträchtigen und ihn gesellschaftlich zu vernichten. Der Eingriff in das Persönlichkeitsrecht ist nur dann rechtswidrig, wenn das Schutzinteresse des M die schutzwürdigen Belange der L überwiegt.[48] Bei der Äußerung, M sei pädophil und korrupt, handelt es sich um dem Beweis zugängliche Tatsachenbehauptungen. Daher hängt die Abwägung zwischen dem allgemeinen Persönlichkeitsrecht des M und der Meinungsfreiheit der L vom Wahrheitsgehalt der Äußerung ab. Wahre Tatsachenbehauptungen müssen in der Regel auch dann hingenommen werden, wenn sie für den Betroffenen nachteilig sind, unwahre dagegen nicht.[49] Die von L abgedruckte Behauptung ist nicht erweislich wahr. Sie ist auch nicht nach den Grundsätzen der Verdachtsberichterstattung[50] zulässig. Aufgrund der Schwere des Vorwurfs ist L in besonderem Maße verpflichtet, ihrer publizistischen Sorgfaltspflicht[51] nachzukommen. Indem L die Angaben der S kritiklos und ungeprüft übernimmt und M, ohne ihm zuvor die Möglichkeit zu einer Stellungnahme gegeben zu haben, unter voller Namensnennung „an den Pranger" stellt, hat L die ihr obliegende Sorgfaltspflicht in erheblichem Maße verletzt. Sie handelt damit schuldhaft. Die Beeinträchtigung des M kann auch nicht in anderer Weise befriedigend ausgeglichen werden. Ihm steht ein Geldentschädigungsanspruch aus § 823 Abs. 1 BGB i. V. m. Art. 2 Abs. 1, Art. 1 Abs. 1 GG zu.

---

47 Angelehnt an: BGHZ 199, 237 = BGH NJW 2014, 2029 – „Sächsische Korruptionsaffäre".
48 Vgl.: BGHZ 199, 237, Rn. 22 = BGH NJW 2014, 2029, 2031 – „Sächsische Korruptionsaffäre".
49 BGHZ 199, 237, Rn. 23 = BGH NJW 2014, 2029, 2031 – „Sächsische Korruptionsaffäre"; BVerGE 99, 185, 196 – „Scientology".
50 Siehe auch Fall 33, S. 26.
51 § 5 PresseG.

8. Verfügungsrecht über Darstellungen der eigenen Person[52]

Fall 115: Sektenmitgliedschaft

In der Z-Zeitung erscheint ein Artikel über den bekannten Sänger Orpheus (O). Darin heißt es, O sei Mitglied der kriminellen Sekte S, besuche regelmäßig deren Seminare und versuche durch private Aktionen neue Mitglieder für S zu gewinnen. S ist regelmäßig Gegenstand behördlicher Warnungen sowie kritischer Medienberichterstattung. Wie Gernot (G), dem Autor des Artikels, bekannt ist, steht O weder in Kontakt zu Sektenmitgliedern noch hat er in sonstiger Weise mit S zu tun. G beruft sich diesbezüglich auf seine Meinungsfreiheit, während O sein allgemeines Persönlichkeitsrecht für verletzt hält. Wägen Sie ab.[53]

Der grundrechtliche Schutz gegenüber nachteiligen Behauptungen wirkt zwar nicht unmittelbar zwischen Privaten, Grundrechte entfalten jedoch eine mittelbare Drittwirkung und sind bei zivilgerichtlichen Entscheidungen interpretationsleitend zu berücksichtigen. Das allgemeine Persönlichkeitsrecht (Art. 2 Abs. 1 i. V. m. Art. 1 Abs. 1 GG) schützt O vor Äußerungen, die geeignet sind, sich abträglich auf sein Bild in der Öffentlichkeit auszuwirken und seine Ehre beeinträchtigen. Die kriminelle S war mehrfach Gegenstand negativer Berichterstattung sowie behördlicher Warnungen. Die Äußerung, O sei deren Mitglied und bestrebt, neue Mitglieder für S zu gewinnen, ist geeignet, sich negativ auf sein öffentliches Ansehen auszuwirken. Es ist nicht auszuschließen, dass die Behauptung, O sei Mitglied der S, besuche deren Seminare und werbe neue Mitglieder, seine Karriere als Sänger erschwert. Seine Fans könnten sich infolge der rufschädigenden Berichterstattung zurückziehen. Indem G den Sänger O bewusst wahrheitswidrig als Mitglied einer kriminellen Sekte darstellt, verletzt er die journalistische Sorgfaltspflicht. Die bewusst wahrheitswidrige und haltlose Behauptung ist nicht geeignet, das allgemeine Persönlichkeitsrecht des O zu verdrängen. Das allgemeine Persönlichkeitsrecht des O überwiegt die Interessen von G und der Z-Zeitung.

9. Personenmehrheiten[54]

Fall 116: Unternehmensgeheimnisse

Journalist Matthies (M) sucht nach einem neuen Thema, über das er berichten kann. Er meint, bei dem erfolgreichen Unternehmen U müsse „etwas faul sein", weshalb er beschließt, die dort regelmäßig stattfindenden Besprechungen mittels entsprechender Technik aufzunehmen. Die so gewonnene Aufnahme veröffentlicht er in einer Radioreportage. Kann U sich auf ein Recht am eigenen Wort berufen?

---

52 Hierzu: *Fechner*, Medienrecht, 4. Kapitel, Rn. 28 ff.
53 Angelehnt an: BVerfGE 99, 125 – „Scientology".
54 Hierzu: *Fechner*, Medienrecht, 4. Kapitel, Rn. 109 ff.

Gemäß Art. 19 Abs. 3 GG gelten Grundrechte auch für juristische Personen, sofern sie ihrem Wesen nach auf diese anwendbar sind. Das allgemeine Persönlichkeitsrecht ist seinem Wesen nach auf juristische Personen anwendbar, sofern die in Betracht kommende Fallgruppe korporativ ausgeübt werden kann. Da juristische Personen keine Menschenwürde haben, wird deren allgemeines Persönlichkeitsrecht nicht aus Art. 2 Abs. 1 i. V. m. Art. 1 Abs. 1 GG, sondern direkt aus Art. 2 Abs. 1 GG hergeleitet.[55] Die Aufnahme und Veröffentlichung der internen Besprechung kann U in ihrem Recht am eigenen Wort betreffen. Das Recht am eigenen Wort hängt nicht von einem besonderen personalen Kommunikationsinhalt ab. Es soll gewährleisten, dass sich die Beteiligten bei der Kommunikation eigenbestimmt und situationsangemessen verhalten können. Insofern ist auch eine juristische Person, die durch natürliche Personen kommuniziert, einer **grundrechtstypischen Gefährdungslage** ausgesetzt.[56] Die ungezwungene Kommunikation des Unternehmens U ist ebenso schutzwürdig wie vergleichbare Äußerungen natürlicher Personen. Das Recht am eigenen Wort ist auf sie wesensmäßig anwendbar. U kann sich jedenfalls auf diese Fallgruppe des allgemeinen Persönlichkeitsrechts aus Art. 2 Abs. 1 GG berufen.

Fall 117: Pelztierzüchterverein

Tierschutzverein (T) veröffentlicht auf seiner Internetseite einen Beitrag über den Pelztierzüchterverein *„P. e. V.".* Unter der Überschrift: *„Stoppt die Zusammenarbeit mit den Nerzquälern"* ruft er die B-Bank auf, das Konto des P zu kündigen. Es folgt eine ausführliche Begründung. P meint, die öffentliche Aufforderung an die B-Bank, sein Konto zu kündigen, sei ein rechtswidriger Eingriff in sein Persönlichkeitsrecht. Er begehrt Unterlassung.[57]

T ist verpflichtet, die an die B-Bank gerichtete Aufforderung, das Konto des P zu kündigen, nicht mehr zu äußern, wenn P ein Unterlassungsanspruch aus § 1004 Abs. 1 BGB analog, § 823 BGB gegen ihn zusteht. Der Unterlassungsanspruch setzt einen rechtswidrigen Eingriff in das allgemeine Persönlichkeitsrecht des P voraus. P ist als juristische Person des Privatrechts (§§ 21 ff., 55 ff. BGB) Träger des allgemeinen Persönlichkeitsrechts, da dieses wesensmäßig auf ihn anwendbar ist (Art. 19 Abs. 3 GG). P hat als Personenmehrheit weder Menschenwürde i. S. d. Art. 1 Abs. 1 GG noch „persönliche Ehre", aber innerhalb seines Aufgabengebiets einen aus Art. 2 Abs. 1 GG folgenden **sozialen Geltungsanspruch.** Die Bezeichnung *„Nerzquäler"* zielt ebenso wie die Aufforderung zur Kontokündigung, die P als unwürdigen Geschäftspartner darstellt, darauf ab, sein öffentliches Ansehen zu beeinträchtigen. Diese Persönlichkeitsrechtsbeeinträchtigung ist nicht rechtswidrig. Das Persönlichkeitsrecht des P überwiegt die grundrechtliche Position des T nicht. Die Aufforderung, das Konto der *„Nerzquäler"*

---

55 BVerfGE 106, 28, 43 f. – „Mithörvorrichtung".
56 BVerfGE 106, 28, 43 – „Mithörvorrichtung".
57 Angelehnt an: BGH NJW 2016, 1584 – „Nerzquäler".

zu kündigen, ist als Werturteil durch die Meinungsäußerungsfreiheit (Art. 5 Abs. 1 Satz 1, 1. Var. GG) geschützt. Dass die Aufforderung zur Kontokündigung den Charakter eines Boykottaufrufs hat, steht dem nicht entgegen.[58] Der Aufruf zur Kontokündigung enthält eine Wertung, die zu einer öffentlichen Diskussion beitragen kann und wird von T näher begründet. T übt mit seiner Aufforderung weder unangemessenen Druck aus noch bezweckt er die Förderung eines eigenen oder fremden Wettbewerbs. Da die Meinungsäußerungsfreiheit des T das allgemeine Persönlichkeitsrecht des P überwiegt, liegt kein rechtswidriger Eingriff in das Persönlichkeitsrecht des P vor. Er hat gegenüber T keinen Unterlassungsanspruch aus §§ 823, 1004 BGB analog.

10. Das Recht am eigenen Namen[59]

Fall 118: Domainklau

Die A-AG lässt sich einen Internetdomainnamen registrieren, um diesen zu veräußern. Inhalte können über die Adresse nicht abgerufen werden. Der öffentlich-rechtliche Rundfunksender R nutzt den Namen schon Jahrzehnte und ist unter diesem allgemein bekannt. Er hält die Domainregistrierung für eine unrechtmäßige Namensanmaßung i. S. d. § 12 BGB. Stimmen Sie R zu?[60]

A maßt sich den Namen des Rundfunksenders R i. S. d. § 12 Satz 1, 2. Fall BGB an, wenn sie diesen unrechtmäßig gebraucht, dadurch eine Zuordnungsverwirrung eintritt und schutzwürdige Interessen des Senders verletzt werden. Durch die Registrierung und Aufrechterhaltung der Domain macht A von dem Namen Gebrauch. Da ihr diesbezüglich kein Nutzungsrecht zusteht, gebraucht A diesen Namen durch die Verwendung als Internetadresse auch unbefugt, wodurch eine **Zuordnungsverwirrung** eintritt. Da Besucher der Seite keine Inhalte abrufen, wird ihr Irrtum über den Domaininhaber auch nicht unmittelbar nach Besuch der Seite beseitigt. Die Registrierung und Aufrechterhaltung der Domain verletzt zudem schutzwürdige Interessen der Rundfunkanstalt R. Sie ist unter dem Namen bundesweit bekannt und nutzt ihn schon sehr lange, während A die Domain ausschließlich zu Veräußerungszwecken erwirbt und kein Interesse an der Verwendung grade dieses Namens hat. Indem A sich den Domainnamen registrieren lässt, maßt sie sich diesen i. S. d. § 12 Satz 1, 2. Fall BGB unrechtmäßig an.

11. Entschädigung in Geld

Fall 119: Entschädigung in Geld

Der bekannte Entertainer Ferdinand (F) verlangt von der Illustrierten I Geldentschädigung wegen eines seiner Ansicht nach persönlichkeitsrechtsverletzenden Berichts

---

58 Siehe auch Fall 11, S. 10.
59 Hierzu: *Fechner*, Medienrecht, 4. Kapitel, Rn. 92 ff.
60 Angelehnt an: BGH MMR 2014, 532 – „sr.de".

über seinen Gesundheitszustand. Einen Tag nach Eingang der Klage bei Gericht verstirbt F. I wird die Klage erst Wochen später zugestellt. Als Erbe des F möchte Pedro (P) den Prozess fortführen. Ist der Anspruch auf Geldentschädigung vererblich?[61]

Es gibt keine gesetzlichen Regelungen, die besagen, ob der Geldentschädigungsanspruch für Verletzungen des allgemeinen Persönlichkeitsrechts vererblich ist oder nicht.[62] Die von § 1922 BGB vorgesehene Universalsukzession ist von vornherein auf vererbliche Vermögensgegenstände beschränkt. Maßgeblich ist daher der Sinn und Zweck einer Geldentschädigung. Bei der Zubilligung eines Geldentschädigungsanspruchs für schwerwiegende Persönlichkeitsrechtsverletzungen steht der Gedanke der **Genugtuung** des Opfers im Vordergrund. Ohne einen solchen Anspruch blieben Verletzungen der Würde und Ehre des Menschen häufig sanktionslos.[63] Einem Verstorbenen kann keine Genugtuung für die Verletzung seines Persönlichkeitsrechts mehr verschafft werden.[64] Der Geldentschädigungsanspruch dient zwar auch der **Prävention**, allerdings ist allein der Präventionsgedanke nicht geeignet, einen Geldentschädigungsanspruch zu begründen.[65] Ein möglicher Geldentschädigungsanspruch ist hier auch nicht deshalb vererblich, weil er noch zu Lebzeiten des Erblassers anhängig gemacht wurde. Die bloße Anhängigkeit einer auf Geldentschädigung gerichteten Klage ändert nichts daran, dass die von der Geldentschädigung bezweckte Genugtuung mit dem Tod des Verletzten an Bedeutung verliert.[66] Der Anspruch auf Geldentschädigung ist nicht vererblich.

---

61 Angelehnt an: BGHZ 201, 45 = BGH NJW 2014, 2871 – „Berichterstattung über trauernden Entertainer".
62 Das Urheberpersönlichkeitsrecht ist vererblich, § 28 Abs. 1 UrhG. Insoweit wird es anders behandelt als das allgemeine Persönlichkeitsrecht.
63 BGH NJW 2006, 1068, 1069.
64 BGHZ 201, 45 = BGH NJW 2014, 2871, 2872 – „Berichterstattung über trauernden Entertainer".
65 BGHZ 201, 45 = BGH NJW 2014, 2871, 2873 – „Berichterstattung über trauernden Entertainer".
66 BGHZ 201, 45 = BGH NJW 2014, 2871, 2873 – „Berichterstattung über trauernden Entertainer".

II. Das Recht am eigenen Bild[67]

Kurzübersicht

Die Herstellung von Personenfotos[68]

- Die Anfertigung von Fotos kann das allgemeine Persönlichkeitsrecht (Art. 2 Abs. 1 i. V. m. Art. 1 Abs. 1 GG) der abgebildeten Person verletzen.[69]
- Die Verletzung des höchstpersönlichen Lebensbereichs durch Bildaufnahmen ist nach § 201a StGB strafbar.

Das Recht am eigenen Bild nach §§ 22 ff. KUG[70]

- Das Recht am eigenen Bild aus §§ 22 ff. KUG ist eine besondere gesetzliche Ausprägung des allgemeinen Persönlichkeitsrechts.[71]
- Rechtsinhaber ist der Abgebildete. Dieser hat grundsätzlich das Recht zu bestimmen, ob und wie er in der Öffentlichkeit bildlich dargestellt wird.[72]
- Das Recht geht nach dem Tod des Abgebildeten auf die Angehörigen über. Deren Einwilligung ist bis zum Ablauf von 10 Jahren erforderlich (§ 22 Satz 3 KUG).
- Wer entgegen §§ 22, 23 KUG ein Bildnis verbreitet oder öffentlich zur Schau stellt, macht sich nach § 33 Abs. 1 KUG strafbar.
- §§ 22 ff. KUG beziehen sich nicht auf die Herstellung von Fotos.

Einwilligung

- Bildnisse dürfen grundsätzlich nur mit Einwilligung des Abgebildeten veröffentlicht werden (§ 22 Satz 1 KUG).
- Die Einwilligung gilt bei Entlohnung des Abgebildeten im Zweifel als erteilt (§ 22 Satz 2 KUG).
- Sie kann ausdrücklich oder konkludent (stillschweigend) erfolgen.
- Sie kann inhaltlich, zeitlich oder räumlich beschränkt erteilt werden.
- Ob eine konkludente Einwilligung vorliegt, ist aus der Sicht eines objektiven Erklärungsempfängers zu beurteilen. Dem Abgebildeten müssen Zweck, Art und Umfang der geplanten Veröffentlichung bekannt sein.[73]

---

67 *Fechner*, 4. Kapitel, Rn. 31 ff.
68 Hierzu: *Fechner*, Medienrecht, 4. Kapitel, Rn. 31 ff.; Zur Veröffentlichung von Fotos von Gebäuden und Grundstücken siehe Fall 104, S. 77; 105, S. 78 und 106, S. 78 sowie zur Panoramafreiheit Fall 219, S. 164 und zum Fotografieren von Speisen Fall 188, S. 144.
69 LG Duisburg ZD 2017, 34.
70 Hierzu: *Fechner*, Medienrecht, 4. Kapitel, Rn. 36 ff.
71 BVerfGE 35, 202, 224 – „Lebach" – E 3.
72 BGH NJW 1992, 2084.
73 OLG Hamburg ZUM-RD 2011, 589, 590; OLG Köln NJW 2017, 1114, 1115.

- Die Reichweite ist durch Auslegung entsprechend §§ 133, 157 BGB nach den Umständen des Einzelfalls zu ermitteln.
- Die Einwilligung muss freiverantwortlich erfolgen: Hieran kann es bei Trunkenheit, Geistesstörung (§ 105 Abs. 2 BGB), psychischem oder physischem Zwang fehlen.
- Bei Geschäftsunfähigen (§§ 104; 105 Abs. 1 BGB) ist die Einwilligung der gesetzlichen Vertreter (§§ 1629; 1793 BGB) erforderlich.
- Bei einsichtsfähigen Minderjährigen ist neben der Einwilligung des Minderjährigen auch die der gesetzlichen Vertreter erforderlich.[74] Ab Vollendung des 14. Lebensjahrs kann i. d. R. von der Einsichtsfähigkeit ausgegangen werden.[75]

Bildnisse aus dem Bereich der Zeitgeschichte

- Bildnisse aus dem Bereich der Zeitgeschichte i. S. d. § 23 Abs. 1 Nr. 1 KUG dürfen ohne Einwilligung veröffentlicht werden.
- Der Begriff der Zeitgeschichte ist vom Informationsinteresse der Öffentlichkeit her zu bestimmen.[76]
- Infolge des EGMR-Urteils vom 24.6.2004[77] wird nicht mehr zwischen „absoluter" und „relativer Person der Zeitgeschichte" unterschieden. Diese Termini können die gebotene Einzelfallabwägung nicht ersetzen.[78]
- Die Abwägung zwischen dem allgemeinen Persönlichkeitsrecht der abgebildeten Person aus Art. 2 Abs. 1 i. V. m. Art. 1 Abs. 1 GG; Art. 8 EMRK einerseits und den Rechten der Presse aus Art. 5 Abs. 1 Satz 2, 1. Var. GG; Art. 10 EMRK andererseits wird vom BGH nicht erst im Rahmen des § 23 Abs. 2 KUG, sondern bereits bei der Zuordnung zum Bereich der Zeitgeschichte bei der Prüfung des § 23 Abs. 1 Nr. 1 KUG vorgenommen. Nach der Intention des Gesetzgebers seien die Belange der Öffentlichkeit grade bei der Auslegung des § 23 Abs. 1 Nr. 1 KUG zu beachten.[79]
- Erfolgt die Einzelfallabwägung bereits an dieser Stelle, hat § 23 Abs. 2 KUG für Bildnisse aus dem Bereich der Zeitgeschichte nur noch geringe Bedeutung. Dort sind lediglich solche schutzwürdigen Interessen zu berücksichtigen, die im Rahmen der nach § 23 Abs. 1 KUG vorgenommenen Abwägung nicht erwähnt wurden.[80]
- Je größer der Informationswert für die Öffentlichkeit, desto mehr muss das Schutzinteresse desjenigen, über den informiert wird, hinter den Informationsbelangen der Öffentlichkeit zurücktreten. Je geringer der Informationswert für die Allge-

---

74 BGH NJW 2005, 56, 57 – „Charlotte Casiraghi II".
75 LG Bielefeld NJW-RR 2008, 715, 716 – "Die Super Nanny"; *Lauber-Rönsberg* NJW 2016, 744, 749.
76 BVerfGE 101, 361, 391 f. – „Caroline von Monaco II" – E 10.
77 EGMR NJW 2004, 2647 – „Caroline von Hannover" – E 12.
78 Siehe bereits BVerfGE 101, 361, 392 – „Caroline von Monaco II" – E 10.
79 BGHZ 171, 275, 276, Rn. 13 – „Caroline von Hannover".
80 Z. B.: *Specht*, in: Dreier/Schulze, Urheberrecht, § 23 KUG Rn. 48.

meinheit, desto eher setzt sich das allgemeine Persönlichkeitsrecht des Betroffenen durch.[81]

Personen als Beiwerk[82]

- Bei Bildern, auf denen Personen nur als Beiwerk neben einer Landschaft oder sonstigen Örtlichkeit erscheinen, ist die nach § 22 Satz 1 KUG erforderliche Einwilligung entbehrlich (§ 23 Abs. 1 Nr. 2 KUG).
- Eine Person ist Beiwerk, wenn sie auf dem Bild zwar erkennbar ist, für den Betrachter aber in den Hintergrund tritt.[83]
- Die Abbildung der Personen ist nur zufällig.

Versammlungen, Aufzüge und ähnliche Vorgänge

- § 23 Abs. 1 Nr. 3 KUG ist anwendbar, sofern auf dem Bild die repräsentative Abbildung der Menschenansammlung als solche im Vordergrund steht.[84]
- Die Herausstellung einzelner Teilnehmer ist ohne deren Einwilligung grundsätzlich nicht zulässig.[85]
- Personen, die den Charakter einer Versammlung prägen, dürfen jedenfalls im Vordergrund erkennbar abgebildet werden.[86]
- Der Bezug zu der Veranstaltung, auf der die Aufnahme entstanden ist, muss erkennbar sein.[87]

Bildnisse im Interesse der Kunst

- Hier muss die Kunst im Mittelpunkt stehen. Handlungen, mit denen vorrangig wirtschaftliche Interessen verfolgt werden, sind nicht erfasst.[88]
- § 23 Abs. 1 Nr. 4 KUG ist in der Rechtsprechung ohne große Bedeutung.[89]

---

81 BGH NJW 2007, 3440, 3442 – „Grönemeyer".
82 Auch urheberrechtlich geschützte Werke können Beiwerk sein (§ 57 UrhG), siehe Fall 218, S. 163.
83 *Wanckel*, Foto- und Bildrecht, Rn. 204.
84 LG Hamburg ZUM 2008, 801, 802.
85 *Wanckel*, Foto- und Bildrecht, Rn. 207.
86 *Wanckel*, Foto- und Bildrecht, Rn. 207.
87 *Wanckel*, Foto- und Bildrecht, Rn. 207.
88 *Wanckel*, Foto- und Bildrecht, Rn. 212; LG Frankfurt a. M., Urt. v. 23.11.2016 – 2-03 O 525/15, BeckRS 2016, 123263.
89 *Specht*, in: Dreier/Schulze, Urheberrecht, § 23 KUG Rn. 43.

Verletzung berechtigter Interessen

- Die Veröffentlichung der Abbildung ist entgegen § 23 Abs. 1 KUG nicht zulässig, wenn hierdurch berechtigte Interessen des Abgebildeten verletzt werden (§ 23 Abs. 2 KUG).
- Sofern diese nicht bereits im Rahmen des § 23 Abs. 1 Nr. 1 KUG erfolgt ist, ist hier eine ausführliche Interessenabwägung erforderlich.
- Ansonsten hat hier ggf. eine zweite Interessenabwägung zu erfolgen. Dann muss geprüft werden, ob der Verbreitung des konkreten Bildnisses schützenswerte Interessen des Abgebildeten entgegenstehen. Insbesondere unvorteilhafte, ehrverletzende oder aufgrund des Kontexts peinliche Abbildungen können berechtigte Interessen verletzen und auch die heimliche Anfertigung von Fotos kann hier berücksichtigt werden.[90]

Das abgestufte Schutzkonzept der §§ 22, 23 KUG

1. Die Verbreitung oder öffentliche Zurschaustellung eines Bildnisses bedarf grundsätzlich der Einwilligung der abgebildeten Person.
2. Sofern ein Ausnahmetatbestand des § 23 Abs. 1 KUG vorliegt, ist die Einwilligung entbehrlich.
   a) Zeitgeschichte (§ 23 Abs. 1 Nr. 1 KUG)
   b) Beiwerk (§ 23 Abs. 1 Nr. 2 KUG)
   c) Versammlung (§ 23 Abs. 1 Nr. 3 KUG)
   d) Höheres Interesse der Kunst (§ 23 Abs. 1 Nr. 4 KUG)
3. Es sei denn, die Verbreitung oder Zurschaustellung des Bildnisses verletzt berechtigte Interessen des Abgebildeten (§ 23 Abs. 2 KUG).

Beispielsfälle

1. Anwendbarkeit des KUG und Herstellung von Bildnissen

Fall 120: Spaziergang im Park

Student Siegfried (S) wird bei einem abendlichen Spaziergang im Bochumer Stadtpark von seinem Kommilitonen Karl (K) fotografiert. Darf K das Foto auf seiner Website veröffentlichen?

Die Zulässigkeit von Bildveröffentlichungen ist nach dem **abgestuften Schutzkonzept** der §§ 22, 23 KUG zu beurteilen. Danach dürfen Bildnisse einer Person grundsätzlich nur mit deren Einwilligung verbreitet oder öffentlich zur Schau gestellt werden (§ 22 Satz 1 KUG). Bei dem Foto, auf dem S bei seinem Parkspaziergang zu sehen ist, handelt es sich unproblematisch um ein Bildnis i. S. d. KUG. K möchte das Foto im Internet öffentlich zur Schau stellen. Dies ist ohne Einwilligung des S unzulässig. Der Ausnah-

---

90 Siehe auch: *Fechner*, Medienrecht, 4. Kapitel, Rn. 50.

metatbestand des § 23 Abs. 1 Nr. 2 KUG ist nicht erfüllt. Im Sachverhalt finden sich keine Anhaltspunkte dafür, dass eigentlich die Parklandschaft fotografiert werden sollte und die abgebildete Person nicht hinweggedacht werden könnte, ohne dass sich der Aussagegehalt des Bildes ändert. K darf das Foto von S nicht auf seiner Website veröffentlichen.

Fall 121: Bitte keine Fotos!

Student Siegfried (S) möchte bei seinem abendlichen Parkspaziergang überhaupt nicht fotografiert werden und fragt, ob das KUG auch auf die Anfertigung von Fotos Anwendung findet.

Gemäß § 22 Satz 1 KUG dürfen Bildnisse nur mit Einwilligung des Abgebildeten verbreitet oder öffentlich zur Schau gestellt werden. Die Anfertigung von Fotos wird nicht erwähnt. Die **Herstellung von Bildnissen** wird auch nicht entgegen dem Wortlaut des § 22 KUG als unmittelbare Vorbereitung einer Veröffentlichung von §§ 22 ff. KUG erfasst.[91] Wer ein Bildnis entgegen §§ 22 ff. KUG veröffentlicht, macht sich nach § 33 KUG strafbar. Gemäß Art. 103 Abs. 2 GG[92] kann eine Tat nur bestraft werden, wenn die Strafbarkeit gesetzlich bestimmt war, bevor die Tat begangen wurde. Aus diesem Bestimmtheitsgebot folgt das Verbot strafbegründender Analogie.[93] Auf das Fotografieren selbst sind die §§ 22 ff. KUG daher nicht anwendbar.

Fall 122: Dackel Waldi

Kurz bevor Karl (K) den Stadtpark verlässt, fotografiert er noch den Dackel Waldi (W) der Spaziergängerin Gerlinde (G). Das Hundefoto veröffentlicht er auf seiner Website. Ist dies nach dem KUG zulässig?[94]

Das in §§ 22 ff. KUG geregelte Recht am eigenen Bild ist eine besondere Ausprägung des verfassungsrechtlich garantierten allgemeinen Persönlichkeitsrechts (Art. 2 Abs. 1 i. V. m. Art. 1 Abs. 1 GG). Ein entsprechendes Recht am Bild der eigenen Sache existiert nicht.[95] Tiere sind zwar gemäß § 90a Satz 1 BGB keine Sachen, jedoch finden auf sie die **für Sachen geltenden Vorschriften** entsprechend Anwendung (§ 90a Satz 3 BGB). Das Recht am eigenen Bild garantiert abgebildeten Personen ein Selbstbestimmungsrecht hinsichtlich der Veröffentlichung ihres Bildnisses, der Veröffentlichung des Fotos von W steht es nicht entgegen.

---

91 OLG Hamburg NJW 1972, 1290.
92 Entspricht § 1 StGB: „Keine Strafe ohne Gesetz".
93 BVerfG, Beschluss vom 19.12.2002 – 2 BvR 666/02, BeckRS 2003, 21388, Rn. 23 ff.
94 Angelehnt an: OLG München ZUM 2014, 150. Danach stellt weder das Fotografieren eines fremden Hundes noch die Veröffentlichung solcher Fotos einen Eingriff in das Eigentum des Hundehalters dar; siehe auch AG Köln, Urt. v. 22.06.2010, 111C33/10 – „Rinderkalb Anita".
95 OLG Köln NJW 2004, 619. 620.

Fall 123: Grundstücksnachbarn

Butz (B) und Ernesto (E) sind Grundstücksnachbarn. Um zu ihren Grundstücken zu gelangen, benutzen beide einen gemeinsamen Zugangsweg. Von diesem Weg aus wurden einmal Gegenstände in den Garten des B geworfen, weshalb dieser eine Videokamera installierte, die einen Teil des Wegs überwacht. E benutzt den Weg mehrmals täglich und kann der Kamera nicht ausweichen. Er begehrt Unterlassung.[96] Datenschutzrechtliche Bestimmungen sind nicht zu prüfen.

E hat gegenüber B Anspruch auf Unterlassung der Videoaufzeichnungen aus §§ 1004 Abs. 1 analog, 823 Abs. 1 BGB[97] wenn diese sein allgemeines Persönlichkeitsrecht in rechtswidriger Weise beeinträchtigt. Auf die **Herstellung von Bildnissen** finden §§ 22 ff. KUG keine Anwendung, weshalb auf das allgemeine Persönlichkeitsrecht zurückzugreifen ist, das das Recht am eigenen Bild schützt. Die Anfertigung von Videoaufnahmen seiner Person beeinträchtigt E in seinem allgemeinen Persönlichkeitsrecht (Art. 2 Abs. 1 i. V. m. Art. 1 Abs. 1 GG). E kann der Kamera nicht ausweichen und wird beim Betreten und Verlassen seines Grundstücks überwacht. Er weiß, dass er auf dem videoüberwachten Teil des Wegs nie unbeobachtet und privat ist. Diese Beeinträchtigung seines allgemeinen Persönlichkeitsrechts ist nur rechtswidrig, wenn das allgemeine Persönlichkeitsrecht des E, die grundrechtlich geschützten Interessen des B überwiegt. Das Interesse des B, geeignete Schutzmaßnahmen für sein Grundstück zu treffen, wird durch die Eigentumsfreiheit (Art. 14 GG) geschützt. Allerdings sind lediglich einmal Gegenstände auf sein Grundstück geworfen worden, während das Kommen und Gehen des E stets überwacht wird. Während eine weitere Eigentumsbeeinträchtigung des Grundstücks des B nicht absehbar ist, kann E sein Grundstück nicht ohne Beeinträchtigung seines allgemeinen Persönlichkeitsrechts betreten oder verlassen. Aufgrund des überwiegenden allgemeinen Persönlichkeitsrechts, ist dessen Beeinträchtigung rechtswidrig. Anhaltspunkte dafür, dass B die Videoüberwachung des Weges von sich aus unterlassen wird, sind nicht ersichtlich, weshalb von einer Wiederholungsgefahr auszugehen ist. E hat gegenüber B Anspruch auf Unterlassung der Videoaufzeichnungen aus § 1004 Abs. 1 Satz 2 BGB analog, 823 Abs. 1 BGB.

Die **Herstellung von Personenaufnahmen**[98] kann auch dann einen unzulässigen Eingriff in das allgemeine Persönlichkeitsrecht des Betroffenen darstellen, wenn die Aufnahme ohne Verbreitungsabsicht angefertigt wird. Ob und in welchem Umfang bereits die Anfertigung derartiger Aufnahmen rechtswidrig ist, kann nur unter Wür-

---

96 Angelehnt an: BGH NJW 1995, 1955.
97 Zu den Voraussetzungen des Unterlassungsanspruchs siehe *Fechner*, Medienrecht, 4. Kapitel, Rn. 126 ff.
98 Zur Veröffentlichung von Fotos von Gebäuden und Grundstücken siehe Fall 104, S. 77; Fall 105 und 106, S. 78 sowie zur Panoramafreiheit Fall 219, S. 164.

digung aller Umstände des Einzelfalls in einer umfassenden Interessenabwägung festgestellt werden.[99]

Fall 124: Heimliche Aufnahmen

Schauspielerin Samira (S) lebt zurückgezogen auf ihrem Anwesen im Thüringer Wald. Der freie Fotojournalist Lennart (L) hat gehört, dass sie sich häufig im Garten aufhält, wo sie sich unbekleidet sonnt. Da ihr Garten von einer hohen, undurchdringlichen Hecke umgeben ist, kauft L sich eine Drohne, um die Hecke überwinden zu können. Tatsächlich gelingt es ihm, S nackt auf ihrer Sonnenliege zu fotografieren. Hat L sich strafbar gemacht?

Indem L die Schauspielerin S fotografiert, während sie sich in ihrem von einer hohen Hecke umgebenen Garten unbekleidet sonnt, könnte er sich nach § 201a StGB strafbar gemacht haben. Gemäß § 201a Abs. 1 Nr. 1 StGB wird bestraft, wer von einer Person, die sich in einer Wohnung oder einem gegen Einblick besonders geschützten Raum befindet, unbefugt eine Bildaufnahme herstellt und dadurch den **höchstpersönlichen Lebensbereich** der abgebildeten Person verletzt. S befindet sich zum Zeitpunkt der Aufnahme nicht in ihrer Wohnung. Bei dem von der hohen, undurchdringlichen Hecke umgebenen Garten handelt es sich um einen gegen Einblick unberechtigter Personen besonders geschützten Bereich.[100] L erstellt die Aufnahmen ohne Einwilligung der S und damit unbefugt. Ihr höchstpersönlicher Lebensbereich wird durch die Aufnahmen verletzt, wenn L dadurch in den Bereich des Intimen eindringt. Dieser umfasst Angelegenheiten, für die ihrer Natur nach Anspruch auf Geheimhaltung besteht und damit auch Nacktaufnahmen.[101] L verletzt durch die Drohnenaufnahmen unbefugt den höchstpersönlichen Lebensbereich der S. L handelt vorsätzlich, rechtswidrig und schuldhaft. Indem er die Sichtbarriere überwindet und Aufnahmen von der unbekleideten S herstellt, hat L sich nach § 201a Abs. 1 Nr. 1 StGB strafbar gemacht.

Fall 125: Konzertbesuch

Fotojournalistin Mariella (M) möchte ein Konzert besuchen und dort Aufnahmen machen. Das Konzert soll in der Veranstaltungshalle des privaten Konzertveranstalters (P) stattfinden. Die beantragte Fotoerlaubnis wird M mit dem Hinweis auf das generelle Fotografierverbot verweigert. Ist M dennoch berechtigt, bei der Veranstaltung zu fotografieren?

Konzertveranstalter P hat als Eigentümer der Veranstaltungshalle das **Hausrecht** (§§ 858, 1004 BGB). Der Inhaber des Hausrechts kann bestimmen, ob und unter wel-

---

99 LG Duisburg ZD 2017, 34; BGH NJW 1995, 1955, 1956 f.
100 BT-Drs. 15/2466, 5.
101 BT-Drs. 15/2466, 5.

chen Voraussetzungen er den Besuch der Veranstaltung gestattet.[102] Sofern er das Fotografieren generell verbietet, ist das Anfertigen von Fotos in seinem Verantwortungsbereich selbst dann nicht zulässig, wenn die Voraussetzung der §§ 22 ff. KUG erfüllt sind. Da es sich um eine Konzertveranstaltung handelt, sind neben dem Hausrecht des P auch Urheberrechte zu beachten. So haben die ausübenden Künstler (§ 73 UrhG) das ausschließliche Recht, die Darbietung auf Bild- oder Tonträger aufzunehmen (§ 77 Abs. 1 UrhG). Dieses Recht steht nach § 81 UrhG auch dem Veranstalter zu. M ist damit nicht berechtigt, bei dem Konzert zu fotografieren. Etwas anderes ergibt sich auch nicht aus dem Auskunftsanspruch nach § 4 PresseG.[103] Bei privaten Veranstaltern sind die presserechtlichen Auskunftsansprüche[104] nicht anwendbar.[105]

2. Bildnisse

Ein **Bildnis i. S. d. KUG**[106] ist die Wiedergabe des äußeren Erscheinungsbilds einer Person in einer für Dritte identifizierbaren Weise.[107] Personen sind häufig aufgrund ihrer Gesichtszüge erkennbar.[108] Sie können jedoch auch aufgrund typischer Merkmale, durch andere Bilddetails, durch den Begleittext oder frühere Veröffentlichungen identifizierbar sein. Es genügt, wenn der Betroffene begründeten Anlass hat anzunehmen, er könne innerhalb eines mehr oder weniger großen Bekanntenkreises erkannt werden.[109]

Fall 126: Gepixeltes Foto
Nachdem Armin (A) zunächst zwölf Menschen und dann sich selbst getötet hat, ist sein Vater Volker (V) Gegenstand der Medienberichterstattung. In der B-Zeitschrift erscheint ein Artikel mit der Überschrift *„Brachte sein Vater A das Schießen bei?"* V ist auf dem begleitend abgedruckten verpixelten Foto nicht zu identifizieren. Aufgrund der räumlichen Nähe zum Artikel ist jedoch eindeutig erkennbar, wen das Bild darstellt. Handelt es sich trotz der Verpixelung um ein Bildnis i. S. d. KUG?[110]

---

102 BGHZ 165, 62, Rn. 23 ff. = BGH NJW 2006, 377, 379 – „Hörfunkrechte"; *Wanckel*, Foto- und Bildrecht, Rn. 39.
103 Gemeint ist das in der Vorschriftensammlung abgedruckte Musterpressegesetz – T 19.
104 Zum Auskunftsanspruch siehe Fall 55 bis 60, S. 40 ff.; *Fechner*, Medienrecht, 8. Kapitel, Rn. 87 ff.
105 *Wanckel*, Foto- und Bildrecht, Rn. 41; nach OVG NRW ist der presserechtliche Auskunftsanspruch auf Tatsachenmitteilungen beschränkt und begründet auch bei kommunalen Trägern nicht das Recht, fotografieren zu dürfen – OVG NRW ZUM-RD 2013, 348.
106 Vgl.: § 60 UrhG.
107 BGH GRUR 1966, 102 – „Spielgefährtin I"; BGH NJW 2000, 2201, 2202 – „Der blaue Engel".
108 BGH GRUR 1966, 102 – „Spielgefährtin I".
109 BGH NJW 1979, 2205 – „Fußballtor"; OLG Köln NJW 2017, 1114, 1115.
110 Angelehnt an: OLG Stuttgart GRUR-RR 2015, 80 – „Gepixeltes Bild".

Ein Bildnis i. S. d. § 22 KUG liegt nur vor, wenn V auf dem Foto **erkennbar** und damit **identifizierbar** ist. In der Regel sind es die Gesichtszüge, die einen Menschen erkennbar machen.[111] Die Erkennbarkeit kann sich jedoch auch aus Merkmalen ergeben, die für eine Person typisch sind. Die abgebildete Person kann aufgrund von Begleitumständen oder dem Begleittext identifizierbar sein.[112] Nicht entscheidend ist, ob auch der flüchtige Durchschnittsleser oder -betrachter den Abgebildeten erkennen kann, die Erkennbarkeit für einen **mehr oder weniger großen Bekanntenkreis** genügt.[113] Ein „Bildnis" liegt bereits vor, wenn V begründeten Anlass zu der Annahme hat, er könne identifiziert werden. Er muss nicht den Beweis führen, von bestimmten Personen erkannt worden zu sein. V ist auf dem gepixelten Foto nicht zu erkennen. Dem Leser des Artikels erschließt sich jedoch aufgrund der Überschrift und des Begleittextes, dass es sich um ein Foto von V handelt. Das Foto ist daher trotz der Verpixelung ein Bildnis i. S. d. KUG.

3. Verbreiten und öffentlich zur Schau stellen

Der Begriff des **Verbreitens** i. S. d. §§ 22, 23 KUG ist nicht mit dem in § 17 UrhG identisch.[114] Ob Filme und Fotos auch online verbreitet werden können, scheint noch nicht geklärt.[115]

Fall 127: Das Bildarchiv

Dörte (D) betreibt ein Bildarchiv zur kommerziellen Nutzung durch Presseunternehmen. Sie gibt ein Archivfoto des Straftäters Mike (M) an die Z-Zeitschrift weiter.[116] Hat D das Bild damit i. S. d. § 22 KUG verbreitet?

Ein Bild wird jedenfalls dann verbreitet, wenn es körperlich weitergegeben wird. Bei der Auslegung des Begriffs „Verbreiten" ist dem Grundrecht der Pressefreiheit aus Art. 5 Abs. 1 Satz 2, 1. Var. GG Rechnung zu tragen. Die Pressefreiheit garantiert die Freiheit des Pressewesens und schützt auch typischerweise pressebezogene Hilfstätigkeiten, wie sie ein Bildarchiv wahrnimmt. Die Weitergabe von Archivfotos an die Presse ist ein **presseinterner Vorgang** ohne Außenwirkung. Es kann keinen Unterschied

---

111 BGH GRUR 1966, 102 – „Spielgefährtin I".
112 BGH NJW 1979, 2205 – „Fußballtor".
113 BGH NJW 1979, 2205 – „Fußballtor".
114 *Wanckel*, Foto- und Bildrecht, Rn. 118; BGHZ 187, 354 – „Jahrhundert-Mörder" lässt die Frage, ob der Begriff des Verbreitens i. S. d. § 17 UrhG zu verstehen ist, offen.
115 Dafür wohl: *Wanckel*, Foto- und Bildrecht, Rn. 118; anders: *Specht*, in: Dreier/Schulze, Urheberrecht, § 22 KUG Rn. 9; die Rspr. scheint von der Möglichkeit der Online-Verbreitung auszugehen, bzw. nicht zwischen öffentlicher Zugänglichmachung und Verbreitung zu differenzieren, die Frage wird nicht diskutiert, siehe z. B.: BGH NJW 2015, 1246; BGH NJW-RR 2017, 31 ff. – „Online-Archiv einer Tageszeitung".
116 Angelehnt an: BGHZ 187, 354 – „Jahrhundert-Mörder".

machen, ob ein Presseunternehmen auf ein eigenes oder fremdes Bildarchiv zugreift.[117] D hat das Foto durch die Weitergabe an Z nicht i. S. d. § 22 Satz 1 KUG verbreitet.

Fall 128: Während des Geschichtsunterrichts

Während des Geschichtsunterrichts fotografiert Sabrina (S) ihre Mitschülerin Mareike (M) heimlich. Das Foto macht sie der aus ihren beiden besten Freunden bestehenden Chat-Gruppe des von ihr genutzten Messengers zugänglich. Verbreitet S das Bild von M oder stellt sie es öffentlich zur-Schau?[118]

Ob S das Foto öffentlich **zur Schau stellt**, ist davon abhängig, was unter „Öffentlichkeit" zu verstehen ist. In Anlehnung an § 15 Abs. 3 Satz 2 UrhG kann nicht mehr von einer „Öffentlichkeit" ausgegangen werden, wenn die beteiligten Personen durch gegenseitige Beziehungen untereinander verbunden sind. S leitet das Foto nur an ihre beiden besten Freundinnen weiter. Sie stellt es damit nicht öffentlich zur Schau. Ob die elektronische Weiterleitung von Fotos an eine Messenger-Gruppe eine Verbreitungshandlung darstellt hängt davon ab, ob diese auch unkörperlich erfolgen kann.[119] Die Vermeidung von Schutzlücken spricht dafür.

Öffentliche Zurschaustellung ist die Wahrnehmbarmachung eines Bildnisses[120], z. B. die Wiedergabe im Internet, Film oder Fernsehen.

Fall 129: 375 Freunde

Angelina (A) veröffentlicht ein Partyfoto, auf dem ihre Mitbewohnerin Doreen (D) zu sehen ist, in einem sozialen Netzwerk. Das Foto ist nur für Angelinas 375 „Freunde" zu sehen. Stellt A das Foto von D öffentlich zur Schau?

Bilder, die im Internet zum allgemeinen Abruf zur Verfügung gestellt werden, werden öffentlich zur Schau gestellt. Zweifel an einer öffentlichen Zurschaustellung können hier deshalb bestehen, weil das Foto nur von As „Freunden" innerhalb des sozialen Netzwerks eingesehen werden kann. Für die Bestimmung des Begriffs der „Öffentlichkeit" kann grundsätzlich auf § 15 Abs. 3 UrhG zurückgegriffen werden.[121] Danach ist eine Wiedergabe öffentlich, wenn sie gegenüber einer Mehrzahl von Personen erfolgt, die weder mit A noch untereinander durch persönliche Beziehungen verbunden sind. Dafür, dass A mit sämtlichen „Freunden" aus dem sozialen Netzwerk durch persönliche Beziehungen verbunden ist, gibt es keine Anhaltspunkte. Bei „Freunden" inner-

---

117 BGHZ 187, 354, Rn. 10 – „Jahrhundert-Mörder".
118 Angelehnt an: LG Frankfurt a. M. MMR 2016, 482.
119 Dafür wohl: *Wanckel*, Foto- und Bildrecht, Rn. 118; anders: *Specht*, in: Dreier/Schulze, Urheberrecht, § 22 KUG Rn. 9; *Engels*, in: BeckOK, Urheberrecht, § 22 KUG Rn. 51; die Rspr. scheint von der Möglichkeit der Online-Verbreitung auszugehen, siehe z. B.: BGH NJW 2015, 1246.
120 *Lauber-Rönsberg* NJW 2016, 744, 745; Akt der öffentlichen Wiedergabe i. S. v. § 15 Abs. 2 UrhG – *Specht*, in: Dreier/Schulze, Urheberrecht, § 22 KUG Rn. 10.
121 *Specht*, in: Dreier/Schulze, Urheberrecht, § 22 KUG Rn. 10.

halb von sozialen Netzwerken kann ohne weitere Anhaltspunkte nicht automatisch von einer persönlichen Verbundenheit ausgegangen werden,[122] insbesondere nicht bei der Anzahl von 375 „Freunden". A stellt das Foto ihrer Mitbewohnerin D daher öffentlich zur Schau.

4. Einwilligung i. S. d. § 22 Satz 1 KUG[123]

a) ausdrückliche und konkludente Einwilligung

Die **Einwilligung** ist eine vorherige Zustimmung (§ 183 Satz 1 BGB).

Fall 130: Vor dem Hörsaalgebäude

Während ein Reporter Studentin Inga (I) vor dem Hörsaalgebäude nach den Vorteilen des Studiums in Ilmenau befragt, macht ein Fernsehteam Aufnahmen. I weiß, dass ihr Interview in einem Beitrag über das studentische Leben in Universitätsstädten erscheinen soll. Dürfen die Filmaufnahmen von I veröffentlicht werden?

Nach § 22 Satz 1 KUG dürfen Fotos grundsätzlich nur mit Einwilligung des Abgebildeten veröffentlicht werden. Einwilligungen können **ausdrücklich oder konkludent** erfolgen. Eine ausdrückliche Einwilligungserklärung hat I nicht abgegeben. Indem sie sich während des Interviews von einem Fernsehteam filmen lässt, kann sie jedoch konkludent in die Veröffentlichung der Filmaufnahmen eingewilligt haben. Ob das der Fall ist, ist anhand der allgemeinen Auslegungsregeln der §§ 133, 157 BGB zu ermitteln. I beantwortet Reporterfragen und lässt sich filmen. Aus Sicht des Fernsehteams als objektive Erklärungsempfänger, kann dies als Einwilligung verstanden werden, die Filmaufnahmen in dem geplanten Beitrag veröffentlichen zu dürfen. I willigt damit konkludent in die Veröffentlichung der Aufnahmen ein. Die Veröffentlichung ist zulässig.

Fall 131: Vollrausch

Einige Wochen später ist das Fernsehteam erneut auf dem Uni-Campus unterwegs. Während Inga (I) gefilmt wird, kommt der erkennbar volltrunkene Student Polyphemos (P) hinzu, stellt sich vor die laufende Kamera und lallt Unverständliches. Später kann er sich nicht mehr an diesen Vorfall erinnern und meint, im nüchternen Zustand hätte er dies nie getan. Hat er mit seinem Verhalten der Veröffentlichung der Filmaufnahmen zugestimmt?

Eine ausdrückliche Einwilligungserklärung hat P nicht abgegeben. Wie Inga kann er jedoch konkludent in die Filmaufnahmen eingewilligt haben. Eine stillschweigende

---

122 *Specht*, in: Dreier/Schulze, Urheberrecht, § 22 KUG Rn. 10; *Lauber-Rönsberg* NJW 2016, 744, 745.
123 Hierzu: *Fechner*, Medienrecht, 4. Kapitel, Rn. 37 ff.

Einwilligung kann darin zu sehen sein, dass P sich freiwillig vor die laufende Filmka-mera stellt. Dem kann jedoch entgegenstehen, dass er betrunken ist. Gemäß § 105 Abs. 2 BGB ist eine Willenserklärung, die im Zustand der Bewusstlosigkeit oder vorü-bergehenden Störung der Geistestätigkeit abgegeben wird, nichtig. P ist nicht nur leicht angetrunken, sondern stark alkoholisiert. Als er vor die Kamera tritt, ist er nicht mehr in der Lage zu sprechen. Dafür, dass seine **freie Willensbestimmung vorüberge-hend ausgeschlossen** ist, spricht auch, dass er sich nüchtern anders verhalten hätte und sich anschließend nicht mehr an sein Tun erinnern kann. Für den Erklärungsempfän-ger ist P erkennbar volltrunken. Obwohl er unaufgefordert hinzukommt und sich fil-men lässt, kann sein Verhalten nicht als konkludente Einwilligungserklärung in die Veröffentlichung der Filmaufnahmen verstanden werden.

Fall 132: Vom Bio-Buch ins Fernsehen
Hertha (H) lässt sich für ein dem Schulunterricht dienendes Biologiebuch unbekleidet fotografieren. Ihre Einwilligungserklärung ist auf die Verwendung im humanbiologi-schen Unterricht beschränkt. Nachdem das Biologiebuch schon nicht mehr auf dem Markt ist, entdeckt sie ihr Foto in bildschirmausfüllender Größe in einer Fernsehsen-dung. Sie meint, dies sei nach dem KUG unzulässig.[124]

Das Bildnis von H darf nicht ohne ihre Einwilligung veröffentlicht werden (§ 22 Satz 1 KUG). Die Einwilligungserklärung der H ist auf die Darstellung ihres Fotos in dem Biologiebuch beschränkt. Durch die Ausstrahlung in der Fernsehsendung wird ihr Foto für einen abweichenden Zweck verwendet und nicht nur Schülern, Eltern und Lehrern, sondern der gesamten Fernsehöffentlichkeit zugänglich gemacht. Eine von der ausdrücklichen Einwilligung nicht umfasste Verwendung des Fotos ist nicht zuläs-sig. Das Foto hätte daher nicht ohne ihre Einwilligung gezeigt werden dürfen. H ist zuzustimmen.

Fall 133: Urlaubsfoto
Karim (K) verwendet ein Urlaubsfoto von sich als Profilbild in dem sozialen Netzwerk S. Das Bild ist für sämtliche Nutzer des sozialen Netzwerks sichtbar. Journalist Jürgen (J) möchte das Bild in der Z-Zeitschrift veröffentlichen. Er ist der Ansicht, durch die Veröffentlichung seines Fotos bei S habe K sich mit sämtlichen Veröffentlichungen ein-verstanden erklärt.[125]

Indem K sein Urlaubsfoto als Profilbild verwendet, könnte er in weitere Veröffentli-chungen dieses Fotos eingewilligt haben. K hat keine ausdrückliche Einwilligungser-klärung i. S. d. § 22 Satz 1 KUG abgegeben. In der Verwendung des Profilfotos könnte jedoch eine **konkludente Einwilligung** in zukünftige Veröffentlichungen durch Me-

---

124 Angelehnt an: BGH NJW 1985, 1617 – „Nacktfoto".
125 Angelehnt an: OLG München MMR 2016, 414 – „Internetpranger".

dienvertreter liegen. Ob eine solche stillschweigende Einwilligung vorliegt, ist durch Auslegung zu ermitteln. Als Verwender eines Profilbilds wird K davon ausgehen, dass sein Foto von anderen Netzwerknutzern wahrgenommen wird. Mit der Veröffentlichung seines Fotos in einer Zeitung muss er jedoch nicht rechnen. Im Falle einer wirksamen schlüssigen Einwilligung müssten K Zweck, Art und Umfang der von J vorgesehenen Veröffentlichung bekannt sein. Aus dem Umstand, dass K sein Urlaubsfotos bei S eingestellt hat, kann nicht auf eine wirksame Einwilligung in eine Veröffentlichung des Fotos durch J geschlossen werden.[126] K räumt J mit der Verwendung seines Profilbilds weder ein urheberrechtliches Nutzungsrecht (§ 31 UrhG)[127] an dem Foto ein noch hat dieser einen vertraglichen Nutzungsanspruch. Indem K sein Urlaubsfoto als Profilbild verwendet, erklärt er sich daher nicht mit sämtlichen anderweitigen Veröffentlichungen einverstanden.

Fall 134: Hostess auf Promi-Party
Helena (H) bietet im Auftrag der Promotion-Agentur P auf einer Promi-Party Zigaretten der Marke Z an. Neben Promis halten sich dort zahlreiche Medienvertreter auf. Während H Interviews untersagt sind, ist es ihr ausdrücklich gestattet, sich fotografieren zu lassen. Aus dem von P vorab zur Verfügung gestellten Informationsmaterial kennt H zahlreiche Beispielbilder, auf denen lächelnde Hostessen beim Zigarettenverteilen für Fotos posieren. Als sie in einem Eventportal ein Foto entdeckt, auf dem sie selbst als Hostess zu sehen ist, ist sie mit der Veröffentlichung nicht einverstanden.[128]

Ob die Veröffentlichung des Fotos von H schon deshalb zulässig ist, weil es sich um ein Bildnis aus dem Bereich der Zeitgeschichte i. S. d. § 23 Abs. 1 Nr. 1 KUG handelt, kann dahinstehen, wenn es eines Rückgriffs auf diese Ausnahmevorschrift aufgrund der Einwilligung der H nicht bedarf. Zwar liegt keine ausdrückliche Einwilligungserklärung von H vor, aufgrund der Art der Veranstaltung, ihrer Tätigkeit sowie den Vorabinformationen ihres Arbeitgebers musste ihr jedoch bewusst sein, dass auch von ihr Fotos angefertigt und veröffentlicht werden würden. Davon konnten auch die anwesenden Medienvertreter als Erklärungsempfänger ausgehen. Sie konnten die Tätigkeit der H nur so verstehen, dass sie im Interesse ihres Arbeitgebers mit der Anfertigung von Fotos und deren Veröffentlichung einverstanden ist. Aus diesem Grund ist hier von einer **stillschweigenden** Einwilligung der H auszugehen.

Fall 135: Ehefrau und Bruder
Henry (H) und Patrick (P) sind Brüder. Nach Patricks Tod möchte Journalistin Jette (J) ein Foto der beiden veröffentlichen. Patricks Ehefrau Esther (E) ist damit nicht einverstanden, H hat nichts dagegen. Wie ist die Rechtslage nach dem KUG?

---

126 Vgl.: OLG München MMR 2016, 414, 415 – „Internetpranger".
127 Siehe auch: *Fechner*, Medienrecht, 5. Kapitel, Rn. 30 ff.
128 Angelehnt an: BGH NJW 2015, 1450 – „Hostess auf Eventportal".

Nach § 22 Satz 1 KUG dürfen Bildnisse nur mit Einwilligung des Abgebildeten veröffentlicht werden. Da P verstorben ist, kann er nicht mehr in die Veröffentlichung seines Fotos einwilligen. Gemäß § 22 Satz 3 KUG bedarf es bis zum Ablauf von zehn Jahren der Einwilligung seiner Angehörigen. **Angehörige** i. S. d. Gesetzes sind nach § 22 Satz 4 KUG der überlebende Ehegatte oder Lebenspartner sowie die Kinder des Abgebildeten und, wenn weder ein Ehegatte oder Lebenspartner noch Kinder vorhanden sind, die Eltern des Abgebildeten. E ist demnach als Angehörige des P anzusehen. Als sein Bruder ist H kein Angehöriger i. S. d. KUG und kann der Veröffentlichung nicht zustimmen. Da E eine Einwilligung ablehnt, darf J das Foto nicht veröffentlichen.[129]

Fall 136: Ungewollte Vorschaubilder
Alexandra (A) veröffentlicht ihr Foto als Profilbild in dem sozialen Netzwerk N. Von der Möglichkeit, eine Sperre gegenüber Suchmaschinen einzurichten, macht sie keinen Gebrauch. Bei der Internetsuche zu ihrem Namen wird ihr Foto von der Suchmaschine als Vorschaubild (sog. „*Thumbnail*") angezeigt. A meint, sie habe gegenüber dem Suchmaschinenbetreiber (S) nicht in eine derartige Verwendung ihres Fotos eingewilligt.[130]

A veröffentlicht ihr Foto als Profilbild in einem sozialen Netzwerk. Die Möglichkeit, ihr Foto gegenüber fremdem Zugriff zu sperren, nutzt sie nicht. Aus diesem Grund muss sie mit den damit verbundenen und **nach den Umständen üblichen Nutzungshandlungen** rechnen. S kann die ungesicherte Veröffentlichung des Fotos nur als Einwilligung in dessen Nutzung verstehen. Mit der Veröffentlichung ihres Profilbilds willigt A zumindest konkludent in dessen Verwendung durch die Suchmaschine ein.

Fall 137: Nie wieder Fotos!
Caroline (C) wird regelmäßig von Paparazzi fotografiert. Sobald die Z-Zeitschrift ein ungenehmigtes privates Foto von ihr veröffentlicht, geht sie gerichtlich dagegen vor. Um dies zukünftig zu vermeiden, möchte sie gegenüber Z ein umfassendes Veröffentlichungsverbot von Fotos erwirken. Ist dies möglich?[131]

Im Fall einer ungenehmigten Bildnisveröffentlichung hat das zuständige Gericht in jedem Einzelfall eine Abwägung zwischen dem Informationsinteresse der Öffentlichkeit und dem Interesse der C am Schutz ihrer Privatsphäre vorzunehmen. Die Veröffentlichung privater Bilder kann Z nicht generell untersagt werden, da es nicht allein auf das Foto, sondern auch auf die begleitende Wortberichterstattung ankommt. Selbst die erneute Veröffentlichung eines bestimmten persönlichkeitsrechtsverletzenden Fo-

---

129 Allerdings ist davon auszugehen, dass die Einwilligungserklärung nur einheitlich abgegeben werden kann – *Wanckel*, Foto- und Bildrecht, Rn. 245.
130 Angelehnt an: OLG Köln MMR 2011, 323; LG Köln ZUM-RD 2011, 626; siehe auch Fall 208, S. 158.
131 Angelehnt an: BGH NJW 2008, 1593.

tos kann zulässig sein, sobald die Veröffentlichung in einem anderen Kontext erfolgt.[132] Bei zukünftigen, noch unbekannten Bildern, ist offen, in welchem Zusammenhang sie veröffentlicht werden und auch die Interessenabwägung kann bezüglich noch unbekannter Bilder nicht vorgenommen werden.[133] Ein umfassendes Veröffentlichungsverbot gegenüber Z kann C daher nicht durchsetzen.

Fall 138: Gruppenfotos

Online-Redakteur Phil (P) hat gehört, bei Gruppenfotos müsse keine Einwilligungserklärung der abgebildeten Personen eingeholt werden. Er ist sich aber nicht sicher, ob dies schon bei sieben oder erst bei neun oder elf abgebildeten Personen gilt. Was können Sie ihm antworten?

Nach dem **abgestuften Schutzkonzept** (§§ 22, 23 KUG) dürfen Bildnisse grundsätzlich nur mit Einwilligung der Abgebildeten verbreitet oder öffentlich zur Schau gestellt werden (§ 22 Satz 1 KUG). Dies gilt grundsätzlich unabhängig davon, ob die Person allein oder gemeinsam mit anderen abgebildet werden soll. Allerdings sieht § 23 KUG Ausnahmen von der grundsätzlich erforderlichen Einwilligungserklärung vor. Nach § 23 Abs. 1 Nr. 3 KUG ist eine Einwilligung entbehrlich, wenn die dargestellten Personen Teilnehmer einer Versammlung, eines Aufzugs oder eines ähnlichen Vorgangs sind. Ob dies der Fall ist, hängt von den Umständen des Einzelfalls und nicht von einer bestimmten Personenzahl ab. Gleiches gilt, wenn das Gruppenfoto ein zeitgeschichtliches Ereignis dokumentiert (§ 23 Abs. 1 Nr. 1 KUG) oder die Gruppe nur als Beiwerk zu einer Landschaft erscheint (§ 23 Abs. 1 Nr. 2 KUG). Selbst wenn die Voraussetzungen für einen der in § 23 Abs. 1 KUG genannten Ausnahmefälle vorliegen, ist die Abbildung nur ohne die nach § 22 Satz 1 KUG grundsätzlich erforderliche Einwilligung der Abgebildeten zulässig, wenn die Veröffentlichung keine berechtigten Interessen der abgebildeten Personen verletzt (§ 23 Abs. 2 KUG). Die Erforderlichkeit einer Einwilligung ist nicht davon abhängig, ob auf dem Foto sieben, neun oder elf Personen zu sehen sind.

b) Die Einwilligung Minderjähriger

Fall 139: Kleiner Internetstar

Fred (F), nichtehelicher Vater des zweijährigen Lucas (L), veröffentlicht dessen Fotos in einer für jedermann zugänglichen Online-Community. Die allein erziehungsberechtigte Kindesmutter ist damit nicht einverstanden und hält die Veröffentlichung für unzulässig.[134]

---

132 BGH NJW 2008, 1593, 1594.
133 BGH NJW 2008, 1593, 1594; BGH NJW 2010, 1454, 1455.
134 Angelehnt an: AG Menden NJW 2010, 1614.

Gemäß § 22 Satz 1 KUG dürfen Bildnisse nur mit Einwilligung des Abgebildeten öffentlich zur Schau gestellt werden. Hier handelt es sich um ein Kleinkind, sodass es ausschließlich auf die **Einwilligung der gesetzlichen Vertreter** ankommt. Die gesetzliche Vertretung obliegt allein der ausschließlich erziehungsberechtigten Kindesmutter (§§ 1626, 1626 a, 1627, 1629 BGB). Diese ist mit der Veröffentlichung nicht einverstanden. Für das Vorliegen eines Ausnahmetatbestands i. S. v. § 23 KUG gibt es keine Anhaltspunkte. Die Veröffentlichung der Fotos von L ist unzulässig.

Fall 140: Kevin im Kajak
Der elfjährige Kevin (K) wird beim Kajakfahren fotografiert. K freut sich, als der Fotograf ihm erzählt, das Foto solle in einer Sportzeitschrift veröffentlicht werden. Seine Eltern sind nicht anwesend. Kann er wirksam in die Veröffentlichung der Fotos einwilligen?

Zweifel an einer i. S. d. § 22 KUG wirksamen Einwilligung bestehen aufgrund der Minderjährigkeit des K. Kinder haben ein **Recht auf ungehinderte Entfaltung ihrer Persönlichkeit** (Art. 2 Abs. 1 GG i. V. m. Art. 1 Abs. 1 GG)[135] und sind besonders schutzbedürftig.[136] Dieses Schutzbedürfnis besteht auch gegenüber den Medien, da die Persönlichkeitsentfaltung Minderjähriger durch mediale Darstellungen empfindlich gestört werden kann.[137] Bis zur Vollendung des 18. Lebensjahrs ist stets die Einwilligung der gesetzlichen Vertreter (i. d. R. der Eltern, §§ 1626, 1629 BGB) erforderlich. Mit seinen elf Jahren ist K beschränkt geschäftsfähig (§ 106 BGB). Bis er die erforderliche Einsichtsfähigkeit besitzt, wovon i. d. R. ab dem Alter von 14 Jahren auszugehen ist,[138] ist allein die Einwilligungserklärung seiner Eltern maßgeblich. K selbst kann keine wirksame Einwilligungserklärung bzgl. der Veröffentlichung des Fotos abgeben.

Fall 141: Kevin ist jetzt 15
Drei Jahre später wird der 15jährige K während einer Radtour mit Freunden von einem Pressefotografen fotografiert. Als K gefragt wird, ob er mit einer Veröffentlichung des Fotos einverstanden ist, stimmt er zu. Darf das Bild veröffentlicht werden?

Das Foto darf veröffentlicht werden, wenn K diesbezüglich eine wirksame Einwilligungserklärung abgeben konnte. Mit 15 Jahren besitzt K die erforderliche Einsichtsfähigkeit, eine Einwilligungserklärung abgeben zu können. Allerdings ist er noch nicht volljährig (§ 2 BGB), weshalb aufgrund seiner beschränkten Geschäftsfähigkeit (§ 106 BGB) zusätzlich die Einwilligungserklärung seiner gesetzlichen Vertreter erforderlich

135 BVerfG NJW 2000, 2191, 2192.
136 Siehe: *Fechner*, Medienrecht, 4. Kapitel, Rn. 107.
137 BVerfGE 101, 361, 385 – „Caroline von Monaco II" – E 10.
138 LG Bielefeld NJW-RR 2008, 715, 716 – "Die Super Nanny"; *Lauber-Rönsberg* NJW 2016, 744, 749; *Fechner*, Medienrecht, 4. Kapitel, Rn. 37.

ist. Ks Eltern haben keine Einwilligungserklärung bezüglich der Veröffentlichung abgegeben. Ohne diese darf das Foto jedoch nicht veröffentlicht werden.

Fall 142: Tessa soll Topmodel werden

Die allein sorgeberechtigte Mutter Magdalena (M) möchte aus ihrer Tochter Tessa (T) ein Topmodel machen und schickt ein Foto der 17jährigen T mit der Bitte, dieses zu veröffentlichen, an die Modezeitschrift Z. T meint, auch sie müsse einer Veröffentlichung zustimmen. Stimmen Sie ihr zu?

Gemäß § 22 Satz 1 KUG dürfen Bildnisse nur mit Einwilligung der abgebildeten Person veröffentlicht werden. Indem M das Foto ihrer Tochter mit der Bitte um Veröffentlichung an Z sendet, gibt allein sie eine Einwilligungserklärung bzgl. der Veröffentlichung ab. Da T mit 17 Jahren fast volljährig ist und die entsprechende Einsichtsfähigkeit besitzt, muss auch sie der Veröffentlichung des Fotos durch Z vorab zustimmen. Z darf das Foto nur veröffentlichen, wenn sowohl T als auch ihre Mutter eine entsprechende Einwilligungserklärung abgeben. T ist zuzustimmen.

c) Widerruf der Einwilligung

Fall 143: Ein zu kritischer TV-Beitrag

Abmahnanwalt Hagen (H) gibt dem Fernsehsender F ein Interview zum Thema Urheberrechtsverletzungen. H weiß, dass das Interview in einem Beitrag über Massenabmahnungen in der Musikindustrie veröffentlicht werden soll. Der Beitrag ist für seinen Geschmack jedoch viel zu kritisch. Kann H seine Einwilligungserklärung wirksam widerrufen?[139]

Ob und unter welchen Voraussetzungen der Widerruf einer einmal erteilten Einwilligungserklärung möglich ist, ist umstritten. Da der Einwilligende grundsätzlich an den Inhalt seiner Einwilligungserklärung gebunden ist, wird der Widerruf z. T. nur aus wichtigem Grund zugelassen.[140] Zum Teil wird die Zulässigkeit davon abhängig gemacht, ob sich die Umstände gegenüber dem Zeitpunkt der Einwilligung so gravierend geändert haben, dass die weitere Veröffentlichung das allgemeine Persönlichkeitsrecht des Abgebildeten betreffen würde[141] (§ 42 UrhG analog).[142] H widerruft seine Einwilligungserklärung weder aus **wichtigem Grund** noch aufgrund geänderter Umstände. Er möchte seine Erklärung ausschließlich deshalb widerrufen, weil ihm der kritische Inhalt des Beitrags nicht gefällt. H hat jedoch keinen Anspruch darauf, von

---

139 Angelehnt an: OLG Frankfurt ZUM-RD 2011, 408.
140 OLG München NJW-RR 1990, 999, 1000.
141 *Frömming/Peters* NJW 1996, 958, 959.
142 *Fricke*, in: Wandtke/Bullinger, UrhG, § 22 KUG Rn. 19.

anderen so dargestellt zu werden, wie er sich selbst sieht oder gesehen werden möchte.[143] H kann seine Einwilligungserklärung nicht widerrufen.

Niemand hat Anspruch darauf, von anderen so dargestellt zu werden, wie er sich selbst sieht oder gesehen werden möchte.[144]

5. Bildnisse aus dem Bereiche der Zeitgeschichte, § 23 Abs. 1 Nr. 1 KUG[145] / Verletzung eines berechtigten Interesses des Abgebildeten, § 23 Abs. 2 KUG[146]

Der Begriff der **Zeitgeschichte** ist weit zu verstehen. Er umfasst nicht nur Vorgänge von historisch-politischer Bedeutung, sondern ganz allgemein das Zeitgeschehen, d. h. alle Fragen von allgemeinem gesellschaftlichem Interesse. Der Begriff wird durch das Informationsinteresse der Öffentlichkeit bestimmt.[147]

Fall 144: Mieterfest

Auf dem jährlich stattfindenden Mieterfest der Wohnungsbaugenossenschaft W macht ein Fotograf Aufnahmen, die das dortige Geschehen dokumentieren. Auf den Bildern sind die Gäste einzeln oder in Gruppen abgebildet. Ein Foto zeigt eine aus Eltern, zwei Kindern und der Großmutter bestehende Familie. Neben anderen Bildern soll es in der jährlich erscheinenden Broschüre der W verwendet werden, die an alle Mieter verteilt werden soll. Darf das Bild dort abgedruckt werden?[148]

Da keine Einwilligung der Familie vorliegt, ist der Abdruck des Fotos in der Broschüre der W nur zulässig, wenn das Bild ein zeitgeschichtliches Ereignis dokumentiert. Der Begriff der Zeitgeschichte ist weit zu verstehen und richtet sich nach dem Informationsinteresse der Allgemeinheit, das mit dem Persönlichkeitsrecht der abgebildeten Personen abzuwägen ist. Die Fotos zeigen das Geschehen auf dem jährlich stattfindenden Mieterfest der W und spiegeln die dortige Atmosphäre wieder. Die Abbildung der Familie bringt zum Ausdruck, dass generationsübergreifend gefeiert wurde. Die für die Informationsbroschüre geplante Bildberichterstattung befasst sich mit dem Mieterfest, bei dem es sich um ein **Ereignis von lokaler gesellschaftlicher Bedeutung** handelt. Die Persönlichkeitsrechte der abgebildeten Familienmitglieder werden durch den Abdruck des Fotos nur geringfügig beeinträchtigt, da die Broschüre ausschließlich an die Mieter der W verteilt wird. Das Bild hat damit zeitgeschichtliche Bedeutung.

---

143 Vgl.: OLG Frankfurt ZUM-RD 2011, 408, 410; BVerfGE 101, 361, 385 – „Caroline von Monaco II" – E 10.

144 BVerfGE 101, 361, 385 – „Caroline von Monaco II" – E 10; OLG Frankfurt ZUM-RD 2011, 408, 410.

145 Hierzu: *Fechner*, Medienrecht, 4. Kapitel, Rn. 51 ff.

146 Zum Prüfungsaufbau siehe *Fechner*, Medienrecht, 4. Kapitel, Rn. 50.

147 Z. B.: BGH NJW 2007, 3440, 3441 f. – „Grönemeyer".

148 Angelehnt an: BGH NJW-RR 2014, 1193 – „Mieterfest" – E 14.

Der Veröffentlichung des Fotos stehen auch keine berechtigten Interessen (§ 23 Abs. 2 KUG) der Familienmitglieder entgegen. Anhaltspunkte dafür, dass das Foto die abgebildeten Personen unvorteilhaft darstellt oder die kindliche Entwicklung der abgebildeten Kinder gefährden könnte, sind nicht ersichtlich. W darf das Bild in ihrer Broschüre abdrucken.

Fall 145: Held des Tages

Malte (M) geht jeden Abend am Rhein spazieren. Eines Abends hört er Hilferufe und es gelingt ihm, die zehnjährigen Zwillinge Dilara und Desiree vor dem Ertrinken zu retten. Am nächsten Tag erscheint in der Z-Zeitung ein Artikel mit der Überschrift: „Held des Tages", der mit einem Foto von M illustriert ist. Z hält die Bildnisveröffentlichung als zeitgeschichtliches Ereignis für zulässig. Stimmen sie ihr zu?

Das Foto könnte ein zeitgeschichtliches Ereignis dokumentieren. Bei der Zuordnung zu dem Begriff der Zeitgeschichte ist eine Abwägung des Persönlichkeitsrechts der abgebildeten Person (Art. 2 Abs. 1 i. V. m. Art. 1 Abs. 1 GG; Art. 8 EMRK) und der Pressefreiheit aus Art. 5 Abs. 1 Satz 2, 1. Var. GG; Art. 10 EMRK erforderlich. Dabei ist der **Informationswert** für die Öffentlichkeit maßgebend. Bei der Rettungsaktion handelt es sich um ein tagesaktuelles Ereignis, das besonders für die Bewohner des Umkreises interessant ist. Nicht nur an internationalem oder nationalem, sondern auch an regionalem Geschehen besteht gesellschaftliches Interesse. Die Abbildung zeigt die Hilfsbereitschaft in der Gesellschaft und kann andere dazu anregen, in vergleichbaren Situationen ähnlich zu handeln. Dem abgebildeten M kommt damit eine Vorbildfunktion zu. Die Beeinträchtigung seines Persönlichkeitsrechts ist dagegen nur als gering anzusehen. Das Informationsinteresse der Öffentlichkeit wiegt daher schwerer als das allgemeine Persönlichkeitsrecht des Retters. Da das Foto unmittelbar nach der Rettung der Kinder veröffentlicht wird, handelt es sich um ein Bildnis aus dem Bereich der Zeitgeschichte i. S. d. § 23 Abs. 1 Nr. 1 KUG.

6. Prominente und ihre Begleiter

Fall 146: V.I.P.

Jurastudent Joshua (J) erzählt, er habe gelesen, bekannte Persönlichkeiten wie z. B. prominente Sänger seien aufgrund ihrer Bedeutung selbst Gegenstand der Zeitgeschichte und müssten Beschränkungen ihrer Privatsphäre durch Bildveröffentlichungen hinnehmen. Wie beurteilen Sie seine Darstellung?

J spricht von der sog. „absoluten Person der Zeitgeschichte". Seit der EGMR[149] grundsätzliche Bedenken gegen die Beschränkung der Privatsphäre bekannter Persönlichkeiten geäußert hat, wird der Begriff nicht mehr verwendet. Nunmehr ist anerkannt,

---

149 Siehe EGMR NJW 2004, 2647 – „Caroline von Hannover" – E 12.

dass auch bekannte Persönlichkeiten wie Prominente ein Recht auf Privatsphäre haben und diese nicht auf den häuslichen Bereich beschränkt ist.[150] Die Prominenz einer Person kann allerdings im Rahmen der Interessenabwägung eine Rolle spielen. Die von J verwendete Literatur ist veraltet und entspricht nicht der aktuellen Rechtsprechung.

Fall 147: Einkaufsbummel mit Orpheus

Pressefotografin Panja (P) fotografiert den bekannten Sänger Orpheus (O) beim Einkaufen auf dem Markt. Darf sie das Bild veröffentlichen?[151]

Ohne die nach § 22 Satz 1 KUG grundsätzlich erforderliche Einwilligung darf das Foto von O nur veröffentlicht werden, wenn es sich um ein Bildnis aus dem Bereich der Zeitgeschichte handelt (§ 23 Abs. 1 Nr. 1 KUG). Ob ein Bildnis aus dem Bereich der Zeitgeschichte vorliegt, wird durch das Informationsinteresse der Öffentlichkeit bestimmt.[152] Auch unterhaltende Beiträge können der Meinungsbildung dienen und diese unter Umständen sogar nachhaltiger beeinflussen als sachbezogene Informationen.[153] Bei der Abwägung des Informationsinteresses im Verhältnis zum Persönlichkeitsrecht des O kommt es darauf an, ob eine Angelegenheit von öffentlichem Interesse ernsthaft und sachbezogen erörtert wird oder ob lediglich die Neugier des Lesers befriedigt werden soll. Das Bild zeigt O in einer **Alltagssituation**, deren Informationswert für die Öffentlichkeit nur gering ist. Es handelt sich um eine gewöhnliche Tätigkeit des Privatlebens. Die Abbildung dient hauptsächlich dazu, die Neugier der Öffentlichkeit auf das Leben Prominenter zu befriedigen.[154] Die Pressefreiheit (Art. 5 Abs. 1 Satz 2, 1. Var. GG) muss daher hier hinter dem allgemeinen Persönlichkeitsrecht (Art. 2 Abs. 1 i. V. m. Art. 1 Abs. 1 GG) des O zurücktreten. Das Foto von Os Einkauf dokumentiert kein zeitgeschichtliches Ereignis i. S. d. § 23 Abs. 1 Nr. 1 KUG. P darf das Foto veröffentlichen, sofern O einwilligt.

Fall 148: Dann ging sie erstmal shoppen...

Orpheus Frau Eurydike (E) war lange Jahre Ministerpräsidentin. Am Tag nach ihrer Abwahl wird sie in einem Erfurter Einkaufszentrum fotografiert. Die Z-Zeitschrift möchte das Foto mit der Überschrift: *„Nun geht sie shoppen"*[155] veröffentlichen. Der zuständige Redakteur Jim (J) ist sich jedoch nicht sicher, ob die Fotoveröffentlichung nicht wie bei O unzulässig ist.

---

150 BGH, Urt. v. 06.03.2007 – VI ZR 14/06, BeckRS 2007, 07189, Rn. 11; BVerfGE 101, 361 ff. – „Caroline von Monaco II" – E 10.
151 Angelehnt an: BGH NJW 2008, 3138 – „Sabine Christiansen".
152 BVerfGE 101, 361, 392 – „Caroline von Monaco II" – E 10.
153 BVerfGE 101, 361, 389 f. – „Caroline von Monaco II" – E 10.
154 BVerfGE 101, 361, 391 – „Caroline von Monaco II" – E 10.
155 Angelehnt an: BGHZ 177, 119 – „Heide Simonis".

Wie O hat auch E grundsätzlich ein Anrecht darauf, bei alltäglichen Aktivitäten, wie dem Besuch eines Einkaufszentrums „in Ruhe gelassen" zu werden und nicht Gegenstand der öffentlichen Berichterstattung zu sein. Etwas anderes gilt nur, wenn an der Berichterstattung über E ausnahmsweise ein, ihr allgemeines Persönlichkeitsrecht (Art. 2 Abs. 1 i. V. m. Art. 1 Abs. 1 GG; Art. 8 EMRK) überwiegendes, öffentliches Informationsinteresse (Art. 5 Abs. 1 GG; Art. 10 EMRK) besteht. E wird beim Einkauf und damit einer privaten Tätigkeit fotografiert, die in keinem Zusammenhang mit ihrer Amtsausübung steht. Anders als O ist E jedoch eine **Person des politischen Lebens**, an der aus Gründen der demokratischen Kontrolle und Transparenz ein gesteigertes Informationsbedürfnis besteht.[156] Das Informationsinteresse ist grade bei Politikern nicht auf rechtlich oder sittlich zu beanstandende Verhaltensweisen begrenzt, auch die Normalität des Alltagslebens darf dargestellt werden, wenn dies der Meinungsbildung zu Fragen öffentlichen Interesses dienen kann.[157] Das Foto zeigt E in einer unverfänglichen Situation in einem Erfurter Einkaufszentrum. Dagegen ist es von allgemeinem gesellschaftlichem Interesse, zu erfahren, wie die ehemalige Ministerpräsidentin ihren Amtsverlust bewältigt und ihr Leben nach dem Abschied aus der Politik gestaltet. Das Leben einer Politikerin muss auch nach einem Misserfolg, wie dem Amtsverlust, Gegenstand einer öffentlichen Diskussion sein können. Der Persönlichkeitsschutz der E muss hier gegenüber dem durch die Pressefreiheit gesicherten Informationsinteresse der Öffentlichkeit zurücktreten. Das Foto darf nach § 23 Abs. 1 Nr. 1 KUG ohne die gemäß § 22 Satz 1 KUG grundsätzlich erforderliche Einwilligung abgedruckt werden. Berechtigte Interessen (§ 23 Abs. 2 KUG) der E, die einer Veröffentlichung entgegenstehen könnten, sind nicht ersichtlich.

Fall 149: Blogger in Köln

Kilian (K) bummelt durch die Kölner Innenstadt. Zufällig entdeckt er die prominente Entertainerin Jolina (J), die grade aus einem Schuhgeschäft kommt. Er zückt sein Smartphone und fotografiert sie heimlich. Auf dem Bild ist sie in Großaufnahme vor dem Geschäft zu sehen. Zu Hause angekommen, möchte er das Foto in seinem Blog veröffentlichen. Darf er dies?

K fotografiert J heimlich, weshalb sie keine Gelegenheit hat, einzuwilligen. Da J auf dem Foto nicht lediglich als Beiwerk erscheint, sondern in Großaufnahme zu sehen ist, darf K das Foto nur veröffentlichen, wenn es sich um ein Bildnis aus dem Bereich der Zeitgeschichte handelt. Der Begriff der Zeitgeschichte wird durch das Informationsinteresse der Öffentlichkeit bestimmt, das gegenüber dem allgemeinen Persönlichkeitsrecht der abgebildeten J abzuwägen ist. Das von K gefertigte Foto zeigt J in einer **Alltagssituation**. Der Besuch der Kölner Innenstadt sowie das Verlassen des Schuhge-

---

156 Vgl.: BGHZ 177, 119, Rn. 17 – „Heide Simonis"; BGH NJW 2017, 804, 805 – „Klaus Wowereit" – E 16.
157 BGHZ 177, 119, Rn. 17 – „Heide Simonis".

schäfts ist ihrem privaten Bereich zuzuordnen, der durch ihr Persönlichkeitsrecht geschützt ist. Der öffentliche Informationswert ist dagegen nur gering. Die Abbildung leistet keinen Beitrag zu einer Diskussion von allgemeinem Interesse. Da es sich bei dem von K angefertigten Foto nicht um ein Bildnis aus dem Bereich der Zeitgeschichte i. S. d. § 23 Abs. 1 Nr. 1 KUG handelt, darf K es nicht in seinem Blog veröffentlichen.

> Der Informationsgehalt einer Bildberichterstattung ist im **Gesamtkontext**, in den das Personenbildnis gestellt ist und unter Berücksichtigung der zugehörigen Textberichterstattung zu ermitteln. Daneben sind für die Gewichtung der Belange des Persönlichkeitsschutzes der Anlass der Bildberichterstattung, die Umstände, unter denen die Aufnahme entstanden ist sowie in welcher Situation der Betroffene erfasst und wie er dargestellt wird, in die Beurteilung mit einzubeziehen.[158]

Fall 150: Eisprinzessin I
Die elfjährige Prinzessinnentochter Fiona (F) nimmt an einem Eiskunstlaufwettbewerb von regionaler Bedeutung teil. Die B-Zeitschrift veröffentlicht ein Foto, auf dem die Eiskunstläuferin F während des Turniers zu sehen ist. Der Begleittext befasst sich mit Einzelheiten des Wettbewerbs, wie den Ergebnissen der Teilnehmerinnen sowie mit der männlichen Begleitung ihrer Mutter. Ist die Veröffentlichung des Fotos zulässig?[159]

Die nach § 22 Satz 1 KUG grundsätzlich erforderliche Einwilligung ist nach § 23 Abs. 1 Nr. 1 KUG entbehrlich, wenn es sich bei dem von B abgedruckten Foto der F um ein **Bildnis aus dem Bereich der Zeitgeschichte** handelt. Ob ein Bildnis aus dem Bereich der Zeitgeschichte vorliegt, wird durch das Informationsinteresse der Öffentlichkeit bestimmt. Das bedeutet, dass eine Abwägung zwischen dem öffentlichen Informationsinteresse an der Bildberichterstattung aus Art. 5 Abs. 1 GG; Art. 10 EMRK und dem allgemeinen Persönlichkeitsrecht (Art. 2 Abs. 1 i. V. m. Art. 1 Abs. 1 GG; Art. 8 EMRK) der F vorzunehmen ist. Für die Zulässigkeit der Bildberichterstattung spricht die **regionale Bedeutung** des Turniers. Allerdings fehlt das öffentliche Informationsinteresse i. d. R., wenn ein Foto allein der Befriedigung der Neugier und Sensationslust der Leser dient. Das von B abgedruckte Foto illustriert einen Text, der sich ernsthaft und sachbezogen mit Einzelheiten des Wettbewerbs auseinandersetzt. Der Umstand, dass auch die Begleitung der Mutter erwähnt wird, steht dem nicht entgegen. Die Bebilderung ist kontextbezogen und dokumentiert ein zeitgeschichtliches Ereignis.

Trotz der Bildberichterstattung über ein zeitgeschichtliches Ereignis ist die Veröffentlichung des Fotos unzulässig, sofern F sich auf ein entgegenstehendes **berechtigtes Interesse** i. S. d. § 23 Abs. 2 KUG berufen kann. Kinder wie F sind in der Entfaltung ihrer Persönlichkeit sowie in ihrer spezifischen Beziehung zu ihren Eltern besonders

---

158 OLG Köln NJW 2017, 1114, 1116.
159 Angelehnt an: BGH NJW 2013, 2890 – „Eisprinzessin Alexandra" – E 15.

schutzwürdig. Der aus dem allgemeinen Persönlichkeitsrecht folgende Schutz wird daher durch **Art. 6 Abs. 1, 2 GG** verstärkt. Die Minderjährigkeit der F steht der Bildberichterstattung hier jedoch nicht entgegen. Durch die Teilnahme am Wettkampf ist F bewusst in die Öffentlichkeit getreten. Selbst bei regionalen sportlichen Wettkämpfen wie dem Eiskunstlaufwettbewerb sind Foto- und Videoaufnahmen üblich. Anhaltspunkte dafür, dass die Veröffentlichung des Fotos die kindgerechte Entwicklung der F stören könnte, sind nicht ersichtlich. F kann sich nicht auf ein berechtigtes Interesse an der Nichtveröffentlichung des Fotos berufen. Die Veröffentlichung des Fotos ist zulässig.

Fall 151: Eisprinzessin II

Die C-Zeitung veröffentlicht ebenfalls ein Foto, auf dem die 11jährige „Eisprinzessin" Fiona (F) bei der Teilnahme an einem Eiskunstlaufturnier zu sehen ist. Für den Leser ist jedoch nicht ersichtlich, wo das Bild aufgenommen wurde. Der Begleittext befasst sich ausschließlich mit dem Privatleben der F, der Wettbewerb oder ihre sportliche Leistung werden nicht erwähnt. Ist die Veröffentlichung des Fotos als Bildnis aus dem Bereich der Zeitgeschichte zulässig?

Das Eiskunstlaufturnier ist ein zeitgeschichtliches Ereignis, über das grundsätzlich berichtet werden darf. Das Foto der F illustriert einen Text, der mit diesem Ereignis in keinem Zusammenhang steht, sondern sich ausschließlich mit dem Privatleben der F beschäftigt. Grundsätzlich ist es C nicht verwehrt, F in den Vordergrund ihrer Berichterstattung zu stellen. Es ist Aufgabe der Presse, nach journalistischen Kriterien zu entscheiden, ob ihr Bericht über ein zeitgeschichtliches Ereignis informieren oder der Unterhaltung dienen soll.[160] Die das Foto begleitende Wortberichterstattung erörtert keine im öffentlichen Interesse liegende Angelegenheit. Das bei dem Eiskunstlaufturnier angefertigte Foto nimmt C lediglich zum **Anlass**, um über das Privatleben der F zu berichten. Text und Foto dienen allein der Befriedigung der Neugier der Leser. Das Veröffentlichungsinteresse der C muss daher hier hinter dem Persönlichkeitsschutz der F zurücktreten. Es handelt sich nicht um ein Bildnis aus dem Bereich der Zeitgeschichte i. S. d. § 23 Abs. 1 Nr. 1 KUG. Die Veröffentlichung durch C ist unzulässig.

Fall 152: Auf der Ehrentribüne

Die der Öffentlichkeit völlig unbekannte zwölfjährige Kimberley (K) besucht mit ihren prominenten Eltern ein Reitturnier. Gemeinsam sitzen sie auf der vollbesetzten Ehrentribüne, wo sie Pressefotografen bemerken, die die Zuschauer fotografieren. Sie rechnen damit, auf Gesamtbildern der Veranstaltung zu sehen zu sein, sind jedoch überrascht, als die B-Zeitschrift ein Foto veröffentlicht, auf dem ausschließlich eine Großaufnahme von K zu sehen ist. Gegenstand des Artikels sind das Reitturnier und die

---

160 BGH GRUR 2011, 259, 260 – „Rosenball in Monaco".

unter den Zuschauern sitzenden Prominenten, K wird nicht erwähnt. Beurteilen Sie die Zulässigkeit der Abbildung nach §§ 22, 23 KUG.[161]

Die Eltern der minderjährigen K haben nicht i. S. d. § 22 KUG ausdrücklich in die Veröffentlichung einer Großaufnahme ihrer Tochter eingewilligt. Ob sie eine konkludente Einwilligungserklärung abgegeben haben, ist aus der Sicht eines objektiven Erklärungsempfängers zu beurteilen. Allein der Umstand, dass sie offensichtlich fotografiert werden, sich dagegen aber nicht wehren, reicht für die Annahme einer konkludenten Einwilligung nicht aus.[162] Entscheidend ist, ob ihnen Zweck, Art und Umfang der geplanten Veröffentlichung bekannt ist.[163] Eine konkludente Einwilligung kann sich aus der Sicht der Medienvertreter nur auf die Veröffentlichung eines Fotos beziehen, auf dem K als eine unter vielen Zuschauern zu sehen ist. Die der Öffentlichkeit unbekannte K hat sich durch den Aufenthalt auf der Ehrentribüne **der Allgemeinheit nicht bewusst zugewandt oder präsentiert.** Durch ihre Anwesenheit als Zuschauer willigen Ks Eltern nicht konkludent in die Veröffentlichung einer Großaufnahme von K ein.

B darf das Foto der K einwilligungsfrei veröffentlichen, wenn es sich um ein Bildnis aus dem Bereich der Zeitgeschichte i. S. d. § 23 Abs. 1 Nr. 1 KUG handelt. Zwar ist das Reitturnier ein zeitgeschichtliches Ereignis, das öffentliche Interesse an der Veröffentlichung eines Fotos der K ist in diesem Zusammenhang jedoch sehr gering. Sie hat weder selbst an dem Reitturnier teilgenommen noch dabei in anderer Form eine besondere Funktion ausgeübt. Sie ist auch nicht prominent, sondern begleitet lediglich ihre prominenten Eltern. In der Textberichterstattung wird K nicht erwähnt. Die Veröffentlichung beeinträchtigt das **durch Art. 6 GG verstärkte allgemeine Persönlichkeitsrecht** der minderjährigen K dagegen nicht unerheblich. Aufgrund ihrer Minderjährigkeit ist sie besonders schutzbedürftig. Es ist nicht auszuschließen, dass K aufgrund des Fotos den prominenten Eltern zugeordnet wird und dies ihr Recht auf kindgerechte, von der Prominenz ihrer Eltern unbeeinflusste Entwicklung beeinträchtigt. Ihr Foto darf nicht als Dokumentation eines zeitgeschichtlichen Ereignisses veröffentlicht werden. K ist für die Veranstaltung auch nicht repräsentativ, weshalb § 23 Abs. 1 Nr. 3 KUG ausscheidet. §§ 22, 23 KUG stehen einer Veröffentlichung des Fotos entgegen.

Fall 153: Playboy Fabio
In der Y-Zeitung erscheint ein großformatiges Foto auf dem der als Playboy bekannt gewordene Fabio (F) zu sehen ist, wie er auf seiner Yacht sitzend die Y liest. Im Begleittext heißt es: *„F hat ein Auge für die schönen Seiten des Lebens, genüsslich blättert er durch die Seiten der Y. So vertieft, dass er nicht einmal seine Ehefrau neben sich bemerkt.*

---
161 Angelehnt an: OLG Köln NJW 2017, 1114.
162 Vgl.: OLG Köln NJW 2017, 1114, 1115; BGH NJW 2012, 762 – „Die lange Nacht der GOLD-KINDER".
163 OLG Hamburg ZUM-RD 2011, 589, 590; OLG Köln NJW 2017, 1114, 1115.

Sorry, wir sind einfach zu verführerisch!" F, der heimlich fotografiert wurde, meint, Y habe sich auf seine Kosten bereichert. Er verlangt die Zahlung einer fiktiven Lizenzgebühr.[164]

F könnte ein Anspruch auf Zahlung einer fiktiven Lizenzgebühr aus § 812 Abs. 1 Satz 1, 2. Fall BGB zustehen. Dann müsste Y in das Recht am eigenen Bild des F eingegriffen haben und damit auf Kosten des F rechtswidrig einen vermögenswerten Vorteil erlangt haben. Indem Y den F bei der Lektüre der Y-Zeitung abbildet und dies zum Gegenstand ihrer Berichterstattung macht, gebraucht sie F ohne dessen Zustimmung als unentgeltlichen Werbeträger. Sie nutzt seinen **Werbe- und Imagewert** für Eigenwerbung. Das Foto, das Y entgegen § 22 Satz 1 KUG ohne Einwilligung des F veröffentlicht, zeigt ihn auf seiner Yacht und damit in einer erkennbar privaten Situation, in der er davon ausgehen konnte, unbeobachtet zu sein. Der Zusammenhang zwischen Begleittext und Bild führt dazu, dass der Betrachter das Image des F auf die Y überträgt. Die Entscheidung, ob und in welcher Weise das eigene Foto für Werbezwecke zur Verfügung gestellt werden soll, ist ein wesentlicher, vermögensrechtlicher Bestandteil des Persönlichkeitsrechts.[165] Das allgemeine Persönlichkeitsrecht des F überwiegt das Informationsinteresse der Öffentlichkeit. Das im Zusammenhang mit der Textberichterstattung zu bewertende Bildnis vermittelt dem Leser lediglich die Neuigkeit, dass F auf seiner Yacht die Y liest, einen Umstand, der für die breite Öffentlichkeit nur von geringem Interesse und nicht geeignet ist, der Meinungsbildung zu dienen.[166] Die Veröffentlichung des Fotos greift daher rechtswidrig in das Recht am eigenen Bild des F ein. Die unbefugte kommerzielle Nutzung seines Bildnisses stellt einen Eingriff in den vermögensrechtlichen Zuweisungsgehalt des Rechts am eigenen Bild dar und begründet einen Anspruch aus § 812 Abs. 1 Satz 1, 2. Var. BGB auf Zahlung der üblichen (fiktiven) Lizenzgebühr.[167]

Ungerechtfertigte Bereicherung[168]
Voraussetzungen der Eingriffskondiktion
Anspruchsgrundlage: § 812 Abs. 1 Satz 1, 2. Var. BGB
1. etwas erlangt (Vorteil durch Benutzung persönlichkeitsrechtlicher Befugnisse)
2. auf Kosten eines anderen (durch Eingriff in das Persönlichkeitsrecht eines anderen)
3. ohne Rechtsgrund (kein Vertrag)

---

164 BGH NJW 2013, 793 – „Playboy am Sonntag".
165 BGH NJW 2013, 793, 794 – „Playboy am Sonntag".
166 OLG Hamburg ZUM 2010, 884, 885.
167 BGH NJW 2013, 793, 797 – „Playboy am Sonntag".
168 Hierzu: *Fechner*, Medienrecht, 4. Kapitel, Rn. 179.

Fall 154: Promi in Begleitung

Die prominente Schauspielerin Ottilia (O) sitzt mit ihrem neuen, der Öffentlichkeit noch unbekannten Lebensgefährten Luis (L) in einem Berliner Café, als die beiden unbemerkt fotografiert werden. Am nächsten Tag erblicken sie ihr Foto in der Illustrierten I. L ist mit dem Abdruck des Fotos nicht einverstanden. Beurteilen Sie die Zulässigkeit der Abbildung nach dem abgestuften Schutzkonzept?[169]

Das Bild wird von I ohne Einwilligung des L veröffentlicht. Zulässig ist das gemäß § 23 Abs. 1 Nr. 1 KUG nur, wenn es sich um ein Bildnis aus dem Bereich der Zeitgeschichte handelt. Der Begriff ist zugunsten der Pressefreiheit (Art. 5 Abs. 1 Satz 2, 1. Var. GG) weit auszulegen und umfasst alle Fragen von allgemeinem gesellschaftlichem Interesse.[170] Er wird durch das Informationsinteresse der Öffentlichkeit bestimmt, das gegenüber dem allgemeinen Persönlichkeitsrecht des L abzuwägen ist. Der neue Lebenspartner der bekannten Schauspielerin O kann für die Leser der I von Interesse sein und zu ihrer Unterhaltung beitragen. Allerdings ist das Bild nur von geringem Informationswert. Es zeigt L und O in einem Berliner Cafe und damit in einer **erkennbar privaten Situation**, in der sie sich nicht der Medienöffentlichkeit aussetzen wollten. Das Café ist zwar ein öffentlicher Ort, jedoch endet das Persönlichkeitsrecht nicht an der Haustür. Die Abbildung dient allein dazu, den Lesern den neuen Lebensgefährten (L) der O vorzustellen und so deren Neugier und Sensationslust zu befriedigen. Das Bild hat keine zeitgeschichtliche Bedeutung. Damit besteht kein sein Persönlichkeitsrecht überwiegendes Informationsinteresse der Öffentlichkeit, das die Bildveröffentlichung entgegen dem Willen des L erlaubt. Nach dem abgestuften Schutzkonzept durfte I das Foto nicht ohne Einwilligung des L veröffentlichen.

Fall 155: Merchandising-Artikel

Ein Jahr nach dem Tod der berühmten Schauspielerin Marietta (M) verkauft Wilhelmine (W) mit Bildern der M versehene Werbeartikel wie Tassen, Anstecker, T-Shirts und Schlüsselanhänger als Merchandising-Artikel für ein Musical. E, Alleinerbin und einzige Angehörige der M, ist damit nicht einverstanden. Ist W gegenüber E zum Schadensersatz verpflichtet?[171]

W ist nach § 823 Abs. 2 BGB i. V. m. §§ 22 ff. KUG zum Schadensersatz verpflichtet, wenn sie vermögenswerte Bestandteile des Rechts am eigenen Bild der M rechtswidrig und schuldhaft verletzt. § 22 KUG ist ein Schutzgesetz i. S. d. § 823 Abs. 2 BGB. Das KUG schützt auch die Entscheidung darüber, ob und unter welchen Voraussetzungen ein Bild wirtschaftlich genutzt wird. **Vermögenswerte Bestandteile** des Persönlich-

---

169 Angelehnt an: BGH NJW 2007, 3440 – „Grönemeyer"; BGH NJW 2009, 1502 – „Sabine Christiansen mit Begleiter".
170 BGH NJW 2009, 754, 755.
171 Angelehnt an: BGHZ 143, 214 = BGH NJW 2000, 2195 – „Marlene Dietrich"; BGH NJW 2000, 2201 – „Der blaue Engel"; siehe auch *Fechner*, Medienrecht, 4. Kapitel, Rn. 113 ff.

keitsrechts sind vererblich.[172] Sie gehen gemäß § 1922 BGB auf E über.[173] Das Recht am eigenen Bild wirkt über den Tod hinaus. Den Angehörigen stehen bei einer Verletzung des postmortalen Rechts am eigenen Bild ausschließlich Abwehransprüche zu, da ein Verstorbener keinen durch Geldzahlung auszugleichenden Schaden erleiden kann.[174] Als Träger der vermögensrechtlichen Befugnisse kommen allein die Erben in Betracht, die mit den in § 22 Satz 4 KUG genannten Personen nicht notwendig identisch sind.[175] Dies spielt jedoch bei E keine Rolle, da sie Alleinerbin und einzige Angehörige ist. Ihr steht jedenfalls für die in § 22 Satz 2 KUG genannte Frist von zehn Jahren die kommerzielle Nutzung des über den Tod der M hinaus geschützten Rechts am eigenen Bild zu.[176] Die Abbildungen auf den Merchandising-Artikeln verletzen M in ihrem Recht am eigenen Bild aus §§ 22, 23 KUG. Das Bild der M wird ohne die erforderliche Einwilligung für Merchandising-Artikel verwendet. Die Einwilligung war auch nicht nach § 23 Abs. 1 KUG entbehrlich. Ein zeitgeschichtliches Ereignis i. S. d. § 23 Abs. 1 Nr. 1 KUG ist nicht gegeben. Indem W die Bilder der M für Werbezwecke verwendet, verfolgt sie allein wirtschaftliche Interessen. Ein Informationswert für die Allgemeinheit ist nicht ersichtlich. W greift durch die Verwendung der Abbildung der M in die auf E übergegangenen vermögenswerten Bestandteile des Rechts am eigenen Bild ein. W handelt rechtswidrig. Ihr Vorgehen ist schuldhaft, sie konnte bei Anwendung der im Verkehr erforderlichen Sorgfalt nicht annehmen, sie dürfe die Bilder der kürzlich verstorbenen M ohne Einwilligung der E für Werbezwecke verwenden. W ist gegenüber E zum Schadensersatz verpflichtet. E kann den entstandenen Schaden entweder konkret oder nach der Lizenzanalogie berechnen oder den Verletzergewinn herausverlangen.[177] Um die für sie günstigste Art der Schadensberechnung wählen und den Schaden berechnen zu können, hat E Anspruch auf Auskunftserteilung.[178]

Schadensersatz
Anspruchsgrundlage: § 823 Abs. 1 BGB i. V. m. Art. 2 Abs. 1; 1 Abs. 1 GG (allgemeines Persönlichkeitsrecht als „sonstiges Recht") oder § 823 Abs. 2 BGB i. V. m. einem Schutzgesetz (z. B.: § 22 KUG).
1. Tatbestandsmäßigkeit (Verletzung des allgemeinen Persönlichkeitsrechts; Persönlichkeitsrecht als »sonstiges Recht« i. S. d. § 823 Abs. 1 BGB oder Verletzung eines Schutzgesetzes i. S. d. § 823 Abs. 2 BGB)
2. Rechtswidrigkeit

---

172 BGH NJW 2000, 2195, 2197 – „Marlene Dietrich".
173 Anders als ideelle Bestandteile sind sie nicht unauflösbar mit der Person ihres Trägers verbunden, siehe: BGH NJW 2000, 2195, 2197 – „Marlene Dietrich".
174 BGH NJW 2000, 2195, 2198 – „Marlene Dietrich".
175 BGH NJW 2000, 2195, 2199 – „Marlene Dietrich".
176 BGH NJW 2000, 2201 – „Der blaue Engel".
177 Siehe auch die Übersicht zum Urheberrecht, D, S. 139.
178 BGH NJW 2000, 2201, 2202 – „Der blaue Engel".

3. Verschulden: Vorsatz oder Fahrlässigkeit
  Ein Verschulden ist immer dann anzunehmen, wenn gegen die publizistische
  Sorgfaltspflicht verstoßen wurde. Leichte Fahrlässigkeit reicht aus.
  Beachte: Exkulpationsmöglichkeit gem. § 831 BGB, wenn Schädiger nicht selbst,
  sondern durch einen Verrichtungsgehilfen gehandelt hat
4. Materieller Schaden

7. Bilder im Zusammenhang mit Straftaten[179]

Beschuldigter ist ein Tatverdächtiger, gegen den ein Ermittlungs-/Strafverfahren
eingeleitet wurde.[180]

Der Beschuldigte, gegen den die Staatsanwaltschaft öffentliche Klage erhoben hat,
wird als **Angeschuldigter** bezeichnet.[181]

Angeklagter ist der Beschuldigte oder Angeschuldigte, gegen den die Eröffnung
des Hauptverfahrens beschlossen ist.[182]

Fall 156: Max unter Verdacht
Der 16jährige Schüler Max (M) wird verdächtigt, die Tür des Lehrerzimmers mit beleidigenden Sprüchen über seinen Mathelehrer besprüht zu haben. Die regionale Tageszeitung T möchte darüber berichten und ein Foto von M veröffentlichen. Ist das
zulässig?

Ohne die nach § 22 Satz 1 KUG erforderliche Einwilligung des M ist die identifizierende Berichterstattung über seine Tat nur unter den Voraussetzungen des § 23 Abs. 1
Nr. 1 KUG zulässig. Ob ein Bildnis aus dem Bereich der Zeitgeschichte vorliegt, wird
durch das Informationsinteresse der Öffentlichkeit bestimmt. Das bedeutet, dass eine
Abwägung zwischen dem öffentlichen Informationsinteresse an der Bildberichterstattung aus Art. 5 Abs. 1 GG und dem allgemeinen Persönlichkeitsrecht (Art. 2 Abs. 1
i. V. m. Art. 1 Abs. 1 GG) des M zu erfolgen hat. Die identifizierende Berichterstattung
stellt für M einen erheblichen Eingriff in sein Persönlichkeitsrecht dar. Er ist 16 Jahre
alt und daher zur Tatzeit besonders schutzwürdig. Durch die Berichterstattung kann
er in seiner weiteren Persönlichkeitsentwicklung gestört werden. Zudem wird er lediglich **verdächtigt**, die Lehrerzimmertür mit beleidigenden Sprüchen besprüht zu haben. Der Informationswert einer bloßen Verdächtigung ist gegenüber den möglichen
Folgen der Veröffentlichung eines Fotos von M sehr gering. Die geplante Bildberichterstattung ist unzulässig.

---

179 Zur identifizierenden Berichterstattung über Straftaten siehe: *Fechner*, Medienrecht, 4. Kapitel, Rn. 95 ff.
180 BGHSt 34, 138 ff. = BGH NJW 1987, 1955.
181 § 157 StPO.
182 § 157 StPO.

Fall 157: Die geklaute Bohrmaschine

Als der Hobby-Handwerker Thaddäus (T) in einem Baumarkt eine Bohrmaschine klaut, wird er von einem Kaufhausdetektiv erwischt. Nachdem er auch die polizeiliche Vernehmung überstanden hat, befindet er sich auf dem Weg zum Gericht. Unterwegs wird er von einem Pressefotografen fotografiert, der von Ihnen wissen möchte, ob er das Foto von T veröffentlichen darf.

Die Veröffentlichung könnte als zeitgeschichtliches Ereignis (§ 23 Abs. 1 Nr. 1 KUG) zulässig sein. Ob ein Bildnis aus dem Bereich der Zeitgeschichte vorliegt, ist im Wege einer Interessenabwägung zwischen dem Persönlichkeitsrecht des Täters aus Art. 2 Abs. 1 i. V. m. Art. 1 Abs. 1 GG und dem Informationsinteresse der Öffentlichkeit aus Art. 5 Abs. 1 GG zu ermitteln. Eine identifizierende Bildberichterstattung kann für T zu einem gravierenden Ansehensverlust führen und stellt eine erhebliche Beeinträchtigung seines Persönlichkeitsrechts dar. T wird „nur" eines Diebstahls (§ 242 StGB) beschuldigt, der sich nicht von anderen alltäglichen Kaufhausdiebstählen abhebt. Der Informationswert für die Öffentlichkeit ist gering. Bis zu einer rechtskräftigen Verurteilung greift zugunsten des T auch die aus dem Rechtsstaatsprinzip abgeleitete Unschuldsvermutung.[183] Das Informationsinteresse der Öffentlichkeit muss daher hier hinter dem Persönlichkeitsrecht des T zurücktreten. Der Pressefotograf darf das Foto des T nicht veröffentlichen.

Fall 158: Vor Verhandlungsbeginn

Der bekannte Schauspieler Fulbert (F) steht wegen des Verdachts der Vergewaltigung „vor Gericht". Der Prozess wird in der Öffentlichkeit mit großem Interesse verfolgt. Die Y-Zeitung begleitet den Strafprozess mit einer umfangreichen Berichterstattung. So berichtet sie ausführlich über das staatsanwaltschaftliche Plädoyer. Die Wortberichterstattung wird durch ein Foto illustriert. Stehen §§ 22, 23 KUG der Veröffentlichung in folgenden Fällen entgegen?

a) Auf dem Bild steht F in unmittelbarer Nähe des Eingangs der Kanzlei seiner Verteidigerin auf dem öffentlichen Gehweg. Die Bildunterschrift lautet: *„Vergewaltigungs-Prozess: F vor Beginn der Verhandlung."*[184]

Die Zulässigkeit der Bildberichterstattung ist nach dem abgestuften Schutzkonzept, §§ 22, 23 KUG zu beurteilen. Y veröffentlicht das Foto des F entgegen § 22 Satz 1 KUG ohne dessen Einwilligung. Die Beurteilung, ob das Bildnis dem Bereich der Zeitgeschichte i. S. d. § 23 Abs. 1 Nr. 1 KUG zuzuordnen ist, erfordert eine Abwägung zwischen den Rechten des Abgebildeten aus Art. 1 Abs. 1 i. V. m. 2 Abs. 1 GG; Art. 8 Abs. 1 EMRK einerseits und den Rechten der Presse aus Art. 5 Abs. 1 Satz 2 GG; Art. 10 Abs. 1

---

183 Auch Art. 6 Abs. 2 EMRK.
184 Angelehnt an: BVerfG NJW 2017, 1376 – „Gehweg-Foto", „Kachelmann".

EMRK andererseits.[185] Bei der Gewichtung des Informationsinteresses im Verhältnis zum kollidierenden Persönlichkeitsschutz kommt dem Gegenstand der Berichterstattung maßgebliche Bedeutung zu.[186] Y berichtet über den Strafprozess des prominenten Schauspielers F. Der Prozess ist ein zeitgeschichtliches Ereignis, das in der Öffentlichkeit mit großem Interesse verfolgt wird. Das abgedruckte Foto ergänzt die Wortberichterstattung und trägt zur öffentlichen Meinungsbildung bei. Zwar zeigt das Foto F in einer Alltagssituation **im öffentlichen Raum**, allerdings steht die Verhandlung über die berichtet wird, kurz bevor. Aufgrund der bevorstehenden Verhandlung, der Schwere der F vorgeworfenen Straftat, der Bedeutung des Prozesses und der Prominenz des F überwiegt die Freiheit der Presse hier das allgemeine Persönlichkeitsrecht des F. Ein berechtigtes Interesse des F i. S. d. § 23 Abs. 2 KUG, das der Bildberichterstattung über das ihn betreffende zeitgeschichtliche Ereignis entgegenstehen könnte, ist nicht ersichtlich. §§ 22, 23 KUG stehen der Veröffentlichung des Fotos nicht entgegen.

b) Ist der Fall anders zu entscheiden, wenn sich F im Vorfeld der Verhandlung im Innenhof der Kanzlei seiner Verteidigerin aufhält, der von außen nur eingeschränkt einsehbar ist?[187]

Anders als bei a) befindet sich F vor der Verhandlung nicht im öffentlichen Raum, wo nicht unwahrscheinlich ist, dass er dort von Passanten und Medienvertretern gesehen wird. Vielmehr hat er sich im Vorfeld der Verhandlung auf privates Gelände zurückgezogen. Hier durfte F die berechtigte Erwartung haben, nicht von Medienvertretern abgelichtet zu werden. Das Gewicht der mit der Abbildung verbundenen Persönlichkeitsrechtsbeeinträchtigung ist hier dadurch erhöht, dass F sich in einer **durch räumliche Privatheit geprägten Situation** in einem von öffentlichem Raum nur eingeschränkt einsehbaren Innenhof befindet.[188] Anders als bei a) überwiegt hier das allgemeine Persönlichkeitsrecht des F. Ein zeitgeschichtliches Ereignis kann hier anders als bei a) nicht bejaht werden. Da das Bild des F ohne die nach § 22 Satz 1 KUG erforderliche Einwilligung veröffentlicht wird, stehen §§ 22 f. KUG der Veröffentlichung entgegen.

Fall 159: Hallo Knacki!
Der beliebte Schauspieler Pepe (P) wird wegen Ermordung seiner Ehefrau zu einer lebenslangen Freiheitsstrafe verurteilt. Kurz nach Haftantritt darf er die JVA verlassen, um seine neue Freundin zu besuchen. Bei dieser Gelegenheit gibt er dem Lokalradio L ein Interview. Daraufhin erscheint in der Z-Zeitschrift ein Artikel zu dem Thema, ob Prominente im Strafvollzug eine Sonderbehandlung genießen. Der Artikel trägt die

---

185 BGH NJW 2010, 2432, 2436 – „Sedlmayr-Mörder" – E 5.
186 BGH NJW 2010, 2432, 2436 f. – „Sedlmayr-Mörder" – E 5.
187 Angelehnt an: BVerfG NJW 2017, 1377 – „Innenhof-Foto", „Kachelmann II".
188 Vgl.: BVerfG NJW 2017, 1377, 1378 – „Innenhof-Foto", „Kachelmann II".

Überschrift: „*Hallo Knacki, warum bist du nicht mehr im Gefängnis?*" und wird durch ein Foto illustriert, auf dem P mit einer Reisetasche in der Hand zu sehen ist. P meint, das Foto hätte nicht ohne seine Einwilligung veröffentlicht werden dürfen.[189] Da es ein zeitgeschichtliches Ereignis dokumentiert, darf das Foto nach § 23 Abs. 1 Nr. 1 KUG ohne die nach § 22 Satz 1 KUG grundsätzlich erforderliche Einwilligung verbreitet werden. Im Zusammenhang mit der von ihm begangenen Straftat stellt die identifizierende Berichterstattung über P eine erhebliche Beeinträchtigung seines Persönlichkeitsrechts nach Art. 2 Abs. 1 i. V. m. Art. 1 Abs. 1 GG dar. Durch die Ermordung seiner Ehefrau hat P den Rechtsfrieden selbst gebrochen, weshalb er keinen Anspruch darauf hat, dass über die von ihm begangene Straftat geschwiegen wird. Aufgrund der Schwere der Tat und seiner Prominenz muss P mit einer Berichterstattung rechnen. Seine Resozialisierung ist insbesondere deswegen nicht gefährdet, weil er sich freiwillig von L interviewen lässt und damit selbst in die Öffentlichkeit begibt. Indem Z sich in ihrem Artikel mit der Frage beschäftigt, ob Prominente im Strafvollzug eine Sonderbehandlung genießen, wirft sie eine im öffentlichen Interesse liegende Frage auf. Der Umstand, dass der inhaftierte P nach kurzer Zeit Freigang genießt, ist geeignet, öffentliches Interesse und evtl. sogar Misstrauen zu erwecken. Das Foto dient als Beleg für den Freigang des P. Indem Z ihre **„Wachhundfunktion"** ausübt,[190] trägt sie zur demokratischen Kontrolle der Strafvollzugsbehörden bei. Dies kann zu einer öffentlichen Diskussion über den offenen Strafvollzug beitragen. Das Informationsinteresse der Öffentlichkeit überwiegt daher hier das allgemeine Persönlichkeitsrecht des P. Im Zusammenhang mit der Wortberichterstattung handelt es sich um ein Bildnis aus dem Bereich der Zeitgeschichte i. S. d. § 23 Abs. 1 Nr. 1 KUG, das ohne Einwilligung des P veröffentlicht werden darf.

Fall 160: Das Internet vergisst nichts
Auch die Z-Zeitung berichtet über P und den von ihm begangenen Mord. Einen in der Printausgabe erschienenen Artikel, der sich detailliert, sachbezogen und wahrheitsgetreu mit Tat und Täter beschäftigt und durch Fotos von P illustriert wird, stellt sie ihren Lesern auch in einem Online-Archiv zum kostenpflichtigen Abruf zur Verfügung. 15 Jahre nach seiner Verurteilung wird P auf Bewährung entlassen. Zu diesem Zeitpunkt kann der als Altmeldung erkennbare Artikel noch immer über eine gezielte Suchanfrage gefunden werden. Ist dies nach § 23 KUG zulässig?[191]

Bei der im Rahmen der Prüfung des § 23 Abs. 1 Nr. 1 KUG gebotenen Abwägung zwischen dem allgemeinen Persönlichkeitsrecht des P und dem Informationsinteresse der Allgemeinheit erhält das Interesse des P, von Berichten über die von ihm begangene

---

189 Angelehnt an: BGHZ 178, 213 = BGH NJW 2009, 757 – „Karsten Speck".
190 BGHZ 178, 213, Rn. 30 = BGH NJW 2009, 757, 760 – „Karsten Speck".
191 Angelehnt an: BGH NJW 2010, 2432 – „Sedlmayr-Mörder" – E 5.

Straftat verschont zu bleiben, mit zunehmender zeitlicher Distanz immer höheres Gewicht, jedoch hat er keinen Anspruch, überhaupt nicht mehr mit seiner Tat konfrontiert zu werden. Seine Verurteilung liegt lange zurück. Allerdings stellt die wahrheitsgetreue und sachbezogene Bildberichterstattung keine erhebliche Beeinträchtigung seines Persönlichkeitsrechts und Resozialisierungsinteresses dar. Die Veröffentlichung über das Online-Archiv hat keine Breitenwirkung, die Kenntnisnahme des Artikels ist erst nach einer gezielten Suche und Entgeltzahlung möglich. Öffentliches Informationsinteresse besteht nicht nur an aktuellem Zeitgeschehen, sondern auch an der Möglichkeit, vergangene zeitgeschichtliche Ereignisse recherchieren zu können.[192] Das Interesse der Z, durch die Zurverfügungstellung der Bildberichterstattung an der demokratischen Willensbildung mitzuwirken, überwiegt das Persönlichkeitsinteresse des P auf „Vergessenwerden". Es handelt sich um ein Bildnis aus dem Bereich der Zeitgeschichte. Berechtigte Interessen i. S. d. § 23 Abs. 2 KUG des P, die der Bereithaltung der Bildberichterstattung in dem Online-Archiv der Z entgegenstehen könnten, sind in diesem Fall nicht ersichtlich.

8. Beiwerk

Eine Person erscheint auf einem Bild nur als **Beiwerk**, wenn sie der Gesamtdarstellung derart untergeordnet ist, dass sie auch entfallen könnte, ohne den Gesamtcharakter der Abbildung zu verändern,[193] sie sich also nur „zufällig" auf dem Bild befindet.

Fall 161: Straßenszene

Der Bericht über den chaotischen Verkehr in Dresden soll durch die Abbildung einer Straßenszene ergänzt werden. Auf dem Bild sind nicht nur Häuser, Straßenbegrünung und Autos, sondern auch einige Fußgänger und Radfahrer zu erkennen. Darf das Bild dennoch veröffentlicht werden?

Mangels Einwilligung der abgebildeten Personen, darf das Bild nur veröffentlicht werden, wenn die abgebildeten Personen lediglich als Beiwerk neben einer Landschaft oder sonstigen Örtlichkeit erscheinen (§ 23 Abs. 1 Nr. 2 KUG). Die Aufnahme dient lediglich der Darstellung der chaotischen Verkehrssituation. Die auf der Abbildung erkennbaren Personen sind im Zeitpunkt der Aufnahme nur **zufällig vor Ort** und somit Teil des Geschehens. Die Personen könnten weggelassen oder ausgetauscht werden, ohne den Gesamtcharakter der Abbildung zu verändern. Die abgebildeten Personen sind damit in diesem Fall als Beiwerk gemäß § 23 Abs. 1 Nr. 2 KUG anzusehen. Das Bild darf veröffentlicht werden.

---

192 BGH NJW 2010, 2432, 2435 – „Sedlmayr-Mörder" – E 5.
193 *Specht*, in: Dreier/Schulze, Urheberrecht, § 23 KUG Rn. 35.

Fall 162: Am Strand von Teneriffa

Luna (L) verbringt ihren Urlaub auf einer Liege am Strand von Teneriffa. Ein paar Wochen später entdeckt sie ihr Foto auf dem Cover der Z-Zeitung. L ist im Vordergrund zu sehen, während im Hintergrund Strand und Meer erkennbar sind. Der zuständige Redakteur meint, L sei „Beiwerk" i. S. d. § 23 Abs. 1 Nr. 2 KUG.[194]

L ist „Beiwerk" i. S. d. § 23 Abs. 1 Nr. 2 KUG, wenn die Landschaft den **Gesamtcharakter des Bilds prägt** und L dieser derart untergeordnet ist, dass sie auch entfallen könnte, ohne den Bildcharakter zu verändern. L ist im Vordergrund zu sehen und bildet den beherrschenden Blickfang, hinter dem die im Hintergrund abgebildete Strandszene als dekorative Kulisse zurücktritt. L kann daher nicht als bloßes Beiwerk zu Strand und Meer angesehen werden. Die Veröffentlichung der Abbildung ist unzulässig.

9. Versammlungen, Aufzüge und ähnliche Vorgänge

Bei **Versammlungen, Aufzügen und ähnlichen Vorgängen** haben die Beteiligten den kollektiven Willen, gemeinsam etwas zu tun.[195] Die Abbildung muss einen in der Öffentlichkeit stattfindenden Vorgang zeigen.[196]

Fall 163: Demo in Düsseldorf

Nachdem Robin (R) in Düsseldorf an einer Demonstration gegen den Rundfunkbeitrag teilgenommen hat, entdeckt er ein Foto der Veranstaltung in der Z-Zeitung. Auf dem Foto ist R zwischen anderen Demonstrationsteilnehmern erkennbar. Durfte Z das Foto veröffentlichen?

R hat der Veröffentlichung des Fotos auf dem er zwischen anderen Demonstranten zu erkennen ist, nicht zugestimmt. Bilder von Versammlungen, Aufzügen und ähnlichen Vorgängen, an denen die abgebildete Person teilgenommen hat, dürfen jedoch ohne deren Einwilligung veröffentlicht werden (§ 23 Abs. 1 Nr. 3 KUG). Bei der Demonstration gegen den Rundfunkbeitrag handelt es sich unproblematisch um eine Versammlung. Anhaltspunkte dafür, dass das von Z abgedruckte Foto für die Versammlung nicht charakteristisch ist, sind nicht ersichtlich. Die Einwilligung des R war damit ausnahmsweise entbehrlich. Z durfte das Foto veröffentlichen.

Fall 164: Siegfried fährt nach Warschau

Student Siegfried (S) fährt mit einem Reisebus nach Warschau. Die Pressefotografin Mona (M) macht im Bus eine Aufnahme, auf der S zusammen mit anderen Reisenden

---

194 Angelehnt an: OLG Oldenburg NJW 1989, 400.
195 OLG München NJW 1988, 915, 916.
196 LG Köln NJW-RR 1995, 1175.

zu sehen ist. M meint, als Bild einer Versammlung könne das Foto unproblematisch veröffentlicht werden.

Die gemäß § 22 Satz 1 KUG grundsätzlich erforderliche Einwilligung ist ausnahmsweise gemäß § 23 Abs. 1 Nr. 3 KUG entbehrlich, wenn das Bild eine Versammlung, einen Aufzug oder ähnlichen Vorgang zeigt. Das ist der Fall, wenn die Fahrgäste im Reisebus den kollektiven Willen haben, gemeinsam etwas zu tun. Zwar befinden sich sämtliche Passagiere des Reisebusses auf dem Weg nach Warschau, sie nutzen jedoch nur zufällig dasselbe Verkehrsmittel. Es fehlt der **Wille gemeinschaftlich etwas zu unternehmen.** Das gemeinsame Reiseziel reicht hierfür nicht aus. Das von M angefertigte Foto zeigt keine Versammlung i. S. d. § 23 Abs. 1 Nr. 3 KUG. Die Veröffentlichung des Bilds ist unzulässig.

III. Das postmortale Persönlichkeitsrecht (postmortaler Würdeschutz)[197]

Kurzübersicht

- Das postmortale Persönlichkeitsrecht folgt aus Art. 1 Abs. 1 GG.
- Die Würde des Menschen geht über den Tod hinaus.
- Die Schutzwirkungen des verfassungsrechtlichen postmortalen Persönlichkeitsrechts sind nicht identisch mit denen, die sich aus Art. 2 Abs. 1 i. V. m. Art. 1 Abs. 1 GG für den Schutz der Persönlichkeit lebender Menschen ergeben.[198]
- Es schützt
  - den allgemeinen Achtungsanspruch, der dem Menschen kraft seines Personseins zusteht und den Verstorbenen insbesondere davor bewahrt, herabgewürdigt oder erniedrigt zu werden.[199]
  - den sittlichen, personalen und sozialen Geltungswert, den die Person durch ihre eigene Lebensleistung erworben hat.[200] Es schützt vor einer „Verfälschung" des Lebensbildes.[201]
- Der Schutz verblasst mit Zeitablauf.
- Die Würde des Menschen ist gemäß Art. 1 Abs. 1 Satz 1 GG unantastbar – das postmortale Persönlichkeitsrecht ist folglich schrankenlos gewährleistet.
- Jede Beeinträchtigung ist eine Grundrechtsverletzung.

---

197 *Fechner,* 4. Kapitel, Rn. 111.
198 BVerwG, Beschluss vom 17.11.2016 – 6 A 1.15, BeckRS 2016, 113715, Rn. 29.
199 BVerwG, Beschluss vom 17.11.2016 – 6 A 1.15, BeckRS 2016, 113715, Rn. 29.
200 BVerfG NJW 2001, 2957, 2959 – „Wilhelm Kaisen" – E 23.
201 BVerwG, Beschluss vom 17.11.2016 – 6 A 1.15, BeckRS 2016, 113715, Rn. 29.

- Eine Güterabwägung findet nicht statt.[202]
- Wahrnehmungsberechtigt sind die nächsten Angehörigen.[203]
- Die Verletzung des postmortalen Persönlichkeitsrechts führt grundsätzlich nicht zu einem Anspruch auf Geldentschädigung.[204]
- Vermögenswerte Bestandteile des postmortalen Persönlichkeitsrechts sind in entsprechender Anwendung der Schutzfrist des § 22 Satz 3 KUG für zehn Jahre geschützt.[205]

Beispielsfälle

Fall 165: Der Unterschied

Ihr Kommilitone Kilian (K) fragt sie, weshalb das postmortale Persönlichkeitsrecht nicht wie das allgemeine Persönlichkeitsrecht aus Art. 2 Abs. 1 i. V. m. Art. 1 Abs. 1 GG abgeleitet wird. Was können Sie ihm antworten?

Art. 2 Abs. 1 GG schützt die freie Entfaltung der Persönlichkeit bzw. die allgemeine Handlungsfreiheit. Träger dieses Grundrechts können nur lebende Personen sein. Der Persönlichkeitsschutz wirkt nicht über den Tod hinaus. Anders ist dies mit der durch Art. 1 GG garantierten Menschenwürde, deren Schutzwirkung über den Tod hinaus reicht.[206] Das postmortale Persönlichkeitsrecht bzw. der postmortale Würdeschutz kann folglich ausschließlich aus der Menschenwürde (Art. 1 GG) abgeleitet werden.

Fall 166: Leana

Die 15jährige Leana (L) unterhält eine Beziehung zu dem 54jährigen Thorsten (T), der sie nach einem Streit tötet. Gabriele (G) verwendet das Geschehene als Vorlage für einen Film, in dem sie ein Jahr aus dem Leben der 14jährige Schülerin Pina (P) darstellt, deren Rolle sich an L orientiert. Die Handlung ist zu einem großen Teil Fiktion. Maggie (M), Mutter der L, ist der Ansicht, der Umstand, dass L zu erkennen sei, verletze diese in ihrem postmortalen Persönlichkeitsrecht.[207]

Das aus Art. 1 Abs. 1 GG hergeleitete postmortale Persönlichkeitsrecht schützt L in ihrem **allgemeinen Achtungsanspruch**. Um festzustellen, ob der Film diesen Achtungsanspruch verletzt, ist dessen Aussagegehalt zu interpretieren. Nach der gebotenen kunstspezifischen Betrachtung sind Filme zunächst als Fiktion ohne Wirklich-

202 BVerfG NJW 2001, 2957, 2959 – „Wilhelm Kaisen" – E 23.
203 KG Berlin, Urt. v. 31.05.2017 – 21 U 9/16, BeckRS 2017, 111509, Rn. 65.
204 BGHZ 165, 203, Rn. 13 f. = BGH NJW 2006, 605, 606 f.; BGHZ 201, 45 ff. – „Berichterstattung über trauernden Entertainer", Kritisch zur Rspr.: *Beuthien* GRUR 2014, 957 ff.
205 BGHZ 196, 193, 199 – „kinski-klaus.de" – E 28; kritisch zur Rspr.: *Rixecker*, in: MüKo, BGB, § 12 Anh, Rn. 57.
206 BVerfGK 13, 115 ff. = BVerfG ZUM 2008, 323, 324 – „Theaterstück Ehrensache".
207 Angelehnt an: BVerfGK 13, 115 = ZUM 2008, 323 – „Theaterstück Ehrensache".

keitsanspruch anzusehen. Dies gilt auch dann, wenn hinter den fiktionalen Charakteren deren reale Urbilder erkennbar sind, ansonsten würde die Kunstfreiheit (Art. 5 Abs. 3 Satz 1 GG) zu weit eingeschränkt. L ist in dem Film zwar erkennbar, dessen Handlung ist jedoch größtenteils Fiktion. Anhaltspunkte dafür, dass die Erkennbarkeit den allgemeinen Achtungsanspruch der L verletzt, bestehen nicht. L ist auch nicht aufgrund ihrer Minderjährigkeit besonders schutzwürdig. Nach ihrem Tod kann ihre weitere Persönlichkeitsentwicklung nicht mehr gefährdet werden. Das postmortale Persönlichkeitsrecht (Art. 1 Abs. 1 GG) der L wird durch den Film nicht verletzt.

Fall 167: Jacco
Jacco (J) läuft Amok, wobei er 27 Menschen und sich selbst tötet. Nachdem seine Täterschaft bewiesen ist, berichtet die Z-Zeitung zwei Tage nach der Tat in identifizierender Weise und sachlich über Tat und Täter. Verletzt sie damit sein postmortales Persönlichkeitsrecht?

Das postmortale Persönlichkeitsrecht schützt den allgemeinen Achtungsanspruch, der dem Menschen kraft seines Personseins zukommt sowie den sittlichen, personalen und sozialen Geltungswert, den eine Person durch ihre eigene Lebensleistung erworben hat.[208] Die Z-Zeitung nimmt durch ihre Berichterstattung die ihr zukommende Aufgabe wahr, die Öffentlichkeit über die bekannten Fakten über Tat und Täter zu unterrichten. Der Bericht ist sachlich und nicht darauf gerichtet, J in der Öffentlichkeit verächtlich zu machen oder zu brandmarken. Allein der Umstand, dass J identifizierbar ist, beeinträchtigt weder seinen allgemeinen Achtungsanspruch noch seinen aufgrund der Lebensleistung erlangten Geltungswert. Das postmortale Persönlichkeitsrecht des J wird durch die Berichterstattung der Z daher nicht verletzt.

Fall 168: Ahnenforschung
Der Verein zur Ahnenforschung (A) erstellt eine Grabstein-Datenbank. Auf seiner Internetseite veröffentlicht er Fotos von Grabsteinen im gesamten Bundesgebiet. Smilla (S) entdeckt dort das Foto des Grabsteins, auf dem der Name ihrer Mutter Mildred (M) eingraviert ist. Sie meint, die Veröffentlichung des Fotos greife in deren postmortales Persönlichkeitsrecht ein. Stimmen Sie S zu?[209]

Das postmortale Persönlichkeitsrecht schützt das Andenken Verstorbenen vor Angriffen auf deren durch eigene Lebensleistung erworbenen sozialen Geltungswert sowie die ihm als Mensch allgemein geschuldete Achtung. Das Persönlichkeitsbild wird gegen grob ehrverletzende Entstellungen geschützt.[210] Auf dem auf der Internetseite des A abgebildeten Grabstein ist der eingravierte Name der M erkennbar. Weitere Anga-

---

208 BVerfGK 13, 115 ff. = ZUM 2008, 323, 324 – „Theaterstück Ehrensache".
209 Angelehnt an: AG Mettmann ZD 2016, 140.
210 AG Mettmann ZD 2016, 140, 141.

ben zu den verstorbenen Personen finden sich dort nicht. Durch die Veröffentlichung des Grabstein-Fotos wird das Persönlichkeitsbild sowie der Achtungsanspruch der M nicht beeinträchtigt. Die Veröffentlichung des Fotos greift nicht in das postmortale Persönlichkeitsrecht der M ein.

Fall 169: Im elften Jahr

Madita (M), Tochter und Erbin des verstorbenen Entertainers Ferdinand (F), ist nicht damit einverstanden, dass der von ihrem Vater genutzte Künstlername von der U-AG als Domainadresse verwendet wird. Elf Jahre nach dem Tod ihres Vaters sendet sie U eine Abmahnung, in der sie die Nutzung der Domain zu Werbezwecken beanstandet. Sie verlangt Schadensersatz in Höhe der Abmahnkosten.[211]

M könnte wegen der Verletzung des postmortalen Persönlichkeitsrechts des F ein Schadensersatzanspruch aus § 823 Abs. 1 BGB zustehen. Bei Verletzung ideeller Bestandteile des zivilrechtlichen postmortalen Persönlichkeitsrechts stehen dem Wahrnehmungsberechtigten Abwehransprüche, aber keine Schadensersatzansprüche zu. Schadensersatzansprüche wegen der Verletzung vermögenswerter Bestandteile des postmortalen Persönlichkeitsrechts sind grundsätzlich möglich. Allerdings ist der Schutz für vermögenswerte Bestandteile des postmortalen Persönlichkeitsrechts in entsprechender Anwendung der Schutzfrist für das postmortale Recht am eigenen Bild (§ 22 Satz 3 KUG) **auf zehn Jahre begrenzt.**[212] M steht daher kein Schadensersatzanspruch in Höhe der Abmahnkosten zu.

---

211 Angelehnt an: BGHZ 169, 193 = BGH NJW 2007, 684 – „kinski-klaus.de" – E 28.
212 BGHZ 169, 193, 199 = BGH NJW 2007, 684, 685 – „kinski-klaus.de" – E 28.

C. Kunst und Medien[1]

Kurzübersicht

- Die Kunstfreiheit ist durch Art. 5 Abs. 3 Satz 1, 1. Var. GG gewährleistet.
- Auf europäischer Ebene ist die Kunstfreiheit durch Art. 13 Satz 1 GRCh garantiert.
- Die Freiheit künstlerischer Äußerung ist Teil der durch Art. 10 EMRK geschützten Meinungsäußerungsfreiheit, ausdrücklich erwähnt wird die Kunstfreiheit in der EMRK nicht.[2]

Schutzbereich

- Eine generelle Definition der Kunst ist nicht möglich.[3]
- Eine Niveaukontrolle findet nicht statt.[4]
- Geschützt sind sowohl die künstlerische Betätigung („Werkbereich") als auch die Darbietung und Verbreitung des Kunstwerks („Wirkbereich"). Diese bilden eine untrennbare Einheit.[5]
- Soweit es publizistischer Medien bedarf, um zwischen Künstler und Publikum zu vermitteln, ist neben dem Künstler auch der Vermittler geschützt,[6] z. B. auch die Musikproduktionsgesellschaft[7] oder eine Filmproduzentin.[8]
- Kunst- und Meinungsfreiheit schließen sich nicht aus. Sind beide Schutzbereiche eröffnet, wird es sich bei Art. 5 Abs. 3 Satz 1 GG aber i. d. R. um das speziellere Grundrecht handeln.[9]

Schranken

- Die Kunstfreiheit ist vorbehaltlos gewährleistet (sog. „geschlossenes Grundrecht").

---

1 *Fechner*, Medienrecht, 3. Kapitel, Rn. 114 ff.
2 EGMR NJW 1989, 379 – „Müller u. a./Schweiz".
3 BVerfGE 67, 213, 224 – „Anachronistischer Zug" – E 71.
4 BVerfGE 75, 369, 377 – „Strauß-Karikatur" – E 72.
5 BVerfGE 30, 173, 189 – „Mephisto" – E 70.
6 BVerfGE 119, 1, 21 – „Esra" – E 74.
7 BVerfGE 142, 74, Rn. 59 = BVerfG NJW 2016, 2247 – „Metall auf Metall".
8 BGH NJW 2009, 3576, 3577 – „Kannibale von Rotenburg" – E 4.
9 BVerfGE 75, 369, 377 – „Strauß-Karikatur" – E 72.

- Die Schranken aus Art. 5 Abs. 2 GG und Art. 2 Abs. 1 GG gelten weder direkt noch analog.[10]
- Eingeschränkt werden kann sie nur durch kollidierende Grundrechte Dritter (insbesondere das allgemeine Persönlichkeitsrecht, Art. 2 Abs. 1 i. V. m. Art. 1 Abs. 1 GG) und andere Rechtsgüter von Verfassungsrang.[11] Im Kollisionsfall ist zu prüfen, ob die Persönlichkeitsrechtsbeeinträchtigung so schwerwiegend ist, dass die Kunstfreiheit zurückzutreten hat. Hierfür ist eine Abwägung aller Umstände des Einzelfalls erforderlich.[12]

Beispielsfälle

1. Schutzbereich

Definitionsmöglichkeiten:
Nach dem **materialen Kunstbegriff** ist Kunst die „freie schöpferische Gestaltung, in der Eindrücke, Erfahrungen und Erlebnisse des Künstlers durch das Medium einer bestimmten Formensprache zur unmittelbaren Anschauung gebracht werden."[13]

Der **formale Kunstbegriff** stellt auf die Tätigkeit bzw. deren Ergebnis ab und erfasst bestimmte Werktypen: Z. B.: Malerei, Bildhauerei, Musik und Dichtkunst.[14]

Nach dem **offenen Kunstbegriff** wird das kennzeichnende Merkmal einer künstlerischen Äußerung darin gesehen, dass „es wegen der Mannigfaltigkeit ihres Aussagegehalts möglich ist, der Darstellung im Wege einer fortgesetzten Interpretation immer weitreichendere Bedeutungen zu entnehmen, so dass sich eine praktisch unerschöpfliche, vielstufige Informationsvermittlung ergibt."[15]

Aufgrund des weiten Schutzbereichs ist im Zweifel von Kunst auszugehen. Das BVerfG lässt die Entscheidung für einen Kunstbegriff in BVerfGE 67, S. 213, 225 f. offen.

Fall 170: Ist das Kunst?

Dietmar (D) schreibt im Auftrag der Z-Zeitung ein langes Gedicht über die Stadt, in der er lebt. In den Leserbriefen wird dieses Gedicht z. T. als sehr subjektiv bezeichnet, wobei es auf verschiedene Weise ausgelegt wird. Handelt es sich bei dem Gedicht um Kunst?

---

10 BVerfGE 30, 173, 191 ff. – „Mephisto" – E 70.
11 BVerfGE 119, 1, 23 – „Esra" – E 74; BVerfGE 142, 74, Rn. 84 = BVerfG NJW 2016, 2247, 2250 – „Metall auf Metall".
12 BVerfGE 30, 173, 195 – „Mephisto" – E 70.
13 BVerfGE 30, 173, 188 ff. – „Mephisto" – E 70.
14 BVerfGE 67, 213, 226 f. – „Anachronistischer Zug" – E 71.
15 BVerfGE 67, 213, 227 – „Anachronistischer Zug" – E 71.

Um festzustellen, ob das Gedicht in den Schutzbereich des Art. 5 Abs. 3 Satz 1, 1. Var. GG fällt, können unterschiedliche Deutungsversuche herangezogen werden. Nach dem **materialen Kunstbegriff** handelt es sich bei dem Gedicht um die freie schöpferische Gestaltung, in der D seine Eindrücke, Erlebnisse und Erfahrungen hinsichtlich seines Wohnorts zum Ausdruck bringt. Als Werk der Dichtkunst ist sein Gedicht auch bei **formaler Betrachtung** als Kunst anzusehen. Das Gedicht wird unterschiedlich ausgelegt, ihm können durch Interpretation unterschiedliche Bedeutungen beigemessen werden (**offener Kunstbegriff**). Das Gedicht des D ist Kunst.

Fall 171: Hässliche Kunst

Maler Matthew (M) zeichnet ein verfremdetes Porträt seines Papageien Coco (C). Das Bild wird von sämtlichen Betrachtern als hässlich empfunden. Ist es dennoch Kunst i. S. d. Art. 5 Abs. 3 Satz 1, 1. Var. GG?

Das Porträt von C ist das interpretationsfähige Ergebnis einer freien schöpferischen Gestaltung. Der Umstand, dass das Bild von sämtlichen Betrachtern als hässlich empfunden wird, steht dessen Einstufung als Kunst nicht entgegen. Eine Differenzierung nach schöner und damit schutzwürdiger und hässlicher und deshalb schutzloser Kunst, ist als **unzulässige Niveau- und Inhaltskontrolle** mit Art. 5 Abs. 3 GG nicht vereinbar.[16] Die Porträtzeichnung von C ist Kunst i. S. d. Art. 5 Abs. 3 Satz 1 GG.

Fall 172: Verhüllter Baum

Künstlerin Beatrix (B) verhüllt einen Baum, um auf die Abholzung des Regenwalds aufmerksam zu machen. Damit dies öffentlich wahrgenommen wird, möchte sie ihr Kunstwerk durch Flyer öffentlich bekannt machen. Ist auch die Werbung durch die Kunstfreiheit geschützt?

Art. 5 Abs. 3 Satz 1, 1. Var. GG schützt nicht nur die künstlerische Betätigung und damit den „**Werkbereich**", sondern mit dem „**Wirkbereich**" auch die Darbietung und Verbreitung, durch die die Öffentlichkeit Zugang zu einem Kunstwerk erlangt. Kunst ist auf die Wahrnehmung durch die Öffentlichkeit angewiesen. Zur Herstellung dieser Öffentlichkeit bildet Werbung ein Kommunikationsmittel, das zum **Wirkbereich** künstlerischen Schaffens gehört.[17] Die von B geplanten Flyer werben für ihr Kunstprojekt und sind damit selbst dann vom Schutzbereich des Art. 5 Abs. 3 Satz 1, 1. Var. GG erfasst, wenn sie nicht schon aufgrund ihrer künstlerischen Gestaltung ebenfalls als Kunst in diesem Sinne anzusehen sind.

---

16 BVerfGE 75, 369, 377 – „Strauß-Karikaturen" – E 72.
17 BVerfG NJW 1988, 325 f. – „Herrnburger Bericht".

Fall 173: Satire

Julina (J) ist der Auffassung, Satire sei immer Kunst i.S.d. Art. 5 Abs. 3 Satz 1 GG.
Stimmen sie ihr zu?[18]

Für die Einordnung als Kunst kommt es maßgeblich auf die Frage an, ob die Darstellung das Ergebnis einer freien schöpferischen Gestaltung ist oder unter die klassischen Werktypen fällt. Dies ist nicht bei jeder Übertreibung, Verzerrung oder Verfremdung der Fall.[19] Satire kann zwar Kunst sein, nicht jede Satire ist aber zugleich Kunst.[20] Es kann sich z.B. um eine künstlerisch nicht ausgeformte „Verzerrung" handeln. Diese wird als wertende Stellungnahme durch Art. 5 Abs. 1 Satz 1, 1. Var. GG geschützt. Obwohl es sich bei einer Satire häufig um Kunst handeln wird, ist J nicht zuzustimmen.

Fall 174: Strafbare Kunst

Das Landgericht in L ist der Auffassung, bei einer von Lucy (L) gezeichneten Karikatur handele es sich schon deshalb nicht um Kunst, weil sie u.a. ein sich langsam aufbauendes Hakenkreuz zeige. Dies sei möglicherweise sogar strafbar.[21] Ist dem zuzustimmen?

Der Schutzbereich des Art. 5 Abs. 3 Satz 1, 1. Var. GG ist nur dann von vornherein nicht betroffen, wenn es sich bei der von L gezeichneten Karikatur offensichtlich nicht um Kunst handelt. Bei Satiren ist zwischen der künstlerisch eingekleideten Aussage und deren Einkleidung zu differenzieren.[22] Die Einkleidung der Aussage zeichnet sich insbesondere bei Satiren und Karikaturen durch Elemente der **Übertreibung, Verkürzung und Verzerrung** aus. Dies ist bei der Interpretation zu berücksichtigen, was jedoch eine Strafbarkeit nicht von vornherein ausschließt.[23] Von mehreren Möglichkeiten der Interpretation hat das Landgericht aber diejenige zu wählen, die eine Einstufung als Kunst noch zulässt. Satirische Darstellungen dürfen nicht von vornherein deshalb aus dem Schutzbereich der Kunstfreiheit ausgenommen werden, weil ein Hakenkreuz zu sehen ist.[24]

Fall 175: Unentbehrlicher Verleger

Autor Hendrick (H) hat einen Verleger namens Ingolf (I) für seinen neuesten Roman gefunden. Als der Roman gerichtlich verboten wird, möchte I wissen, ob seine Tätigkeit nicht auch durch die Kunstfreiheit geschützt werde.[25]

---

18 Angelehnt an: BVerfG NJW 2002, 3767 – „Bonnbons".
19 BVerfG NJW 2002, 3767 – „Bonnbons".
20 BVerfGE 86, 1, 9 – „geb. Mörder", „Titanic".
21 Zu denken ist hier an §§ 86a, 86 StGB.
22 BVerfGE 75, 369, 378 – „Strauß-Karikatur" – E 72.
23 Allerdings ist die Strafbarkeit ausgeschlossen, wenn das Handeln der Kunst dient, § 86 Abs. 3 StGB.
24 BVerfGE 82, 1 – „Hitler-T-Shirt" – E 75.
25 Angelehnt an: BVerfGE 119, 1 – „Esra" – E 74; BVerfGE 30, 173 – „Mephisto" – E 70.

Art. 5 Abs. 3 Satz 1, 1. Var. GG garantiert im Kunstbereich eine umfassende Betätigungsfreiheit. I ist als Verleger für die Herstellung, Verbreitung und Vermarktung des Romans zuständig. Er stellt eine Beziehung zwischen H und den Lesern seines Romans her. Soweit er diese **vermittelnde Tätigkeit** für H ausübt, ist I durch Art. 5 Abs. 3 Satz 1, 1. Var. GG geschützt.

Fall 176: Künstlervertrag

Zwischen dem Sänger Yake (Y) und der Tonträgerherstellerin T-AG (T) besteht ein Künstlervertrag, der die Vermarktung der von Y geschaffenen Songs regelt. Y tritt aus wichtigem Grund von diesem Vertrag zurück, woraufhin T ihn auf Schadensersatz in Anspruch nimmt. Als das zuständige Gericht einen entsprechenden Anspruch ablehnt, fühlt T sich in ihrer Kunstfreiheit verletzt.[26]

Art. 5 Abs. 3 Satz 1, 1. Var. GG schützt neben der künstlerischen Betätigung des Y auch die Darbietung und Verbreitung seiner Songs. Da Künstler auch die Möglichkeit haben müssen, ihre Werke gewinnbringend zu verbreiten, sind nicht nur diese selbst Grundrechtsträger, sondern auch die Person, die das Werk öffentlich zugänglich macht. Tonträgerhersteller können daher Träger der Kunstfreiheit sein.[27] Allerdings bilden die Erstellung des Kunstwerks, der „Werkbereich" und der „Wirkbereich", also die Verbreitung, Veröffentlichung und Vervielfältigung des Werks, eine unlösbare Einheit.[28] Die Kunstfreiheit wird um des künstlerischen Schaffens willen gewährleistet, während die Vermittlung lediglich der Bekanntmachung der Kunst dient.[29] Tonträgerherstellerin T ist nicht selbst künstlerisch tätig, sondern vermittelt zwischen Y und seinem Publikum. T wird nicht durch Art. 5 Abs. 3 Satz 1, 1. Var. GG geschützt.

Fall 177: Mikels Ex-Frau

Autor Mikel (M) schildert in seinem neuesten Roman die schwierige Beziehung zwischen dem Ich-Erzähler Mike (M) und dessen Partnerin Käthe (K). Seine Ex-Frau Nadine (N) glaubt, sich in dem Roman wiederzuerkennen. Außer blonden Haaren und einem Abschluss in Medienwirtschaft haben N und K keine Gemeinsamkeiten. Das zuständige Zivilgericht (Z) verbietet den Roman. Es ist der Auffassung, der Roman verletzte das Persönlichkeitsrecht der K. M meint, das letztinstanzliche Urteil verletze sein Grundrecht auf Kunstfreiheit.[30]

Bei dem Roman des M handelt es sich nach allen Definitionsmöglichkeiten um Kunst i. S. d. Art. 5 Abs. 3 Satz 1 GG. Indem es den Roman verbietet, greift das zivilgerichtli-

---

26 Angelehnt an: BVerfG NJW 2006, 596, BVerfGK 6, 92 ff. – „Xavier Naidoo", „Künstlervertrag".
27 BVerfG NJW 2006, 596, 597, BVerfGK 6, 92, Rn. 24 – „Xavier Naidoo", „Künstlervertrag".
28 BVerfGE 30, 173, 189 – „Mephisto" – E 70.
29 BVerfG NJW 2006, 596, 597 – BVerfGK 6, 92, Rn. 24 – „Xavier Naidoo", „Künstlervertrag".
30 Angelehnt an: BVerfGE 119, 1 – „Esra" – E 74.

che Urteil in Art. 5 Abs. 3 Satz 1 GG ein. Als Abwehrrecht des Bürgers gegen den Staat gilt die Kunstfreiheit zwischen M und N nicht unmittelbar. Als Teil der objektiven Wertordnung ist die Kunstfreiheit aufgrund der sog. mittelbaren Drittwirkung auch im Rahmen zivilgerichtlicher Entscheidungen zu berücksichtigen.

Die Kunstfreiheit kann durch kollidierendes Verfassungsrecht, wie das allgemeine Persönlichkeitsrecht aus Art. 2 Abs. 1 i. V. m. Art. 1 Abs. 1 GG, eingeschränkt werden. Das ist hier jedoch nur der Fall, wenn N durch den Roman in ihrem Persönlichkeitsrecht betroffen ist. Bei Romanen sind Anknüpfungen an die Realität häufig unauflösbar mit der künstlerischen Gestaltung verbunden. Fiktion und Realität werden vermengt. Für die Annahme einer Persönlichkeitsrechtsverletzung der N ist der Nachweis erforderlich, dass M seinen Lesern nahelegt, bestimmte Teile seiner Schilderung als tatsächlich geschehen anzusehen und genau diese Teile ehrenrührige Tatsachenbehauptungen aufstellen oder wegen der Berührung des Kernbereichs der Persönlichkeit überhaupt nicht in die Öffentlichkeit gehören. Die Kunstfreiheit verlangt für ein als Roman ausgewiesenes, literarisches Werk eine kunstspezifische Betrachtung. Danach ist zunächst von der **Fiktionalität** des Romantextes auszugehen.[31] Sofern ehrenrührige Tatsachen geschildert werden, kommt es darauf an, wie stark Urbild und Abbild übereinstimmen. N und die Romanfigur K haben mit Haarfarbe und Studienabschluss zwar gewisse Gemeinsamkeiten, jedoch sind diese nicht ehrenrührig. Anhaltspunkte für eine Persönlichkeitsrechtsverletzung der N sind nicht erkennbar. Dies hat das Zivilgericht verkannt. Das zivilgerichtliche Urteil verletzt die Kunstfreiheit des N.

Fall 178: Real-Horror
Der Schauspieler Pepe (P) ermordet seine Frau auf grausame Weise. Nach seiner rechtskräftigen Verurteilung gibt er zahlreiche Fernsehinterviews, in denen er die Tat und seine Motive schildert. Filmproduzentin Stella (S) beschäftigt sich ausführlich mit dem Mordfall und hält den Stoff für „filmreif". Sie möchte von Ihnen wissen, ob P und der von ihm begangene Mord zum Gegenstand eines Horrorfilms gemacht werden dürfen.[32]

Aufgrund der durch Art. 5 Abs. 3 Satz 1, 1. Var. GG verfassungsrechtlich garantierten Kunstfreiheit obliegt es S, ihren Film zu gestalten und ein Genre sowie die Darstellungsart auszuwählen. Dabei sind weder Gewalt- und Horrorszenen vom Schutzbereich ausgeschlossen noch die Darstellung existierender Personen. Die verfassungsrechtlich garantierte Kunstfreiheit verbietet es, auf Tendenz, Inhalt und Methode künstlerischer Gestaltung einzuwirken.[33] Allerdings ist die Kunstfreiheit nicht schrankenlos gewährleistet, weshalb sich S nicht über das ebenfalls verfassungsrechtlich garantierte und aus Art. 2 Abs. 1 i. V. m. Art. 1 Abs. 1 GG abgeleitete, allgemeine Persön-

31 BVerfGE 119, 1, 32 – „Esra" – E 74.
32 BGH NJW 2009, 3576, 3577 – „Kannibale von Rotenburg" – E 4.
33 BGH NJW 2009, 3576, 3578 – „Kannibale von Rotenburg" – E 4.

lichkeitsrecht des P hinwegsetzen darf. P muss die Beeinträchtigung seines Persönlich-keitsrechts dulden, wenn seine persönlichen Belange hinter den künstlerischen Interessen der S zurücktreten. P hat nach der rechtskräftigen Verurteilung keinen An-spruch darauf, dass über den von ihm begangenen Mord geschwiegen wird. Zudem kann P sich nicht auf sein Recht auf Privatheit hinsichtlich solcher Umstände berufen, über die er im Rahmen von Fernsehinterviews selbst berichtet hat. S ist es daher nicht verwehrt, P und seine Tat zum Gegenstand eines Horrorfilms zu machen.

2. Geltung zwischen Privatpersonen

Fall 179: Kunstfreiheit

Jenny (J) fragt, wie es kommt, dass ein Zivilgericht sich in seiner Entscheidung mit der verfassungsrechtlich garantierten Kunstfreiheit befasst.

Die Kunstfreiheit ist nicht nur ein Abwehrrecht gegenüber dem Staat, sondern auch eine objektive Entscheidung für die Freiheit der Kunst, die auch zwischen Privaten zu berücksichtigen ist.[34] Grundrechte wirken zwischen Privaten zwar nicht unmittelbar, entfalten aber eine mittelbare Drittwirkung. Die Kunstfreiheit ist daher auch von dem zuständigen Zivilgericht zu berücksichtigen.

3. Eingriff und Schranken

Fall 180: Sampling

Komponist Cedric (C) übernimmt in seinen aktuellen Titel eine zweisekündige Rhyth-mussequenz, die er der Tonspur eines Songs der B-Band entnommen hat. Das zustän-dige Zivilgericht verbietet den Vertrieb des Songs, weil die Übernahme des Samples nicht durch die freie Benutzung (§ 24 UrhG) gerechtfertigt sei, sondern einen Eingriff in das Tonträgerherstellerrecht (§ 85 UrhG) darstelle. C sowie die Musikproduktions-gesellschaft M-AG sehen in dem Urteil einen Eingriff in die Kunstfreiheit.[35]

    a) Ist C und der M-AG zuzustimmen?

    b) Zwischen welchen beiden Grundrechten ist im Rahmen der verfassungsrechtli-chen Rechtfertigung abzuwägen?

a) Der von C komponierte Musiktitel ist das Ergebnis einer freien schöpferischen Ge-staltung, in der Eindrücke, Erlebnisse und Erfahrungen der Künstler durch die For-mensprache der Musik zur Anschauung gebracht werden.[36] Grundrechtsberechtigt ist sowohl der Künstler C als auch die M-AG als unentbehrliche Mittlerin, auf die die Kunstfreiheit gemäß Art. 19 Abs. 3 GG wesensmäßig anwendbar ist. Durch das Ver-

---

34 BVerfGE 119, 1, 21 – „Esra“ – E 74.

35 Angelehnt an: BVerfGE 142, 74 = BVerfG NJW 2016, 2247 – „Metall auf Metall“; Beachte den Vorlagebeschluss des BGH vom 01.06.2017 – I ZR 115/16, BeckRS 2017, 116421 – „Metall auf Metall III“.

36 BVerfGE 142, 74, Rn. 89 = BVerfG NJW 2016, 2247, 2250 – „Metall auf Metall“.

triebsverbot betrifft die zivilgerichtliche Entscheidung den **künstlerischen Wirkbereich**. Indem sie den künstlerischen Einsatz des bei der Produktion verwendeten Samplings als musikalisches Gestaltungsmittel verbietet, betrifft sie auch den künstlerischen Schaffensprozess und damit den **Werkbereich**. Der Schutzbereich der Kunstfreiheit ist damit eröffnet. Indem das zivilgerichtliche Urteil die Verbreitung des Musiktitels verbietet, greift es in die durch Art. 5 Abs. 3 Satz 1 GG garantierte Kunstfreiheit des C und der M-AG ein.

b) Im Rahmen der verfassungsrechtlichen Rechtfertigung hat eine Abwägung zwischen der Kunstfreiheit (Art. 5 Abs. 3 Satz 1 GG) des entlehnenden Künstlers (C) und den Auswirkungen auf die Zulassung des Samplings auf das Eigentumsinteresse (Art. 14 Abs. 1 GG – „geistiges Eigentum") der Tonträgerhersteller zu erfolgen. Beide Grundrechte sind im Wege der praktischen Konkordanz so in Einklang zu bringen, dass sie für alle Beteiligten möglichst weitgehend wirksam werden.[37]

Fall 181: So oder so

Jurastudentin Julia (J) liest in einem Kommentar, dass eine Satire, Glosse oder Karikatur nicht immer durch die Kunstfreiheit geschützt werde, sondern ggf. „nur" durch die Meinungsäußerungsfreiheit geschützt sei. Sie meint, im Ergebnis sei dies doch völlig irrelevant. Stimmen Sie ihr zu?

Im Gegensatz zu der durch Art. 5 Abs. 3 Satz 1 GG garantierten Kunstfreiheit ist die Meinungsfreiheit nicht vorbehaltlos gewährleistet. Gemäß Art. 5 Abs. 2 GG findet die Meinungsäußerungsfreiheit ihre Schranken in den allgemeinen Gesetzen. Aus systematischen Gründen sind diese nur auf Art. 5 Abs. 1 GG, nicht dagegen auf Art. 5 Abs. 3 GG anwendbar.[38] Art. 5 Abs. 3 Satz 1 GG ist als sog. „geschlossenes Grundrecht" somit „stärker" als die Meinungsäußerungsfreiheit. Die Unterscheidung, ob es sich um Kunst handelt, ist daher entgegen der Auffassung der J durchaus relevant.

Fall 182: Ungeprüfte Indizierung

Ein von der bekannten Künstlerin Luisa (L) produzierter Kurzfilm wird aufgrund jugendgefährdender Gewaltdarstellungen von der BPjM ohne weitere Prüfung in die Liste jugendgefährdender Medien aufgenommen. Diese zieht gar nicht in Erwägung, dass es sich um Kunst handeln könnte. L zweifelt nicht an der Verfassungsmäßigkeit des JuSchG, fühlt sich aber durch die Indizierung ihres Films in ihrem Grundrecht auf Kunstfreiheit verletzt.[39]

Die Produktion des Kurzfilms wird neben der Filmfreiheit auch durch die Kunstfreiheit geschützt. Die Aufnahme in die Liste jugendgefährdender Medien (§ 18 JuSchG)

---

37 BVerfGE 142, 74, Rn. 70 = BVerfG NJW 2016, 2247, 2249 – „Metall auf Metall".
38 BVerfGE 30, 173, 191 ff. – „Mephisto" – E 70.
39 Angelehnt an: BVerfGE 83, 130 – „Josefine Mutzenbacher" – E 73.

durch die BPjM (§ 24 JuSchG) hat eine Beschränkung des Vertriebs zur Folge (§ 15 Abs. 1 JuSchG), was einen Eingriff in die Kunstfreiheit darstellt. Als vorbehaltlos gewährleistetes Grundrecht kann Art. 5 Abs. 3 Satz 1 GG nur durch Grundrechte Dritter oder andere Rechtsgüter von Verfassungsrang eingeschränkt werden. Jugendschutz genießt aufgrund des elterlichen Erziehungsrechts (Art. 6 Abs. 2 Satz 1 GG) sowie des allgemeinen Persönlichkeitsrechts Jugendlicher Verfassungsrang. Er wird durch das Jugendschutzgesetz konkretisiert. Gemäß § 18 Abs. 3 Nr. 2 JuSchG darf ein der Kunst dienendes Medium nicht indiziert werden. Demnach ist die BPjM verpflichtet, die Belange der Kunst bei ihrer Indizierungsentscheidung zu berücksichtigen und eine Abwägung zwischen beiden Belangen durchzuführen. Weder die Kunstfreiheit noch der Jugendschutz sind von vornherein als vorrangig anzusehen. Selbst jugendgefährdende Medien dürfen erst nach Abwägung mit den Belangen der Kunstfreiheit indiziert werden. Die BPjM hat die Kunstfreiheit nicht berücksichtigt und es damit unterlassen, die widerstreitenden Verfassungsgüter in Konkordanz zu bringen. Indem sie den Film der L dennoch indiziert, verletzt die BPjM die durch Art. 5 Abs. 3 GG garantierte Kunstfreiheit.

D. Urheberrecht[1]

Kurzübersicht

- Das Urheberrecht dient dem Schutz geistigen Eigentums.
- Es schützt den Urheber in seinen geistigen und persönlichen Beziehungen zum Werk sowie in der Nutzung des Werks (§ 11 Satz 1 UrhG). Persönlichkeitsrechtliche und vermögensrechtliche Bestandteile des Urheberrechts bilden eine untrennbare Einheit[2] (monistische Theorie).
- Der Urheberrechtsschutz beginnt mit der Entstehung des Werks.
- Jede natürliche Person, d. h. jeder Mensch, kann Urheber sein, nicht jedoch juristische Personen.[3]
- Das Urheberrecht ist nicht übertragbar (§ 29 Abs. 1 UrhG). Ein Verzicht ist nicht möglich, es ist aber vererblich (§ 28 Abs. 1 UrhG). Der Urheber kann Nutzungsrechte an seinem Werk einräumen.
- Der urheberrechtliche Schutz endet
  - 70 Jahre nach dem Tod des Urhebers (§ 64 UrhG).
  - bei mehreren Urhebern 70 Jahre nach dem Tod des Längstlebenden (§ 65 Abs. 1 UrhG).
  - bei anonymen/pseudonymen Werken 70 Jahre nach Veröffentlichung (§ 66 Abs. 1 Satz 1 UrhG), wenn das Werk nicht veröffentlicht wurde, 70 Jahre nach Werksschaffung (§ 66 Abs. 1 Satz 2 UrhG).
  - Nach Ablauf der Schutzfrist wird das Werk gemeinfrei, d. h. jeder kann es nach Belieben und unentgeltlich nutzen.

Werk, §§ 1, 2 Abs. 1, Abs. 2 UrhG

- Urheber von Werken der Literatur, Wissenschaft und Kunst genießen für ihre Werke Schutz (§ 1 UrhG).
- Hierfür müssen die Voraussetzungen des § 2 UrhG erfüllt sein. Die Aufzählung in § 2 Abs. 1 UrhG ist nur beispielhaft (*„insbesondere"*), eine persönliche geistige Schöpfung i. S. d. § 2 Abs. 2 UrhG ist ausreichend, d. h.: Eine menschliche Leistung,

---

1 *Fechner*, Medienrecht, 5. Kapitel.
2 BT-Drs. IV/270, 44.
3 BT-Drs. IV/270, 41.

sinnlich wahrnehmbare Form (nicht bei Gedanken, Ideen), Individualität (Produkt geistiger Leistung) und Gestaltungshöhe (Grad der Individualität, diese fehlt i. d. R. bei Alltagserzeugnissen).

Leistungsschutzrechte (Verwandte Schutzrechte), §§ 70 ff. UrhG

- Verwandte Schutzrechte schützen Leistungen, die mangels persönlicher geistiger Schöpfung keine Werke darstellen, der schöpferischen Leistung des Urhebers aber ähnlich sind oder im Zusammenhang mit Werken erbracht werden.[4]
- Sie haben gegenüber Werken abweichende, meist kürzere Schutzfristen.

Urheberpersönlichkeitsrecht

- Das Urheberpersönlichkeitsrecht ist eine besondere Form des allgemeinen Persönlichkeitsrechts nach Art. 2 Abs. 1 i. V. m. Art. 1 Abs. 1 GG.
- Ausprägungen des Urheberpersönlichkeitsrechts sind das
  - (Erst-)Veröffentlichungsrecht (§ 12 Abs. 1 UrhG)
  - Recht auf Anerkennung der Urheberschaft (§ 13 UrhG)
  - Recht, Entstellungen des Werks zu verhindern (§ 14 UrhG)
  - Zugangsrecht (§ 25 UrhG)
  - Änderungsverbot (§ 39 UrhG)

Verwertungsrecht (Recht zur wirtschaftlichen Nutzung von Werken)

Verwertungsrechte stehen dem Urheber zu, dieser kann anderen jedoch Nutzungsrechte einräumen. Zu unterscheiden sind:
- **Körperliche Verwertungsrechte (§ 15 Abs. 1 UrhG)**
  - Vervielfältigungsrecht (§§ 15 Abs. 1 Nr. 1, 16) UrhG
  - Verbreitungsrecht (§§ 15 Abs. 1 Nr. 2, 17 UrhG)
  - Ausstellungsrecht (§§ 15 Abs. 1 Nr. 3, 18 UrhG)
- **Unkörperliche Verwertungsrechte, bzw. Recht der öffentlichen Wiedergabe (§ 15 Abs. 2, 3 UrhG)**
  - Vortrags-, Aufführungs- und Vorführungsrecht (§§ 15 Abs. 2 Satz 2 Nr. 1, 19 UrhG)
  - Recht der öffentlichen Zugänglichmachung (§§ 15 Abs. 2 Satz 2 Nr. 2, 19a UrhG)
  - Senderecht (§ 15 Abs. 2 Satz 2 Nr. 3, 20 UrhG)
  - Recht zur Wiedergabe durch Bild- oder Tonträger (§ 15 Abs. 2 Satz 2 Nr. 3, 21 UrhG)
  - Recht zur Wiedergabe von Funksendungen und von öffentlicher Zugänglichmachung (§ 15 Abs. 2 Satz 2 Nr. 4, 22 UrhG)

---

4 BT-Drs. IV/270, 86.

- **Sonstige Rechte**
  - Vermietrecht (§ 27 Abs. 1 UrhG)
  - Verleihrecht (§ 27 Abs. 2 UrhG)
  - Verfilmung (§ 88 UrhG)
  - Bearbeitung und Umgestaltung (§ 3 UrhG)

Schrankenbestimmungen, §§ 44a bis 63a UrhG

- Die Schranken des Urheberrechts sind grundsätzlich eng auszulegen, weil der Urheber an der wirtschaftlichen Nutzung seines Werks angemessen zu beteiligen ist. Die ihm hinsichtlich der Werkverwertung zustehenden Ausschließlichkeitsrechte dürfen daher nicht übermäßig beschränkt werden.[5]

Rechtsdurchsetzung

- Straf- und Bußgeldvorschriften finden sich in §§ 106 ff. UrhG.
- Anspruchsgrundlagen sind in §§ 97 ff. UrhG zu finden.
- Sofern ein Anspruch auf Schadensersatz besteht, stehen für die Berechnung der Schadenshöhe grundsätzlich drei Methoden zur Verfügung:
  - **Konkreter Schadensersatz (§ 97 Abs. 2 Satz 1 UrhG):** Der Verletzte ist so zu stellen, wie er stünde, wenn die Rechtsverletzung nicht geschehen wäre (sog. Naturalrestitution, §§ 249 ff. BGB). Er kann den entgangenen Gewinn beanspruchen (§ 252 BGB) oder eine Geldentschädigung für erlittene Vermögenseinbußen verlangen (§ 251 Abs. 1 BGB).
  - Bei der Berechnung nach der **Lizenzanalogie** nach § 97 Abs. 2 Satz 3 UrhG ist zu fragen, was vernünftige Vertragspartner als Vergütung für die vom Verletzer vorgenommenen Benutzungshandlungen vereinbart hätten. Es wird der Abschluss eines Lizenzvertrags zu angemessenen Bedingungen fingiert.[6] Dabei ist der objektive Wert der Nutzungsberechtigung zu ermitteln. Bei der Festsetzung einer angemessenen Lizenzgebühr sind branchenübliche Vergütungssätze und Tarife als Maßstab heranzuziehen.[7]
  - Nach § 97 Abs. 2 Satz 2 UrhG hat der Verletzer den Gewinn herauszugeben, der kausal auf der Rechtsverletzung beruht. Die Abschöpfung des **Verletzergewinns (Gewinnabschöpfung)** dient der Sanktionierung des schädigenden Verhaltens und damit der Prävention gegen eine Verletzung besonders schutzbedürftiger Immaterialgüterrechte.[8]

---

5 BGH NJW 2002, 2395, 2396 = BGHZ 150, 6, Rn. 14 – „Verhüllter Reichstag".
6 BGH GRUR 1990, 1008, 1009 – „Lizenzanalogie".
7 BGH ZUM 2013, 406, 409 – „Einzelbild".
8 BGHZ 145, 366, Rn. 24 = BGH GRUR 2001, 329, 331 – „Gemeinkostenanteil".

- Für Schäden, die nicht Vermögensschäden sind, kann eine **Entschädigung in Geld** gewährt werden, soweit dies der Billigkeit entspricht (§ 97 Abs. 2, Satz 4 UrhG). Der Ersatz immaterieller Schäden setzt voraus, dass es sich um einen schwerwiegenden Eingriff handelt, der nicht in anderer Weise befriedigend ausgeglichen werden kann.[9]

Beispiel-Prüfungsaufbau

Unterlassungsanspruch
Anspruchsgrundlage: § 97 Abs. 1 Satz 1, 2. Alt. UrhG
I.   Schutzgegenstand
      – urheberrechtlich geschütztes Werk (§ 2 Abs. 1 Nr. 1 UrhG)
      – verwandte Schutzrechte (Leistungsschutzrechte (§§ 70–95 UrhG)
II.   Rechtsverletzung/Eingriffshandlung
      1. Urheberpersönlichkeitsrecht
      2. Verwertungsrechte
III. Eine Urheberrechtsverletzung ist zu verneinen, wenn
      1. Nutzungsrechte eingeräumt wurden
      2. Schrankenregelungen greifen[10]
         a) zeitlich
         b) inhaltlich
IV.   Rechtswidrigkeit
      – wird bei einer Urheberrechtsverletzung indiziert
      – Ausnahme: Rechtfertigungsgründe
V.   Rechtsinhaberschaft des Anspruchstellers (Aktivlegitimation)
      1. Urheber/ dessen Rechtsnachfolger
      2. Inhaber von Nutzungsrechten
VI.   Wiederholungsgefahr bzgl. der begangenen Rechtsverletzung
      – i. d. R. aufgrund begangener Rechtsverletzung zu vermuten[11]
      – entfällt bei Abgabe einer strafbewehrten Unterlassungserklärung
      – Erstbegehungsgefahr genügt, wenn eine Verletzung ernsthaft droht
VII. Ergebnis

Schadensersatzanspruch
Anspruchsgrundlage: § 97 Abs. 2 UrhG
I.   Prüfung einer Urheberrechtsverletzung

---

9 BGH NJW 2015, 3165, 3168 – „Motorradteile"; vgl. auch Fall 119, S. 87.
10 Dieser Punkt wird z. T. auch als erster Schritt unter dem Punkt „Widerrechtlichkeit" bzw. „Rechtswidrigkeit" geprüft.
11 BGH NJW 1986, 2503, 2505.

Beispielsfälle

1. Urheberrechtlich geschützte Werke

Fall 183: Coco der Künstler

Coco, der Papagei des bekannten Malers Matthew (M), läuft in einem unbeobachteten Moment durch die Farbe und anschließend über die zum Bemalen bereitstehende Leinwand. Wer ist Urheber nach dem Urheberrechtsgesetz?

Gemäß § 1 UrhG genießen die Urheber von Werken der Literatur, Wissenschaft und Kunst für ihre Werke Schutz. Welche Werkarten geschützt sind, wird in § 2 Abs. 1 UrhG beispielhaft aufgezählt. Bei dem entstandenen „Gemälde" könnte es sich um ein Werk der bildenden Kunst nach § 2 Abs. 1 Nr. 4 UrhG handeln. „Werke" i. S. d. Urheberrechtsgesetzes sind nur **persönliche geistige Schöpfungen** (§ 2 Abs. 2 UrhG). Das heißt, ein Werk muss durch die **individuelle Gestaltung eines menschlichen Schöp-**

---

[12] Dieser Punkt wird z. T. auch als erster Schritt unter dem Punkt „Widerrechtlichkeit" bzw. „Rechtswidrigkeit" geprüft.

fers geprägt sein. Tiere können keine Urheber sein. M war an der Erstellung des Bilds nicht beteiligt, weshalb es nicht seiner geistigen Schöpfung entstammt. Weder Coco noch M sind Urheber i. S. d. Urheberrechtsgesetzes.

Urheber ist der Schöpfer des Werks (§ 7 UrhG).

Fall 184: Die Idee

Künstler Carlo (C) hat die Idee, einen Baum zu verhüllen und erzählt davon auf einem Künstlertreffen. Bevor er seinen Plan verwirklichen kann, macht Künstlerin Beatrix (B) mit der Ausführung ebendieses Projekts Schlagzeilen. C meint, ihm stünden daran nun zumindest Rechte als Miturheber zu.

C stehen Rechte als Miturheber (§ 8 Abs. 1 UrhG) zu, wenn er (Mit-)Schöpfer eines urheberrechtlich geschützten Werks ist. Werke i. S. d. Urheberrechtsgesetzes sind nur **persönliche geistige Schöpfungen** (§ 2 Abs. 2 UrhG). Ein Werk ist das Ergebnis eines Schaffensprozesses; es muss auf menschlicher Leistung beruhen und **sinnlich wahrnehmbar** sein. C hat lediglich die Idee für ein künftiges Kunstwerk. Bloße Ideen oder Vorstellungen haben noch keine wahrnehmbare Formgestaltung angenommen. Damit handelt es sich bei dem verhüllten Baum nicht um eine persönliche geistige Schöpfung des C. Alleinige Schöpferin und damit gemäß § 7 UrhG Urheberin des Kunstwerks ist B. Dass sie erst durch C auf die Idee gekommen ist, ist unerheblich. C stehen keine Urheberrechte an dem Werk zu.

Werke i. S. d. UrhG sind persönliche geistige Schöpfungen (§ 2 Abs. 2 UrhG). Die Aufzählung in § 2 Abs. 1 UrhG ist nur beispielhaft (*„insbesondere"*).

Fall 185: Sendekonzept

Fernsehsender F übernimmt die Spielidee (Gesangsauftritte kleiner Kinder und Gaststars) eines anderen Fernsehsenders für eine eigene Unterhaltungsshow mit Studiopublikum. Ist dieses Sendeformat urheberrechtlich geschützt?[13]

Das Urheberrecht schützt nicht alle Ergebnisse individueller geistiger Tätigkeit, sondern nur **Werke i. S. d. § 2 Abs. 1 i. V. m. § 2 Abs. 2 UrhG**. Dem Schutz des Formats einer Fernsehshow steht nicht entgegen, dass dieses in § 2 Abs. 1 UrhG nicht als geschützte Werkart aufgeführt ist. Wie sich aus dem Wort *„insbesondere"* ergibt, ist die Aufzählung der geschützten Werkarten in dieser Vorschrift nur beispielhaft. Ein Werk i. S. d. Urheberrechtsgesetzes ist nur das Ergebnis der **schöpferischen Gestaltung** eines bestimmten Stoffs. Ein Sendeformat ist ein als Grundlage für eine Sendung entwickeltes oder darin verwirklichtes Konzept und geht damit über die bloße Idee hinaus. Es

---

13 Angelehnt an: BGHZ 155, 257 = BGH NJW 2003, 2828 – „Sendeformat"; ausführlich in *Fechner/Rösler/Schipanski*, Fälle und Lösungen zum Medienrecht, Fall 25.

beinhaltet die Gesamtheit der für eine Sendung charakteristischen Merkmale, die sie unabhängig von ihrem jeweiligen Inhalt prägen und als Ausgabe der Show erkennen lassen. Aufgrund der Unabhängigkeit vom Inhalt und dem Fehlen von Fiktion ist ein Sendekonzept jedoch nicht selbst Gestaltung eines bestimmten Stoffs, sondern ähnelt einem Plan oder Gestaltungsrahmen für die Entwicklung mehrerer gleichartiger Folgen.[14] Das Sendeformat ist folglich kein Werk i.S.d. § 2 Abs. 1, Abs. 2 UrhG. Es ist unabhängig von der schöpferischen Leistung auf der es beruht, nicht urheberrechtlich geschützt.

Eine **persönliche geistige Schöpfung** liegt vor, wenn das Werk auf einer gestalterischen Tätigkeit eines menschlichen Urhebers beruht und sinnlich wahrnehmbar ist. Die Leistung des Urhebers muss eine gewisse Schöpfungshöhe (Gestaltungshöhe) aufweisen, in der seine Individualität zum Ausdruck kommt. Daran sind jedoch keine hohen Anforderungen zu stellen. Auf den künstlerischen Wert kommt es nicht an.[15]

Fall 186: Pippi Langstrumpf

Handelt es sich bei der von Astrid Lindgren (14. November 1907–28. Januar 2002) geschaffenen literarischen Figur „*Pippi Langstrumpf*" um ein urheberrechtlich geschütztes Werk?[16]

Bei der **literarischen Figur** „*Pippi Langstrumpf*" könnte es sich um ein selbstständig geschütztes Sprachwerk i.S.v. § 2 Abs. 1 Nr. 1 UrhG handeln. Werke i.S.d. Urheberrechtsgesetzes sind nur **persönliche geistige Schöpfungen** (§ 2 Abs. 2 UrhG). Die Pippi-Langstrumpf-Geschichten sind geistige Schöpfungen der Autorin und damit urheberrechtlich geschützte Sprachwerke (§§ 2 Abs. 1 Nr. 1, Abs. 2 UrhG). Bei Werken der Literatur können neben deren Handlungs- und Beziehungsgeflecht auch einzelne Charaktere selbstständigen Urheberrechtschutz genießen. Durch die detaillierte literarische Beschreibung einer handelnden Figur ist es dem Leser möglich, sich ein deutliches „Bild" von dieser zu machen. Der isolierte Schutz eines fiktiven Charakters setzt voraus, dass dieser durch die Kombination ausgeprägter Charaktereigenschaften und besonderer äußerer Merkmale eine **unverwechselbare Persönlichkeit** darstellt. Die bloße Beschreibung des Aussehens genügt diesen Anforderungen nicht. Die Figur „*Pippi Langstrumpf*" wurde in zahlreichen Erzählungen ausgestaltet und weist durch ihr Äußeres, ihre Wesenszüge, Fähigkeiten und Lebensumstände charakteristische Merkmale auf, wodurch sie sich von anderen Figuren deutlich unterscheidet.[17] Auf-

---

14 BGHZ 155, 257, Rn. 22 = BGH NJW 2003, 2828, 2829 – „Sendeformat".
15 *Fechner*, Medienrecht, 5. Kapitel, Rn. 11 f.
16 Angelehnt an: BGH NJW 2014, 771 – „Pippi Langstrumpf-Kostüm"; siehe auch Fall 311, S. 238.
17 BGH NJW 2014, 771, 773 – Pippi Langstrumpf-Kostüm.

grund dieser Schöpfungshöhe handelt es sich bei der literarischen Figur „*Pippi Lang-strumpf*" um ein eigenständiges urheberrechtlich geschütztes Werk i. S. v. § 2 Abs. 1 Nr. 1, Abs. 2 UrhG.

Fall 187: Fremde Fotos auf eigener Website

Peter (P) bietet auf seiner Website von anderen Fotografen angefertigte Fotos auftrags-gemäß zur entgeltlichen Nutzung an. Er ist Inhaber der ausschließlichen Nutzungs-rechte an den Bildern. Gerhard (G) kopiert einige davon und verwendet diese, bei Nen-nung des Urhebers, auf seiner privaten Homepage. Er ist der Ansicht, Fotos wie diese könne jeder machen; sie seien nicht geschützt und dürften von jedermann kostenlos verwendet werden. Stimmen Sie G zu?

G ist zuzustimmen, wenn die Bilder nicht urheberrechtlich geschützt sind oder ihm ein Nutzungsrecht daran zusteht. Bei Fotos wird in urheberrechtlicher Hinsicht zwi-schen Lichtbildwerken und Lichtbildern unterschieden. Sie genießen Schutz als **Licht-bildwerke** (§ 2 Abs. 1 Nr. 5 UrhG i. V. m. § 2 Abs. 2 UrhG), wenn sie individuelle Werke in dem Sinne darstellen, dass sie das Ergebnis eigener geistiger Schöpfung ihres Urhe-bers sind. Als Gestaltungsmittel können dabei z. B. Format, Blickwinkel, Aufnahme-zeitpunkt, Beleuchtung, Farben oder Kontraste dienen. Fehlt es der Aufnahme an aus-reichender Schöpfungshöhe, spricht man von einem **Lichtbild** (§ 72 UrhG). Im Sach-verhalt erfahren wir keine Einzelheiten über die Bilder. Da es hier nicht um die Schutzdauer geht, die bei Lichtbildern 50 Jahre nach Erscheinen (§ 72 Abs. 3 UrhG), bei Lichtbildwerken dagegen 70 Jahre nach dem Tod des Urhebers (§ 64 UrhG) endet, kann die Frage der Werkqualität (§ 2 Abs. 1 Nr. 5, Abs. 2 UrhG) hier dahinstehen. Die Bilder sind jedenfalls nach § 72 Abs. 1 UrhG geschützt. Nach dieser Vorschrift werden Licht-bilder und Erzeugnisse, die ähnlich wie Lichtbilder hergestellt werden, in entsprechen-der Anwendung der für Lichtbildwerke geltenden Vorschriften des Urheberrechtsge-setzes geschützt. Die Fotos sind daher urheberrechtlich geschützt. P ist Inhaber der ausschließlichen Nutzungsrechte an den Fotografien (§ 31 Absatz 1, 3 UrhG). Er hat damit das alleinige Recht, die Bilder öffentlich zugänglich zu machen (§§ 15 Abs. 2 Nr. 2, 19a, 31 Abs. 1, 3 UrhG). Das gilt auch, wenn die Bilder schon im Internet verbrei-tet wurden. G ist bezüglich der Bilder dagegen nicht nutzungsberechtigt. Die Fotos dürfen weder von G noch von anderen kostenlos und ohne Zustimmung des Urhebers oder sonstigen Nutzungsberechtigten verwendet werden. G ist nicht zuzustimmen.

Fall 188: Schnitzel Wiener Art

Klaus (K) ist Eigentümer eines Restaurants und Koch. Er ist nicht damit einverstan-den, dass seine Gäste die von ihm servierten Speisen fotografieren. Aus diesem Grund hat er einen entsprechenden Aushang aufgehängt. Dieser ist für seine Gäste gut sicht-bar. Rainer (R) fotografiert dennoch sein „*Schnitzel Wiener Art*" und veröffentlicht das Foto in einem sozialen Netzwerk. Verletzt er damit Urheberrechte des K?

Eine Urheberrechtsverletzung durch R setzt voraus, dass es sich bei dem „Schnitzel" um ein urheberrechtlich geschütztes Werk handelt. Nach § 1 UrhG genießen Werke der Literatur, Wissenschaft und Kunst Urheberrechtsschutz. Bei Speisen kann es sich um Werke der Kochkunst handeln. Sie sind als Werke i. S. d. nicht abschließenden § 2 Abs. 1 UrhG geschützt, wenn die Voraussetzungen des § 2 Abs. 2 UrhG erfüllt sind. Danach sind Werke nur persönliche geistige Schöpfungen. D. h., das Werk muss auf einer **individuellen gestalterischen Leistung des Urhebers** beruhen und **sinnlich wahrnehmbar** sein. Die Leistung des Urhebers muss dabei eine gewisse **Schöpfungshöhe** aufweisen, in der seine **Individualität** zum Ausdruck kommt. Bei einem „*Schnitzel Wiener Art*" handelt es sich um ein einfaches, alltägliches Essen ohne eine die Persönlichkeit des Schöpfers widerspiegelnde, schöpferische Eigentümlichkeit. Es fehlt daher an der Individualität der Schöpfung und damit auch an der Gestaltungshöhe. Bei dem „Schnitzel" handelte es sich mithin nicht um ein urheberrechtlich geschütztes Werk. Die Erstellung und Veröffentlichung des Fotos ist urheberrechtlich zulässig. Allerdings ist K als Eigentümer des Restaurants aufgrund seines Hausrechts berechtigt, das Fotografieren in seinen Räumlichkeiten zu untersagen.[18] Das Abfotografieren des Schnitzels ist damit aufgrund des von K ausgesprochenen Verbots unzulässig, ein Verstoß gegen Urheberrechte des K liegt nicht vor.

Fall 189: Übersetzer Lorenzo

Lorenzo (L) übersetzt den Roman einer bekannten deutschen Schriftstellerin ins Italienische. Er fragt, ob ihm Urheberrechte zustehen und er sein Werk veröffentlichen darf?[19]

L stehen Urheberrechte zu, wenn er diese durch die Romanübersetzung erworben hat. Gemäß § 3 Satz 1 UrhG werden Übersetzungen von Werken, die persönliche geistige Schöpfungen des Bearbeiters darstellen, unbeschadet des Urheberrechts am bearbeiteten Werk **wie selbstständige Werke geschützt**. Das setzt voraus, dass es sich bei der Übersetzung des Romans ins Italienische um die **persönliche geistige Schöpfung** des L handelt. Die Übersetzung eines Romans in eine andere Sprache beschränkt sich nicht auf die mechanische Übertragung einzelner Wörter; sie erfordert auch, den Sinn und die Zwischentöne des Originals vollständig zu erfassen und wiederzugeben. Dies verlangt Einfühlungsvermögen sowie eine gute sprachliche Ausdrucksfähigkeit und bringt damit den individuellen Geist des Urhebers zum Ausdruck.[20] Das Urheberrecht schützt bei literarischen Schriftwerken (§ 2 Abs. 1 Nr. 1 UrhG) auch die sog. **„kleine Münze"**, bei der bereits ein geringer Grad an individuellem Schaffen und eine niedri-

---

18 Das Hausrecht ergibt sich aus §§ 903 Satz 1, 1004 Abs. 1 BGB. Der (Grundstücks-)Eigentümer kann entscheiden, wer das Grundstück betreten darf und zu welchen Bedingungen dies geschehen soll (BGH ZUM 2013, 571, 572 – „Preußische Gärten und Parkanlagen II").
19 Angelehnt an: BGH NJW 2000, 140 – „Comic-Übersetzungen II".
20 BGH NJW 2000, 140, 141 – „Comic-Übersetzungen II", OLG Zweibrücken GRUR 1997, 363.

gere Gestaltungshöhe als ausreichend angesehen wird. Bei der Übersetzung des Romans handelt es sich damit um die persönliche geistige Schöpfung des L (§ 2 Abs. 2 UrhG). Seine Romanübersetzung wird daher gemäß § 3 Satz 1 UrhG wie ein selbstständiges Werk urheberrechtlich geschützt. Gemäß § 23 Satz 1 UrhG dürfen Bearbeitungen oder andere Umgestaltungen eines Werks nur mit Einwilligung des Urhebers des bearbeiteten oder umgestalteten Werks veröffentlicht oder verwertet werden. L darf sein Werk daher nur veröffentlichen, wenn die Romanschriftstellerin ihm hierzu die nach § 23 Satz 1 UrhG erforderliche Einwilligung erteilt.

Mit **„kleine Münze"** sind geringere eigenpersönliche Leistungen gemeint, d. h. einfache, aber grade noch urheberrechtlich geschützte geistige Schöpfungen.[21] Sie bildet die Untergrenze des urheberrechtlich Geschützten.[22]

Fall 190: Der vergessene Copyright-Vermerk
Lars (L) verfasst und veröffentlicht eine Kurzgeschichte. Seine Frau entdeckt, dass er den Copyright-Vermerk © vergessen hat. L fragt, ob sein Werk dennoch urheberrechtlich geschützt ist.

L hat eine Kurzgeschichte verfasst. Eine Kurzgeschichte ist ein Schriftwerk und somit ein Sprachwerk i. S. v. § 2 Abs. 1 Nr. 1, Abs. 2 UrhG. Als Autor ist L Schöpfer des Werks und damit dessen Urheber (§ 7 UrhG). Der Urheberschutz beginnt automatisch mit der **Werkschöpfung**. Der Copyright-Vermerk © stammt aus dem anglo-amerikanischen Rechtsraum. Er wird auch in Deutschland häufig verwendet, begründet hier aber keinen Urheberrechtsschutz. Aus diesem Grund kann der Copyright-Vermerk © lediglich als Hinweis auf die Urheberschaft dienen. Er ist also nicht erforderlich. Die Kurzgeschichte von L ist auch ohne den Copyright-Vermerk urheberrechtlich geschützt.

2. Urheberpersönlichkeitsrecht

Fall 191: Dieter macht Musik
Dieter (D) möchte berühmt werden, weshalb er Demo-Tapes aufnimmt. Da er diese noch nicht für perfekt hält, verschwinden sie in der Schublade. Seine Frau Isabella (I) hält die neueste Aufnahme für hitverdächtig und veröffentlicht diese ohne sein Wissen auf ihrer Website. Welches Urheberpersönlichkeitsrecht des D hat sie damit verletzt?[23]

I könnte das in § 12 Abs. 1 UrhG geregelte **Erstveröffentlichungsrecht** verletzt haben. Gemäß § 12 Abs. 1 UrhG hat der Urheber das Recht zu bestimmen, ob und wie sein Werk zu veröffentlichen ist. Ein Werk ist veröffentlicht, sobald es mit Zustimmung des Berechtigten der Öffentlichkeit zugänglich gemacht worden ist (§ 6 Abs. 1 UrhG). I

---

21 BGH GRUR 1981, 267, 268 – „Dirlada".
22 *Bisges* GRUR 2015, 540.
23 Hierzu auch: *Fechner*, Medienrecht, 5. Kapitel, Rn. 76 f.

stellt das von D erstellte Musikwerk (§ 2 Abs. 1 Nr. 2, Abs. 2 UrhG) ohne sein Wissen auf ihrer Website zum Abruf bereit und macht es damit einer breiten Öffentlichkeit zugänglich. D hat nicht mehr die Möglichkeit, über den Zeitpunkt und die Umstände einer Veröffentlichung seines Werks zu bestimmen. Indem I den Inhalt des Demo-Tapes ohne Einwilligung des D auf ihrer Website veröffentlicht, verletzt sie das ihm gemäß § 12 Abs. 1 UrhG zustehende Erstveröffentlichungsrecht.

Ein Werk ist veröffentlicht, wenn es mit Zustimmung des Berechtigten der Öffentlichkeit zugänglich gemacht worden ist (§ 6 Abs. 1 UrhG). Nach dem sog. **Erstveröffentlichungsrecht** entscheidet der Urheber über das „Ob", „Wann", „Wo" und „Wie" der Veröffentlichung seines Werks (§ 12 Abs. 1 UrhG).

Fall 192: Ghostwriter Robert
Ghostwriter Robert (R) vereinbart mit dem bekannten Politiker Adam (A), für diesen eine Autobiographie zu schreiben. Hat R damit auf sein Urheberrecht verzichtet?

Als Verfasser der Autobiografie ist R Urheber (§ 7 UrhG) eines Sprachwerks i. S. v. § 2 Abs. 1 Nr. 1, Abs. 2 UrhG. Die Urheberschaft kann nicht durch Abschluss einer Ghostwriter-Vereinbarung ausgeschlossen werden. Ein Verzicht auf das Urheberrecht ist nicht möglich.[24] Es ist gemäß § 29 Abs. 1 UrhG auch **nicht übertragbar**. Nach § 13 Satz 1 UrhG hat der Urheber das Recht auf Anerkennung seiner Urheberschaft am Werk. Er kann bestimmen, ob sein Werk mit einer Urheberbezeichnung zu versehen ist und welche Bezeichnung zu verwenden ist (§ 13 Satz 2 UrhG). Durch die vertragliche Ghostwriter-Vereinbarung hat sich R zum Verschweigen seiner eigenen Urheberschaft verpflichtet und A die Möglichkeit eingeräumt, das Werk öffentlich als eigenes zu präsentieren. R hat nicht auf sein Urheberrecht verzichtet, sondern lediglich zugestimmt, seine Urheberschaft nicht offenzulegen.

Verwertungsgesellschaften sind Bindeglieder zwischen Urhebern und Werknutzern. Da es dem Urheber nicht möglich ist, seine wirtschaftlichen Interessen selbst durchzusetzen, nehmen sie die Rechte des Urhebers treuhänderisch wahr. Beispiele: GEMA (Gesellschaft für musikalische Aufführungs- und mechanische Vervielfältigungsrechte), VG Wort, VG Bild-Kunst.[25]

Fall 193: Titelsong
Liedermacher Nicolai (N) komponiert, dichtet und spielt ein gesellschaftskritisches Musikstück. Die Nutzungsrechte an seinem Werk räumt er im Wege eines Berechtigungsvertrags der GEMA ein, die dem Fernsehsender F das Nutzungsrecht überträgt.

---

24 Hierzu: *Fechner*, Medienrecht, 5. Kapitel, Rn. 15; gemäß § 8 Abs. 4 UrhG kann ein Miturheber auf seinen Anteil an den Verwertungsrechten zugunsten der anderen Miturheber verzichten.
25 *Fechner*, Medienrecht, 5. Kapitel, Rn. 72 ff.

F nutzt nur den Refrain als Titelsong einer Serie, wodurch der gesellschaftskritische Charakter des Titels verloren geht. Die Serie weist einen „anrüchigen Kontext" auf. N fühlt sich durch die Verwendung des Refrains in seinem Urheberpersönlichkeitsrecht aus § 14 UrhG verletzt.[26]

§ 14 UrhG ermöglicht N, eine Entstellung oder andere Beeinträchtigung seines Werks zu verbieten, die geeignet ist, seine berechtigten geistigen oder persönlichen Interessen daran zu gefährden. Aufgrund des Urheberpersönlichkeitsrechts hat N als Urheber Anspruch auf die unverfälschte Darstellung seines Songs. Das **Entstellungs- und Beeinträchtigungsverbot** richtet sich daher gegen jede Verfälschung der Wesenszüge eines Werks. Eine Beeinträchtigung kann auch vorliegen, wenn ein Werk in einen anderen beeinträchtigenden Zusammenhang gestellt wird, auch wenn seine Substanz nicht tangiert wird. Das Musikwerk des N wird durch die Verwendung als Titelsong untrennbar mit der Serie und deren Protagonisten verbunden, weshalb ein negativer Imagetransfer nicht ausgeschlossen werden kann. Der Song wird in seiner Wirkung geschmälert und bekommt aufgrund des Umfelds einen anderen Sinngehalt. Hinzu kommt, dass nur der Refrain verwendet wird, wodurch der tiefere Sinn des gesamten Titels verloren geht. Durch die Verwendung des Refrains als Titelsong hat F diesen in einen beeinträchtigenden Zusammenhang gestellt. Die Beeinträchtigung ist auch geeignet, die berechtigten geistigen und persönlichen Urheberinteressen an dem Werk zu gefährden. Hierfür reicht es schon aus, wenn die theoretische Möglichkeit der Verletzung von Urheberinteressen besteht.

An einer Rechtsverletzung fehlt es jedoch, wenn F aufgrund des mit der GEMA abgeschlossenen Vertrags zur Nutzung berechtigt ist. Die GEMA kann jedoch nur **Nutzungsrechte** übertragen, die ihr selbst eingeräumt wurden. Die GEMA und damit auch F haben nur das Recht erworben, das Musikwerk vollständig und unverändert zu nutzen. Eine Abweichung von der konkreten Formgestaltung des geschützten Werks kann nur der Urheber genehmigen. Durch die Verwendung des Refrains als Titelsong der Serie hat F das Urheberpersönlichkeitsrecht von N verletzt.

Fall 194: Wahlkampf in Thüringen

Während des Landtagswahlkampfs in Thüringen finden regelmäßig Wahlkampfveranstaltungen der umstrittenen P-Partei statt. Im Rahmen dieser Veranstaltungen werden Stücke der Musikgruppe MX abgespielt. P hat mit der GEMA einen Wahrnehmungsvertrag geschlossen, die Wiedergabe der Lieder ist ordnungsgemäß angemeldet. Bandmitglied und Miturheber der Stücke Uli (U) teilt die politischen Absichten der P ebensowenig, wie die anderen Bandmitglieder. Alle haben sich bereits öffentlich gegen

---

26 Angelehnt an: LG Hamburg GRUR-RR 2015, 140 – „Forever Young".

die Ziele der P ausgesprochen. U meint, die Verwendung der Stücke verletze sein Urheberpersönlichkeitsrecht.[27]

U ist als Miturheber gemäß § 8 Abs. 2 Satz 3 UrhG berechtigt, Ansprüche aus Verletzungen des gemeinsamen Urheberrechts der MX geltend zu machen. An dem urheberrechtlichen Schutz der Musikwerke der MX bestehen keine Zweifel. Als Miturheber hat U gemäß § 14 UrhG das Recht, eine Entstellung oder **andere Beeinträchtigung** seines Werks zu verbieten, die geeignet ist, seine berechtigten geistigen oder persönlichen Interessen am Werk zu gefährden. Die Musikstücke werden durch P im Rahmen der laufenden Wahlkampfveranstaltung abgespielt. Dies stellt eine mittelbare Beeinträchtigung i. S. d. § 14 UrhG dar. Für die Frage, ob diese Beeinträchtigung geeignet ist, seine berechtigten geistigen oder persönlichen Interessen am Werk zu gefährden, ist erforderlich, aber auch ausreichend, wenn nicht ausgeschlossen werden kann, ein unvoreingenommener Durchschnittsbeobachter könne aufgrund der Wiedergabe des Stücks bei der Wahlkampfveranstaltung der P annehmen, U wirke als Mitglied von MX im Wahlkampf der P mit oder stehe deren politischen Überzeugungen nahe. Es kann nicht ausgeschlossen werden, dass das Publikum eine Verbindung zwischen P und U herstellt. P ist nicht darauf angewiesen, bei ihrer Veranstaltung Werke der MX abzuspielen, sie kann auch auf gemeinfreie Werke zurückgreifen. Zudem ist es ihr zuzumuten, das Einverständnis des Urhebers einzuholen. Die Intensität des Eingriffs ist auch nicht unerheblich. In Zusammenhang mit der umstrittenen P gebracht zu werden, kann auch wirtschaftliche Nachteile für MX zur Folge haben. Indem P die Stücke bei ihrer Wahlkampfveranstaltung abspielt, beeinträchtigt sie das Musikwerk. Sie verletzt U in seinem Urheberpersönlichkeitsrecht aus § 14 UrhG.

Die **Entstellung** ist ein besonders schwerwiegender Fall der **Beeinträchtigung**, die die Wesenszüge des Werkes in gravierender Weise verzerrt oder verfälscht. Eine **Beeinträchtigung** kann auch vorliegen, wenn das Werk ohne Substanzveränderung in einen neuen Zusammenhang gestellt wird.[28]

3. Verwertungsrechte

Vervielfältigung i. S. d. § 16 UrhG ist jede körperliche Festlegung eines Werks, die geeignet ist, dieses den menschlichen Sinnen auf irgendeine Art mittelbar oder unmittelbar wahrnehmbar zu machen.[29]

---

27 Angelehnt an: OLG Jena ZUM 2017, 166 – „Wahlkampfmusik"; BGH, Beschluss v. 11.5.2017, I ZR 147/16, BeckRS 2017, 126758.
28 OLG Hamm ZUM-RD 2011, 343, 346.
29 BT-Drs. IV/ 270, 47.

Fall 195: Computerprogramme

Die A-AG produziert und vertreibt das Online-Rollenspiel R. Um das Spiel spielen zu können, müssen die Spieler ein Computerprogramm auf der Festplatte ihres Computers installieren. Chiara (C) ist der Auffassung, schon dies sei eine Vervielfältigung i.S.d. Urheberrechtsgesetzes. Stimmen Sie ihr zu?[30]

Eine Vervielfältigung i.S.d. § 16 Abs. 1 UrhG ist jede körperliche Festlegung eines Werks, die geeignet ist, dieses den menschlichen Sinnen auf irgendeine Art wahrnehmbar zu machen. Das Computerprogramm ist ein urheberrechtlich geschütztes Werk i.S.d. §§ 69a Abs. 3, 2 Abs. 1 Nr. 1 UrhG. Spieler des Rollenspiels speichern das Programm nicht nur vorübergehend[31] auf der Festplatte ihres Computers. Damit wird das Programm körperlich festgelegt und über den Computer wahrnehmbar gemacht. Indem die Spieler das Programm vervielfältigen, greifen sie in das nach §§ 69c Nr. 1, 15 Abs. 1 Nr. 1, 16 Abs. 1 UrhG ausschließlich der A-AG zustehende Vervielfältigungsrecht ein.[32] C ist also zuzustimmen.

Fall 196: Katzenvideos

Veronica (V) filmt regelmäßig ihre Katze und veröffentlicht die Videos auf der Videoplattform N. Liam (L) verweist auf seiner Website mittels Hyperlink auf ihr kürzlich veröffentlichtes Video. Wird der Film durch die Verlinkung i.S.d. UrhG verbreitet oder vervielfältigt?

Das Vervielfältigungsrecht i.S.d. § 16 UrhG ist das Recht, körperliche Vervielfältigungsstücke eines Werks herzustellen. Durch das Setzen eines Hyperlinks wird eine elektronische Verknüpfung zu einer in das Internet eingestellten Datei geschaffen. Es handelt sich lediglich um einen Verweis;[33] eine körperliche Festlegung, wie z.B. bei einem Kopiervorgang, findet nicht statt. Die Verlinkung ist auch keine Verbreitungshandlung, da sich § 17 Abs. 1 UrhG nur auf die **Verbreitung körperlicher Werkstücke** bezieht. Das Katzenvideo wird durch die Linksetzung damit weder verbreitet noch vervielfältigt.

Fall 197: Framing

Torsten (T) veröffentlicht auf seiner Unternehmenshomepage sowie in einem Videoportal einen Film (Filmwerk i.S.d. § 2 Abs. 1 Nr. 6 UrhG) über Windenergie. Hansi (H) ermöglicht den Besuchern seiner Website, den Film durch Klicken auf einen Link im Wege des sog. „Framing" anzusehen. Bei einem Klick auf den Link wird der Film in einem Rahmen *(„Frame")* abgespielt. So wird der Eindruck erweckt, der Film werde

---

30 Angelehnt an: BGH GRUR 2017, 266 – „World of Warcraft I".
31 Vorübergehende Vervielfältigungshandlungen sind nach § 44a UrhG zulässig.
32 Der Eingriff kann z.B. aufgrund eines vertraglich eingeräumten Nutzungsrechts zulässig sein.
33 BGHZ 156, 1, Rn. 47 = BGH GRUR 2008, 958, 961 – „Paperboy" – E 86.

von der Website des H aus gezeigt. Wird dadurch ein Verwertungsrecht des T verletzt?[34]

Als Urheber hat T gemäß § 15 Abs. 2 UrhG das ausschließliche Recht, sein Werk in unkörperlicher Form öffentlich wiederzugeben, was das Recht beinhaltet, es gemäß § 19a UrhG öffentlich zugänglich zu machen. Das Recht der öffentlichen Zugänglichmachung ist das Recht, das Werk so wiederzugeben, dass es Mitgliedern der Öffentlichkeit an Orten und zu Zeiten ihrer Wahl zugänglich ist. H stellt den Film nicht selbst öffentlich zum Abruf bereit und übermittelt ihn auch nicht. Nicht er, sondern T entscheidet, ob der Film öffentlich zugänglich bleibt. Wird die Website mit dem geschützten Werk nach dem Setzen des Hyperlinks gelöscht, geht dieser ins Leere. Es findet auch **keine Wiedergabe an ein neues Publikum** statt.[35] Der Film ist schon vor der Verlinkung für sämtliche Internetnutzer frei zugänglich. Einem Nutzer, der die Adresse der Website nicht kennt, wird der Zugang zu dem Werk durch den Hyperlink zwar erst ermöglicht; dies ist aber auch bei einem Hinweis auf ein Druckwerk oder eine Website in der Fußnote einer Veröffentlichung nicht anders. Durch die Verlinkung wird lediglich auf eine bereits öffentlich zugängliche Website verwiesen. Den Nutzern wird also nur der vorher eröffnete Zugang erleichtert. Das „*Framing*" verletzt damit auch nicht das Recht auf öffentliche Zugänglichmachung. Durch die Verlinkung werden folglich keine urheberrechtlichen Verwertungsrechte verletzt.

Das **Verbreitungsrecht i. S. d. § 17 UrhG** bezieht sich auf die Weitergabe des Werks in körperlicher Form.[36]

Fall 198: Schallplatten

Händler Herbert (H) überlegt, in seinem kleinen Laden gebrauchte Schallplatten anzubieten. Er hat jedoch gehört, dass das ausschließliche Verbreitungsrecht den Urhebern zusteht und fürchtet, die Tonträgerhersteller könnten rechtlich gegen ihn vorgehen.

Nach § 85 UrhG hat der Tonträgerhersteller das ausschließliche Recht, sein Werk zu verbreiten. Das Verbreitungsrecht ist das Recht, ein Werk öffentlich anzubieten oder in Verkehr zu bringen (§ 17 Abs. 1 UrhG). Eine **Weiterverbreitung** ist jedoch zulässig, wenn die Erstverbreitung mit Zustimmung des Berechtigten im Wege der Veräuße-

---

34 Angelehnt an: BGH GRUR 2013, 818 – „Die Realität" (Vorlagebeschluss); EuGH NJW 2015, 148; BGH GRUR 2016, 171 – „Die Realität II" – E 84.
35 Sofern das Video ohne Erlaubnis des Rechtsinhabers zum Abruf bereitgestellt wird, geht der BGH davon aus, das Werk werde für ein neues Publikum, an das der Urheberrechtsinhaber nicht dachte, wiedergegeben. In diesem Fall sei ein **unbenanntes Recht der öffentlichen Wiedergabe** (§ 15 Abs. 2 UrhG) verletzt (BGH GRUR 2016, 171, 172; OLG München GRUR-RR 2016, 495 ff. – „Die Realität III"). Der EuGH verneint die „öffentliche Wiedergabe" i. S. d. Art. 3 I RL 2001/29/ EG, wenn der Linksetzende ohne Gewinnerzielungsabsicht handelt und die Rechtswidrigkeit der Veröffentlichung weder kannte noch kennen musste (EuGH NJW 2016, 3149, 3152).
36 OLG Hamm NJW 2014, 3659, 3664 – „Hörbuch-AGB".

rung erfolgt ist.[37] Mit der erstmaligen Verbreitung hat der Urheber das ihm zustehende Recht genutzt und damit verbraucht (**„Erschöpfungsgrundsatz"**, § 17 Abs. 2 UrhG). Nachdem die Schallplatten in Verkehr gebracht wurden, ist der Inhaber der ausschließlichen Nutzungsrechte diesbezüglich nicht mehr schutzbedürftig. H verstößt mit dem Verkauf von Schallplatten nicht gegen Urheberrechte.

Fall 199: Hörbücher zum Download

Herbert (H) möchte nunmehr über sein Internetangebot Hörbücher zum Download anbieten und ist der Meinung, dies sei mit dem Verkauf von CDs vergleichbar und daher aufgrund des Erschöpfungsgrundsatzes zulässig.[38]

Nach § 85 UrhG hat der Tonträgerhersteller das ausschließliche Recht, sein Werk zu verbreiten. Das **Verbreitungsrecht** ist das Recht, ein Werk oder dessen Vervielfältigungsstück öffentlich anzubieten oder in Verkehr zu bringen (§ 17 Abs. 1 UrhG). Das Verbreitungsrecht zählt nach § 15 Abs. 1 UrhG zu den **körperlichen Verwertungsrechten**. Unkörperliche Verwertungen fallen damit nicht unter § 17 UrhG. Das Bereithalten der Hörbücher zum Download ist eine unkörperliche Verwertung und somit kein Verbreiten, sondern eine öffentliche Zugänglichmachung i. S. d. §§ 15 Abs. 2, 19a UrhG. Der Erschöpfungsgrundsatz des § 17 Abs. 2 UrhG ist auf § 19a UrhG nicht anwendbar.[39]

Fall 200: Verleihen von CDs

Herbert (H) überlegt sich nun, einen „CD-Verleih" einzurichten. Dabei möchte er Kunden die CDs für einige Tage gegen Entgelt zur freien Verfügung überlassen. Ist dies aufgrund des Erschöpfungsgrundsatzes zulässig?

Bei dem „Verleihen" könnte es sich um eine unzulässige Vermietung handeln. **Vermietung** ist die Erwerbszwecken dienende, zeitlich begrenzte Gebrauchsüberlassung (§ 17 Abs. 3 Satz 1 UrhG). H möchte seinen Kunden die CDs für einige Tage zur entgeltlichen Nutzung überlassen und verfolgt damit Erwerbszwecke. Bei dem „Verleih" der CDs handelt es sich damit rechtlich um eine „Vermietung". Diese ist ohne Zustimmung des Inhabers der Verwertungsrechte unzulässig.

Öffentliche Zugänglichmachung ist das Recht, das Werk drahtgebunden oder drahtlos in einer Weise zugänglich zu machen, dass es Mitgliedern der Öffentlichkeit an Orten und zu Zeiten ihrer Wahl zugänglich ist (§ 19a UrhG). Bei Online-Angeboten, die nur von einer begrenzten Personenzahl wahrgenommen werden können (z. B. Intranet) ist zu beachten, dass weder Anbieter und Nutzer noch die Nutzer untereinander durch persönliche Beziehungen miteinander verbunden sein dürfen (vgl.: § 15 Abs. 3 UrhG).

---

37 BGH NJW-RR 1986, 1183 – „Schallplattenvermietung".
38 Angelehnt an: OLG Hamm NJW 2014, 3659 – „Hörbuch-AGB".
39 OLG Hamm NJW 2014, 3659, 3663 – „Hörbuch-AGB".

Fall 201: Tauschbörse

Claus (C) stellt über einen Online-Filesharing-Dienst 15 Musikdateien zum Download bereit. Tonträgerhersteller Urs (U) fühlt sich dadurch in seinen Verwertungsrechten verletzt. C gibt an, zur fraglichen Zeit nicht zu Hause gewesen zu sein, sein PC sei allerdings immer online. Zudem würden über Filesharing-Programme nur Dateifragmente ausgetauscht. Hat er die Dateien öffentlich zugänglich gemacht?[40]

Nach § 85 Abs. 1 Satz 1 UrhG hat der Tonträgerhersteller und damit U das ausschließliche Recht, den Tonträger öffentlich zugänglich zu machen (§ 19a UrhG). U ist Inhaber der Tonträgerrechte. Schutzgegenstand des § 85 Abs. 1 Satz 1 UrhG ist nicht der Tonträger, sondern die zur Festlegung der Tonfolge auf dem Tonträger erforderliche **organisatorische, wirtschaftliche und technische Leistung des Tonträgerherstellers**.[41] Da dieser die unternehmerische Leistung für den gesamten Tonträger erbringt, greift selbst die Entnahme kleiner Teile in das Leistungsschutzrecht ein. Das Recht der öffentlichen Zugänglichmachung beinhaltet die Verfügbarmachung über Internet-Tauschbörsen, das Hochladen der Datei ist nicht erforderlich.[42] Ausreichend ist, dass Dritten der Zugriff ermöglicht wird, während sich die Datei in der Sphäre des Anbietenden befindet. Die Dateien standen bei eingeschaltetem und mit dem Internet verbundenem PC auch bei Abwesenheit des C zum Download bereit. C hat die 15 Musiktitel öffentlich zugänglich gemacht (§ 19a UrhG) und damit das Leistungsschutzrecht des U aus § 85 Abs. 1 Satz 1 UrhG verletzt.

4. Nutzungsrechte

Einfache Nutzungsrechte (§ 31 Abs. 2 UrhG) berechtigen den Inhaber, das Werk in der vertraglich festgelegten Art zu nutzen (Lizenzen).

Das **ausschließliche Nutzungsrecht** (§ 31 Abs. 3 UrhG) beinhaltet das alleinige Nutzungsrecht an dem Werk (exklusive Lizenz, Exklusivrecht). Es berechtigt zur Vergabe einfacher Nutzungsrechte.

Fall 202: Bewerbungsfotos

Iris (I) lässt in einem Fotostudio Bewerbungsfotos erstellen. Die Fotos werden nicht vom Inhaber Josef (J), sondern von der Auszubildenden Andrea (A) angefertigt. I wählt die Möglichkeit, die Bilder auf einer Foto-CD mitzunehmen, da sie die Veröffentlichung eines Fotos auf ihrer Homepage beabsichtigt. Über dieses Vorhaben klärt sie die Mitarbeiter des Fotostudios nicht auf. Darf sie das Foto (Lichtbild i. S. d. § 72 UrhG) für ihre Homepage nutzen?[43]

---

40 Angelehnt an: BGH NJW 2016, 942 – „Tauschbörse I".
41 BGH NJW 2009, 770, 771 – „Metall auf Metall".
42 BGH NJW 2016, 942, 945 – „Tauschbörse I".
43 Angelehnt an: LG Köln ZUM 2008, 76.

Indem A das Foto herstellt, ist sie dessen Urheberin (§ 7 UrhG). Aufgrund der Unübertragbarkeit von Urheberrechten kann ihr Arbeitgeber J Rechte an ihrem Arbeitsergebnis nur durch die **Einräumung von Nutzungsrechten** (§§ 31 ff. UrhG) erlangen. Gemäß § 43 UrhG sind §§ 31 ff. UrhG auch anzuwenden, wenn der Urheber das Werk in Erfüllung seiner arbeitsvertraglichen Verpflichtung geschaffen hat, soweit sich aus dem Inhalt oder Wesen des Arbeitsverhältnisses nichts anderes ergibt. Sofern der Arbeitsvertrag keine ausdrückliche Einräumung von Nutzungsrechten vorsieht, ist von einer konkludenten Einräumung auszugehen. Danach sind dem Arbeitgeber die Nutzungsrechte insoweit eingeräumt, wie dieser sie für seine betrieblichen Zwecke benötigt. A erstellt das Foto in Erfüllung ihres Arbeitsvertrags. Bei einem Fotostudio ist davon auszugehen, dass der Inhaber das ausschließliche Nutzungsrecht an den erstellten Fotos erwirbt, was ihm ermöglicht, seinen Kunden Nutzungsrechte einzuräumen (§ 31 Abs. 3 UrhG). Der Umfang des dem Kunden eingeräumten Nutzungsrechts richtet sich nach der getroffenen Vereinbarung. Bei Fehlen einer anderweitigen Vereinbarung dürfen Fotografenfotos für den Zweck genutzt werden, für den sie bestellt wurden. Bewerbungsfotos dürfen damit für klassische Bewerbungsmappen sowie Online-Bewerbungen verwendet werden. Die Wahl der Foto-CD konnte aus Sicht eines objektiven Erklärungsempfängers (§§ 133, 157 BGB) nur so verstanden werden, dass die Bilder auch für Online-Bewerbungen genutzt werden sollen. Durch die Verwendung für die eigene Website wird das Foto nicht nur einzelnen potentiellen Arbeitgebern, sondern der Allgemeinheit zugänglich gemacht (§ 19a UrhG). Ein derartiges Nutzungsrecht wird I nicht eingeräumt. Nach der **Zweckübertragungslehre** überträgt der Urheber, bzw. ausschließlich Nutzungsberechtigte im Zweifel keine weiteren Nutzungsrechte, als es der Zweck des Vertrags erfordert. Hier ist davon auszugehen, dass das Recht zur öffentlichen Zugänglichmachung im Zweifel bei J verblieben ist.

Ein Nutzungsrecht könnte sich aus § 60 UrhG ergeben. § 60 Abs. 1 UrhG räumt dem Besteller eines Bildnisses oder dem Abgebildeten das Recht der Vervielfältigung und unentgeltlichen Verbreitung ein. Diese Vorschrift dient dem Interesse des Bestellers, die entstandene bildliche Darstellung selbst vervielfältigen und unentgeltlich an einzelne Dritte weitergeben zu können. § 60 UrhG berechtigt dagegen nicht zur öffentlichen Zugänglichmachung eines Fotos. Da ihr hierfür kein Nutzungsrecht zusteht, ist es I nicht gestattet, das Foto auf ihrer Homepage zu veröffentlichen.

Nach der **Zweckübertragungslehre** überträgt der Urheber im Zweifel keine weiteren Nutzungsrechte, als es der Zweck des Vertrags erfordert (z.B. § 31 Abs. 5 UrhG).[44]

---

44 BGH GRUR 1984, 119, 121 – „Synchronisationssprecher"; BGHZ 131, 8, 11 – „Pauschale Rechtseinräumung".

Fall 203: Nutzung eines Fotos

Hobbyfotografin Jill (J) gibt ihre Fotos unter den Bedingungen einer sog. *„Creative-Commons-Lizenz"* zur Verwendung frei. Laut den Lizenzbedingungen ist bei einer Nutzung der Urheber zu benennen und eine Kopie des Lizenztexts beizufügen oder die vollständige Internetadresse zu nennen. Martin (M) veröffentlicht eines der Fotos ohne diese Angaben auf seiner Internetseite. J begehrt Unterlassung.[45]

J könnte gegen M einen Anspruch auf Unterlassung der öffentlichen Zugänglichmachung des Fotos aus §§ 97 Abs. 1 i. V. m. § 19a UrhG haben. Das Foto genießt als Lichtbildwerk (§ 2 Abs. 1 Nr. 5 UrhG) oder als Lichtbild (§ 72 UrhG) Urheberrechtsschutz. Es wurde von M öffentlich zugänglich gemacht (§§ 15 Abs. 2 Satz 2 Nr. 2, 19a UrhG). J veröffentlicht das Foto unter einer Creative-Commons-Lizenz. Bei **Creative-Commons-Lizenzen** handelt es sich um Allgemeine Geschäftsbedingungen (AGB), die für eine Vielzahl von Rechteeinräumungen vorformuliert sind. J macht die Beachtung der Lizenzbedingungen zur Voraussetzung für die Nutzung ihrer Bilder. Durch Annahme des Lizenzvertrags wird M ein einfaches Nutzungsrecht an dem von ihm gewählten Foto eingeräumt (§ 31 Abs. 1, 2 UrhG). Er stellt das Bild unter Verletzung der Lizenzbedingungen auf seine Website. Diese Verwendung ist nicht von einer Genehmigung durch J gedeckt und damit widerrechtlich. Durch die Verletzung des Lizenzvertrags hat M sein Nutzungsrecht an dem Foto verloren (*sog. „Heimfall der Rechte"*).[46] Die für den Unterlassungsanspruch erforderliche Wiederholungsgefahr ergibt sich aus dem Verletzungsgeschehen; sie kann nur durch Abgabe einer strafbewehrten Unterlassungserklärung ausgeräumt werden. J hat gegen M einen Anspruch auf Unterlassung der öffentlichen Zugänglichmachung ihres Fotos aus §§ 97 Abs. 1 UrhG i. V. m. § 19a UrhG.

5. Beschränkungen des Urheberrechts

a) Zeitliche Beschränkung des Urheberrechts

Gemeinfrei sind Werke, die nicht oder nicht mehr urheberrechtlich geschützt sind und daher von jedermann verwendet werden dürfen.

Fall 204: Kunst auf Tassen

Arno (A) möchte Tassen mit Bildern des Künstlers Paul Klee *(18. Dezember 1879–29. Juni 1940)* bedrucken. Ist das zulässig?

Bei den Gemälden von Paul Klee handelt es sich um Werke der bildenden Künste, die gemäß § 2 Abs. 1 Nr. 4, Abs. 2 UrhG urheberrechtlich geschützt sind. Bei dem Abdruck werden die Bilder vervielfältigt (§ 16 UrhG), was gemäß § 15 Abs. 1 Nr. 1 UrhG dem

---

45 Angelehnt an: LG Berlin MMR 2011, 763.
46 Siehe auch: *Fechner*, Medienrecht, 5. Kapitel, Rn. 16.

Urheber vorbehalten ist. Der genehmigungsfreie Abdruck ist erst nach Ablauf der urheberrechtlichen Schutzfrist zulässig. Nach **Ablauf der Schutzfrist** wird ein Werk **gemeinfrei** und darf von jedermann vervielfältigt oder verbreitet werden, ohne dass zuvor die Zustimmung des Urhebers eingeholt werden müsste. Gemäß § 64 UrhG erlischt das Urheberrecht 70 Jahre nach dem Tode des Urhebers. Die Frist beginnt mit dem Ablauf des Kalenderjahres, in dem das für den Beginn der Frist maßgebende Ereignis eingetreten ist (§ 69 UrhG). Paul Klee verstarb am 29. Juni 1940. Fristbeginn war damit am 31.12.1940. Das Urheberrecht an Werken von Paul Klee ist nach 70 Jahren, also am 31.12.2010 erloschen. Die Werke von Paul Klee sind somit gemeinfrei. Der Nutzung stehen keine Urheberrechte entgegen. Der Abdruck der Bilder auf Tassen ist zulässig.

b) Inhaltliche Beschränkung des Urheberrechts

Schrankenregelungen (§§ 44a ff. UrhG) begrenzen das Urheberrecht, d. h. es sind Ausnahmeregelungen, bei deren Vorliegen, die Verwertung des Werks ohne Zustimmung des Urhebers bzw. Rechtsinhabers erfolgen kann. Solange die Nutzung den Rahmen einer Schrankenregelung nicht überschreitet, stellt sie keine Urheberrechtsverletzung dar.

aa) Berichterstattung über Tagesereignisse

Tagesereignis ist jedes aktuelle Geschehen, das für die Öffentlichkeit von Interesse ist, wobei das Geschehen so lange aktuell ist, wie ein Bericht darüber von der Öffentlichkeit noch als Gegenwartsberichterstattung empfunden wird.[47]

Fall 205: Picasso-Ausstellung

Ein Gemälde des Künstlers Pablo Picasso *(25. Oktober 1881–8. April 1973)* wird anlässlich einer bevorstehenden Ausstellungseröffnung in der Tageszeitung T abgedruckt. Die mit der Wahrnehmung der Rechte am künstlerischen Nachlass des Künstlers betraute Verwertungsgesellschaft (V) ist mit dem Abdruck nicht einverstanden. Ist die Vervielfältigung des Kunstwerks zulässig?[48]

Bei dem Gemälde handelt es sich um ein Werk der bildenden Künste (§ 2 Abs. 1 Nr. 4, Abs. 2 UrhG). Das Gemälde Picassos wird in einer Tageszeitung abgedruckt, was einen Eingriff in das Vervielfältigungsrecht der ausschließlich nutzungsberechtigten V darstellt (§§ 15 Abs. 1 Nr. 1, 16 Abs. 1, 31 Abs. 1, 3 UrhG). Der Eingriff kann jedoch aufgrund der Schrankenregelung des § 50 UrhG zulässig sein. § 50 UrhG privilegiert Ver-

---

47 BGH GRUR 2011, 415 – „Kunstausstellung im Online-Archiv".
48 Angelehnt an: BGH NJW 1983, 1199 – „Presseberichterstattung und Kunstwerkwiedergabe II".

vielfältigungen urheberrechtlich geschützter Werke soweit diese der **Berichterstattung über Tagesereignisse** dienen. Tagesereignis ist jedes aktuelle Geschehen, das für die Öffentlichkeit von allgemeinem Interesse ist. Hier hat die Tageszeitung über die Ausstellungseröffnung und damit ein aktuelles Ereignis von öffentlichem Interesse berichtet. Das Gemälde wird bei der Ausstellung gezeigt. Die Abbildung liegt daher im Rahmen des Berichterstattungszwecks. Die Vervielfältigung des Kunstwerks ist nach § 50 UrhG zulässig.

bb) Zitate

Fall 206: Let's Play

Philip (P) stellt ein Let's-Play-Video online. In dem Video ist zu sehen, wie er ein PC-Spiel spielt, wobei er seine Spielzüge kommentiert. Die öffentliche Zugänglichmachung des Let's-Play-Videos verstößt gegen §§ 15 Abs. 2, 19a UrhG. P meint, sein Verhalten unterfalle dem urheberrechtlichen Zitatrecht.

§ 51 UrhG erlaubt die öffentliche Wiedergabe des PC-Spiels soweit dies zum Zweck des Zitats gerechtfertigt ist. Zitate sollen dem Zitierenden als Belege oder Erläuterungsgrundlagen seiner eigenen Ausführungen dienen.[49] Mit Ausnahme von wissenschaftlichen Werken (§ 51 Nr. 1 UrhG) ist es zum Zweck des Zitats daher nur gestattet, **Stellen eines anderen Werks** in ein selbstständiges Werk zu übernehmen. P entnimmt dem Spiel nicht nur einzelne Sequenzen, um diese als Beleg für eigene Ausführungen zu verwenden, sondern verwendet und kommentiert das gesamte PC-Spiel. Die Veröffentlichung des „Let's Play"-Videos ist daher nicht als Zitat i. S. d. § 51 UrhG zulässig.[50]

Fall 207: Comics

Werner (W) schreibt einen Roman. Um diesen ansprechender zu gestalten, illustriert er den Text mit Zeichnungen, die er einem Comic entnommen hat. Die Comiczeichnungen sind Werke der bildenden Kunst i. S. d. § 2 Abs. 1 Nr. 4 UrhG. Ist deren Vervielfältigung (§ 16 UrhG) und Verbreitung (§ 17 UrhG) aufgrund des Zitierrechts zulässig?[51]

Gemäß § 51 UrhG ist die Vervielfältigung und Verbreitung der Comiczeichnungen zu Zitatzwecken zulässig, soweit die Nutzung durch den besonderen Zitatzweck gerechtfertigt ist. Die Zeichnungen werden nur zu Zitatzwecken verwendet, wenn W eine innere Verbindung zwischen den fremden Comiczeichnungen und seinen eigenen Gedanken herstellt und das Zitat als **Beleg** für seine eigenen Ausführungen erscheint. W verwendet die Zeichnungen nicht, um eigene Ausführungen zu belegen, sondern allein

49 BGH GRUR 2012, 819, 820 – „Blühende Landschaften".
50 *Beyvers/Beyvers* MMR 2015, 794 ff.; *Schwiering/Zurel* MMR 2016, 440, 444.
51 Angelehnt an: KG Berlin ZUM-RD 1997, 135.

um seinen Text zu illustrieren und damit ansprechender zu gestalten. Das Vervielfältigen und Verbreiten der Zeichnungen ist nicht als Zitat i. S. d. § 51 UrhG zulässig.

Fall 208: Thumbnails

Künstlerin Beatrix (B) veröffentlicht auf ihrer Website Abbildungen von ihr gefertigter
Kunstwerke. Die Bilder werden in der Trefferliste der Suchmaschine S als verkleinerte
Vorschaubilder („*Thumbnails*") angezeigt. Die technische Möglichkeit, die Bilder für
Suchmaschinen nicht auffindbar zu machen, nutzt B nicht. Durch die Anzeige bei S
werden die von B geschaffenen Werke i. S. d. § 2 Abs. 1 Nr. 4, Abs. 2 UrhG öffentlich
zugänglich gemacht (§§ 15 Abs. 2 Satz 2 Nr. 2, 19a UrhG). Ist dies zulässig?[52]

Bei den Vorschaubildern kann es sich um nach § 51 UrhG zulässige **Zitate** handeln. Die
Nutzung von Abbildungen ist grundsätzlich von der Zitierbefugnis erfasst (§ 51 Satz 3
UrhG).[53] Der Zitatzweck erfordert jedoch eine innere Verbindung zwischen den verwendeten fremden Werken und den eigenen Gedanken des Zitierenden. Zitate sollen
als Beleg für eigene Ausführungen dienen, während die Darstellung der Vorschaubilder in der Trefferliste der Suchmaschine dem Zweck dient, die Bilder der Allgemeinheit zur Kenntnis zu bringen und deren Auffinden zu erleichtern. Die Vorschaubilder
werden durch ein automatisiertes Verfahren in die Trefferliste eingefügt; eine geistige
Auseinandersetzung mit den übernommenen Werken findet nicht statt. Die Vorschaubilder sind damit keine nach § 51 UrhG zulässigen Zitate.

B kann S an ihren Bildern ein **Nutzungsrecht eingeräumt** haben (§ 31 UrhG). Dies
hat sie nicht ausdrücklich getan, Nutzungsrechte können jedoch auch **konkludent** eingeräumt werden. Dies setzt voraus, dass nach dem objektiven Erklärungsinhalt unter
Berücksichtigung der Begleitumstände unzweideutig zum Ausdruck kommt, B wolle
durch die Einräumung eines Nutzungsrechts über ihr Urheberrecht verfügen. Durch
die Veröffentlichung der Bilder bringt B nur den Willen zum Ausdruck, diese anderen
Internetnutzern zu zeigen, ein Nutzungsrecht räumt sie damit nicht ein.

Indem B die Bilder auf ihrer Website frei zugänglich macht, kann sie in die öffentliche Zugänglichmachung durch S **eingewilligt** haben. Da sie die Auffindbarkeit ihrer
Bilder nicht durch technische Einschränkungsmöglichkeiten verhindert, muss sie mit
den nach den Umständen üblichen Nutzungshandlungen rechnen. S kann ihren Verzicht auf technische Schutzvorrichtungen nur als Einwilligung in die Anzeige als
Thumbnails verstehen. Die öffentliche Zugänglichmachung durch S ist zulässig.

---

52 Angelehnt an: BGHZ 185, 291 = BGH NJW 2010, 2731 – „Vorschaubilder I"; siehe Fall 136,
S. 102.
53 Geltung ab 1.3.2018. Änderung durch das UrhWissG, BT-Drs. 18/13014 (Beschlussempfeh-
lung und Bericht), BT-Drs. 18/12329.

cc) Privatkopie

Privater Gebrauch i. S. d. § 53 Abs. 1 UrhG ist persönlicher Gebrauch,[54] d. h. Eigengebrauch oder Gebrauch durch Personen aus dem engen persönlichen Umfeld, z. B. im Familien- und engen Freundeskreis.

Fall 209: Hits für die Festplatte

Nachdem sich Hanna (H) eine CD mit den neuesten Hits gekauft hat, speichert sie die Titel als MP3-Dateien auf der Festplatte ihres Computers, um sie von dort abspielen zu können. Ist das zulässig? Gehen Sie davon aus, dass die CD nicht kopiergeschützt ist. Leistungsschutzrechte sind nicht zu prüfen![55]

Das Abspeichern der MP3-Dateien auf der Festplatte ist zulässig, wenn dadurch nicht in unzulässiger Weise in Urheberrechte des Berechtigten eingegriffen wird. Bei den auf der CD vorhandenen Musiktiteln handelt es sich um Musikwerke (§ 2 Abs. 1 Nr. 2, Abs. 2 UrhG). Wie sich aus § 15 Abs. 1 UrhG ergibt, haben die Urheber von Musikwerken das alleinige Recht, diese in körperlicher Form zu verwerten. Hierzu zählt das Vervielfältigungsrecht (§§ 15 Abs. 1 Nr. 1, 16 UrhG). Vervielfältigung ist jede körperliche Festlegung eines Werks, die geeignet ist, es auf irgendeine Art wahrnehmbar zu machen. Gemäß § 16 Abs. 2 UrhG ist die Übertragung des Werks auf Bild- oder Tonträger eine Vervielfältigung, unabhängig davon, ob diese digital oder analog erfolgt. Durch die Speicherung der MP3-Titel auf der Festplatte des Computers werden diese vervielfältigt. H hat keine Nutzungsrechte erworben, die sie zu der Vervielfältigung berechtigt haben könnten. Die Vervielfältigung ist jedoch ausnahmsweise ohne Zustimmung der Urheber zulässig, wenn eine **Schrankenregelung** in Betracht kommt. Gemäß § 53 Abs. 1 Satz 1 UrhG wird das Recht des Urhebers eingeschränkt, wenn es sich um Vervielfältigungen zum **Privatgebrauch** handelt. H hat die Musiktitel zum privaten Hören auf ihrem PC und damit zum Privatgebrauch in MP3-Dateien umgewandelt. Ein unzulässiger Eingriff in Urheberrechte liegt damit nicht vor. Die von H vorgenommene Vervielfältigung ist gemäß § 53 Abs. 1 UrhG zulässig.

„Einzelne Vervielfältigungsstücke" i. S. d. § 53 Abs. 1 Satz 1 UrhG sind nur einige wenige, jedenfalls nicht mehr als sieben.[56] Diese Zahl ist nicht als starre Grenze anzusehen. Entscheidend ist, wie viele Exemplare für den jeweiligen Zweck im Einzelfall erforderlich sind.[57]

---

54 BGHZ 134, 250 = BGH NJW 1997, 1363 – „CB-infobank I".
55 Z. B.: Leistungsschutzrechte der ausübenden Künstler (§ 78 UrhG) sowie des Tonträgerherstellers, (§ 85 UrhG).
56 BGH NJW 1978, 2596, 2597 – „Vervielfältigungsstücke".
57 *Lüft,* in: Wandtke/Bullinger, UrhG, § 53 Rn. 13.

Fall 210: Musik für alle

Linnea (L) ist von einer CD begeistert und kopiert sie daher für alle 30 Teilnehmer ihres Urheberrechtsseminars. Wie ist dieser Sachverhalt zu beurteilen, wenn wieder kein Kopierschutz vorhanden ist? (Leistungsschutzrechte sind nicht zu prüfen!)

Auch hier handelt es sich um die Vervielfältigung von Musikwerken (§§ 2 Abs. 1 Nr. 2, 15 Abs. 1 Nr. 1, 16 UrhG). Zu dieser ist grundsätzlich nur der Urheber berechtigt. Die Vervielfältigung ist jedoch ausnahmsweise zulässig, wenn die Voraussetzungen der **Schrankenbestimmung des § 53 Abs. 1 UrhG** erfüllt sind. Danach sind einzelne Vervielfältigungen eines Werks für den privaten Gebrauch zulässig. § 53 Abs. 1 UrhG lässt damit nur wenige Vervielfältigungen zu. Die Anfertigung von 30 Kopien ist nicht mehr von § 53 UrhG erfasst. Es handelt sich nicht mehr um Privatgebrauch. Die 30 Seminarteilnehmer zählen nicht zu ihrem **engen Familien- oder Freundeskreis**. Die Anfertigung der Kopien für alle Seminarteilnehmer ist damit nicht durch § 53 Abs. 1 UrhG privilegiert und folglich unzulässig.

Fall 211: Musik aus der Bücherei

Berta (B) entleiht in der örtlichen Stadtbibliothek eine CD mit ihrer Lieblingsmusik. Da ihr alle 15 Titel gefallen, kopiert sie diese für sich und ihren Bruder auf je einen Rohling. Ist dies aufgrund einer Schrankenregelung zulässig, wenn die CD nicht mit einem Kopierschutz versehen ist?

Gemäß § 53 Abs. 1 UrhG sind einzelne Vervielfältigungen eines Werks zum privaten Gebrauch auf beliebigen Trägern zulässig, sofern sie weder unmittelbar noch mittelbar Erwerbszwecken dienen und zur Vervielfältigung keine offensichtlich rechtswidrig hergestellte oder öffentlich zugänglich gemachte Vorlage verwendet wird. B vervielfältigt die Musikstücke nur für sich und ihren Bruder und damit **zum privaten Gebrauch**. § 53 UrhG setzt nicht voraus, dass derjenige, der ein Werk vervielfältigt auch Eigentümer des Originals ist.[58] Die Vervielfältigung der Musiktitel ist urheberrechtlich zulässig.

Offensichtlich rechtswidrig hergestellt oder öffentlich zugänglich gemacht ist eine Vorlage, wenn der Nutzer ohne ernsthafte Zweifel erkennen kann, dass die Vorlage rechtswidrig hergestellt wurde.[59]

Fall 212: Kopie von Kopie

Einige Monate später kopiert Karl (K) die gebrannte CD auf einen USB-Stick, den er seiner Freundin schenkt.

---

58 BGH GRUR 1997, 459, 462 – BGHZ 134, 250, Rn. 45 – „CB-infobank I".
59 *Lüft,* in: Wandtke/Bullinger, UrhG, § 53 Rn. 17.

Auch hier handelt es sich um die Vervielfältigung von Musikwerken (§§ 2 Abs. 1 Nr. 2, 15 Abs. 1 Nr. 1, 16 UrhG), die aufgrund der Schrankenregelung des § 53 Abs. 1 Satz 1 UrhG zulässig sein kann. Danach sind einzelne Vervielfältigungen eines Werks zum privaten Gebrauch auf beliebigen Trägern zulässig, soweit zur Vervielfältigung keine offensichtlich rechtswidrig hergestellte oder öffentlich zugänglich gemachte Vorlage verwendet wird. Bei der gebrannten CD handelte es sich nicht um eine offensichtlich rechtswidrige Vorlage. § 53 Abs. 1 UrhG setzt nicht voraus, dass es sich bei den vervielfältigten Werken um Originale handelt. Die Vervielfältigung ist damit auch in diesem Fall zulässig.

Fall 213: Vervielfältigung durch Dritte
Birte (B) möchte sich die Titel einer CD kopieren. Sie bittet ihren Arbeitskollegen, die Titel für sie auf einen USB-Stick zu kopieren. Dieser kommt ihrem Wunsch nach und übergibt ihr den USB-Stick am nächsten Tag. Die CD hat keinen Kopierschutz.

Wieder handelt es sich um die Vervielfältigung von Musikwerken (§§ 2 Abs. 1 Nr. 2, 15 Abs. 1 Nr. 1, 16 UrhG). Die Zulässigkeit könnte sich aus § 53 Abs. 1 UrhG ergeben. B kopiert die Titel diesmal nicht selbst, sondern bittet ihren Arbeitskollegen, dies für sie zu tun. Nach § 53 Abs. 1 Satz 2 UrhG können die Vervielfältigungsstücke auch **durch einen Dritten** hergestellt werden. Die Vervielfältigung muss demnach nicht von demjenigen vorgenommen werden, der die Kopie zu privaten Zwecken benötigt. Als Zielmedium kommt jeder beliebige Träger und damit auch ein USB-Stick in Betracht. Die Vervielfältigung erfolgte auch unentgeltlich. Sie ist daher ohne die Zustimmung der Urheber zulässig.

Fall 214: Kopierschutz
Birgit (B) befürchtet, ihre neu erworbene Sommerhit-CD könne irgendwann nicht mehr auffindbar oder gar defekt sein. Sie macht daher eine Sicherungskopie, die sie in ihrer Schublade aufbewahrt. Um diese anzufertigen, umgeht sie den Kopierschutz. Ist dies zulässig?

Auch in diesem Fall könnte es sich um eine gemäß § 53 Abs. 1 Satz 1 UrhG ausnahmsweise zulässige Vervielfältigung von Musikwerken handeln (§ 2 Abs. 1 Nr. 2, 15 Abs. 1 Nr. 1, 16 UrhG). B verwendet keine offensichtlich rechtswidrig hergestellte Vorlage. Die Voraussetzungen des § 53 Abs. 1 Satz 1 UrhG sind also auch hier erfüllt. Die Anfertigung einer **Privatkopie** ist jedoch gemäß § 95a UrhG unzulässig, wenn die Vervielfältigung unter Umgehung einer entgegenstehenden **technischen Schutzvorrichtung** erfolgt. Die Umgehung der Schutzmaßnahmen muss B zumindest den Umständen nach bekannt sein. Technische Maßnahmen sind gemäß § 95 Abs. 2 UrhG Vorrichtungen, die im normalen Betrieb dazu bestimmt sind, vom Rechtsinhaber ungenehmigte Handlungen, die urheberrechtlich geschützte Gegenstände betreffen, zu verhindern oder einzuschränken. Der Kopierschutz soll die Vervielfältigung einer CD verhindern.

Nach § 95 Abs. 2 Satz 2 UrhG sind technische Maßnahmen **wirksam**, soweit sie die Nutzung des urheberrechtlich geschützten Werks durch Schutzvorrichtungen unter Kontrolle halten. Der Kopierschutz ist eine wirksame technische Maßnahme i. S. d. des § 95a Abs. 2 UrhG. B verstößt gegen § 95 Abs. 1 UrhG. Die Umgehung des Kopierschutzes ist unzulässig.

Fall 215: Aktuelle Kinofilme

Leon (L) lädt sich den aktuellen Superhelden-Film kurz nach dem Kinostart kostenlos von einer Internetseite herunter und speichert den Film auf seiner externen Festplatte. Ihm ist bekannt, dass der Film heimlich abgefilmt wurde, weshalb er sich über die gute Qualität wundert. Ist sein Verhalten durch § 53 Abs. 1 Satz 1 UrhG privilegiert?

Das Speichern des Kinofilms könnte aufgrund von § 53 Abs. 1 Satz 1 UrhG zulässig sein. Dies setzt voraus, dass zur Vervielfältigung keine offensichtlich rechtswidrig hergestellte oder öffentlich zugänglich gemachte Vorlage verwendet wird. Das ist der Fall, wenn der Nutzer ohne ernsthafte Zweifel erkennen kann, dass die Vorlage rechtswidrig hergestellt bzw. öffentlich zugänglich gemacht wurde. Bei dem von L heruntergeladenen Film handelt es sich um einen aktuellen Kinofilm. Wenn aktuelle Kinofilme kostenlos angeboten werden, muss sich dem durchschnittlichen Internetnutzer aufdrängen, dass die öffentliche Zugänglichmachung ohne Zustimmung des Rechtsinhabers erfolgt ist. L weiß, dass der Film heimlich abgefilmt wurde und kennt daher die Rechtswidrigkeit der Vorlage. Sein Verhalten ist nicht nach § 53 Abs. 1 Satz 1 UrhG privilegiert.

Fall 216: Konzert-Mitschnitt

Petra (P) möchte ein Konzert ihrer Lieblings-Band besuchen und fragt, ob sie dieses mit ihrem Smartphone für den privaten Gebrauch mitschneiden darf. Ist dies gemäß § 53 UrhG zulässig?

Gemäß § 53 Abs. 7 UrhG ist die Aufnahme öffentlicher Vorträge, Aufführungen oder Vorführungen eines Werks auf Bild- oder Tonträger **nur mit Einwilligung des Berechtigten** zulässig. Eine Ausnahme für den Privatgebrauch ist hier nicht vorgesehen. Bei einem Konzert handelt es sich um eine öffentliche Aufführung, bei der ein Werk der Musik durch persönliche Darbietung öffentlich zu Gehör gebracht oder bühnenmäßig dargestellt wird (§ 19 Abs. 2 UrhG). Bild- und Tonträger sind Vorrichtungen zur wiederholbaren Wiedergabe von Bild- oder Tonfolgen (§ 16 Abs. 2 UrhG). Hierzu gehört auch die Speicherkarte, bzw. der Speicher des Smartphones. Die nach § 53 Abs. 7 UrhG erforderliche Einwilligung des Berechtigten liegt nicht vor. P darf das Konzert daher nicht mit ihrem Smartphone mitschneiden.

Fall 217: PC-Spiel

Astrid (A) macht von ihrem neu erworbenen PC-Spiel eine Kopie für ihren Freund. Ist das zulässig, wenn sie dabei keinen Kopierschutz umgeht?

Gemäß § 69a Abs. 3 UrhG werden **Computerprogramme** geschützt, wenn sie das Ergebnis eigener geistiger Schöpfung ihres Urhebers sind. Computerprogramme i. S. d. Urheberrechtsgesetzes sind Programme in jeder Gestalt (§ 69a Abs. 1 UrhG). Ein PC-Spiel ist das Ergebnis individueller geistiger Schöpfung. Gemäß § 69c Nr. 1 UrhG hat der Rechteinhaber das alleinige Recht, das Programm zu vervielfältigen. Eine zustimmungsfreie Vervielfältigung ist nur zulässig, soweit sie für die bestimmungsgemäße Nutzung des Programms notwendig ist (§ 69d Abs. 1 UrhG). Auch darf der zur Nutzung des Programms Berechtigte eine **Sicherungskopie** erstellen, wenn diese für die Sicherung der künftigen Benutzung erforderlich ist (§ 69d Abs. 2 UrhG). A erstellt keine Sicherungskopie und die Vervielfältigung des Spiels war auch nicht notwendig. Die von ihr vorgenommene Vervielfältigung des PC-Spiels ist unzulässig. § 53 UrhG ist auf Computerprogramme nicht anwendbar.

dd) Beiwerk

Fall 218: Möbelhaus

Künstler Fred (F) stellt seine Gemälde dem Möbelhaus M zur vorübergehenden Ausstellung zur Verfügung. Nach Rückgabe der Gemälde entdeckt er eins davon auf der Internetseite des M. Bei der Abbildung einer Büroausstattung ist es deutlich erkennbar und setzt entscheidende farbliche Akzente. F hat dem nicht zugestimmt und fühlt sich durch die Abbildungen in seinem Urheberrecht verletzt.[60]

Bei dem Gemälde handelt es sich um ein Werk der bildenden Künste (§ 2 Abs. 1 Nr. 4, Abs. 2 UrhG), das auf der Internetseite öffentlich zugänglich gemacht wird (§§ 15 Abs. 2 Satz 2 Nr. 2, 19a UrhG). Gemäß § 57 UrhG ist die öffentliche Wiedergabe von Werken zulässig, wenn sie als unwesentliches Beiwerk neben dem eigentlichen Gegenstand der öffentlichen Wiedergabe anzusehen sind. Ob ein **unwesentliches Beiwerk** vorliegt ist, unter Berücksichtigung aller Umstände des Einzelfalls, aus Sicht eines objektiven Durchschnittsbetrachters zu beantworten. Ein Werk ist unwesentlich, wenn es **weglassen oder ausgetauscht** werden kann, ohne dass dies einem durchschnittlichen Betrachter auffiele oder die Gesamtwirkung des Hauptgegenstands in irgendeiner Weise beeinflusst würde. Ein unwesentliches Beiwerk kann auch vorliegen, wenn es nicht die geringste inhaltliche Beziehung zum Hauptgegenstand aufweist, sich also **nur zufällig dort** befindet.[61] Prüfungsgegenstand ist hier nicht das gesamte Internetangebot des M, sondern die Abbildung, auf der die Möbelstücke arrangiert wurden. Das Gemälde un-

---

60 Angelehnt an: BGH NJW 2015, 2119 – „Möbelkatalog".
61 Sofern Personen auf Abbildungen als Beiwerk erscheinen ist an § 23 Abs. 1 Nr. 2 KUG zu denken.

terstreicht die Wirkung der Möbel und setzt auf der Abbildung einen deutlichen Farbakzent. Da es die Wirkung der Möbel beeinflusst, hat das Gemälde für die Büromöbel-Werbung eine nicht unwesentliche ästhetische Bedeutung. Es ist nicht nur ein unwesentliches Beiwerk zu den abgebildeten Möbeln. Die öffentliche Wiedergabe der Abbildung ist unzulässig und verletzt F in seinem Recht auf öffentliche Zugänglichmachung aus § 19a UrhG.

ee) Panoramafreiheit[62]

Fall 219: Hundertwasser-Haus
Otto (O) fertigt von einer in einem gegenüberliegenden Haus im 1. Stock gelegenen Privatwohnung Fotos von einem *Hundertwasser-Haus* an und verkauft diese als Postkarten. Die Erben des Friedensreich Hundertwasser *(15. Dezember 1928–19. Februar 2000)* sind nicht damit einverstanden. Ist die Veröffentlichung zulässig?[63]

Das Hundertwasser-Haus ist als Werk der Baukunst nach § 2 Abs. 1 Nr. 4 i. V. m. § 2 Abs. 2 UrhG urheberrechtlich geschützt. Hundertwasser hat das Bauwerk zumindest als Miturheber geschaffen (§ 8 Abs. 2 Satz 3 UrhG). Das Urheberrecht ist gemäß § 28 Abs. 1 UrhG vererblich. Der Druck der Postkarten stellt eine Vervielfältigung des Hundertwasser-Hauses dar (§ 16 Abs. 1 UrhG). Durch den Verkauf der Postkarten werden die Bilder in körperlicher Form weitergegeben und damit i. S. d. § 17 Abs. 1 UrhG verbreitet. Ob die Vervielfältigung und Verbreitung ausnahmsweise zulässig ist, ist nach der Schrankenregelung des § 59 Abs. 1 UrhG zu beurteilen. Durch diese **„Panoramafreiheit"** werden nur solche Aufnahmen urheberrechtlich geschützter Bauwerke privilegiert, die **von öffentlichen Straßen, Wegen oder Plätzen** aus angefertigt werden, an denen sich das Bauwerk befindet. O fotografiert das Haus nicht von öffentlich zugänglichem Gelände, sondern aus dem 1. Stock der gegenüberliegenden Privatwohnung. Dies ist nicht mehr von der Schrankenregelung des § 59 Abs. 1 UrhG gedeckt. Die Vervielfältigung und Verbreitung der Fotos ist damit unzulässig.

Fall 220: Verhüllter Reichstag
Die Künstler Christo (C) und Jeanne-Claude (JC) veranstalten im Sommer 1995 in Berlin das zweiwöchige Kunstprojekt *„Verhüllter Reichstag"*. Mike (M) stellt ohne die Zustimmung der Künstler Schwarz-Weiß-Postkarten her, auf denen der verhüllte Reichstag abgebildet ist und verkauft diese. Verstößt er damit gegen Urheberrechte der Künstler?[64]

Mit der "Verhüllung des Reichstags" haben C und JC als Miturheber (§ 8 Abs. 1 UrhG) ein Werk der bildenden Kunst (§ 2 Abs. 1 Nr. 4 UrhG) geschaffen, dem die für einen

---

62 Siehe hierzu: *Fechner*, Medienrecht, 5. Kapitel, Rn. 102; siehe auch Fall 104, S. 77.
63 Angelehnt an: BGH NJW 2004, 594 – „Hundertwasser-Haus" – E 79.
64 Angelehnt an: BGHZ 150, 6 = BGH NJW 2002, 2394 – „Verhüllter Reichstag".

Urheberrechtsschutz erforderliche besondere Individualität und Schöpfungshöhe (§ 2 Abs. 2 UrhG) zukommt. Durch die Herstellung und den Verkauf der Postkarten vervielfältigt und verbreitet M das Kunstwerk (§§ 16 Abs. 1, 17 Abs. 1 UrhG). Nach der Schrankenbestimmung des § 59 Abs. 1 UrhG ist es zulässig, Werke, die sich bleibend an öffentlichen Wegen, Straßen oder Plätzen befinden, durch Lichtbild zu vervielfältigen und zu verbreiten. Hier ist fraglich, ob sich der „Verhüllte Reichstag" „bleibend" an einem öffentlichen Ort befindet. Dabei ist zu beachten, dass Schrankenregelungen grundsätzlich eng auszulegen sind, da sie das Urheberrecht beschränken. Da die **„Panoramafreiheit"** (§ 59 UrhG) der Freiheit des Straßenbilds dienen soll, wäre es nicht sachgerecht, bezüglich der Beurteilung, ob ein Werk „bleibend" ist, allein auf den Willen des Urhebers abzustellen, da er so die Möglichkeit hätte, sich dauerhaft vor der Nutzung seines Werks zu schützen. Es kommt vielmehr auf den Zweck eines Werks an. Dient es einer zeitlich befristeten Ausstellung oder einem Kunstprojekt, so kann es nicht als „bleibend" angesehen werden. Der „Verhüllte Reichstag" befindet sich nicht für seine natürliche Lebensdauer in Berlin, sondern wird nur für die Dauer von zwei Wochen gezeigt. Das Verhalten des M ist daher nicht durch die Panoramafreiheit privilegiert. Er verstößt gegen Urheberrechte der Künstler.

6. Verschulden und Schadensersatz

Fahrlässig handelt, wer die im Verkehr erforderliche Sorgfalt außer Acht lässt (§ 276 Abs. 2 BGB). Im Urheberrecht werden an die Beachtung der erforderlichen Sorgfalt strenge Anforderungen gestellt. Der Handelnde muss alle ihm zumutbaren Maßnahmen zur Überprüfung der Rechtmäßigkeit seines Handelns ergreifen.[65] **Vorsätzlich** handelt, wer die Rechtsverletzung zumindest billigend in Kauf nimmt.

Fall 221: Berechnung

Endress (E) möchte einen urheberrechtlichen Schadensersatzanspruch geltend machen. Wie er gehört hat, stehen für die Bemessung des Schadens unterschiedliche Berechnungsmethoden zur Verfügung. Er bittet Sie, ihm diese zu erklären.

Für die Schadensberechnung stehen grundsätzlich drei Berechnungsmethoden zur Verfügung. E kann den ihm **konkret entstandenen Schaden, einschließlich des entgangenen Gewinns** geltend machen (§ 97 Abs. 2 Satz 1 UrhG, §§ 249 ff. BGB). Dies sollte er tun, wenn der Zustand wieder hergestellt werden soll, der bestehen würde, wenn der zum Ersatz verpflichtende Umstand nicht eingetreten wäre. Allerdings ist die Bemessung des konkret entstandenen Schadens schwierig. Alternativ kann er auch die Herausgabe des Gewinns verlangen, den der Verletzer aus der Benutzung fremden Rechts gezogen hat. Der Anspruch auf Herausgabe des Verletzergewinns ist kein An-

---

65 OLG Hamm ZUM 2009, 159.

spruch auf Ersatz des konkret entstandenen Schadens, sondern zielt in anderer Weise auf einen billigen Ausgleich des entstandenen Vermögensnachteils. Schließlich wäre es unbillig, dem Verletzer den auf der unbefugten Nutzung von E zustehenden Ausschließlichkeitsrechten beruhenden Gewinn zu belassen.[66] Zur Ermittlung des Verletzergewinns ist der Gesamtgewinn um sämtliche Kosten zu bereinigen, die der Herstellung und dem Vertrieb der schutzrechtsverletzenden Gegenstände unmittelbar zugerechnet werden können.[67] Bei dieser Methode ist es in der Regel schwierig, die konkrete Höhe des Verletzergewinns zu beziffern. Der Verletzer soll jedoch nicht besser stehen, als er im Fall einer ordnungsgemäß erteilten Erlaubnis gestanden hätte. Er soll unabhängig von dem Nachweis eines konkreten Schadens zumindest die angemessene Lizenzgebühr als Schadensersatz entrichten.[68] Bei der Schadensberechnung nach den **Grundsätzen der Lizenzanalogie** (§ 97 Abs. 2 Satz 3 UrhG) ist zu fragen, was vernünftige Vertragspartner bei Abschluss eines Lizenzvertrages als Vergütung für die Benutzungshandlung des Verletzers vereinbart hätten. Hierfür ist der objektive Wert der angemaßten Benutzungsberechtigung zu ermitteln. Dieser besteht in der angemessenen und üblichen Lizenzgebühr.[69]

Fall 222: Das Video
Barney (B) betreibt ein Internetportal über das er Nachrichten und Werbung verbreitet. Dort veröffentlicht er hin und wieder Videos. Als er ein aufsehenerregendes Video (Laufbild i. S. d. § 95 UrhG) über eine Politikerin veröffentlicht, steigen seine Werbeeinnahmen. Erworben hat er das Video vom Nichtberechtigten N, den er jedoch ohne dies geprüft zu haben, für berechtigt hält. Der Hersteller des Videos Hubert (H) ist der Ansicht, sein Video sei für die erhöhten Werbeeinnahmen des B zumindest mitursächlich. H begehrt die Herausgabe des Verletzergewinns. Prüfen Sie, ob ihm ein Schadenersatzanspruch zusteht.[70]

Ein Schadensersatzanspruch des H könnte sich aus § 97 Abs. 2 Satz 2 UrhG ergeben. Indem B das Video auf seiner Website veröffentlicht, verletzt er das ausschließlich H zustehende Recht aus §§ 94 Abs. 1 Satz 1, 95, 19a UrhG. B war verpflichtet, sich Klarheit darüber zu verschaffen, ob die öffentliche Zugänglichmachung des Videos nicht in Rechte des Herstellers eingreift. Dieser Verpflichtung ist er nicht nachgekommen. Ohne dies geprüft zu haben, durfte er nicht von der Berechtigung des N ausgehen. B handelt daher fahrlässig (§ 276 Abs. 2 BGB) und somit schuldhaft. Aufgrund der schuldhaften Verletzung des ausschließlichen Rechts an den Laufbildern steht H ein Schadensersatzanspruch nach § 97 Abs. 2 UrhG zu. Für die Schadensberechnung ste-

---

66 Vgl.: BGHZ 145, 366, Rn. 24 = BGH GRUR 2001, 329, 331 – „Gemeinkostenanteil".
67 BGHZ 181, 98, Rn. 36 = BGH GRUR 2009, 856, 860 – „Tripp-Trapp-Stuhl".
68 BGH GRUR 1987, 37, 40 – „Videolizenzvertrag".
69 BGH GRUR 2009, 660 – „Resellervertrag".
70 Angelehnt an: BGH MMR 2011, 45.

hen grundsätzlich **drei Möglichkeiten** zur Verfügung. H hat sich für die Herausgabe des Verletzergewinns nach § 97 Abs. 2 Satz 2 UrhG entschieden. H kann die **Herausgabe des Verletzergewinns** insoweit verlangen, als dieser auf der Rechtsverletzung beruht. Der Verletzergewinn zielt auf einen billigen Ausgleich des erlittenen Vermögensnachteils ab.[71] Es wäre unbillig, B einen Gewinn zu belassen, der auf der unbefugten Nutzung des Ausschließlichkeitsrechts beruht. Der hierfür ursächliche Zusammenhang zwischen dem veröffentlichten Video und den Werbeeinnahmen ist zu bejahen. H steht ein Schadensersatzanspruch auf Herausgabe des Verletzergewinns zu.

7. Haftungsfragen

Fall 223: Ehegatten-Fall

Filmherstellerin Alessia (A) ist Inhaberin der ausschließlichen Nutzungs- und Verwertungsrechte für ein Filmwerk. Nach ihren Ermittlungen wurde der Film anderen Internetnutzern über eine Tauschbörse zur Verfügung gestellt. Die ermittelte IP-Adresse gehört zum Internetanschluss von Clément (C). C bestreitet die Täterschaft und gibt an, seine Frau Jade (J) nutze den Anschluss selbstständig mit. A verlangt von C Schadensersatz nach der Lizenzanalogie.[72]

Der Schadensersatzanspruch der A könnte sich aus § 97 Abs. 2 UrhG ergeben. Als Filmherstellerin hat A das ausschließliche Recht, den Film öffentlich zugänglich zu machen, § 94 Abs. 1 Satz 1 UrhG. Dieses Recht wird durch das Anbieten des Filmwerks (§ 2 Abs. 1 Nr. 6, Abs. 2 UrhG) in der Tauschbörse verletzt. A trägt die Darlegungs- und Beweislast für die Erfüllung der Tatbestandsvoraussetzungen des von ihr geltend gemachten Anspruchs. Allerdings spricht eine tatsächliche Vermutung für eine Täterschaft des Anschlussinhabers, sofern sein Internetanschluss zum Zeitpunkt der Rechtsverletzung nicht von anderen Personen genutzt werden konnte.[73] Eine die tatsächliche Vermutung ausschließende Nutzungsmöglichkeit Dritter ist anzunehmen, wenn der Internetanschluss zum Verletzungszeitpunkt nicht hinreichend gesichert war oder bewusst anderen Personen zur Nutzung überlassen wurde.[74] In solchen Fällen trifft den Anschlussinhaber eine **sekundäre Darlegungslast.** Dieser wird genügt, wenn er vorträgt, welche anderen Personen selbstständigen Zugang zu seinem Anschluss hatten und somit als Täter in Betracht kommen.[75] Indem er seine Frau als Mitnutzerin benennt, ist C seiner Darlegungslast nachgekommen. Nachforschungen über die Internetnutzung seiner Ehefrau sind C nicht zumutbar. Einer Nachforschungspflicht steht der grundrechtliche Schutz von Ehe und Familie (Art. 6 Abs. 1 GG) entgegen. Dieser überwiegt die durch Art. 14 Abs. 1 GG geschützte urheberrechtliche Posi-

---

71 BGH MMR 2011, 45, 46.
72 BGH NJW 2017, 1961 – „Afterlife".
73 BGHZ 200, 76 ff. = BGH NJW 2014, 2360, 2361 – „BearShare".
74 BGH NJW 2017, 1961 – „Afterlife".
75 BGH NJW 2017, 1961, 1962 – „Afterlife".

tion der A. C ist es weder zuzumuten, die Internetnutzung seiner Frau zu dokumentieren noch deren PC auf Tauschbörsen-Software zu untersuchen. Er haftet nicht als Täter der begangenen Urheberrechtsverletzung. A steht kein Schadensersatzanspruch aus § 97 Abs. 2 UrhG zu.

8. Strafbarkeit von Urheberrechtsverletzungen

Fall 224: Raubkopierer

Um gegen das Herunterladen und Vervielfältigen von Filmen vorzugehen, startete die deutsche Filmwirtschaft eine PR-Kampagne mit dem Titel *„Raubkopierer sind Verbrecher"*. Stimmt diese Aussage?

Die Strafbarkeit von Urheberrechtsverletzungen ist in §§ 106 ff. UrhG geregelt. Gemäß § 106 Abs. 1 StGB ist die unerlaubte Verwertung urheberrechtlich geschützter Werke strafbar. Darin heißt es: *„Wer in anderen als den gesetzlich zugelassenen Fällen ohne Einwilligung des Berechtigten ein Werk oder eine Bearbeitung oder Umgestaltung eines Werkes vervielfältigt, verbreitet oder öffentlich wiedergibt, wird mit Freiheitsstrafe bis zu drei Jahren oder mit Geldstrafe bestraft."* Gemäß § 12 Abs. 1 StGB sind Verbrechen nur rechtswidrige Taten, die im Mindestmaß mit **Freiheitsstrafe von einem Jahr oder darüber** bedroht sind. § 106 Abs. 1 UrhG spricht nicht von einer Mindestfreiheitsstrafe von einem Jahr, sondern von einer Freiheitsstrafe *„bis zu drei Jahren"*. Folglich handelt es sich nicht um ein Verbrechen. Es handelt sich vielmehr um ein **Vergehen**. Gemäß § 12 Abs. 2 StGB sind das rechtswidrige Taten, die im Mindestmaß mit einer geringeren Freiheitsstrafe oder mit Geldstrafe bedroht sind. Die Aussage der PR-Kampagne ist daher nicht zutreffend.

E. Telemedien[1]

Kurzübersicht

- Wirtschaftsbezogene Aspekte der Telemedien finden sich im TMG[2] des Bundes.
- Inhaltliche Anforderungen an Telemedien fallen in den Zuständigkeitsbereich der Länder und sind in §§ 54 ff. RStV geregelt (vgl. § 1 Abs. 4 TMG).

Begriff der Telemedien

- Der Begriff „Telemedien" ist in § 1 Abs. 1 Satz 1 TMG und § 2 Abs. 1 Satz 3 RStV definiert.
- Telemedien sind elektronische Informations- und Kommunikationsdienste. Abzugrenzen sind sie von der Telekommunikation und dem Rundfunk. Telekommunikation bezieht sich auf den technischen Vorgang der Kommunikation und ist im TKG geregelt. Rundfunk i. S. d. § 2 Abs. 1 Satz 1 RStV ist ein zum zeitgleichen Empfang an die Allgemeinheit gerichteter linearer Informations- und Kommunikationsdienst.

Allgemeines

- Nach dem sog. Herkunftslandprinzip unterliegen in Deutschland niedergelassene Diensteanbieter (§ 2 Satz 1 Nr. 1, 2 TMG) deutschem Recht (§ 3 TMG).
- Telemedien sind zulassungs- und anmeldefrei (§ 4 TMG; § 54 Abs. 1 RStV).

Informationspflichten der Anbieter

- Allgemeine Informationspflichten bestehen für Diensteanbieter i. S. d. § 2 Satz 1 Nr. 1 TMG, die Telemedien geschäftsmäßig, i. d. R. gegen Entgelt, anbieten. Die Informationen sind leicht erkennbar, unmittelbar erreichbar und ständig verfügbar zu halten. Anzugeben sind z. B.: Name und Anschrift des Anbieters, Kontaktdaten, die eine schnelle elektronische Kommunikation mit diesem ermöglichen, einschließlich der E-Mail-Adresse, Zulassungs- und Aufsichtsbehörde sowie Registerinformationen (§ 5 Abs. 1 TMG). Bei Verstoß droht ein Bußgeld (§ 16 Abs. 2 Nr. 1 TMG).

---

1 *Fechner*, Medienrecht, 12. Kapitel, Rn. 12 ff.
2 Vorschriftensammlung T 30.

- Für Anbieter von Telemedien, die nicht ausschließlich persönlichen oder familiären Zwecken dienen, beschränkt sich die Informationspflicht auf Name und Anschrift (§ 55 Abs. 1 RStV).
- Telemedien, die ausschließlich persönlichen oder familiären Zwecken dienen, unterliegen keinen Informationspflichten (§ 55 Abs. 1 RStV).
- Besondere Informationspflichten gelten nach § 6 Abs. 1 TMG für kommerzielle Kommunikation i. S. d. § 2 Satz 1 Nr. 5 TMG. Bei E-Mail-Werbung ist die Verschleierung bzw. Verheimlichung des Absenders verboten (§ 6 Abs. 2 TMG).[3]
- Anbieter journalistisch-redaktionell gestalteter Telemedien treffen erweiterte Informationspflichten. Neben den Angaben nach §§ 5, 6 TMG haben sie den Verantwortlichen mit Name und Anschrift zu benennen (§ 55 Abs. 2 RStV).

Journalistisch-redaktionell gestaltete Angebote

- Journalistisch-redaktionelle Angebote müssen eine erkennbar publizistische Zielsetzung haben und damit zur öffentlichen Meinungsbildung beitragen.[4] Erforderlich ist eine gewisse Aktualität, inhaltliche Vielfalt, regelmäßiges Erscheinen und die allgemeine Zugänglichkeit des Angebots.[5]
- Sie müssen anerkannten „journalistischen Grundsätzen" entsprechen (§ 54 Abs. 2 RStV). Dabei ist insbesondere die journalistische Sorgfaltspflicht zu beachten. Gemäß § 56 RStV kann eine Verpflichtung zur Gegendarstellung[6] bestehen.
- Ein Auskunftsanspruch gegenüber Behörden besteht gemäß §§ 55 Abs. 3 i. V. m. 9a RStV sowie nach dem für jedermann geltenden IFG.[7]
- Informationspflichten ergeben sich aus §§ 5, 6 TMG, §§ 55 Abs. 2 RStV.
- Werbung (§ 2 Abs. 2 Nr. 7 RStV) muss klar erkennbar und vom übrigen Inhalt getrennt sein (§ 58 RStV).
- Eine Sperrung ist unter den Voraussetzungen von §§ 97 Abs. 5 Satz 2; 98 StPO zulässig (§ 59 Abs. 3 Satz 6 RStV).

Telemedien öffentlich-rechtlicher Rundfunkanstalten (§§ 11d, 11f RStV)

- Auch öffentlich-rechtliche Rundfunkanstalten bieten Telemedien an, die journalistisch-redaktionell veranlasst und journalistisch-redaktionell gestaltet sind (§ 11d Abs. 1 RStV).
- Bei neuen Angeboten oder der Veränderung eines bestehenden Angebots ist der sog. Drei-Stufen-Test nach § 11f Abs. 4 RStV durchzuführen. Es handelt sich um ein vom

---

3 Hier ist ggf. auch § 7 Abs. 2 Nr. 4 UWG zu beachten.
4 VGH Mannheim NJW 2014, 2667, 2668.
5 *Lent* ZUM 2013, 914, 915.
6 Zur Gegendarstellung siehe auch die Fälle 52 und 53, S. 38, 54, S. 39.
7 Zum Auskunftsanspruch nach dem Landespressegesetz und dem IFG siehe die Fälle 55 bis 60, S. 40 ff.

Aufsichtsorgan (Rundfunkrat, Fernsehrat, Hörfunkrat) durchzuführendes besonderes Genehmigungsverfahren, bei dem das Telemedienkonzept (§ 11f Abs.

1 RStV) daraufhin überprüft wird,

    (1) inwieweit das Angebot den demokratischen, sozialen und kulturellen Bedürf-
nissen der Gesellschaft entspricht,

    (2) in welchem Umfang durch das Angebot in qualitativer Hinsicht zum publizis-
tischen Wettbewerb beigetragen wird und

    (3) welcher finanzielle Aufwand für das Angebot erforderlich ist.

- Werbung und Sponsoring sind in Telemedien nicht zulässig, § 11d Abs. 5 Satz 1
RStV.

Audiovisuelle Mediendienste auf Abruf

- Audiovisuelle Mediendienste auf Abruf werden in § 2 Satz 1 Nr. 6 TMG und § 58
Abs. 3 Satz 1 RStV definiert.
- Besondere Regelungen zum „Sitzland" finden sich in § 2a Abs. 2, 3 TMG und § 1
Abs. 6 TMG.

Verantwortlichkeit der Diensteanbieter

- §§ 7–10 TMG enthalten keine selbstständigen Anspruchsgrundlagen, sondern set-
zen eine Haftung nach allgemeinen Vorschriften des Zivil-[8] und Strafrechts voraus.[9]
Sie begründen keine Verantwortlichkeit, können diese aber in bestimmten Fällen
einschränken oder ausschließen. Damit fungieren sie als eine Art „Filter".[10]
- Anbieter eigener Informationen (Content-Provider) sind für ihre Inhalte voll verantwortlich.[11] „Eigene Informationen" sind auch Informationen Dritter, die sich der
Diensteanbieter zu eigen macht.[12]
- Zugangsvermittler (Access-Provider)[13] fremder Informationen haften nicht, sofern
sie die Übermittlung nicht veranlasst, den Adressaten der übermittelten Informationen nicht ausgewählt und die übermittelten Informationen nicht ausgewählt oder
verändert haben (§ 8 Abs. 1 TMG). Sofern diese Voraussetzungen vorliegen, sind

---

8 Z.B.: § 97 UrhG, § 8 UWG, §§ 823, 1004 BGB.
9 BT-Drs. 14/6098, 23; BGH NJW 2007, 2558; BGH NJW-RR 2009, 1413.
10 Z.T. wird das „Zu-eigen-machen" mit Hinweis auf die E-Commerce-Richtlinie RL 2000/31/
EG abgelehnt, vgl. z.B.: *Spindler* MMR 2004, 440 ff., 23.
11 Sie machen z.b. ein urheberrechtlich geschütztes Werk nach § 19a UrhG öffentlich zugänglich.
12 BT-Drs. 14/6098, 23; BGHZ 209, 139, Rn. 17 = BGH NJW 2016, 2106, 2107 – „Ärztebewertungsportal III", „jameda.de II" – E 102; Z.T. wird das „Zu-eigen-machen" mit Hinweis auf die
E-Commerce-Richtlinie RL 2000/31/EG abgelehnt, vgl. z.B. *Spindler* MMR 2004, 440 ff.
13 Siehe auch Art. 12 RL 2000/31/EG.

Access-Provider für Rechtsverstöße Dritter nicht schadensersatzpflichtig.[14] Dies gilt auch für WLAN-Anbieter (§ 8 Abs. 3 UrhG). Eine Störerhaftung des Access-Providers ist ausgeschlossen.[15] § 7 Abs. 4 TMG[16] sieht eine Netzsperre für WLAN-Anbieter vor, sofern ein Telemediendienst von einem Nutzer zu dem Zweck benutzt wird, das Recht am geistigen Eigentum (z.B.: Urheberrecht) eines anderen zu verletzen und für den Rechtsinhaber keine andere Möglichkeit besteht, der Verletzung seines Rechts abzuhelfen.[17]

- § 9 TMG privilegiert die automatische zeitlich begrenzte Zwischenspeicherung (Caching[18]), die dem Zweck dient, die Übermittlung fremder Informationen an andere Nutzer auf deren Anfrage effizienter zu gestalten.

- Den Host-Provider,[19] der von fremden Nutzern eingegebene Informationen speichert, trifft keine Verantwortung, solange er keine Kenntnis von der Rechtswidrigkeit hat bzw. er den Zugang nach Kenntniserlangung sofort sperrt (§ 10 Satz 1 TMG). Ob die Haftungsprivilegierung des § 10 TMG auf Unterlassungsansprüche uneingeschränkte Anwendung findet, ist streitig.[20] Hier ist ggf. an eine Störerhaftung (§ 1004 BGB analog)[21] zu denken, die eine Verletzung von Prüfpflichten voraussetzt.[22]

Beispielsfälle

Telemedien sind alle elektronischen Informations- und Kommunikationsdienste, die weder Telekommunikationsdienste, telekommunikationsgestützte Dienste noch Rundfunk sind (§ 1 Abs. 1 Satz 1 TMG; § 2 Abs. 1 Satz 3 RStV).

---

14 EuGH NJW 2016, 3503, 3505 f. – „McFadden/Sony Music"; BT-Drs. 18/12202, 7 zur Änderung von § 8 Abs. 1 TMG.
15 Mit § 8 Abs. 1 Satz 2 TMG wird die Störerhaftung ausdrücklich ausgeschlossen, siehe den Entwurf eines Dritten Gesetzes zur Änderung des Telemediengesetzes in BT-Drs. 18/12202, 12.
16 Die Vorschrift trat am 13.10.2017 in kraft.
17 BT-Drs. 18/12202, 7 ff.
18 Siehe auch Art. 13 RL 2000/31/EG.
19 Siehe auch Art. 14 RL 2000/31/EG.
20 Dagegen: BGHZ 173, 188, Rn. 20 = BGH MMR 2007, 634, 635 – „jugendgefährdende Medien bei eBay"; BGH MMR 2008, 531, 532 – „Internetversteigerung III"; a.A. z.B.: OLG Düsseldorf MMR 2004, 315, 316.
21 BGHZ 208, 82, Rn. 74 = BGH NJW 2016, 794, 802 – „Störerhaftung des Access-Providers".
22 Beachte: Störerhaftung kommt in den dem Verhaltensunrecht zuzuordnenden Fällen (z.B. UWG) nicht in Betracht (BGH GRUR 2011, 152, 156 – „Kinderhochstühle im Internet I"). Im Bereich der Immaterialgüterrechte – absolute Rechte i.S.d. § 823 BGB – ist sie weiterhin anwendbar (BGHZ 208, 82, Rn. 74 – „Störerhaftung des Access-Providers").

1. Abgrenzungsfragen

Fall 225: Uni-Podcast

Jolanthe (J) veröffentlicht hin und wieder einen Podcast über ihren Uni-Alltag. Handelt es sich dabei um ein Telemedium?

Telemedien sind gemäß § 1 Abs. 1 Satz 1 TMG alle elektronischen Informations- und Kommunikationsdienste, die **weder Telekommunikationsdienste noch Rundfunk** sind. Der Podcast der J steht für jedermann zum individuellen Abruf bereit. Sie betreibt keinen linearen Informations- und Kommunikationsdienst, der entlang eines Sendeplans Angebote zum zeitgleichen Empfang durch die Allgemeinheit bereithält. Es handelt sich daher bei dem Podcast nicht um Rundfunk i. S. d. § 2 Abs. 1 Satz 1 RStV. Ein Telekommunikationsdienst liegt ebenfalls nicht vor, das Angebot der J besteht nicht allein in der Übertragung von Signalen über ein Telekommunikationsnetz. Ihr Podcast ist ein Telemedium i. S. d. § 1 Abs. 1 Satz 1 TMG.

Fall 226: VoIP

Die R-AG bietet ihren Kunden ausschließlich Sprachtelefonie über das Internet-Protokoll (Voice Over IP) an. Ist das TMG hier anwendbar?

Der VoIP-Dienst der R-AG ist kein Telemedium i. S. d. § 1 TMG, wenn es sich ausschließlich um einen Telekommunikationsdienst handelt. Die Internettelefonie unterscheidet sich nicht wesentlich von der Telefonie über das herkömmliche leitungsgebundene Telefonnetz.[23] Es handelt sich um ein reines **Telekommunikationsangebot**, wobei die Signale über das Telekommunikationsnetz Internet übertragen werden. Die R-AG bietet keine Inhalte an, ihr Dienst beschränkt sich auf die technische Transportleistung. Der Voice-Over-IP-Dienst der R-AG ist damit kein Telemedium. Das TMG findet keine Anwendung.

2. Herkunftslandprinzip

Fall 227: Server in den USA

Die in Potsdam lebende und tätige Online-Händlerin Nadja (N) bietet ihre Waren zum Verkauf an. Der Webserver befindet sich in den USA. Ist dennoch deutsches Recht anwendbar?

Nach dem sog. **Herkunftslandprinzip** unterliegen in Deutschland niedergelassene Diensteanbieter deutschem Recht (§ 3 Abs. 1 TMG). N bietet Telemedien an, weshalb das TMG sachlich anwendbar ist. Mittelpunkt ihrer Tätigkeit ist Potsdam. Deutschland ist ihr Sitzland (§ 2a Abs. 1 TMG). N ist **niedergelassene Diensteanbieterin**, der

---

23 BT-Drs. 16/3078, 13.

Standort des Webservers allein begründet keine Niederlassung (§ 2 Satz 1 Nr. 2 TMG). N unterliegt damit deutschem Recht.

3. Zulassungsbedürftigkeit

Fall 228: Vladislav will bloggen

Vladislav (V) möchte einen Blog einrichten und darin über seinen Alltag berichten. Benötigt er eine Zulassung?

Indem V einen Blog einrichtet und seine Beiträge ins Internet einstellt, hält er als Diensteanbieter i. S. d. § 2 Satz 1 Nr. 1 TMG eigene Telemedien zur Nutzung bereit. Im Gegensatz zum Rundfunk unterliegen Telemedien gemäß § 4 TMG bzw. § 54 Abs. 1 Satz 1 RStV **keiner besonderen Zulassungs- und Anmeldepflicht.** V benötigt für sein Angebot daher keine Zulassung.

Diensteanbieter ist jede natürliche oder juristische Person, die eigene oder fremde Telemedien zur Nutzung bereithält oder den Zugang zur Nutzung vermittelt (§ 2 Satz 1 Nr. 1 TMG).

Fall 229: Rundfunk oder Telemedium?

Studentin Alena (A) ist sich nicht sicher, ob es sich bei dem von ihr geplanten Dienst um zulassungspflichtigen Rundfunk oder ein Telemedium handelt. Was kann sie tun?

A hat die Möglichkeit, bei der zuständigen Landesmedienanstalt einen Antrag auf **rundfunkrechtliche Unbedenklichkeit** zu stellen (§ 20 Abs. 2 Satz 3 RStV). Ihr geplantes Angebot wird dann entweder dem Rundfunk zugeordnet oder sie erhält eine Unbedenklichkeitsbescheinigung gemäß § 20 Abs. 2 Satz 3 RStV. Stellt die Landesmedienanstalt durch die Kommission für Zulassung und Aufsicht (ZAK) (§§ 35 Abs. 2 Satz 1 Nr. 1; 36 Abs. 2 Satz 1 Nr. 8 RStV) die Zulassungsbedürftigkeit ihres Angebots fest, hat A die Möglichkeit, innerhalb von drei Monaten nach Bekanntgabe des Feststellungsbescheids einen Zulassungsantrag zu stellen oder ihren Dienst so abzuändern, dass es sich nicht mehr um Rundfunk handelt (§ 20 Abs. 2 Satz 2 RStV).

4. Audiovisuelle Mediendienste

Bei audiovisuellen Mediendiensten auf Abruf ist **Diensteanbieter** jede natürliche oder juristische Person, die die Auswahl und Gestaltung der angebotenen Inhalte wirksam kontrolliert (§ 2 Satz 1 Nr. 1 TMG).

Fall 230: Die Mediathek

In der Mediathek der öffentlich-rechtlichen Fernsehanstalt F können in der Vorwoche im Fernsehen ausgestrahlte Serienfolgen als On-Demand-Angebot abgerufen werden. Handelt es sich dabei um ein Telemedium?

Bei der in der Mediathek angebotenen Serienfolge kann es sich um Rundfunk oder ein Telemedium handeln. Rundfunk ist gemäß § 2 Abs. 1 Satz 1 RStV ein **linearer Informations- und Kommunikationsdienst**. Die Inhalte werden nach einem zuvor festgelegten Sendeplan in zeitlich geordneter Abfolge verbreitet. Die Serienfolgen können zu einem vom Nutzer gewählten Zeitpunkt individuell abgerufen werden. Mangels **Linearität** handelt es sich nicht um Rundfunk i. S. d. § 2 Abs. 1 Satz 1 RStV, sondern um Telemedien i. S. d. § 1 Abs. 1 Satz 1 TMG, § 2 Abs. 1 Satz 3 RStV. Die Video-On-Demand-Angebote in der Mediathek sind Telemedien mit Inhalten, die nach Form und Inhalt fernsehähnlich sind und die von F zum individuellen Abruf zu einem vom Nutzer gewählten Zeitpunkt und aus einem von F festgelegten Inhaltekatalog bereitgestellt werden. Der Telemediendienst der F ist ein audiovisueller Videodienst auf Abruf i. S. d. § 2 Abs. 1 Nr. 6 TMG; § 58 Abs. 3 Satz 1 RStV.

Fall 231: Der angekaufte Spielfilm
Wie lange dürfte das ZDF einen angekauften Spielfilm in seiner Mediathek zum Abruf bereitstellen, wenn es sich nicht um eine Auftragsproduktion handelt?

Das ZDF bietet Telemedien an, die journalistisch-redaktionell veranlasst und journalistisch-redaktionell gestaltet sind (§ 11d Abs. 1 TMG). Sofern kein **Drei-Stufen-Test** durchgeführt wird, dürfen Sendungen auf Abruf bis zu sieben Tage nach Ausstrahlung angeboten werden (§ 11d Abs. 2 Satz 1 Nr. 1, 3 RStV). Angekaufte Spielfilme, die keine Auftragsproduktion sind, dürfen gemäß § 11d Abs. 5 Satz 2 RStV nicht auf Abruf angeboten werden. Das ZDF darf den angekauften Spielfilm daher überhaupt nicht in seiner Mediathek zum Abruf bereitstellen.

5. Journalistisch-redaktionelle Angebote

Fall 232: TopNews
Nada (N) betreibt eine Website, um ihren kleinen, aber beständigen Leserkreis über alle relevanten Kapitalmarktfragen zu unterrichten. Unter den Rubriken *„TopNews für Anleger"* und *„Aktuelles"* berichtet sie fortlaufend über ausgewählte Anlegertipps. Von Dritten übernommene Meldungen unterzieht sie einer sachlichen Prüfung. Ihre Meldungen überarbeitet sie regelmäßig, ältere Nachrichten sind in einem „Pressearchiv" zu finden. Handelt es sich um ein journalistisch-redaktionelles Angebot?[24]

Welche Angebote einen journalistisch-redaktionell gestalteten Inhalt haben, ist dem RStV nicht zu entnehmen.[25] Eine **journalistisch-redaktionelle Gestaltung** erfordert jedenfalls eine gewisse Strukturiertheit des Angebots sowie die Auswahl nach einer angenommenen gesellschaftlichen Relevanz mit dem Ziel, zur öffentlichen Meinungsbildung beizutragen. Ebenso ist ein Verlagen die Ausrichtung an Tatsachen, eine ge-

---

24 Angelehnt an: OLG Bremen MMR 2011, 337 – „Gegendarstellungsverlangen".
25 VGH Mannheim NJW 2014, 2667, 2668.

wisse Vielfalt, Aktualität und kontinuierliche Aktualisierung sowie die allgemeine Zugänglichkeit.[26] Unter den Rubriken „*Aktuelles*" und „*TopNews für Anleger*" veröffentlicht N eine Auswahl aktueller Meldungen. Sie bietet den Nutzern ihrer Seite ein fortlaufendes Informationsangebot. Sie betreibt ein Pressearchiv und gibt Pressemitteilungen heraus. Unerheblich ist, dass sich ihr Angebot nicht an eine breite Öffentlichkeit richtet. An bestimmte Zielgruppen gerichtete Angebote können journalistisch sein, wenn sie erkennbar die **publizistische Zielsetzung** haben, zur öffentlichen Meinungsbildung beizutragen.[27] Das Angebot der N ist an der gesellschaftlichen Relevanz ausgerichtet und dient der Meinungsbildung. Beiträge Dritter werden redaktionell bearbeitet. Ihr Angebot ist nicht auf bloße Eigenwerbung beschränkt. N bietet den Nutzern ihrer Website daher ein journalistisch-redaktionelles Angebot.

Fall 233: Hannis Blog
Studentin Hanni (H) betreibt einen privaten Blog, in dem sie hin und wieder ihre Meinung zu Dingen des täglichen Lebens äußert. Als ihr Vater von einem öffentlichen Auftraggeber trotz seines günstigen Angebots nicht berücksichtigt wird, bittet sie die zuständige Behörde nach § 55 Abs. 3 i. V. m. 9a RStV um Auskunft. Ist ihr diese zu erteilen?

Nach § 55 Abs. 3 i. V. m. 9a RStV haben Anbieter von Telemedien mit journalistisch-redaktionell gestalteten Angeboten gegenüber Behörden ein **Recht auf Auskunft**. Bei einem journalistisch-redaktionellen Angebot werden Informationen nach ihrer angenommenen gesellschaftlichen Relevanz ausgewählt und zusammengestellt. Ziel ist, durch Berichterstattung zur öffentlichen Meinungsbildung beizutragen.[28] Hierfür ist eine gewisse **Regelmäßigkeit und Aktualität** erforderlich. H veröffentlicht nur ab und zu ihre Meinung zu Dingen des täglichen Lebens. Ihr Angebot ist zwar nicht ausschließlich privater Natur, für Leute außerhalb ihres Bekanntenkreises haben ihre Meinungen jedoch keinen oder nur einen geringen Erkenntniswert. Bei dem Blog handelt es sich daher nicht um ein journalistisch-redaktionelles Angebot. H hat keinen Auskunftsanspruch aus §§ 55 Abs. 3 i. V. m. 9a RStV.

6. Allgemeine Informationspflichten

Geschäftsmäßigkeit liegt vor, wenn das Telemedium nachhaltig ist, sich also nicht auf einen Einzelfall beschränkt, sondern auf gewisse Dauer angelegt ist. Gewinnerzielungsabsicht ist nicht erforderlich.[29]

---

26 OLG Bremen MMR 2011, 337 – „Gegendarstellungsverlangen".
27 OVG Bautzen NVwZ 2015, 1783, 1784.
28 OVG Bautzen NVwZ 2015, 1783, 1784.
29 BT-Drs. 13/7385, 21; *Lorenz* K&R 2008, 340, 341.

Fall 234: Der anonyme Verkäufer

Justus (J) betreibt auf der Internetverkaufsplattform der I-AG ein individuell gestaltetes Anbieterprofil, über das er gewerblich Taschen verkauft. In seinem Impressum ist statt seines richtigen Namens nur sein Pseudonym zu finden. Da er seine Adresse nicht preisgeben möchte, gibt er seine Postfachadresse an. Kommt J seinen Informationspflichten nach?[30]

Indem J über das Internetportal Taschen anbietet, unterhält er dort einen Internetauftritt, der von Interessenten gezielt angesteuert werden kann. Als Nutzer (§ 2 Satz 1 Nr. 3 TMG) der Online-Plattform der I-AG betreibt er mit seiner „Unterseite" ein komplett eigenständig gestaltetes Telemedium (§ 1 Abs. 1 Satz 1 TMG) und ist diesbezüglich Diensteanbieter i. S. d. § 2 Satz 1 Nr. 1 TMG. Da ihm ebenso wie der I-AG die Rolle eines Diensteanbieters zukommt, ist § 13 Abs. 6 Satz 1 TMG, wonach ein Diensteanbieter die Nutzung von Telemedien und ihre Bezahlung anonym oder unter Pseudonym zu ermöglichen hat, nicht anwendbar.[31] Aufgrund hinreichender Eigenständigkeit seiner Seite ist J als geschäftsmäßig handelnder Anbieter für seine Seite innerhalb der Verkaufsplattform impressumspflichtig. Die **allgemeinen Informationspflichten** nach § 5 Abs. 1 Nr. 1 TMG erfordern die Angabe des vollständigen Namens und einer ladungsfähigen Anschrift. J hat weder seinen Namen noch die Anschrift, unter der er niedergelassen ist, angegeben. Folglich hat er seine Pflichten aus § 5 Abs. 1 Nr. 1 TMG verletzt.

Fall 235: Verkauf nur noch offline

Um der Impressumspflicht aus dem Weg zu gehen, beschließt J, die Taschen nur noch offline in seinen Geschäftsräumen zu verkaufen. Er nutzt weiterhin eine Verkaufsplattform und wirbt dort für Taschen, bietet Interessenten jedoch nicht die Möglichkeit, diese online zu erwerben. Ist es ihm gelungen, der Impressumspflicht zu entgehen?[32]

Als Diensteanbieter hat J für geschäftsmäßige, i. d. R. gegen Entgelt angebotene Telemedien, den allgemeinen Informationspflichten aus § 5 Abs. 1 TMG nachzukommen. Dem steht nicht entgegen, dass J lediglich für Taschen wirbt, jedoch keine Bestellmöglichkeit eröffnet. Er betreibt keine private Website, sondern wirbt für sein Angebot, um auf die in seinem Geschäft angebotenen Taschen aufmerksam zu machen und dadurch neue Kunden zu gewinnen. Seine **Online-Werbung** hat einen wirtschaftlichen Hintergrund. Da er selbst über Inhalt, Dauer und Gestaltung seines Webauftritts bestimmt, ist unerheblich, dass J nicht über eigene Server verfügt, sondern fremde Speicherkapazität nutzt. Obwohl er die übergeordnete Verkaufsplattform nicht betreibt, ist er für

---

30 Angelehnt an: LG München I, Urt. v. 19.11.2013 – 33O9802/13, BeckRS 2014, 10529.
31 OLG Düsseldorf MMR 2013, 718, 719.
32 Angelehnt an: OLG Düsseldorf MMR 2013, 718 ff.

seine geschäftlich genutzte „Unterseite" weiterhin impressumspflichtig.[33] Es ist ihm
nicht gelungen, der Verpflichtung ein Impressum bereitzuhalten, zu entgehen.

Entgeltlichkeit setzt eine wirtschaftliche Gegenleistung voraus. Homepages, die rein
privaten Zwecken dienen oder andere Telemedien, die ohne den Hintergrund einer
Wirtschaftstätigkeit bereitgehalten werden, zählen nicht zu den „**i. d. R. gegen Entgelt angebotene Telemedien**", weshalb sie nicht nach § 5 Abs. 1 TMG informationspflichtig sind.[34]

Fall 236: Katharinas Wintermantel

Nach einer erfolgreichen Diät bietet Katharina (K) ihren zu groß gewordenen Wintermantel in einem Internet-Auktionshaus unter einem Pseudonym an. Hierfür hat sie
sich extra einen Account eingerichtet und eine individuelle Angebotsseite gestaltet.
Wie geplant löscht sie ihre Daten nach dem erfolgreichen Verkauf des Mantels. Ist sie
impressumspflichtig?[35]

Die Verpflichtung, ein Impressum zu veröffentlichen, erfordert nach § 5 Abs. 1 TMG
ein **geschäftsmäßiges Angebot** von Telemedien. Diensteanbieterin K handelt geschäftsmäßig, sofern ihr Angebot nicht auf einen Einzelfall beschränkt ist, sondern auf
gewisse Dauer angelegt ist.[36] K nutzt ihre Angebotsseite lediglich für den Verkauf eines
Wintermantels. Nach dem Verkauf des Mantels bietet sie keine Waren mehr an und
löscht ihre Daten. K betreibt ihre Seite daher nicht geschäftsmäßig und unterliegt nicht
den allgemeinen Informationspflichten aus § 5 Abs. 1 TMG. Eine Informationspflicht
kann sich zudem aus § 55 Abs. 1 RStV ergeben, wenn das Telemedienangebot der K
nicht ausschließlich persönlichen oder familiären Zwecken dient. Rein persönlichen
Zwecken dienen auch gelegentliche wirtschaftliche Tätigkeiten von Privatpersonen.[37]
K ist damit nicht verpflichtet, ein Impressum zu veröffentlichen.

Fall 237: Fotos für Freunde und Familie

Swetlana (S) erstellt eine Website mit einem privaten Fotoalbum. Der Zugriff ist pass-
wortgeschützt, weshalb die Bilder nur von ihrer Familie und engen Freunden angesehen werden können. Ist sie verpflichtet, ein Impressum zu erstellen?

Die Verpflichtung, ein Impressum zu erstellen, könnte sich aus § 5 Abs. 1 TMG ergeben. S bietet mit ihrem Online-Fotoalbum ein auf eine gewisse Dauer angelegtes Telemedium an. Anbieterinformationen müssen nach § 5 Abs. 1 TMG nur für „in der Regel
gegen Entgelt" angebotene Telemedien bereitgehalten werden. Ihr Fotoalbum hat als

---

33 OLG Düsseldorf MMR 2013, 718, 719.
34 BT-Drs. 16/3078, 14.
35 Siehe auch Fall 296, S. 228.
36 BT-Drs. 13/7385, 21; *Lorenz* K&R 2008, S. 340, 341.
37 LT-BW-Drs. 14/558, 38 f.

rein privates Angebot keinen wirtschaftlichen Hintergrund. Damit besteht keine Impressumspflicht nach § 5 Abs. 1 TMG. Da ihr Online-Fotoalbum ausschließlich **persönlichen und familiären Zwecken** dient, ist S auch nicht nach §§ 55 Abs. 1 RStV informationspflichtig.

Fall 238: Info-Link

Marek (M) betreibt ein Schlüsseldienstunternehmen und bietet seine Leistungen bundesweit im Internet an. Das Unternehmen verfügt über eine Internetpräsenz sowie einen eigenen Auftritt in dem sozialen Netzwerk S. Der dortige Auftritt enthält kein unmittelbares Impressum, sondern auf der Unterseite „*Info*" nur einen Link zur Unternehmenshomepage, die ein Impressum enthält. Genügt M damit seinen unternehmerischen Informationspflichten nach dem TMG?[38]

Als Diensteanbieter für geschäftsmäßige, in der Regel gegen Entgelt angebotene Telemedien, hat M seine Anbieterinformationen **leicht erkennbar, unmittelbar erreichbar und ständig verfügbar** zu halten (§ 5 Abs. 1 TMG). Seine Anbieterkennzeichnung ist über den „Info-Link" auf der Unternehmenswebsite zu finden. Im Gegensatz zu den Bezeichnungen „*Kontakt*" oder „*Impressum*" ist für den durchschnittlichen Internetnutzer nicht sofort erkennbar, dass unter dem Link „*Info*" auch das Impressum des Anbieters zu finden ist.[39] M hat seine Anbieterinformationen nicht leicht erkennbar bereitgehalten und damit gegen die Informationspflicht aus § 5 Abs. 1 TMG verstoßen.

Fall 239: Mehrwertdienstenummer

Dominique (D) vertreibt über einen Online-Shop Süßwaren. Ihr Impressum enthält ihre Postanschrift, E-Mail-Adresse sowie eine 0900er-Telefonnummer mit den für einen Anruf anfallenden Kosten in Höhe von 0,49 €/Minute aus dem Festnetz und 2,99 €/Minute aus dem Mobilfunknetz. Genügt sie mit diesen Angaben ihrer Informationspflicht?[40]

Nach § 5 Abs. 1 Nr. 2 TMG hat D als Anbieterin geschäftsmäßiger, entgeltlicher Telemediendienste Angaben, die eine **schnelle elektronische Kontaktaufnahme und unmittelbare Kommunikation** ermöglichen, einschließlich ihrer E-Mail-Adresse, leicht erkennbar, unmittelbar erreichbar und ständig verfügbar zu halten. Um eine schnelle Kontaktaufnahme zu gewährleisten, muss D den Nutzern ihres Dienstes vor Vertragsschluss neben ihrer E-Mail-Adresse noch weitere Informationen zur Verfügung stellen. Hierfür genügt der Hinweis auf die Kontaktaufnahmemöglichkeit über ein elektronisches Anfrageformular,[41] Telefax oder den persönlichen Kontakt in den Räumen

---

38 Angelehnt an: OLG Düsseldorf ZUM 2014, 587 – „Facebook-Impressum".
39 OLG Düsseldorf ZUM 2014, 587, 588 – „Facebook-Impressum".
40 Angelehnt an: BGH GRUR 2016, 957 – „Mehrwertdienstenummer".
41 EuGH NJW 2008, 3553, 3554.

des Diensteanbieters.[42] Die Angabe der Postanschrift ist jedoch nicht ausreichend, da die Verpflichtung zur Adressangabe (§ 5 Abs. 1 Nr. 1 TMG) neben den Verpflichtungen aus § 5 Abs. 1 Nr. 2 TMG besteht. Neben der Kontaktaufnahmemöglichkeit per E-Mail bietet D den Nutzern ihrer Seite lediglich eine mit hohen Kosten verbundene 0900er Mehrwertdienstenummer an. D ist nicht verpflichtet, eine Telefonnummer anzugeben und § 5 TMG setzt nicht voraus, dass die Kontaktaufnahmemöglichkeit kostenlos sein muss. Hohe Kosten für eine telefonische Rückfrage stellen jedoch eine Hürde dar, die Verbraucher von einer Kontaktaufnahme abhalten kann. Fallen bei der telefonischen Kontaktaufnahme Kosten an, die bei einem normalen Telefonanruf nicht entstehen, fehlt es an einer effizienten Kommunikation. Mit der 0900er-Nummer stellt D neben der E-Mail-Adresse keinen weiteren Kommunikationsweg zur Verfügung, der den Anforderungen des § 5 TMG an eine effiziente Kommunikation entspricht. Sie genügt ihrer Informationspflicht daher nicht.

7. Besondere Informationspflichten

Fall 240: Spam
Die X-AG verbreitet ihre Werbung per E-Mail. Damit diese Mails auch geöffnet werden, lässt sie diese als persönliche Mitteilung eines Freundes oder Bekannten erscheinen. Muss sie mit einer Geldbuße rechnen?

Da X ihre Werbung per E-Mail versendet, muss sie in der Kopf- und Betreffzeile als Absender erkennbar sein. Den kommerziellen Charakter ihrer Nachricht darf sie nicht verschleiern oder verheimlichen (§ 6 Abs. 2 Satz 1 TMG).[43] Ein Verschleiern oder Verheimlichen liegt dann vor, wenn Kopf- und Betreffzeile absichtlich so gestaltet sind, dass der Empfänger vor Einsichtnahme in den Inhalt der Kommunikation keine oder irreführende Informationen über die tatsächliche Identität des Absenders oder den kommerziellen Charakter der Nachricht erhält (§ 6 Abs. 2 Satz 2 TMG). X tarnt ihre Werbe-E-Mails als persönliche Mitteilungen, weshalb dem Empfänger vor dem Lesen der Nachricht keine Informationen über die Identität der X zur Verfügung stehen. X verschleiert und verheimlicht den kommerziellen Charakter ihrer E-Mails absichtlich, wodurch sie gegen § 6 Abs. 2 TMG verstößt. Dies stellt eine Ordnungswidrigkeit dar (§ 16 Abs. 1 TMG). Ihr droht eine Geldbuße bis zu 50.000 Euro (§ 16 Abs. 3 TMG).

8. Verantwortlichkeit der Diensteanbieter – Haftungsprivilegierungen

Informationen sind alle Angaben, die im Rahmen des jeweiligen Telemediendienstes übermittelt oder gespeichert werden.[44]

---

42 EuGH NJW 2008, 3553.
43 Siehe auch § 7 Abs. 2 Nr. 4 UWG.
44 BT-Drs. 14/6098, 23.

Fall 241: Fotografenfotos

Mara (M) betreibt eine Website, auf der sie regelmäßig Fotos veröffentlicht. Nachdem sie dort ein von der Fotografin Kristin (K) angefertigtes Foto einstellt, nimmt diese sie wegen Urheberrechtsverletzung auf Schadensersatz in Anspruch. M meint, sie sei als Anbieterin von Telemedien nur eingeschränkt haftbar. Stimmen Sie ihr zu?

Gemäß § 7 Abs. 1 TMG richtet sich die Verantwortlichkeit von Diensteanbietern für zur Nutzung bereitgehaltene eigene Informationen nach den allgemeinen Gesetzen. Informationen sind dabei sämtliche Inhalte, die im Rahmen des Dienstes übermittelt oder gespeichert werden und somit auch die von der Diensteanbieterin M veröffentlichten Fotos. Die Haftungsprivilegierungen der §§ 8–10 TMG sind nicht anwendbar. M haftet damit nach den **allgemeinen Gesetzen**, wozu auch das Urheberrechtsgesetz zählt. Ob M zum Schadensersatz verpflichtet ist, kann erst nach Prüfung der §§ 97 Abs. 2, 19a UrhG geklärt werden.

Fall 242: Studentin der Medienwissenschaften

Gundula (G) betreibt eine private Internetseite, auf der sie über ihre Erlebnisse als Studentin der Medienwissenschaften berichtet. Einigen Bekannten gestattet sie, dort eigene Beiträge einzustellen. Kommilitone Roy (R) nutzt diese Möglichkeit und veröffentlicht einen Artikel mit persönlichkeitsrechtsverletzenden und beleidigenden Behauptungen über Universitätsprofessor U. Mangels Autorenangabe und aufgrund der Anordnung unter den Beiträgen der G, ist für den Leser nicht ersichtlich, dass der Beitrag nicht von ihr stammt. U fragt sich, ob er zivil- und strafrechtliche Ansprüche gegenüber G geltend machen kann. Ist G für den Beitrag des R verantwortlich?

Als Diensteanbieterin ist G nach § 7 Abs. 1 TMG für **eigene Informationen** nach den allgemeinen Gesetzen verantwortlich. Der persönlichkeitsrechtsverletzende Artikel stammt nicht von ihr. Allerdings sind auch solche Informationen als eigene einzustufen, die sich ein Diensteanbieter zu eigen macht.[45] Ob ein Zu-eigen-machen vorliegt, ist aus der Sicht eines verständigen Durchschnittsnutzers auf der Grundlage der Gesamtbetrachtung aller relevanten Umstände zu beurteilen.[46] Für den Besucher ihrer Website ist nicht erkennbar, dass der Beitrag nicht von G selbst stammt. Er kann den Inhalt ihrer Website nur so verstehen, als habe sie die Verantwortung für sämtliche Beiträge übernommen. Indem G den Beitrag als eigenen Inhalt veröffentlicht, macht sie sich diesen zu eigen. Sie ist für den Beitrag des R verantwortlich und haftet nach den allgemeinen Vorschriften des Zivil- und Strafrechts.

---

45 BGH NJW-RR 2010, 1276, 1278 – „marions-Kochbuch.de".
46 BGHZ 209, 139, Rn. 17 = BGH NJW 2016, 2106, 2107 – „Ärztebewertungsportal III", „jameda.de II" – E 102.

Wenn der Betreiber der Website die inhaltliche Verantwortung für die auf seiner Internetseite veröffentlichten Inhalte für Außenstehende erkennbar übernimmt, macht er sich diese **zu eigen.**[47]

Fall 243: Der Klodeckel im Waschbecken

Die A-AG betreibt ein Hotelbewertungsportal. Bewertungen werden ungeprüft veröffentlicht und sind für Besucher als Nutzerbewertungen erkennbar. Nino (N) veröffentlicht dort eine anonyme Bewertung. Er schreibt, er habe am 7.5. das H-Hotel besucht. Im Bad seines Zimmers habe der Klodeckel zertrümmert im Waschbecken gelegen. Hotelbesitzer H ist der Ansicht, A habe sich diesen Inhalt zu eigen gemacht und hafte nach den allgemeinen Gesetzen.[48]

Als Betreiberin des Bewertungsportals macht A sich Inhalte zu eigen, für die sie nach außen erkennbar die inhaltliche Verantwortung übernommen oder den zurechenbaren Anschein erweckt hat, sie identifiziere sich mit diesen Inhalten. Ob dies der Fall ist, ist anhand einer Gesamtbetrachtung aller Umstände aus der Sicht eines verständigen Durchschnittsnutzers zu beurteilen.[49] Die Leistung der A beschränkt sich auf die Zurverfügungstellung des Bewertungsprotals. Sie überprüft die von den Nutzern ihres Bewertungsportals hochgeladenen Inhalte weder redaktionell auf Richtigkeit und Vollständigkeit noch bindet sie diese in ihr eigenes redaktionelles Angebot ein, was für ein Zu-eigen-machen sprechen würde. A kennt die von den Nutzern eingestellten Inhalte nicht. Inhalt und Gestaltung ihres Bewertungsportals machen auch nicht den Eindruck, als identifiziere sie sich mit diesen. A macht sich die Bewertung des N daher nicht zu eigen.

Fall 244: Das Personal ist überfordert

K betreibt ein Portal zur Bewertung von Krankenhäusern. Patientin Pamela (P) verfasst einen nicht der Wahrheit entsprechenden Erfahrungsbericht über die H-Klinik, den sie in das Bewertungsportal einstellt. Darin schreibt sie u. a.: *„Bei einem Standardeingriff kam es zu Komplikationen. Das Personal war überfordert. Der zuständige Arzt streitet jede Verantwortung ab.“* Die H-Klinik (eine GmbH) fordert K zur Entfernung der Bewertung auf, woraufhin diese den ersten Satz der Bewertung ohne Rücksprache mit P in: *„Bei einem Standardeingriff kam es wegen meiner besonderen Konstitution zu Komplikationen“* ändert. H besteht gegenüber K weiterhin auf Entfernung des Beitrags und verlangt Unterlassung.[50]

---

47 BT-Drs. 14/6098, 23; BGH NJW-RR 2010, 1276, 1278 – „marions-Kochbuch.de“.
48 OLG Hamburg MMR 2017, 120 – „Abgewohntes Hotel“.
49 OLG Hamburg MMR 2017, 120, 122 – „Abgewohntes Hotel“.
50 Angelehnt an: BGH NJW 2017, 2029 – „klinikbewertungen.de“.

Ein Unterlassungsanspruch der H könnte sich aus § 1004 Abs. 1 BGB analog, § 823 BGB i. V. m. Art. 2 Abs. 1, 19 Abs. 3 GG ergeben. H ist eine GmbH, die sich als juristische Person (§ 13 Abs. 1 GmbHG) auf die Verletzung ihres Unternehmenspersönlichkeitsrechts (Art. 2 Abs. 1, 19 Abs. 3 GG) berufen kann.[51] Die Bewertung der P greift in den Schutzbereich des allgemeinen Persönlichkeitsrechts der H ein. H ist durch die Bewertung der P in ihrem sozialen Geltungsanspruch als Klinik betroffen, da die Bewertung den Eindruck hervorruft, H sei mit Notsituationen überfordert und der zuständige Arzt für die Komplikationen verantwortlich. K ist für diesen Erfahrungsbericht der P nur verantwortlich, wenn sie sich diesen zu eigen macht und damit als **unmittelbarer Störer** anzusehen ist. Unmittelbarer Störer ist K als Portalbetreiber nur dann, wenn es sich bei der Bewertung um eigene Informationen handelt (§ 7 Abs. 1 TMG). Zu eigenen Informationen eines Portalbetreibers gehören auch von einem Dritten eingestellte Beiträge, die er sich zu eigen macht. Ein Zu-eigen-machen liegt vor, wenn K nach außen erkennbar die inhaltliche Verantwortung für die auf seiner Internetseite veröffentlichten Inhalte übernimmt, was aus objektiver Sicht auf der Grundlage einer Gesamtbetrachtung aller relevanten Umstände zu beurteilen ist.[52] Bei der Annahme einer Identifikation mit fremden Inhalten ist grundsätzlich Zurückhaltung geboten. Für ein Zu-eigen-machen spricht es aber, wenn der Portalbetreiber eine inhaltlich-redaktionelle Überprüfung der auf seinem Portal eingestellten Nutzerbewertungen auf Vollständigkeit und Richtigkeit vornimmt.[53] Indem K die Bewertung der P nach der Beanstandung durch H überprüft und selbstständig entscheidet, welche Äußerung sie ändert, verlässt K die Rolle eines neutralen Vermittlers. Er macht sich die Bewertung der P zu eigen. Da die zu eigen gemachte Äußerung unwahr ist, kann die Meinungsfreiheit das allgemeine Persönlichkeitsrecht der H nicht überwiegen, die Äußerung ist somit auch rechtswidrig. Die für den Unterlassungsanspruch erforderliche Wiederholungsgefahr wird im Falle einer erfolgten Rechtsverletzung vermutet. H kann gegenüber K einen Unterlassungsanspruch nach § 1004 Abs. 1 BGB analog, § 823 BGB i. V. m. Art. 2 Abs. 1, 19 Abs. 3 GG geltend machen.

9. Access-Provider

Fall 245: Access-Provider

Die B-AG vermittelt als Access-Provider den Zugang zum Internet. Ihr Kunde Knut (K) verletzt Urheberrechte über den von ihr vermittelten Zugang. Der in seinen Rechten verletzte Urheber möchte B auf Schadensersatz in Anspruch nehmen. Ist dies möglich?

---

51 Zum allgemeinen Persönlichkeitsrecht von Personenmehrheiten siehe auch die Fälle 116 und 117, S. 85 f. und *Fechner*, Medienrecht, 4. Kapitel, Rn. 108 ff.
52 Vgl. BGH NJW 2017, 2029, 2030 – „klinikbewertungen.de".
53 BGH NJW 2017, 2029, 2030 – „klinikbewertungen.de"; BGHZ 209, 139, Rn. 17 f. = BGH NJW 2016, 2106, 2107 – „Ärztebewertungsportal III", „jameda.de II" – E 102.

B ist für die Urheberrechtsverletzung nicht verantwortlich, wenn die Voraussetzungen des § 8 Abs. 1 Satz 1 TMG erfüllt sind. B vermittelt als Access-Provider den Zugang zur Internetnutzung und ist damit Diensteanbieterin i. S. d. §§ 2 Satz 1 Nr. 1; 8 Abs. 1 Satz 1 TMG. Als solche ist B gemäß § 8 Abs. 1 Satz 1 TMG für fremde Informationen, zu denen sie den Zugang zur Nutzung vermittelt, **nicht verantwortlich**, sofern sie die Übermittlung nicht veranlasst, den Adressaten der übermittelten Informationen nicht ausgewählt und die übermittelten Informationen nicht ausgewählt oder verändert hat. Die Tätigkeit der B beschränkt sich ausschließlich auf den technischen Vorgang der automatischen Zugangsvermittlung zum Internet. Sie hat keinen Einfluss auf die von Nutzern bereitgestellten Inhalte. Für die von ihr übermittelten fremden Inhalte ist sie aufgrund der Haftungsprivilegierung des § 8 Abs. 1 TMG nicht verantwortlich. Wegen der Urheberrechtsverletzung kann sie daher nicht auf Schadensersatz in Anspruch genommen werden.[54] Der Urheber muss zunächst zumutbare Anstrengungen unternehmen, gegen diejenigen Beteiligten vorzugehen, die die Rechtsverletzung selbst begangen haben (z. B.: Betreiber einer Internetseite) oder (wie der Host-Provider) zur Rechtsverletzung durch die Erbringung von Dienstleistungen beitragen. Der in seinen Rechten verletzte Urheber muss sich also zunächst an K wenden und den Schadensersatzanspruch ihm gegenüber geltend machen. Sofern ein Telemedium von einem Nutzer in Anspruch genommen wird, um das Recht am geistigen Eigentum (z. B. Urheberrecht) eines anderen zu verletzen und für diesen keine andere Möglichkeit besteht, der Verletzung seines Rechts abzuhelfen, ist eine Netzsperre möglich (§ 7 Abs. 4 TMG).[55]

10. Host-Provider

Fall 246: Der Handwerker

Moritz (M) verfasst innerhalb des Internetportals der L-AG einen erfundenen und rufschädigenden Beitrag über den Handwerker B. Dieser erleidet daraufhin erhebliche Umsatzeinbußen und begehrt Schadensersatz von L. L kennt den Beitrag nicht und hat sich diesen nicht zu eigen gemacht. Prüfen Sie, ob L für den von M veröffentlichten Inhalt verantwortlich ist.

Gemäß § 10 Satz 1 TMG ist die L-AG als Diensteanbieterin i. S. d. § 2 Satz 1 Nr. 1 TMG für fremde Informationen nicht verantwortlich, solange ihr keine Umstände bekannt sind, aus denen die Rechtswidrigkeit des Beitrags offensichtlich hervorgeht. Gemäß § 7 Abs. 2 Satz 1 TMG sind Diensteanbieter nicht verpflichtet, die von ihnen übermittelten oder gespeicherten Informationen zu überwachen oder nach Umständen zu forschen, die auf eine rechtswidrige Tätigkeit hindeuten. Als Betreiber eines Internetportals ist es der L-AG grundsätzlich **nicht zuzumuten**, jeden Beitrag vor der Veröffentlichung im Internet auf eine mögliche Rechtsverletzung hin zu untersuchen. Bei den von der

---

54 Siehe auch § 8 Abs. 1 Satz 2 TMG n. F., BT-Drs. 18/12202, 7.
55 BT-Drs. 18/12202, 7; BT-Drs. 18/12469; BR-Drs. 609/17 (Beschluss).

L-AG gespeicherten Daten handelt es sich nicht um eigene, zur Nutzung durch Dritte bereitgehaltene Inhalte, für die sie nach den allgemeinen Gesetzen verantwortlich wäre (§ 7 Abs. 1 TMG), sondern um **fremde Informationen** i. S. d. § 10 Satz 1 TMG. Die L-AG hat lediglich eine neutrale Vermittlerrolle inne. Die Rechtswidrigkeit des Beitrags geht nicht aus einem der L bekannten Umstand hervor. Solange dies nicht der Fall ist, ist L aufgrund der Haftungsprivilegierung aus § 10 Satz 1 TMG nicht zum Schadensersatz verpflichtet.

Fall 247: Keine Kenntnis

Bertram (B) betreibt die Website, auf der er von Nutzern eingereichte Blogs speichert und zum Abruf bereithält. Er veröffentlicht die Beiträge, ohne diese zuvor überprüft zu haben. Kann er wegen der Äußerung eines Dritten als Störer in Anspruch genommen werden, wenn er von der Rechtswidrigkeit der Äußerung keine Kenntnis hat?

Indem B die Website betreibt, dabei den Speicherplatz für die von den Nutzern eingerichteten Websites bereitstellt und den Abruf dieser Seiten über das Internet ermöglicht, trägt er auch dann willentlich und adäquat kausal zur Verbreitung dieser Äußerungen bei, wenn diese das allgemeine Persönlichkeitsrecht Dritter beeinträchtigen. Die Störerhaftung setzt jedoch die **Verletzung einer Prüfpflicht** voraus. Ein Hostprovider ist nicht verpflichtet, die von den Nutzern „ins Netz gestellten" Beiträge vor der Veröffentlichung auf eventuelle Rechtsverletzungen zu überprüfen.[56] Einer allgemeinen Prüfpflicht für die von Diensteanbietern i. S. d. §§ 8–10 TMG übermittelten Daten steht § 7 Abs. 2 Satz 1 TMG entgegen. Danach haben Diensteanbieter wie B im Hinblick auf die von ihnen gespeicherten oder übermittelten Daten keine Überwachungspflichten. Eine Verantwortung kann B erst ab dem Zeitpunkt treffen, ab dem er **Kenntnis von der Möglichkeit einer Rechtsverletzung** erlangt. B hat keine Kenntnis von einer möglichen Rechtsverletzung. Er kann damit nicht als Störer in Anspruch genommen werden.

> Als **Störer** ist verpflichtet, wer, ohne Täter oder Teilnehmer zu sein, in irgendeiner Weise willentlich und adäquat kausal zur Beeinträchtigung des Rechtsguts beiträgt.[57]

> **Prüfung der Störerhaftung aus § 1004 BGB analog**
> 1. keine Haftung als Täter oder Teilnehmer
> 2. willentlicher und adäquat kausaler Beitrag zur Rechtsverletzung
> 3. Verletzung zumutbarer Prüfpflichten durch den Störer

---

56 BGH NJW 2012, 2345, 2346 – „RSS-Feeds".
57 BGHZ 191, 219, Rn. 21 = BGH NJW 2012, 148, 150 – „Blog-Eintrag"; BGHZ 208, 82, Rn. 21 = BGH NJW 2016, 794, 795 –„Störerhaftung des Access-Providers".

Fall 248: Restaurantkritik

Mirko (M) betreibt ein Restaurantbewertungsportal. Restaurantbetreiber Rico (R) fühlt sich durch die Bewertung eines Nutzers in seinem allgemeinen Persönlichkeitsrecht verletzt, was er M mitteilt und mit konkreten Hinweisen belegt. M weiß nicht, was er in diesem Fall zu tun hat und bittet Sie um Rat.

Ab dem Zeitpunkt, in dem M von der hinreichend konkretisierten Beanstandung des Restaurantbesitzers Kenntnis erlangt, trifft ihn eine **Prüfpflicht**. Der Umfang dieser Prüfpflicht richtet sich nach der Zumutbarkeit im jeweiligen Einzelfall.[58] In diesem Fall ist er zur Ermittlung und Bewertung des Sachverhalts verpflichtet. Dabei muss er ernsthaft versuchen, sich die für die Überprüfung erforderlichen Tatsachen zu beschaffen.[59] Hierfür hat er die Beanstandung des R an den für den Beitrag verantwortlichen Nutzer weiterzuleiten und diesen zu einer Stellungnahme aufzufordern.

11. Haftung für Hyperlinks

Fall 249: Elektronischer Verweis

Isa (I) schreibt einen Blog. Mittels Hyperlink verweist sie auf den beleidigenden Inhalt der Website ihres Kommilitonen Kurt (K). Für Besucher ihrer Seite ist nicht erkennbar, dass der beleidigende Inhalt nicht von ihrer Seite stammt. Ist sie für die Beleidigung nach zivil- und strafrechtlichen Vorschriften verantwortlich soweit die Voraussetzungen erfüllt sind?

Die Haftung von Diensteanbietern, die mittels eines Hyperlinks den Zugang zu rechtswidrigen Inhalten eröffnen, ist in der E-Commerce-Richtlinie[60] und im TMG nicht geregelt. Eine analoge Anwendung der §§ 8–10 TMG kommt mangels planwidriger Regelungslücke nicht in Betracht.[61] Die Haftung für Hyperlinks richtet sich daher nach den allgemeinen Vorschriften.[62] Wer sich fremden Informationen, auf die er mit Hilfe des Hyperlinks verweist, zu eigen macht, haftet dafür wie für eigene Informationen. Ob ein **Zu-eigen-machen** vorliegt, ist aus der Sicht eines verständigen Durchschnittsnutzers zu beurteilen. Dem objektiven Betrachter der Website der I erscheint der beleidigende Inhalt als deren Bestandteil. Die Linksetzung ist für diesen nicht erkennbar. Durch den Hyperlink hat I sich den fremden Inhalt zu eigen gemacht. Sie ist nach den allgemeinen Vorschriften verantwortlich.

---

58 BGH NJW 2016. 794, 795 – „Störerhaftung des Access-Providers".
59 BGHZ 209, 139, Rn. 42 = BGH NJW 2016, 2106, 2110 – „Ärztebewertungsportal III", „jameda.de II" – E 102.
60 Vgl. Art. 21 Abs. 2 RL 2000/31/EG.
61 *Hoffmann*, in: Spindler/Schuster, Recht der elektronischen Medien, Telemediengesetz, Vorbemerkung, Rn. 39.
62 BT-Drs. 14/6098, 37.

Fall 250: Disclaimer

Isas Freundin Dana (D) ist der Ansicht, ihr könne dergleichen nicht passieren, sie habe auf ihrer Website einen Disclaimer (Haftungsausschluss) mit folgendem Inhalt: *„Die Betreiber dieser Website distanzieren sich von allen fremden Information. Wir machen uns den Inhalt nicht zu eigen"*. Kann sie sich durch diesen Disclaimer einer Haftung entziehen?

D möchte sich mit ihrem Disclaimer pauschal einer Verantwortung für verlinkte Inhalte entziehen. Sie hat sich den verlinkten Inhalt jedoch zu eigen gemacht. Ein pauschaler Haftungsausschluss ist aufgrund der Übernahme der fremden Beiträge als eigene widersprüchlich und daher gemäß § 242 BGB unbeachtlich.[63] Sie kann sich durch den Disclaimer nicht der Haftung entziehen.

Fall 251: Oles Website

Ole (O) betreibt eine eigene Website. Durch Hyperlinks verweist er auf weiterführende Informationen zu seinen Lieblingsthemen. Ein Link verweist erkennbar auf Inhalte der Website der G-AG. O kennt den Inhalt der Website, weiß jedoch nichts von der Rechtswidrigkeit eines Beitrags und hätte diese ohne vorherige juristische Beratung auch nicht erkennen können. Ist O für den verlinkten Inhalt verantwortlich?

Der von O gesetzte, eindeutig als solcher erkennbare Link, ist nicht so zu verstehen, als wolle er die volle Verantwortung für den verlinkten Inhalt übernehmen. Der verständige Internetnutzer wird den Link als Möglichkeit ansehen, sich über von Dritten bereitgestellte Inhalte weiter zu informieren.[64] Die Verlinkung entspricht damit einem Hinweis auf weiterführende Literatur, über den sich der interessierte Leser weitere Informationsquellen erschließen kann. Er ist auch nicht in den Inhalt der Website derart eingebettet, dass er für das Verständnis des Inhalts von erheblicher Bedeutung und dadurch Bestandteil der Internetseite des O wäre. O hat sich den Inhalt der verlinkten Seite nicht derart zu eigen gemacht, dass ihm dieser zugerechnet werden müsste. Der Hyperlink erhöht jedoch die Gefahr der Verbreitung rechtswidriger Inhalte, weshalb O Prüfpflichten treffen könnten. Der Umfang der Prüfpflichten richtet sich nach den Umständen des jeweiligen Einzelfalls. Maßgeblich sind z. B. der Zweck des Links, das Wissen des O und seinen Möglichkeiten, die Rechtsverletzung zu erkennen.[65] O war es ohne vorherigen juristischen Rat nicht möglich, die Rechtsverletzung auf der verlinkten Website zu bemerken. Er ist für den verlinkten Inhalt nicht verantwortlich.

---

63 LG Köln ZUM-RD 2008, 437, 439.
64 BGHZ 206, 103, Rn. 20 = BGH MMR 2016, 171, 172 – „Haftung für Hyperlink".
65 Vgl.: BGHZ 206, 103, Rn. 24 = BGH MMR 2016, 171, 173 – „Haftung für Hyperlink".

F. Jugendschutz[1]

Kurzübersicht

- Der Kinder- und Jugendschutz hat Verfassungsrang. Die verfassungsrechtliche Pflicht zum Schutz der Jugend gegenüber den Medien ergibt sich aus dem elterlichen Erziehungsrecht (Art. 6 Abs. 2 Satz 1 GG) sowie dem eigenen Recht Kinder und Jugendlicher auf ungestörte Persönlichkeitsentwicklung und -entfaltung aus Art. 2 Abs. 1 i. V. m. Art. 1 Abs. 1 GG.[2]
- Gemäß Art. 24 Abs. 1 GRCh haben Kinder Anspruch auf den Schutz und die Fürsorge, die für ihr Wohlergehen notwendig sind und können ihre Meinung frei äußern. Diese wird in den sie betreffenden Angelegenheiten, in einer ihrem Alter und Reifegrad entsprechenden Weise berücksichtigt.

Jugendschutz nach dem Jugendschutzgesetz

- Das Jugendschutzgesetz (JuSchG[3]) des Bundes dient dem Schutz der Jugend in der Öffentlichkeit. In §§ 11 ff. enthält es Regelungen über den Jugendschutz in Trägermedien i. S. d. § 1 Abs. 2 Satz 1 JuSchG. Der Bereich der Telemedien i. S. d. § 1 Abs. 3 JuSchG, § 1 Abs. 1 Satz 1 TMG ist dem Landesrecht vorbehalten.

Alterskennzeichnung von Trägermedien, §§ 12–14 JuSchG

- Zuständig ist die oberste Landesbehörde oder eine Organisation der freiwilligen Selbstkontrolle (§ 14 Abs. 2 JuSchG).
- Anforderungen an die Sichtbarkeit der Alterskennzeichnung finden sich in § 12 Abs. 2 JuSchG.
- Die Einstufung erfolgt gemäß § 14 Abs. 2 Nr. 1–5 JuSchG in fünf Altersgruppen: Freigabe ohne Altersbeschränkung (ab 0 Jahren), Freigabe ab 6, 12 oder 16 Jahren oder keine Jugendfreigabe (ab 18 Jahren).

---

1 *Fechner*, Medienrecht, 6. Kapitel, Rn. 1 ff.
2 BVerfGE 83, 130, 139 f. – „Josephine Mutzenbacher" – E 73; BVerfG NJW 2000, 2191, 2192.
3 Vorschriftensammlung T 17.

Indizierung

- Jugendgefährdende Medien sind in eine Liste (Index) aufzunehmen (§ 18 Abs. 1 Ju-SchG). Zuständig ist die Bundesprüfstelle für jugendgefährdende Medien – BPjM (§ 17 Abs. 2 JuSchG).
- Die BPjM ist auf Antrag einer gemäß § 21 Abs. 2 JuSchG dazu berechtigten Stelle verpflichtet, ein Prüfverfahren durchzuführen. Aufgrund der Anregung einer nicht in § 21 Abs. 2 JuSchG genannten Behörde oder eines anerkannten Trägers der freien Jugendhilfe kann sie von Amts wegen ein Prüfverfahren einleiten, wenn sie dies im Interesse des Jugendschutzes für geboten hält (§ 21 Abs. 4 JuSchG).
- Indizierte Medien dürfen Kindern und Jugendlichen nicht zugänglich gemacht werden. Sie dürfen nicht öffentlich ausgestellt und beworben werden (§ 15 Abs. 1 Ju-SchG).
- Medien mit Altersfreigabe dürfen nicht indiziert werden (§ 18 Abs. 8 Satz 1 JuSchG).

Dreistufiges Regelungssystem

- **Entwicklungsbeeinträchtigende Inhalte** sind geeignet, die Entwicklung von Kindern und Jugendlichen oder ihre Erziehung zu einer eigenverantwortlichen und gemeinschaftsfähigen Persönlichkeit zu beeinträchtigen (§ 14 Abs. 1 JuSchG). Sie dürfen Kindern und Jugendlichen nur mit einer entsprechenden Altersfreigabe zugänglich gemacht werden.
- **Jugendgefährdende Inhalte** sind geeignet, die Entwicklung von Kindern oder Jugendlichen oder ihre Erziehung zu einer eigenverantwortlichen und gemeinschaftsfähigen Persönlichkeit zu gefährden. Diese Inhalte sind zu indizieren (§ 18 Abs. 1 Satz 1 JuSchG).
- **Schwer jugendgefährdende Inhalte** sind offensichtlich geeignet, die Entwicklung von Kindern oder Jugendlichen oder ihre Erziehung zu einer eigenverantwortlichen und gemeinschaftsfähigen Persönlichkeit schwer zu gefährden (§ 15 Abs. 2 Nr. 5 Ju-SchG). Sie unterliegen automatisch, d. h. ohne vorherige Indizierung, denselben Beschränkungen wie jugendgefährdende Medien (§ 15 Abs. 2 JuSchG).

Selbstkontrolleinrichtungen nach § 14 Abs. 6 JuSchG

- Die Freiwillige Selbstkontrolle der Filmwirtschaft (FSK) ist für die Altersfreigabeprüfung von Filmen und anderen Trägermedien, die für die öffentliche Verbreitung und Vorführung auch vor Kindern und Jugendlichen vorgesehen sind, zuständig. Trägerin der FSK ist die SPIO (Spitzenorganisation der Filmwirtschaft e. V.). Die SPIO ist der Dachverband von Berufsverbänden der deutschen Film-, Fernseh- und Videowirtschaft.

- Die Unterhaltungssoftware-Selbstkontrolle (USK) ist eine freiwillige Einrichtung der Computerspielewirtschaft. Sie ist für die Alterskennzeichnung von Computer- und Videospielen zuständig.

Jugendschutz nach dem JMStV

- Der Staatsvertrag über den Schutz der Menschenwürde und den Jugendschutz in Rundfunk und Telemedien (Jugendmedienschutz-Staatsvertrag – JMStV)[4] der Länder trifft Regelungen über Rundfunk und Telemedien i.S.d. § 2 RStV (§ 2 Abs. 1 JMStV).

Dreistufiges Regelungssystem

- **Absolut unzulässige Angebote** sind in § 4 Abs. 1 Satz 1 JMStV aufgeführt. Sie dürfen überhaupt nicht verbreitet werden (Totalverbot bzw. absolutes Verbreitungsverbot).
- Die in § 4 Abs. 2 Satz 1 JMStV aufgeführten **schwer jugendgefährdenden Angebote** sind unzulässig und dürfen nur verbreitet werden, wenn der Betreiber des Telemediums sicherstellt, dass nur Erwachsene darauf zugreifen können – *„geschlossene Benutzergruppe"* (§ 4 Abs. 2 Satz 2 JMStV) (relatives Verbreitungsverbot).
- **Entwicklungsbeeinträchtigende Angebote** dürfen verbreitet und Kindern und Jugendlichen bestimmter Altersstufen (6, 12, 16, 18 Jahre) zugänglich gemacht werden. Anbieter müssen sicherstellen, dass jüngere Kinder oder Jugendliche diese üblicherweise nicht wahrnehmen (§ 5 Abs. 1 JMStV) (relatives Verbreitungsverbot).

Aufsicht

- Der JMStV sieht keine einheitliche Aufsicht für öffentlich-rechtlichen und privaten Rundfunk vor.[5] Öffentlich-rechtliche Sender verwalten sich selbst, die Aufsicht obliegt anstaltsinternen Gremien, wie dem Rundfunkrat bzw. Fernsehrat.
- Bei länderübergreifendem privaten Rundfunk sowie Telemedien wird die Einhaltung der Bestimmungen des JMStV durch die für das jeweilige Bundesland zuständige Landesmedienanstalt überprüft (§§ 13, 14 Abs. 1 JMStV). Deren Aufgabe wird durch die Kommission für Jugendmedienschutz (KJM) wahrgenommen (§§ 14 Abs. 2, 16 JMStV). Die Beschlüsse werden durch die zuständige Landesmedienanstalt umgesetzt.

---

4 Vorschriftensammlung T 16.
5 Abschnitt 4 bis 6 JMStV gelten nicht für den öffentlich-rechtlichen Rundfunk.

Durch die KJM anerkannte Selbstkontrolleinrichtungen nach § 19 JMStV

- Durch die KJM anerkannte Einrichtungen der Freiwilligen Selbstkontrolle überprüfen die Einhaltung des JMStV (§ 19a Abs. 1 JMStV) und beurteilen die Eignung von Jugendschutzprogrammen i. S. d. § 11 JMStV (§ 19a Abs. 2 JMStV). Anerkannt sind:
- Die Freiwillige Selbstkontrolle Fernsehen e. V. (FSF) ist ein gemeinnütziger Verein privater Fernsehanbieter in Deutschland. Sie ist für die Programmprüfung und die Altersfreigabe von Fernsehsendungen zuständig.
- Die Freiwillige Selbstkontrolle Multimedia-Diensteanbieter e. V. (FSM) ist für den Jugendschutz in Onlinemedien zuständig. Sie nimmt Alterseinstufungen von Angeboten vor und unterhält eine Beschwerdestelle.
- Die USK.online unterstützt ihre Mitglieder bei der Umsetzung des Jugendschutzes.[6] Die FSK-online ist eine anerkannte Selbstkontrolleinrichtung für Webangebote.

Kinder sind Personen, die noch nicht 14 Jahre alt sind (§ 1 Abs. 1 Nr. 1 JuSchG).
   Jugendliche sind Personen, die 14, aber noch nicht 18 Jahre alt sind (§ 1 Abs. 1 Nr. 2 JuSchG).

Beispielsfälle

1. Anwendbarkeit des Jugendschutzgesetzes

Fall 252: JuSchG oder JMStV

Die Z-AG handelt mit Computer- und Konsolenspielen. Unter anderem vertreibt sie ein Spiel auf Blu-ray-Disc für das umfangreiche digitale Anwendungen heruntergeladen werden können. Mitarbeiterin Martha (M) möchte wissen, ob auf dieses Angebot das JuSchG oder der JMStV Anwendung findet.

Das JuSchG ist anwendbar, soweit es sich um ein **Trägermedium** handelt, was bei einer Blu-ray-Disc der Fall ist. Bei im Internet zum Download abrufbaren Online-Angeboten handelt es sich um **Telemedien**, für die in erster Linie der JMStV gilt (§§ 1, 2 Abs. 1 JMStV). Beide Gesetze ergänzen sich, um einen umfassenden Jugendschutz zu gewährleisten. Sie sind hier mithin nebeneinander anwendbar.

Fall 253: E-Mail-Anhang

Der Inhalt einer CD, der zuvor auf einer Computerfestplatte gespeichert war, wird als Anhang einer E-Mail verschickt. Handelt es sich dabei um ein Trägermedium, sodass das JuSchG Anwendung findet?

---

6 Innerhalb des internationalen IARC-Systems (International Age Rating Coalition) vergibt sie auch Alterskennzeichnungen für Online-Spiele und Apps.

Trägermedien sind Medien auf gegenständlichen Trägern, die zur Weitergabe geeignet bzw. zur unmittelbaren Wahrnehmung bestimmt sind (§ 1 Abs. 2 Satz 1 JuSchG). Eine E-Mail ist kein gegenständlicher Träger von Inhalten. Zwar steht gemäß § 1 Abs. 2 Satz 2 JuSchG das elektronische Verbreiten oder Zugänglichmachen dem gegenständlichen gleich, jedoch handelt es sich bei einem E-Mail-Anhang, der aus dem Speicher eines Rechners stammt, nicht mehr um ein gegenständliches Trägermedium.[7] Das JuSchG ist nicht anwendbar.

Trägermedien sind Medien mit Texten, Bildern oder Tönen auf gegenständlichen Trägern, die zur Weitergabe geeignet, zur unmittelbaren Wahrnehmung bestimmt oder in einem Vorführ- oder Spielgerät eingebaut sind (§ 1 Abs. 2 Satz 1 JuSchG).

2. Versandhandel

Fall 254: Eine Blu-ray für Tabea

Mira (M) vertreibt in ihrem Online-Shop Filme auf Blu-ray-Disc. Kundin Tabea (T) bestellt eine Blu-ray, die über keine Jugendfreigabe verfügt. Weder vor dem Versand noch bei der Übergabe der Ware findet eine Altersüberprüfung statt. Ist der Versandhandel mit dieser Disc zulässig?

Gemäß § 12 Abs. 3 Nr. 2 JuSchG ist der Versandhandel mit Bildträgern, die mit *„keine Jugendfreigabe"* gekennzeichnet sind, grundsätzlich unzulässig. Zum **Versandhandel** i. d. S. zählen entgeltliche Geschäfte, die im Wege der Bestellung und Übersendung von Waren vollzogen werden. Versandhandel liegt dabei nur vor, wenn kein persönlicher Kontakt zwischen Lieferant und Besteller stattfindet oder nicht durch technische oder sonstige Vorkehrungen sichergestellt ist, dass kein Versand an Kinder und Jugendliche erfolgt (§ 1 Abs. 4 JuSchG). Bei der von T bestellten Blu-ray handelt es sich um einen Bildträger ohne Jugendfreigabe. M hat keinerlei Vorkehrungen getroffen, um einen Versand an Kinder und Jugendliche zu verhindern. Der Versandhandel ist gemäß § 12 Abs. 3 Nr. 2 JuSchG unzulässig.

Versandhandel i. S. d. § 1 Abs. 4 JuSchG ist jedes entgeltliche Geschäft im Wege der Bestellung und Übersendung einer Ware ohne persönlichen Kontakt zwischen Lieferant und Besteller. Versandhandel i. d. S. ist nur gegeben, wenn nicht durch technische oder sonstige Vorkehrungen sichergestellt ist, dass kein Versand an Kinder und Jugendliche erfolgt.

Fall 255: Video-Streaming

Die A-AG (A) ist Anbieterin eines Video-Streaming-Dienstes. Sie möchte einen Film anbieten, der auf der ihr vorliegenden DVD mit *„keine Jugendfreigabe"* nach § 14 Abs. 1

---

7 *Liesching* NJW 2002, 3281, 3283.

JuSchG gekennzeichnet ist. Sie verfügt nicht über ein Altersverifikationssystem. Darf sie das?

Gemäß § 12 Abs. 3 Nr. 2 JuSchG ist Versandhandel mit Bildträgern, die mit *„keine Jugendfreigabe"* gekennzeichnet sind, grundsätzlich unzulässig. A bietet jedoch keine zur Weitergabe geeigneten Bildträger i. S. d. § 12 Abs. 1 JuSchG (wie DVDs oder Blu-ray-Discs) an, auf die sich das Verbot des § 12 Abs. 3 Nr. 2 JuSchG ausschließlich bezieht. Das JuSchG ist nicht anwendbar. Der Video-Streaming-Dienst ist ein **elektronischer Versandhandel**, der als Online-Angebot den Telemedien zuzuordnen ist. Hier findet der JMStV Anwendung (§ 2 Abs. 1 JMStV). Gemäß § 5 Abs. 1 Satz 1 JMStV haben Anbieter entwicklungsbeeinträchtigender Medien dafür Sorge zu tragen, dass diese von Kindern oder Jugendlichen der betroffenen Altersstufen üblicherweise nicht wahrgenommen werden. Dieser Verpflichtung kann durch den Einsatz technischer Mittel nachgekommen werden (§ 5 Abs. 3 Nr. 1 JMStV). Die entwicklungsbeeinträchtigende Wirkung eines Mediums wird vermutet, wenn es nach dem JuSchG für Kinder oder Jugendliche der jeweiligen Altersstufe nicht freigegeben ist (§ 5 Abs. 2 Satz 1 JMStV). Der Film der A ist nicht für Kinder und Jugendliche freigegeben. A darf den Film nicht im Rahmen ihres Video-Streaming-Dienstes anbieten.

3. Unzulässige Angebote

Fall 256: Ggf. unzulässig

Der 34jährige Bertold (B) geht in ein Geschäft, um einen kriegsverherrlichenden Film auf Blu-ray zu erwerben. Er ist wütend, weil der Film nicht erhältlich ist und erklärt dem Verkäufer Holger (H), er werde den Film dann eben über ein Video-on-Demand-Angebot bestellen. H erklärt ihm, dies sei unzulässig. B ist verwirrt und fragt Sie, ob dies stimmt.

Gemäß § 15 Abs. 2 Nr. 2 JuSchG dürfen Trägermedien mit kriegsverherrlichendem Inhalt Kindern und Jugendlichen nicht zugänglich gemacht werden. Der Verkauf an den 34jährigen B ist möglich. Nach § 4 Abs. 1 Satz 1 Nr. 7 JMStV unterliegen kriegsverherrlichende Medien dagegen einem **absoluten Verbreitungsverbot**. Sie dürfen daher auch dann nicht verbreitet werden, wenn sichergestellt ist, dass nur Erwachsene, wie z. B. B, sich den Film ansehen können. H ist also zuzustimmen.

Fall 257: Let's Play-Video

Phillip (P) möchte ein Let's-Play-Video veröffentlichen, bei dem er kommentiert, wie er ein PC-Spiel spielt. Das Spiel ist in den Teilen B und D der Liste nach § 18 JuSchG aufgenommen und verfügt daher über keine Altersfreigabe durch die USK. Würden Sie im raten, das Video zu veröffentlichen?

Als Telemedium unterfällt das Angebot des P dem JMStV, §§ 2 Abs. 1; 3 Nr. 1 JMStV. Die Veröffentlichung des indizierten Spiels selbst ist nach § 4 Abs. 1 Nr. 11 JMStV unzulässig. Dies gilt auch für ein mit dem indizierten Spiel ganz oder wesentlich inhaltsgleiches Angebot. Gemäß § 4 Abs. 3 JMStV bleibt diese Unzulässigkeit auch nach wesentlichen inhaltlichen Veränderungen bis zu einer erneuten Entscheidung durch die BPjM bestehen. Diese Vorschrift ist nur anwendbar, wenn es sich bei einem Let's-Play-Video um eine wesentliche inhaltliche Veränderung des indizierten PC-Spiels handelt.[8] Dagegen wird eingewandt, bei der Altersfreigabe für PC-Spiele sei die Interaktivität entscheidend, während ein Let's Play-Video passiv konsumiert werde, wobei noch die Kommentierung des Spielers hinzukomme. Daher handele es sich um ein neues, selbstständiges Angebot.[9] Allerdings besteht auch in diesem Fall die Möglichkeit, dass das von P geplante Video selbst als kriegsverherrlichend anzusehen ist oder aus einem anderen in § 4 Abs. 1 JMStV genannten Grund unzulässig ist. P sollte daher von einer Veröffentlichung absehen.

Fall 258: Jugendgefährdender Link

Die F-AG platziert auf ihrer Website einen vom Nutzer zu aktivierenden Link auf ein nach dem JMStV unzulässiges Angebot eines Dritten. F macht sich dessen Inhalt nicht zu eigen. Macht sie dieses Angebot i. S. d. § 5 Abs. 1 JMStV zugänglich?

F eröffnet mit ihrem Link nicht den Zugang zu dem nach dem JMStV unzulässigen Angebot, da die Zugangsmöglichkeit schon vor der Verlinkung durch F gegeben war. F hält das Angebot weder selbst zum Abruf bereit noch übermittelt sie dieses auf Abruf an Dritte. Sie hat keinen Einfluss auf dessen Verbleiben im Netz. Mit der Linksetzung erleichtert sie lediglich den Zugang. Die direkte Verlinkung auf das jugendschutzwidrige Internetangebot stellt kein **Zugänglichmachen** dar.[10]

Eine Datei wird im Internet **verbreitet**, wenn sie auf dem Rechner des Internetnutzers angekommen ist.[11] **Zugänglichmachen** liegt vor, wenn die Datei zum Lesen ins Internet gestellt wird. Die bloße Zugriffsmöglichkeit genügt, der tatsächliche Zugriff durch den Internetnutzer ist nicht erforderlich.[12]

Fall 259: Ab 18

Die C-AG betreibt eine Website mit pornografischen Inhalten. Das Angebot ist durch ein Altersverifikationssystem gesichert. Der Inhalt wird für den Nutzer nach Eingabe von Name, Anschrift und Personalausweisnummer freigeschaltet. Bei der Abfrage der Ausweisnummer wird lediglich kontrolliert, ob diese den allgemeinen Regeln für die

---

8 *Beyvers/Beyvers* MMR 2015, 794, 799.
9 *Hopf/Braml* ZUM 2016, 1001.1009.
10 So OLG Stuttgart MMR 2006, 387, 389; Anders, wenn F sich das verlinkte Angebot zu eigen macht, siehe BGH NJW 2008, 1882, 1883 – „über18.de".
11 BGHSt 47, 55, 59 = BGH NJW 2001, 3558, 3559 – „Kinderpornographie im Internet" zu „Verbreiten" i. S. d. § 184 Abs. 3 StGB a. F.
12 BGHSt 47, 55, 60 – „Kinderpornographie im Internet".

Bildung einer Ausweisnummer entspricht. Verstößt das Angebot gegen § 4 Abs. 2 JMStV?[13]

Aufgrund des pornografischen Inhalts ist das Telemedienangebot der C nach § 4 Abs. 2 Satz 1 Nr. 1, Satz 2 JMStV unzulässig, sofern sie nicht sicherstellt, dass es nur Erwachsenen zugänglich ist. § 4 Abs. 2 Satz 2 JMStV lässt eine rein technische Altersverifikation zu, wenn diese den Zuverlässigkeitsgrad einer persönlichen Alterskontrolle erreicht. Die Vorkehrung muss geeignet sein, auch technisch begabten Minderjährigen den Zugang zu erschweren, indem es naheliegende Umgehungsmöglichkeiten ausschließt (**effektive Barriere**),[14] ohne Erwachsene vom Zugang abzuhalten. Bei dem Angebot des C müssen lediglich Name, Anschrift und Ausweisnummer angegeben werden. Jugendliche könnten sich Ausweispapiere volljähriger Personen beschaffen oder die Kontrolle umgehen, indem sie sich eine Nummer mittels eines Berechnungsprogramms generieren lassen. Es kommt nicht darauf an, ob sich Jugendliche tatsächlich Zugang zu dem Angebot der C verschafft haben, die Kenntnisnahmemöglichkeit genügt. Das Altersverifikationssystem der C stellt keine hinreichend effektive Barriere für Jugendliche dar. Ihr Angebot ist nicht lediglich einer geschossenen Benutzergruppe zugänglich. Mit ihrem Angebot verstößt C gegen § 4 Abs. 2 JMStV.

Fall 260: Internet statt Elektronikmarkt
Die 10- und 11jährigen Freunde Calvin (C) und Diego (D) möchten im Marvins Elektronikmarkt einen pornografischen Film erwerben. Marvin (M) lehnt einen Verkauf ab und nennt ihnen eine Website, auf der sie entsprechende Bilder betrachten können. Sind die §§ 4, 5 JMStV hier anwendbar?

§§ 4, 5 JMStV setzen ein Verbreiten oder Zugänglichmachen durch den Anbieter jugendgefährdender Medien voraus. Beides erfordert, dass der Anbieter die **Verfügungsgewalt über die Daten** hat und über diese bestimmen kann.[15] C und D haben durch den Hinweis des M lediglich Kenntnis von einer von Dritten bereits zugänglich gemachten Website erlangt. M macht das Online-Angebot nicht selbst zugänglich. §§ 4, 5 JMStV sind nicht anwendbar.

4. Alterskennzeichnung von Filmen

Fall 261: Nachmittagsvorstellung
Kinobetreiber Larry (L) möchte einen Film ohne Alterskennzeichnung in der 15 Uhr Nachmittagsvorstellung zeigen. Ist das zulässig und was muss er beachten?

---

13 Angelehnt an: BGH NJW 2008, 1882 – „ueber18.de“.
14 BGH NJW 2008, 1882, 1884 – „ueber18.de“.
15 *Altenhain*, in: Hoeren/Sieber/Holznagel, Multimedia-Recht, Teil 20, Rn. 19 ff.

Für die Jugendfreigabe eines Films ist eine Alterskennzeichnung erforderlich. Gemäß § 11 Abs. 1 JuSchG darf Kindern und Jugendlichen die Anwesenheit bei öffentlichen Filmvorführungen nur gestattet werden, wenn der Film über eine entsprechende **Alterskennzeichnung** verfügt, die von der FSK vorgenommen wird. L darf den Film daher nur Erwachsenen vorführen. Gegen eine Nachmittagsvorstellung ist nichts einzuwenden, solange L sicherstellt, dass der Film nicht von Personen unter 18 Jahren besucht wird. In Zweifelsfällen ist er verpflichtet, das Lebensalter der Besucher zu überprüfen (§ 11 Abs. 2 JuSchG). Bei schwer jugendgefährdenden Filmen i.S.d. § 15 Abs. 2 JuSchG muss er auch die öffentliche Ankündigung und Werbung gegenüber Jugendlichen unterlassen.

5. Indizierte Filme

Fall 262: Filmfreund ohne Plan
Filmfreund René (R) ist der Ansicht, ab 18 Jahren freigegebene Filme seien alle indiziert. Stimmen Sie ihm zu?

Gemäß § 18 Abs. 1 JuSchG sind jugendgefährdende Medien in eine Liste, den sog. **Index**, aufzunehmen, die durch den Vorsitzenden der BPjM geführt wird (§ 24 Abs. 1 JuSchG). Gemäß § 18 Abs. 8 Satz 1 JuSchG können Medien nicht mehr indiziert werden, nachdem sie eine Altersfreigabe erhalten haben. Filme ohne Jugendfreigabe sind nicht indiziert, sondern ab 18 Jahren freigegeben. R ist nicht zuzustimmen.

Fall 263: Verbotene Filme
Der 19jährige Leonard (L) besucht einen Elektronikmarkt, um die ungekürzte Fassung eines Films zu erwerben. Leider ist diese indiziert. Verkäufer Viktor (V) teilt ihm mit, der Film sei aufgrund der Indizierung verboten und dürfe in Deutschland nicht verkauft werden. Wie beurteilen Sie die Situation?

Indizierte Filme unterliegen mit Bekanntmachung der Indizierung im Bundesanzeiger (§ 24 Abs. 3 JuSchG) gewissen Abgabe-, Präsentations-, Verbreitungs-, Vertriebs- und Werbebeschränkungen (§ 15 Abs. 1 JuSchG). Sie dürfen Kindern und Jugendlichen nicht zugänglich gemacht werden. Der Elektronikmarkt darf indizierte Filme nicht an Orten anbieten oder ausstellen, die Personen unter 18 Jahren zugänglich sind oder von ihnen eingesehen werden können. Der Verkauf indizierter Filme ist nicht generell verboten. Der Elektronikmarkt kann allerdings von jedermann und damit auch von Kindern und Jugendlichen betreten werden. Der Verkauf indizierter Filme ist dort nur soweit zulässig, wie sichergestellt ist, dass Kinder und Jugendliche keinen Zugang haben und den Bereich nicht einsehen können. Ein Verkauf des von L begehrten Films wäre damit nur auf dessen Nachfrage hin möglich.

Fall 264: Ein schlimmer Film

Greta (G) hält einen Film für „*schlimm*" und damit für jugendgefährdend. Sie möchte eine Indizierung dieses Films herbeiführen. Kann sie diese beantragen?

Für die Indizierung von Filmen ist die Bundesprüfstelle für jugendgefährdende Medien zuständig (§ 17 JuSchG). Diese wird i. d. R. auf Antrag tätig (§ 21 Abs. 1 JuSchG). Antragsberechtigt sind das Bundesministerium für Familie, Senioren, Frauen und Jugend, die obersten Landesjugendbehörden, die zentrale Aufsichtsstelle der Länder für den Jugendmedienschutz, die Landesjugendämter, sowie die Jugendämter. G ist nach dem JuSchG nicht antragsberechtigt. Sie kann sich mit ihrem Anliegen an das örtliche Jugendamt wenden.

6. Aufsichtsmaßnahmen

Fall 265: Beanstandung

Die zuständige Landesmedienanstalt spricht gegenüber dem Internetseitenbetreiber Ronny (R) eine medienrechtliche Beanstandung wegen eines Verstoßes gegen den JMStV aus. R ist der Auffassung, hierfür gebe es keine rechtliche Grundlage. Stimmen Sie ihm zu?

Nach § 20 Abs. 1 JMStV trifft die Landesmedienanstalt die erforderlichen Maßnahmen, wenn sie einen Verstoß des Anbieters gegen die Bestimmungen des JMStV feststellt. Für Anbieter von Telemedien trifft die Landesmedienanstalt die jeweilige Entscheidung durch die KJM entsprechend § 59 Abs. 2 bis 4 RStV (§ 20 Abs. 4 JMStV). Die Landesmedienanstalt trifft als Aufsichtsbehörde die erforderlichen Maßnahmen gegenüber dem Anbieter (§ 59 Abs. 3 Satz 1 RStV). Gemäß § 59 Abs. 3 Satz 2 RStV kann sie hierzu insbesondere Angebote untersagen oder deren Sperrung anordnen. Die Wahl des Aufsichtsmittels liegt dabei im Ermessen der Landesmedienanstalt („*kann*"). Die Aufzählung in § 59 Abs. 3 Satz 2 RStV ist nur beispielhaft („*insbesondere*"). Als Maßnahme i. S. d. § 59 Abs. 3 Satz 1 RStV kommt auch die in § 38 Abs. 2 Satz 2 RStV vorgesehene Beanstandung in Betracht. Durch die Beanstandung wird ein Rechtsverstoß förmlich festgestellt und missbilligt. Sie ist gegenüber der Untersagung das mildere Mittel.[16] Die Beanstandung wird zwar in § 59 Abs. 3 Satz 2 RStV nicht ausdrücklich erwähnt, aufgrund des nicht abschließenden Charakters dieser Vorschrift ist dies jedoch unerheblich. R ist daher nicht zuzustimmen.

Fall 266: FSF und KJM

Sender A strahlt eine Live-Show aus. Nach Zuschauerbeschwerden wird die Sendung der KJM zur Prüfung vorgelegt. Die KJM stellt einen Verstoß gegen den JMStV fest. Sie meint, gegenüber A sei eine Beanstandung auszusprechen. Daraufhin ergeht ein ent-

---

16 BVerwG ZUM 2015, 86, 88.

sprechender Aufsichtsbescheid der Landesmedienanstalt L. A ist der Ansicht, es liege ein Verfahrensfehler vor. Er sei Mitglied der FSF. Diese hätte sich zuvor mit der Sache befassen müssen.

L ist für den Erlass der rundfunkrechtlichen Aufsichtsmaßnahme zuständig (§ 20 Abs. 1 JMStV). Für die Erfüllung ihrer Aufgaben ist die KJM zuständig (§ 14 Abs. 2 JMStV). Beschlüsse der KJM sind gegenüber anderen Organen der L bindend und deren Entscheidungen zugrunde zu legen (§ 17 Abs. 1 Satz 5, 6 JMStV). Die Überprüfung durch die KJM ist grundsätzlich der Überprüfung durch anerkannte Einrichtungen der Freiwilligen Selbstkontrolle nachrangig. § 20 Abs. 3 JMStV ist Ausdruck des Konzepts der **sog. regulierten Selbstregulierung.** Der Staat hat seine Jugendschutzaufgabe Selbstkontrolleinrichtungen übertragen, ohne seine Letztverantwortung aufzugeben. Bei nicht vorlagefähigen Sendungen, wie der Live-Sendung der A, ist die Einrichtung der freiwilligen Selbstkontrolle, der der Sender angeschlossen ist, vorrangig mit der Sache zu befassen (§ 20 Abs. 3 Satz 3 JMStV). Die KJM kann nur einschreiten, wenn die FSF den ihr zustehenden Beurteilungsspielraum überschreitet (§ 20 Abs. 3 Satz 1 JMStV). Mangels vorheriger Einschaltung der FSF war die KJM nicht berechtigt, den die L bindenden Beschluss über Aufsichtsmaßnahmen zu fällen. L war aufgrund fehlender Beteiligung der FSF nicht befugt, Maßnahmen gegenüber A zu treffen.

Fall 267: Der Jugendschutzbeauftragte
Die A-AG betreibt einen Blog, in dem Texte und Bilder zu wechselnden Themen veröffentlicht werden. Die Inhalte werden regelmäßig aktualisiert. Wie jugendschutz.net der KJM mitteilt, sind dort verschiedentlich Kennzeichen verfassungswidriger Organisationen i. S. d. § 86a StGB zu sehen. Nach erfolgloser Anhörung verpflichtet sie A u. a., einen Jugendschutzbeauftragten zu bestellen. A hält diese Verpflichtung für unzulässig. Sie ist keiner Einrichtung der freiwilligen Selbstkontrolle angeschlossen.[17]

Sofern die zuständige Landesmedienanstalt einen Verstoß gegen den JMStV feststellt, trifft sie gemäß § 20 Abs. 1 JMStV die erforderlichen Maßnahmen. Die Landesmedienanstalt handelt durch die KJM, § 20 Abs. 4 JMStV i. V. m. § 59 Abs. 3 Satz 1 RStV. Diese wurde von jugendschutz.net nach § 18 Abs. 4 Satz 1 JMStV über einen möglichen Verstoß gegen den JMStV informiert. Nach § 7 Abs. 1 JMStV haben u. a. geschäftsmäßige Anbieter von allgemein zugänglichen Telemedien, die entwicklungsbeeinträchtigende oder jugendgefährdende Inhalte enthalten, einen **Jugendschutzbeauftragten** zu bestellen. A ist Anbieterin i. S. d. § 3 Nr. 2 JMStV. Ihre Seite enthält unzulässige Angebote i. S. d. § 4 Abs. 1 Satz 1 Nr. 2 JMStV. Da ihre Internetseite von einer unbestimmten Vielzahl von Personen aufgerufen werden kann, stellt diese ein allgemein zugängliches Telemedium dar. Durch den Begriff „geschäftsmäßig" sollen lediglich (private) Gelegenheitsanbieter ausgeschlossen werden, weshalb jedes fortgesetzt und planmäßig be-

---

17 Angelehnt an: OVG Magdeburg, Beschluss vom 18.05.2017 – 4 L 103/16, BeckRS 2017, 116101.

triebene Angebot als geschäftsmäßig anzusehen ist.[18] Der Blog der A stellt als Blog ein fortgesetzt und planmäßig betriebenes Angebot dar, dessen Inhalt regelmäßig aktualisiert wird. Indem sie keinen Jugendschutzbeauftragten bestellt, verstößt A gegen § 7 Abs. 1 JMStV. Als Content-Provider ist A die primär heranzuziehende Verantwortliche, §§ 7–10 TMG. Angesichts des wiederholten Verstoßes gegen § 4 JMStV ist die Verpflichtung zur Bestellung eines Jugendschutzbeauftragten verhältnismäßig. Ein milderes Mittel, wie z. B. die Beanstandung, erscheint bei dem Verstoß gegen § 7 JMStV nicht erfolgsversprechend. Die Verpflichtung zur Bestellung eines Jugendschutzbeauftragten ist zulässig.

---

18 OVG Magdeburg, Beschluss vom 18.05.2017 – 4 L 103/16, BeckRS 2017, 116101, Rn. 27.

G. Datenschutz[1]

Kurzübersicht

- Die EU-Datenschutzgrundverordnung (DS-GVO[2]) gilt[3] in allen EU-Mitgliedstaaten unmittelbar, Art. 99 Abs. 2 DS-GVO; Art. 288 Abs. 2 AEUV. Sie genießt Anwendungsvorrang gegenüber staatlichem Recht, auch gegenüber dem BDSG[4] (§ 1 Abs. 5 BDSG). In einigen Bereichen sieht die DS-GVO Öffnungsklauseln vor, die Spielraum für nationale Regelungen bieten.
- Das BDSG ist gegenüber anderen datenschutzrelevanten Regelungen des Bundes subsidiär, § 1 Abs. 2 Satz 1 BDSG.[5]
- Die ePrivacy-VO[6] soll die DS-GVO im Hinblick auf personenbezogene elektronische Kommunikationsdaten präzisieren und ergänzen.[7]
- Gemäß Art. 8 Abs. 1 GRCh hat jede Person das Recht auf Schutz der sie betreffenden personenbezogenen Daten.[8] Das Recht auf informationelle Selbstbestimmung (Art. 2 Abs. 1 i. V. m. Art. 1 Abs. 1 GG) gewährleistet das Recht des Einzelnen, grundsätzlich selbst über Preisgabe und Verwendung seiner persönlichen Daten zu bestimmen.[9]

---

1 *Fechner*, Medienrecht, 6. Kapitel, Rn. 31 ff.

2 Verordnung (EU) 2016/679 des Europäischen Parlaments und des Rates vom 27. April 2016 zum Schutz natürlicher Personen bei der Verarbeitung personenbezogener Daten, zum freien Datenverkehr und zur Aufhebung der Richtlinie 95/46/EG (Datenschutz-Grundverordnung); Vorschriftensammlung – T 7a.

3 Ab 25. Mai 2018; bis dahin gelten die Vorschriften des BDSG a. F. und §§ 11 ff. TMG. Die bisherigen Datenschutzregelungen des TMG und TKG werden mit Geltung der DS-GVO verdrängt.

4 Gemeint ist das BDSG in der ab 25. Mai 2018 geltenden Fassung. Das BDSG 2018 löst das bis zum 24. Mai 2018 geltende BDSG a. F. ab, auf dessen Vorschriften in den Fußnoten verwiesen wird.

5 § 1 Abs. 3 Satz 1 BGSG a. F.

6 Vorschlag für eine Verordnung des europäischen Parlaments und des Rates über die Achtung des Privatlebens und den Schutz personenbezogener Daten in der elektronischen Kommunikation und zur Aufhebung der Richtlinie 2002/58/EG (Verordnung über Privatsphäre und elektronische Kommunikation) vom 10.1.2017, COM(2017) 10 final, 2017/0003 (COD).

7 Art. 1 Abs. 3 ePrivacy-VO-Entwurf.

8 Ebenso aus Art. 16 Abs. 1 AEUV.

9 BVerfGE 65, 1, 43 – „Volkszählung" – E 7; zum Recht auf informationelle Selbstbestimmung siehe die Fälle 102, S. 76 und 111, S. 81.

Datenschutzrechtliche Grundsätze

- Personenbezogene Daten müssen auf rechtmäßige Weise verarbeitet werden (Art. 5 Abs. 1 lit. a DS-GVO). Die Datenverarbeitung ist nur rechtmäßig, wenn sie mit Einwilligung der betroffenen Person oder aufgrund einer sonstigen zulässigen Rechtsgrundlage erfolgt, Art. 6 Abs. 1 DS-GVO, ErwGr. 40 (**Verbot mit Erlaubnisvorbehalt, Verbotsprinzip**).[10]
- Personenbezogene Daten müssen dem Zweck angemessen, erheblich sowie auf das für die Zwecke der Verarbeitung notwendige Maß beschränkt sein, Art. 5 Abs. 1 lit. c DS-GVO[11] (**Grundsatz der Datenminimierung**). Sie dürfen nur so lange personenbezogen gespeichert werden, wie dies für den Zweck der Verarbeitung erforderlich ist, Art. 5 Abs. 1 lit. e DS-GVO.
- Nach dem **Grundsatz der Zweckbindung** sollen Daten nur für den Zweck verarbeitet werden, für den sie erhoben wurden, Art. 5 Abs. 1 lit. b DS-GVO.[12]
- Nach dem **Grundsatz der Transparenz** soll jeder wissen, wann und warum Daten über ihn erhoben werden, Art. 5 Abs. 1 lit. a DS-GVO.[13]
- Nach dem **Erforderlichkeitsgrundsatz** sollen personenbezogene Daten nur verarbeitet werden, soweit dies für die rechtmäßige Aufgabenwahrnehmung der betreffenden Stelle erforderlich ist. Zum Ausdruck kommt dieser Grundsatz z. B. in Art. 25 Abs. 2 DS-GVO.[14] Ein Recht auf Löschung, bzw. „Vergessenwerden" ergibt sich aus Art. 17 DS-GVO, § 35 BDSG.
- Der Diensteanbieter ist für die **Datensicherheit** verantwortlich, Art. 32 DS-GVO.[15]
- Der Betroffene hat **Auskunftsansprüche** gegen den Diensteanbieter hinsichtlich der zu seiner Person erhobenen Daten. Den für die Datenerhebung Verantwortlichen treffen **Informationspflichten**, Art. 13 ff. DS-GVO, §§ 32 ff. BDSG.[16]

Presseprivileg, Art. 85 Abs. 2 DS-GVO, § 57 RStV

- Art. 85 Abs. 1 DS-GVO enthält einen Regelungsauftrag an die Mitgliedstaaten, die Meinungs- und Informationsfreiheit mit dem Schutz personenbezogener Daten in Einklang zu bringen. Soweit zu diesem Zweck erforderlich, müssen für die Datenverarbeitung zu journalistischen Zwecken Ausnahmeregelungen vorgesehen werden.

---

10 Siehe auch § 4 Abs. 1 BDSG a. F.; § 12 TMG; Art. 8 Abs. 2 Satz 1 GRCh.
11 Grundsatz der Datenvermeidung und Datensparsamkeit, § 3a BDSG a. F.
12 Siehe auch §§ 14, 28 BDSG a. F.; § 12 Abs. 2 TMG; Art. 8 Abs. 2 Satz 1 GRCh.
13 Siehe auch § 4 Abs. 3 BDSG a. F.
14 Sowie in § 13 Abs. 1; 28 Abs. 1 Satz 1 Nr. 1, Abs. 3 Satz 2 BDSG a. F.
15 § 9 BDSG a. F.; § 13 Abs. 4 Nr. 3 TMG.
16 § 13 Abs. 8 Satz 1 TMG i. V. m. § 34 BDSG a. F.

- Das BDSG enthält aufgrund der ausschließlichen Länderzuständigkeit für das Pressewesen kein „Presseprivileg" (mehr[17]).[18]
- Der Rundfunkstaatsvertrag sieht in § 57 RStV ein „Presseprivileg" vor.

Videoüberwachung

- § 4 BDSG[19] regelt die Videoüberwachung öffentlich zugänglicher Räume.

Beispielsfälle

1. Unmittelbare Geltung der DS-GVO

Fall 268: Die Verordnung
Marina (M) und Ilse (I) unterhalten sich über die neue Datenschutz-Grundverordnung. M ist der Ansicht, diese bedürfe noch eines nationalen Umsetzungsaktes. Stimmen Sie M zu?

Im Gegensatz zur bisherigen Datenschutzrichtlinie RL 95/46/EG, die eines Transformationsakts durch die Mitgliedstaaten bedurfte, ist bei der Datenschutz-Grundverordnung kein nationaler Umsetzungsakt erforderlich. Die Regelungen gelten in sämtlichen Mitgliedstaaten unmittelbar (Art. 99 Abs. 2 DS-GVO, Art. 288 Abs. 2 AEUV). Nationale datenschutzrechtliche Regelungen sind zulässig, soweit sie der DS-GVO nicht widersprechen. Die DS-GVO lässt den Mitgliedstaaten in einigen Bereichen Spielräume, die es ihnen erlauben, bestimmte Regelungen zu konkretisieren. M ist nicht zuzustimmen.

Verordnungen haben allgemeine Geltung, sind in allen Teilen verbindlich und gelten in jedem Mitgliedstaat unmittelbar. **Richtlinien** sind für die Mitgliedstaaten, an die sie adressiert sind, hinsichtlich des zu erreichenden Ziels verbindlich, überlassen den innerstaatlichen Stellen jedoch die Wahl der Form und Mittel für die Umsetzung (Art. 288 AEUV).

2. Anwendbarkeit der DS-GVO

Fall 269: Telefonbucheintrag
Margarethe (M) gibt personenbezogene Daten ihrer Freundinnen in das Telefonbuch ihres Smartphones ein. Finden datenschutzrechtliche Vorschriften hier Anwendung?

M verfolgt mit der Eingabe personenbezogener Daten ihrer Freundinnen keinen öffentlichen Zweck, sondern nutzt diese lediglich privat. Nach der sog. **Haushaltsaus-**

---

17 § 41 Abs. 1 BDSG a. F. ist bis einschließlich 24. Mai 2018 anwendbar.
18 BT-Drs. 18/11325, 79.
19 Ab dem 25. Mai 2018, bis dahin ist § 6b BDSG a. F. anwendbar.

nahme sind datenschutzrechtliche Vorschriften nicht anwendbar, soweit die Datenverarbeitung durch natürliche Personen ausschließlich persönlichen oder familiären Zwecken dient, Art. 2 Abs. 2 lit. c DS-GVO, ErwGr. 18 DS-GVO (§ 1 Abs. 1 Satz 2 BDS-G).[20] M speichert die Daten ihrer Freundinnen ausschließlich zu privaten Zwecken im Telefonbuch ihres Smartphones. Die DS-GVO findet in diesem Fall keine Anwendung.

Fall 270: Private Details

Die ehrenamtlich tätige Hanna (H) verbreitet via Internet private Details über ihre Kolleginnen Franziska (F) und Sandra (S). Diese sind durch Angaben wie Name, Arbeitgeber und Freizeitbeschäftigungen erkennbar. Als F und S hiervon erfahren sind sie entsetzt und meinen, diese Datenverarbeitung sei rechtswidrig.[21]

Die Details aus dem Leben ihrer Kolleginnen F und S, wie Namen, Arbeitgeber und Freizeitbeschäftigungen, sind personenbezogene Daten i. S. d. Art. 4 Nr. 1 DS-GVO. H verarbeitet diese Daten (Art. 4 Nr. 2 DS-GVO), indem sie diese auf eine Internetseite stellt. Zur Wiedergabe von Informationen auf einer Internetseite muss diese auf einen Server hochgeladen und durch technische Verfahren den mit dem Internet verbundenen Personen zugänglich gemacht werden. Die Verarbeitung personenbezogener Daten ist damit zumindest teilweise automatisiert.[22] Die DS-GVO ist jedoch nicht anwendbar, wenn H die sog. **Haushaltsausnahme** des Art. 2 Abs. 2 lit. c DS-GVO zugutekommt. Danach fällt die Datenverarbeitung, die Privatpersonen ausschließlich für persönliche oder familiäre Tätigkeiten vornehmen, nicht in den Anwendungsbereich des Datenschutzrechts. Nach ErwGr. 18 DS-GVO kann diese Ausnahme auch Online-Tätigkeiten erfassen. Jedoch ist sie dahin auszulegen, dass mit ihr nur Tätigkeiten gemeint sind, die zum Privat- oder Familienleben von Einzelpersonen gehören. Dies ist nicht der Fall, wenn die Datenverarbeitung darin besteht, dass Daten via Internet einer unbestimmten Anzahl von Personen zugänglich gemacht werden.[23] Die Haushaltsausnahme kommt H nicht zugute. Die Speicherung der Daten ist daher nur zulässig, wenn eine der in Art. 6 Abs. 1 Satz 1 DS-GVO genannten Bedingungen erfüllt ist. Insbesondere kommt eine Einwilligung nach Art. 6 Abs. 1 Satz 1 lit. a DS-GVO in Betracht. Da weder eine Einwilligung vorliegt noch ein anderer Erlaubnistatbestand erfüllt ist, ist die von H vorgenommene Datenverarbeitung rechtswidrig. S und F ist zuzustimmen.

Fall 271: Ein Unternehmen aus Uruguay

Ein Unternehmen (U) mit Sitz in Montevideo bietet seine Waren innerhalb der EU an. Die Bestellung ist über eine deutsch- und englischsprachige Website möglich. U verar-

---

20 Ebenso § 1 Abs. 2 Nr. 3 BDSG a. F.
21 Angelehnt an: EuGH EuZW 2004, 245 – „Lindqvist".
22 EuGH EuZW 2004, 245, 247 – „Lindqvist".
23 EuGH EuZW 2004, 245, 249 – „Lindqvist"; *Schantz* NJW 2016, 1841, 1843.

beitet personenbezogene Daten ihrer Kunden und verwendet auf ihrer Website Cookies, die das Surfverhalten der Nutzer kontrollieren. Ist die DS-GVO hier anwendbar? Gemäß Art. 3 Abs. 2 DS-GVO ist die Verordnung auch auf die Verarbeitung personenbezogener Daten von Personen innerhalb der EU anwendbar, wenn der für die Datenverarbeitung Verantwortliche sich außerhalb der EU befindet (**Marktortprinzip**). Dies gilt sowohl für den Fall, in dem U Waren anbietet und Nutzerdaten verarbeitet (Art. 3 Abs. 2 lit. a DS-GVO) als auch hinsichtlich der Verwendung von Cookies, die dazu dienen, das Nutzerverhalten der Kunden zu überwachen, Art. 3 Abs. 2 lit. DS-GVO.

3. Personenbezogene Daten

Fall 272: Die Aktiengesellschaft
Die A-AG möchte dagegen vorgehen, dass auf sie bezogene Daten durch eine öffentliche Stelle verarbeitet werden. Handelt es sich dabei um personenbezogene Daten?

Personenbezogene Daten sind nach der Definition in Art. 4 Nr. 1 DS-GVO alle Informationen, die sich auf eine identifizierte oder identifizierbare natürliche Person beziehen. Die A-AG ist als Aktiengesellschaft eine juristische Person (vgl. § 1 Abs. 1 Satz 1 AktG). Angaben über sie sind keine personenbezogene Daten i.s.d. DS-GVO. Betriebs- und geschäftsbezogene Daten der A werden über § 35 Abs. 4 SGB I[24] i.V.m. § 67 Abs. 2 SGB X[25] geschützt.

Fall 273: Dynamic IP
Die Bundeseinrichtung B betreibt ein frei zugängliches Internetportal, auf dem sie aktuelle Informationen bereitstellt. Die Internetprotokoll-Adressen der zugreifenden Rechner werden gespeichert. Sergey (S) besucht die Seite regelmäßig. Seinem Rechner wird bei jeder Internetnutzung eine neue, dynamische IP-Adresse zugewiesen. B selbst verfügt nicht über die zur Nutzeridentifizierung erforderlichen Informationen, während der Internetzugangsanbieter des S über Zusatzinformationen verfügt, die – in Verbindung mit der IP-Adresse – eine Bestimmung seiner Person ermöglichen. B möchte von Ihnen wissen, ob die dynamische IP-Adresse ein personenbezogenes Datum darstellt.[26]

Personenbezogene Daten sind sämtliche Informationen, die sich auf eine identifizierte oder identifizierbare natürliche Person beziehen (Art. 4 Nr. 1 DS-GVO[27]). Von der dem Rechner des S zugewiesenen dynamischen IP-Adresse lässt sich nicht unmittelbar auf seine Person schließen. Sie ist damit keine Information, die sich auf eine identifi-

---

24 In der ab 25. Mai 2018 geltenden Fassung.
25 In der ab 25. Mai 2018 geltenden Fassung; zuvor siehe § 67 Abs. 1 SGB X.
26 Angelehnt an: EuGH NJW 2016, 3579; BGH NJW 2017, 2416.
27 § 3 Abs. 1 BDSG a. F.

zierte natürliche Person bezieht. S ist identifizierbar, wenn seine Person direkt oder indirekt, insbesondere mittels Zuordnung zu einer Online-Kennung, bestimmt werden kann. Um festzustellen, ob eine Person bestimmbar ist, sollen alle Mittel berücksichtigt werden, die von dem Verantwortlichen oder einer anderen Person nach allgemeinem Ermessen wahrscheinlich genutzt werden, um die natürliche Person direkt oder indirekt zu identifizieren (ErwGr. 26 DS-GVO). Demnach ist es weder erforderlich, dass S allein aufgrund der IP-Adresse identifizierbar ist, noch, dass sich alle zur Identifizierung seiner Person notwendigen Informationen in den Händen einer einzigen Person befinden. Die Identifizierung darf jedoch nicht verboten sein. B verfügt über rechtliche Mittel, die es ihr in bestimmten Fällen erlauben, mithilfe des Internetzugangsanbieters und der zuständigen Behörde, die betreffende Person anhand der gespeicherten IP-Adressen bestimmen zu lassen.[28] Die Möglichkeit, die dynamische IP-Adresse mit den Zusatzinformationen zu verknüpfen stellt ein Mittel dar, das zur Bestimmung der Person des S eingesetzt werden kann. IP-Adressen sind Online-Kennungen, die eine Person identifizierbar machen (vgl. ErwGr. 30 DS-GVO). Die Identität des S ist aufgrund der IP-Adresse indirekt bestimmbar. Die seinem Rechner zugewiesene dynamische IP-Adresse stellt damit ein personenbezogenes Datum i.S.d. Art. 4 Nr. 1 DS-GVO dar.

Fall 274: Foto im Park
Siegfried (S) wird von Karl (K) während eines Parkspaziergangs heimlich fotografiert. Obwohl es schon fast dunkel ist, ist er auf dem Bild deutlich zu erkennen. Ist das Foto ein personenbezogenes Datum?

Personenbezogene Daten sind nach der Legaldefinition in Art. 4 Nr. 1 DS-GVO sämtliche Informationen, die sich auf eine identifizierte oder identifizierbare natürliche Person beziehen. Ein Foto ist ein personenbezogenes Datum, sofern es die Identifikation der abgebildeten Person ermöglicht.[29] S ist auf dem von K angefertigten Foto deutlich erkennbar. Das Bild ist ein personenbezogenes Datum i.S.d. Art. 4 Nr. 1 DS-GVO.

Personenbezogene Daten sind alle Informationen, die sich auf eine identifizierte oder identifizierbare natürliche Person beziehen, Art. 4 Nr. 1 DS-GVO; § 46 Nr. 1 BDSG.

Fall 275: Standortdaten
Gunter (G) nutzt auf seinem Smartphone eine App, die Standortdaten speichert. Handelt es sich dabei um personenbezogene Daten?

28 Z.B.: Strafverfolgung und Gefahrenabwehr, § 100j Abs. 2 StPO; §§ 113 Abs. 1 Satz 3, 113c TKG.
29 EUGH EuZW 2015, 234, 235 – „Ryneš".

Standortdaten sind personenbezogene Daten i. S. d. Art. 4 Nr. 1 DS-GVO, wenn sie sich auf eine identifizierte oder identifizierbare natürliche Person beziehen. Als identifizierbar wird eine natürliche Person angesehen, die direkt oder indirekt, insbesondere mittels Zuordnung zu einer Kennung wie einem Namen, zu einer Kennnummer oder zu Standortdaten identifiziert werden kann. Durch die Standortbestimmung lässt sich feststellen, wo sich das Smartphone zum Zeitpunkt der Datenübermittlung befindet. G ist aufgrund der Standortdaten identifizierbar. Es handelt sich um personenbezogene Daten i. S. d. Art. 4 Nr. 1 DS-GVO.[30]

4. Einwilligung

Einwilligung ist jede freiwillig für den bestimmten Fall, in informierter Weise und unmissverständlich abgegebene Willensbekundung in Form einer Erklärung oder einer sonstigen eindeutigen bestätigenden Handlung, mit der die betroffene Person zu verstehen gibt, dass sie mit der Verarbeitung der sie betreffenden personenbezogenen Daten einverstanden ist (Art. 4 Nr. 11 DS-GVO; § 46 Nr. 17 BDSG).

Fall 276: Kundenrabatt

Das Teilnahmeformular einer Kundenrabattaktion enthält eine vom sonstigen Text klar getrennte, fett gedruckte Einwilligungserklärung bzgl. der Verwendung personenbezogener Daten zu Werbezwecken und den fett gedruckten Hinweis: *„Streichen Sie die Klausel, sofern Sie nicht einverstanden sind."* Britta (B) streicht die Klausel nicht und unterschreibt. Sie fragt, ob ihre Einwilligung wirksam ist.[31]

Art. 4 Nr. 11 DS-GVO verlangt für die nach Art. 6 Abs. 1 lit. a DS-GVO erforderliche Einwilligung eine **eindeutige bestätigende Handlung**, mit der die betroffene Person zu verstehen gibt, mit der Verarbeitung ihrer Daten einverstanden zu sein. Das B vorliegende Teilnahmeformular verlangt von ihr die Klausel zu streichen, falls sie mit dieser nicht einverstanden ist. B soll hier aktiv handeln, um eine Einwilligung zu vermeiden, eine Einwilligung ist nach der Ausgestaltung des Teilnehmerformulars durch Nichtstun möglich. Indem B es unterlässt, die Klausel zu streichen, nimmt sie keine eindeutige bestätigende Handlung vor. Eine Einwilligungserklärung muss zwar nicht schriftlich abgegeben werden, zufolge ErwGr 32 DS-GVO stellen Stillschweigen, bereits angekreuzte Kästchen („Opt-Out") oder Untätigkeit keine Einwilligung dar. B hat keine wirksame Einwilligungserklärung abgegeben.[32]

---

30 Zu Standortdaten siehe § 98 TKG.
31 Angelehnt an: BGHZ 177, 253 = BGH NJW 2008, 3055 – „Payback"; BGH NJW 2010, 864 – „Happy Digits".
32 § 4a BDSG a. F. verlangt keine positive Einwilligungserklärung durch Unterschrift oder das Ankreuzen eines Kästchens (sog. „Opt-in-Erklärung"), ausreichend ist, wenn die Einwilligung in

Fall 277: Zu spät?!
Die D-AG erhebt Daten ihrer Kunden und verarbeitet diese. Nachdem sie mit der Datenverarbeitung begonnen hat, fällt ihr auf, dass hierfür keine gesetzliche Grundlage
existiert. Sie bittet daher den betroffenen Nutzer Norbert (N), nachträglich eine Einwilligungserklärung abzugeben.

Nach dem datenschutzrechtlichen Verbot mit Erlaubnisvorbehalt ist die Datenverarbeitung nur aufgrund einer gesetzlichen Grundlage oder einer vorherigen Einwilligung zulässig. Die Einwilligung muss **vor Beginn** der Datenverarbeitung vorliegen.
Die von D ohne Einwilligung des N durchgeführte Datenverarbeitung ist rechtswidrig.
Der Mangel ist nachträglich nicht heilbar.[33] Die nachträgliche Anforderung der Einwilligungserklärung ist datenschutzrechtlich unzulässig.

Fall 278: Informierte Entscheidung
In der von der G-AG vorformulierten Einwilligungserklärung heißt es: *„Die Daten
geben wir an andere Firmen weiter."* Weitere Informationen erhält Kundin Daphne (D)
nicht. Dennoch unterschreibt sie die Einwilligungserklärung. Ist diese wirksam?

Die Einwilligung ist nur wirksam, wenn D ihr Einverständnis **in informierter Weise**
erklärt (Art. 4 Nr. 11 DS-GVO). Die Aufklärung über die Einwilligung muss umfassend sein. Nach Kenntnisnahme der Einwilligungserklärung muss D wissen, wer nach
der von ihr erklärten Einwilligung welche ihrer Daten zu welchem Zweck nutzen
möchte.[34] D erfährt lediglich von der Weitergabe ihrer Daten an andere Firmen. D
konnte ihr Einverständnis daher nicht in informierter Weise erklären. Die Einwilligung ist nicht wirksam.

Fall 279: Gesundheits-App
Die in Deutschland ansässige G-AG plant eine „Gesundheits-App". Diese soll Daten
über Lebensstil, Ernährung, Wohlbefinden und körperliche Aktivität ihrer Nutzer
sammeln. G meint, die Verarbeitung der Gesundheitsdaten der Nutzer sei zulässig,
schließlich hätten die Nutzer mit dem Herunterladen der App in die Nutzung dieser
Daten eingewilligt. Stimmen Sie G zu?[35]

Gemäß Art. 9 Abs. 1 DS-GVO ist die Verarbeitung von Gesundheitsdaten i. S. d. Art. 4
Nr. 15 DS-GVO, § 46 Nr. 13 BDSG grundsätzlich untersagt. Art. 9 Abs. 2 DS-GVO sieht
Ausnahmen von diesem Verbot vor. Der Datenverarbeitung steht nichts entgegen,
wenn der App-Nutzer in die Verarbeitung seiner **Gesundheitsdaten** für einen zuvor

---

die Zusendung von Werbung durch Streichung der Einwilligungserklärung verweigert werden
kann („Opt-out"-Erklärung).
33 *Schild*, in: Wolff/Brink, BeckOK, Datenschutz, Art. 4 DS-GVO Rn. 126.
34 *Ernst*, in: Paal/Pauly, DS-GVO, Art. 4 Rn. 83.
35 Hierzu: *Sachs/Meder* ZD 2013, 303; *Becker/Schwab* ZD 2015, 151.

festgelegten Zweck ausdrücklich einwilligt. Das Herunterladen einer App stellt keine ausdrückliche Einwilligungserklärung in die Erhebung von Gesundheitsdaten dar. Eine konkludente Einwilligungserklärung ist nicht ausreichend. G ist somit nicht zuzustimmen.

H. Vertragsrecht im Internet[1]

Kurzübersicht

- Verträge kommen auch „im Netz" durch zwei übereinstimmende Willenserklärungen (§§ 116 ff. BGB) und zwar Angebot bzw. Antrag und Annahme (§§ 145 ff. BGB) zustande.
- Die Willenserklärungen werden i. d. R. unter Abwesenden abgegeben, da kein direkter Dialog stattfindet. Sie werden mit Zugang wirksam (§ 130 Abs. 1 Satz 1 BGB). Eine Willenserklärung ist zugegangen, wenn der Empfänger unter gewöhnlichen Umständen die Möglichkeit der Kenntnisnahme hat.[2] Das Angebot kann nur bis zu dem Zeitpunkt angenommen werden, in welchem der Anbieter den Eingang der Annahmeerklärung unter gewöhnlichen Umständen erwarten darf (§ 147 Abs. 2 BGB).
- Die Einbeziehung allgemeiner Geschäftsbedingungen (AGB) richtet sich nach §§ 305 ff. BGB. Bei Verträgen zwischen Unternehmer und Verbraucher (Verbraucherverträgen) gelten die AGB als vom Verwender gestellt und unterliegen auch bei einmaliger Verwendung der Inhaltskontrolle nach §§ 307–309 BGB (§ 310 Abs. 3 Nr. 1 BGB). Wer unwirksame AGB verwendet, kann auf Unterlassung in Anspruch genommen werden, § 1 Unterlassungsklagengesetz (UKlaG). Bei mittels Telemedien abgeschlossenen Verträgen muss der Unternehmer (§ 14 Abs. 1 BGB) seinen Kunden die Möglichkeit verschaffen, die AGB bei Vertragsschluss abzurufen und in wiedergabefähiger Form zu speichern (§ 312i Abs. 1 Nr. 4 BGB).
- Gemäß § 1 Abs. 1 Satz 1 Preisangabenverordnung (PAngV) muss bei gewerbsmäßig, geschäftsmäßig oder regelmäßig in sonstiger Weise angebotenen Waren oder Leistungen der Gesamtpreis angegeben werden.

Zu unterscheiden sind

- **Fernabsatzverträge** (§§ 312c ff. BGB), d. h. Verträge zwischen einem Unternehmer i. S. d. § 14 Abs. 1 BGB und einem Verbraucher i. S. d. § 13 BGB (Verbraucherverträge, § 310 Abs. 3 BGB), die ausschließlich über Fernkommunikationsmittel i. S. d. § 312c Abs. 2 BGB zustande kommen.

---

1 *Fechner*, Medienrecht, 12. Kapitel, Rn. 161 ff.
2 BGHZ 67, 271, 275 = BGH NJW 1977, 194.

Informationspflichten des Unternehmers ergeben sich aus § 312d Abs. 1 Satz 1 BGB i. V. m. Art. 246a EGBGB (bei außerhalb von Geschäftsräumen geschlossenen Verträgen und Fernabsatzverträgen) und § 312f Abs. 2 BGB (Bestätigung des Vertragsschlusses bei Fernabsatzverträgen). Bei Fernabsatzverträgen über Finanzdienstleistungen ist § 312d Abs. 2 BGB i. V. m. Art. 246b EGBGB lex specialis.

▪ **Verträge im elektronischen Geschäftsverkehr ("e-commerce")** i. S. d. §§ 312i f. BGB sind Verträge zwischen Unternehmer und Unternehmer (Business-to-Business, B2B) oder zwischen Unternehmer und Verbraucher (Business-to-Consumer, B2C) die über Telemedien (§ 1 Abs. 1 Satz 1 TMG) abgeschlossen werden, wobei gegenüber Verbrauchern (§ 13 BGB) besondere Pflichten bestehen (§ 312j BGB).
   Informationspflichten ergeben sich aus § 312i Abs. 1 Satz 1 Nr. 2 BGB i. V. m. Art. 246c EGBGB (Informationspflicht im elektronischen Geschäftsverkehr, z. B. über die zum Vertragsschluss führenden technischen Schritte) bzw. § 312j Abs. 2 BGB i. V. m. Art. 246a § 1 Abs. 1 Satz 1 Nr. 1, 4, 5, 11, 12 EGBGB (z. B.: Informationen über wesentliche Eigenschaften der Ware, Gesamtpreis, Vertragslaufzeit sowie Mindestdauer der Verpflichtung).
   Die Vorschriften sind nebeneinander anwendbar.

Widerrufsrecht des Verbrauchers bei online abgegebenen Willenserklärungen

▪ Das Widerrufsrecht ergibt sich aus § 312g Abs. 1 BGB i. V. m. §§ 355 ff. BGB.

▪ In den Fällen des § 312g Abs. 2, 3 BGB ist ein Widerruf ausgeschlossen. Dies gilt z. B. bei Verträgen über die Lieferung von Zeitungen oder Zeitschriften, sofern es sich nicht um Abonnements handelt (§ 312g Abs. 2 Satz 1, Nr. 7 BGB) sowie bei Verträgen über die Lieferung von Ton-, Videoaufnahmen oder Computersoftware in einer versiegelten Packung, sofern die Versiegelung nach der Lieferung entfernt wurde (§ 312g Abs. 2 Satz 1 Nr. 6 BGB).

▪ Die Widerrufsfrist beträgt 14 Tage (§ 355 Abs. 2 Satz 1 BGB). Die Berechnung richtet sich nach §§ 187 ff. BGB. Eine Verkürzung dieser Frist ist nicht möglich, wohl aber eine Verlängerung (vgl. § 361 Abs. 2 BGB).

▪ Kauft ein Verbraucher (§ 13 BGB) eine bewegliche Sache von einem Unternehmer i. S. d. § 14 Abs. 1 BGB (Verbrauchsgüterkauf, § 474 Abs. 1 Satz 1 BGB), beginnt die Widerrufsfrist mit Erhalt der Ware (§ 356 Abs. 2 Nr. 1a) BGB).

▪ Die Widerrufsfrist beginnt nicht, bevor der Unternehmer den Verbraucher entsprechend Art. 246a § 1 Abs. 2 Satz 1 Nr. 1 oder Art. 246b § 2 Abs. 1 EGBGB informiert hat (§ 356 Abs. 3 Satz 1 BGB). Diese Informationspflicht umfasst Bedingungen, Fristen und das Verfahren für die Ausübung des Widerrufsrechts nach § 355 Abs. 1 BGB sowie das Muster-Widerrufsformular in Anlage 2 zu Art. 246a § 1 Abs. 2 Satz 1 Nr. 1 EGBGB. Ggf. auch die Information darüber, dass der Verbraucher die Kosten für die Rücksendung der Ware zu tragen hat (Art. 246a § 1 Abs. 2 Satz 1 Nr. 2 EGBGB).

- Der Unternehmer kann diese Informationspflichten erfüllen, indem er das in Anlage 1 zu Art. 246a EGBGB vorgesehene Muster für die Widerrufsbelehrung zutreffend ausgefüllt in Textform (§ 126b BGB) übermittelt.

- Er hat den Verbraucher auch zu informieren, wenn diesem kein Widerrufsrecht zusteht oder dieses vorzeitig erlöschen kann (Art. 246 § 1 Satz 1 Nr. 3, 4 EGBGB).

- Der Widerruf erfolgt durch eindeutige Erklärung gegenüber dem Unternehmer. Er muss nicht begründet werden (§ 355 Abs. 1 BGB). Die Verwendung des Musterformulars ist nicht erforderlich.

- Das Widerrufsrecht erlischt spätestens ein Jahr und 14 Tage nach Erhalt der Ware (§ 356 Abs. 3 Satz 2 BGB).

- Im Falle eines wirksamen Widerrufs sind die empfangenen Leistungen spätestens nach 14 Tagen zurückzugewähren (§ 357 Abs. 1 BGB).

Beispielsfälle

1. Zustandekommen von Verträgen

Fall 280: Die Tasche I

Online-Händler Z handelt mit Taschen. Sahra (S) entdeckt auf seiner Seite ein lang ersehntes Exemplar. Sie klickt sofort auf *„zahlungspflichtig bestellen"* und erhält eine Mail mit dem Hinweis, die Tasche sei nicht mehr lieferbar. S ist der Ansicht, Z müsse liefern, da sie dessen Angebot angenommen habe. Stimmen Sie ihr zu?

Der Anspruch der S auf Übergabe sowie Eigentumsverschaffung an der Tasche kann sich aus § 433 Abs. 1 Satz 1 BGB ergeben. Voraussetzung hierfür ist ein wirksamer Kaufvertrag, der nur bei Vorliegen zweier übereinstimmender Willenserklärungen, nämlich **Angebot und Annahme** (§§ 145 ff. BGB) zustande kommt. Online-Händler Z zeigt auf seiner Website die bei ihm erhältlichen Taschen. Damit möchte er potentielle Kunden über sein Warenangebot informieren. Es handelt sich lediglich um eine unverbindliche Mitteilung der Bereitschaft zum Abschluss von Kaufverträgen. Die Präsentation der Taschen auf der Internetseite des Z ist damit kein Angebot im rechtlichen Sinne, sondern lediglich die Aufforderung, ein Angebot abzugeben (***invitatio ad offerendum***). Tatsächlich gibt S durch die Betätigung des Buttons *„zahlungspflichtig bestellen"* ein Kaufangebot bezüglich der Tasche ab. Dieses wird von Z nicht angenommen, da er nicht mehr in der Lage ist, die Tasche zu liefern. Zwischen S und Z ist kein Kaufvertrag zustande gekommen. Folglich ist Z auch nicht gemäß § 433 Abs. 1 Satz 1 BGB verpflichtet, S die Tasche zu übergeben und zu übereignen.

Die Aufforderung zur Abgabe eines Angebots ohne den Willen, sich rechtlich zu binden wird als ***invitatio ad offerendum*** bezeichnet.

Fall 281: Fehler beim Datentransfer

Die A-AG betreibt einen Online-Handel für Smartphones. Das neueste Modell der Fa. B möchte sie für 1.119 € anbieten. Der Preis wird durch einen Mitarbeiter eingegeben und mittels einer Software automatisch in die Produktdatenbank der Website übertragen. Aufgrund eines Fehlers im Datentransfer wird auf der Angebotsseite ein Kaufpreis in Höhe von 219 € angezeigt. Deniz (D) bestellt das Modell zu diesem Preis und erhält die automatische Antwort: *„Wir bedanken uns für Ihren Auftrag, dieser wird bearbeitet...."*[3]

a) Ist zwischen A und D ein wirksamer Kaufvertrag zustande gekommen? Ein Kaufvertrag i. S. d. § 433 BGB kommt durch ein Vertragsangebot und eine darauf bezogene Annahmeerklärung zustande. Mit der Präsentation des Smartphones auf ihrer Website möchte A noch kein verbindliches Angebot i. S. d. § 145 BGB abgeben. Es handelt sich lediglich um die Aufforderung zur Abgabe eines Angebots **(invitatio ad offerendum)**. Indem D das Smartphone zu einem Kaufpreis in Höhe von 219 € bestellt, gibt er ein Angebot ab. Aus der Sicht eines objektiven Erklärungsempfängers (§§ 157, 133 BGB) ist die automatische Antwort der A, den Auftrag anzunehmen, als rechtlich verbindliche Annahmeerklärung bezüglich des Angebots des D anzusehen. Zwischen D und A ist ein Kaufvertrag über das Smartphone zu einem Kaufpreis in Höhe von 219 € zustande gekommen.

 b) **Als A von dem fehlerhaften Datentransfer erfährt, teilt sie D sofort mit, sie fechte den Vertrag an. Ist der Vertrag weiterhin wirksam?**[4] Der Kaufvertrag könnte infolge Anfechtung gemäß § 142 Abs. 1 BGB als von Anfang an („ex tunc") nichtig anzusehen sein. A hat die hierfür gemäß § 143 Abs. 1 BGB erforderliche Anfechtungserklärung unverzüglich (§ 121 Abs. 1 BGB) abgegeben. Entgegen ihres Erklärungswillens, das Smartphone für 1.119 € verkaufen zu wollen, stellt A es aufgrund des fehlerhaften Datentransfers zu einem Kaufpreis von 219 € auf ihre Website. Da sie eine Erklärung dieses Inhalts überhaupt nicht abgeben wollte, unterliegt sie einem **Erklärungsirrtum** i. S. d. § 119 Abs. 1, 2. Var. BGB. Der bei der invitatio ad offerendum vorliegende Erklärungsirrtum wirkt im Zeitpunkt der Annahmeerklärung durch A fort. Dieser Fall des falschen Datentransfers ist mit dem eigenen Verschreiben, Vertippen oder der unrichtigen Übermittlung durch eine Person (§ 120 BGB) vergleichbar.[5] Die Erklärung der A ist aufgrund der Anfechtung als von Anfang an nichtig anzusehen (§ 142 Abs. 1 BGB). Zwischen A und D ist kein wirksamer Kaufvertrag zustande gekommen.

Ein **Angebot oder Antrag** i. S. d. § 145 BGB ist eine auf den Abschluss eines Vertrages gerichtete einseitige, empfangsbedürftige Willenserklärung. Sie enthält Gegenstand

---

3 Angelehnt an: BGH NJW 2005, 976.
4 Angelehnt an: BGH NJW 2005, 976, 977.
5 BGH NJW 2005, 976, 977.

und Inhalt des Vertrags und ist so bestimmt oder bestimmbar, dass die Annahme durch ein einfaches „Ja" möglich ist. Die **Annahme** muss sich auf das Angebot beziehen und diesem vorbehaltlos zustimmen. Sie ist i.d.R. ebenfalls empfangsbedürftig.[6]

Fall 282: Button-Lösung

Katja (K) möchte bei Online-Händler O einen ferngesteuerten Traktor für ihren Sohn erwerben. Sie sucht ein Modell aus und klickt auf die gut lesbare Schaltfläche *„Bestellung abschicken"*. Hat O die Bestellsituation entsprechend den Anforderungen des BGB gestaltet?[7]

Nach § 312j Abs. 3 Satz 1 BGB hat O als Unternehmer im elektronischen Geschäftsverkehr mit Verbrauchern die Bestellsituation so zu gestalten, dass der Verbraucher mit seiner Bestellung ausdrücklich bestätigt, zu einer Zahlung verpflichtet zu sein. Erfolgt die Bestellung über eine Schaltfläche, hat O seine Pflicht nur erfüllt, wenn die Schaltfläche gut lesbar mit nichts anderem als den Wörtern *„zahlungspflichtig bestellen"* oder mit einer entsprechenden eindeutigen Formulierung beschriftet ist. Die Beschriftung muss eindeutig erkennen lassen, dass durch die Betätigung der Schaltfläche eine Willenserklärung zum Abschluss eines Kaufvertrags abgegeben und eine Zahlungspflicht begründet wird. Diesen Anforderungen genügt die hier verwendete Beschriftung der Schaltfläche mit *„Bestellung abschicken"* nicht.[8] Die Zahlungsverpflichtung geht daraus nicht eindeutig hervor. O hat seine Verpflichtung aus § 312j Abs. 3 Satz 1 BGB nicht erfüllt. Zwischen O und K ist kein Kaufvertrag (§ 433 BGB) zustande gekommen (§ 312j Abs. 4 BGB).

Verbraucher ist jede natürliche Person, die Rechtsgeschäfte zu Zwecken abschließt, die überwiegend weder ihrer gewerblichen noch selbstständigen beruflichen Tätigkeit zugerechnet werden können (§ 13 BGB).
   Unternehmer ist eine natürliche oder juristische Person oder eine rechtsfähige Personengesellschaft, die bei Abschluss eines Rechtsgeschäfts in Ausübung ihrer gewerblichen oder selbstständigen beruflichen Tätigkeit handelt (§ 14 Abs. 1 BGB).

2. Zugang von Willenserklärungen

Fall 283: Die Tasche II

Online-Händler Z findet doch noch ein Exemplar der von Sahra (S) begehrten Tasche. Da er sich an sie erinnert, sendet er ihr per E-Mail ein für drei Tage ab Zugang befristetes, verbindliches Angebot. S ruft ihre E-Mails nur gelegentlich ab und liest das An-

---

6 Z.B.: OLG Düsseldorf NJW-RR 2016, 1073, 1074.
7 Angelehnt an: OLG Hamm MMR 2014, 534.
8 OLG Hamm MMR 2014, 534, 535 – „Bestellung abschicken".

gebot des Z erst vier Wochen später. Sie meint, die Nachricht des Z sei ihr erst jetzt zugegangen. Stimmen Sie ihr zu?

Gemäß § 130 Abs. 1 Satz 1 BGB wird eine Willenserklärung, die gegenüber einem Abwesenden abgegeben wird, in dem Zeitpunkt wirksam, in welchem sie diesem zugeht. Die von Z per E-Mail abgegebene Willenserklärung ist eine Erklärung unter Abwesenden, da kein unmittelbarer Kontakt zwischen Z und S stattfindet. Das Vertragsangebot ist S zugegangen, wenn es so in ihren **Herrschaftsbereich** gelangt ist, dass bei gewöhnlichen Verhältnissen mit einer Kenntnisnahme gerechnet werden kann.[9] Die E-Mail ist in den Machtbereich der S gelangt, wenn sie auf dem Server ihres Providers bzw. in ihrem E-Mail-Postfach eingegangen ist. Entscheidend ist, wann nach der Lebenserfahrung mit der Kenntnisnahme der E-Mail gerechnet werden kann. Bei von im Geschäftsverkehr verwendeten E-Mail-Adressen ist von einer Kenntnisnahme innerhalb von ein oder zwei Arbeitstagen auszugehen.[10] Die E-Mail des Z ist S jedenfalls nicht erst im Zeitpunkt des Lesens zugegangen. S kann das Angebot des Z daher nicht mehr annehmen.

> Eine **Willenserklärung** ist eine Äußerung, die auf die Herbeiführung einer Rechtsfolge gerichtet ist.

Fall 284: Geschäftspost

Rechtsanwalt Torben (T) erhält von der Gegenpartei ein Vergleichsangebot an die in seinem Briefkopf genannte E-Mail-Adresse. Die E-Mail gelangt in den Spam-Ordner, weshalb T keine Kenntnis vom Inhalt erhält und seine Mandantin nicht entsprechend unterrichten kann. Er ist der Auffassung, die Mail sei ihm überhaupt nicht zugegangen. Hat er recht?[11]

Eine unter Abwesenden abgegebene Erklärung wird mit Zugang wirksam (§ 130 Abs. 1 Satz 1 BGB). Zugang setzt voraus, dass sie so in den Machtbereich des Empfängers gelangt, dass dieser unter gewöhnlichen Verhältnissen die Möglichkeit hat, von deren Inhalt Kenntnis zu nehmen.[12] Zum Machtbereich des T zählt auch das Postfach der in seinem Briefkopf genannten E-Mail-Adresse sowie der zugehörige Spam-Ordner. Eine Nachricht ist zugegangen, wenn die Kenntnisnahme durch den Empfänger möglich und nach der Verkehrsauffassung zu erwarten ist.[13] T stellt seine E-Mail-Adresse als Kontaktmöglichkeit zur Verfügung. Es liegt in seinem Verantwortungsbereich, dafür zu sorgen, dass ihn diese E-Mails auch erreichen und nicht durch einen Spam-Filter aussortiert werden. Nach der Verkehrsanschauung ist zu erwarten, dass er seinen

---

9 BGHZ 67, 271, 275.
10 LG Hamburg MMR 2010, 654.
11 Angelehnt an: LG Bonn MMR 2014, 709.
12 BGH NJW 1980, 990, 991.
13 BGH NJW 2004, 1320, 1321.

Spam-Ordner täglich durchsieht, um von versehentlich als „Spam" eingeordneten E-Mails Kenntnis nehmen zu können.[14] T behauptet zu Unrecht, die Mail sei ihm nicht zugegangen.

3. Allgemeine Geschäftsbedingungen

Prüfung bei AGB
- Anwendbarkeit der §§ 305 ff. BGB (§ 310 Abs. 1 BGB)
- Vorliegen von AGB i. S. d. § 305 Abs. 1 Satz 1 BGB (bei Verbraucherverträgen § 310 Abs. 3 BGB beachten)
- Einbeziehung in den Vertrag (§§ 305 Abs. 2 – § 305c Abs. 2 BGB)
- Zulässigkeit der Inhaltskontrolle (§ 307 Abs. 3 BGB)
- Inhaltskontrolle (§§ 309, 308, 307 Abs. 2, § 307 Abs. 1 BGB)

Fall 285: Partnervermittlung

Willi (W) ist schon lange Single und möchte über die Online-Partnervermittlung der D-AG sein Glück versuchen. Er schließt mit D einen Partnervermittlungsvertrag. Bei Vertragsschluss stimmt er deren Vertragsbedingungen zu. Danach bedarf die Kündigung der Mitgliedschaft zu ihrer Wirksamkeit der eigenhändigen Unterschrift und ist z. B. per Fax oder Post an D zu richten. Die elektronische Form ist ausgeschlossen. Ist diese Regelung Vertragsinhalt geworden?[15]

Bei der Vertragsbedingung handelt es sich um eine Allgemeine Geschäftsbedingung i. S. d. § 305 Abs. 1 Satz 1 BGB. Diese wird von D gestellt (§ 310 Abs. 3 Nr. 1 BGB). Die Klausel, die eine Kündigung per E-Mail ausschließt, muss der **Inhaltskontrolle** nach §§ 307 ff. BGB standhalten. Nach § 309 Nr. 13 lit. b BGB sind Allgemeine Geschäftsbedingungen, die eine strengere Form als die Textform (§ 126b BGB) vorsehen, unwirksam. Die Regelung, nur per Post oder Fax wirksam kündigen zu können, geht über das Textformerfordernis hinaus. Die Regelung ist gemäß § 309 Nr. 13 lit. b BGB unwirksam. Sie ist kein Bestandteil des zwischen D und W geschlossenen Vertrags. Im Übrigen bleibt der Vertrag wirksam (§ 306 Abs. 1 BGB).

Fall 286: FOR FREE

Die N-AG bietet auf ihrer Internetseite Software zum Download an. Es handelt sich ausschließlich um Produkte bekannter Hersteller, die im Internet vielfach kostenlos angeboten werden. Auch von N wird die Software mit *„Jetzt gratis downloaden"*, und *„FREE"* angepriesen. Lediglich ihre AGB enthalten einen Hinweis auf die Kostenpflichtigkeit. Ines (I) besucht die Website der N, registriert sich, akzeptiert die AGB, ohne diese gelesen zu haben und lädt die Software des Unternehmens U herunter, wo-

---

14 LG Bonn MMR 2014, 709, 711.
15 Angelehnt an: BGH NJW 2016, 2800.

H. Vertragsrecht im Internet

bei sie diese für kostenlos hält. I meint, eine derartige überraschende AGB könne nie Vertragsbestandteil werden.[16]

Nach § 305c Abs. 1 BGB werden Bestimmungen in Allgemeinen Geschäftsbedingungen, die nach den Umständen so ungewöhnlich sind, dass der Vertragspartner des Verwenders mit ihnen nicht zu rechnen braucht, nicht Vertragsbestandteil. I besucht die Website der N, um sich ihr als kostenlos bekannte Software herunterzuladen. Aufgrund der Gestaltung der Internetseite der N konnte I nicht davon ausgehen, dafür zahlen zu müssen. I hat die AGB zwar nicht gelesen, mit der Kostenpflichtigkeit i. d. R. kostenlos erhältlicher Software konnte und musste sie jedoch nicht rechnen. Es handelt sich daher um eine überraschende Klausel i. S. d. § 305c BGB, die kein Vertragsbestandteil werden konnte. I ist zuzustimmen.

Fall 287: Bandbreitenreduzierungsklausel

Der DSL-Vertrag der L-AG enthält die Klausel: *„Sollte die gewünschte Bandbreite nicht zur Verfügung stehen, möchte ich das von mir ausgewählte Produkt mit der maximal möglichen Bandbreite erhalten".* Ist diese Klausel wirksam?[17]

Die Klausel ist eine für eine Vielzahl von Verträgen vorformulierte Vertragsbedingung und damit eine AGB i. S. d. § 305 Abs. 1 Satz 1 BGB. Sie wird von der L-AG gestellt (§ 310 Abs. 3 Nr. 1 BGB) und ist nach §§ 307 ff. BGB kontrollfähig. Ein verständiger Leser kann die Klausel als eine Bestätigung des Vertragsschlusses mit einer anderen als vom Kunden gewünschten Bandbreite verstehen oder auch so interpretieren, dass die Bandbreite anfänglich zur Verfügung gestellt wird, was sich aber während des laufenden Vertrages ändern kann. Zweifel bei der Auslegung gehen nach § 305c Abs. 2 BGB zu Lasten des Verwenders. Bei **mehrdeutigen Klauseln** ist die Auslegungsmöglichkeit zu wählen, die zur Unwirksamkeit der Klausel führt.[18] Die Auslegung i. S. e. späteren Vertragsänderung lässt offen, aus welchen Gründen die vereinbarte Bandbreite später nicht mehr zur Verfügung stehen könnte. Nach dieser Interpretation beinhaltet die Klausel einen unzumutbaren Änderungsvorbehalt. Sie ist nach § 308 Nr. 4 BGB unwirksam. Auch die Auslegung i. S. eines Vertragsschlusses zu geänderten Bedingungen hält der **Inhaltskontrolle** nicht stand. Sie führt zu einer unangemessen Benachteiligung der Verbraucher i. S. d. § 307 Abs. 2 Nr. 1 BGB. Die Klausel in den AGB ist mit den wesentlichen Grundgedanken des § 150 Abs. 2 BGB nicht vereinbar.[19] Nach § 150

---

16 Angelehnt an: AG Frankfurt a. M., Urt. v. 23.03.2011 – 29 C 2583/10, BeckRS 2011, 07119; LG Berlin NJW-RR 2012, 424; BGH NJW-RR 2012, 1261 – „Branchenverzeichnis im Internet"; Beachte: Da es sich bei der Entgeltlichkeit eines Angebots um eine wesentliche Vertragsbestimmung handelt, ist schon zweifelhaft, ob zwischen den Parteien überhaupt ein Vertrag zustande gekommen ist. Gefragt ist jedoch ausschließlich nach der Wirksamkeit der AGB-Klausel.
17 Angelehnt an: OLG Düsseldorf MMR 2013, 300.
18 BGHZ 180, 257, Rn. 11 = BGH NJW 2009, 2051.
19 OLG Düsseldorf MMR 2013, 300, 301.

Abs. 2 BGB ist eine Vertragsannahme unter Einschränkungen oder sonstigen Änderungen eine mit einem neuen Antrag verbundene Ablehnung, weshalb kein Vertrag zustande kommt. Sofern durch die Klausel eine Abweichung vom eigentlich vereinbarten Vertragsinhalt möglich sein soll, wird § 150 Abs. 2 BGB ausgehöhlt.[20] Die Klausel der L-AG ist nach beiden Interpretationsmöglichkeiten unwirksam.

4. Online-Auktionen

Fall 288: Online-Auktion
Arne (A) bietet im Rahmen einer Online-Auktion ein Sofa an. Das Startgebot beträgt 1 €. Jens (J) gibt ein Gebot in Höhe von 100 € ab und ist damit Höchstbietender. A beendet die Auktion ohne Angabe von Gründen vorzeitig und verkauft das Sofa einem Freund. J verlangt Schadensersatz aus §§ 280, 283 BGB.[21]

J kann gegen A einen Schadensersatzanspruch statt der Leistung nach §§ 280 Abs. 1, 3; 283 BGB haben. Dann müsste A eine Pflicht aus einem mit J bestehenden Schuldverhältnis verletzt haben (§ 280 Abs. 1 Satz 1 BGB). Fraglich ist, ob zwischen den beiden ein wirksamer Kaufvertrag zustande gekommen ist. Bei einer Online-Auktion handelt es sich rechtlich **nicht um eine Versteigerung** i. S. d. § 156 BGB. Der Vertrag kommt nicht durch Zuschlag, sondern durch übereinstimmende Willenserklärungen von Verkäufer und Käufer, d. h. durch Annahme des Vertragsangebots durch den Höchstbietenden zustande (§§ 145 ff. BGB).[22] Durch den Start der Auktion gibt A ein wirksames Verkaufsangebot ab. Mit seinem Startgebot äußert er den Willen, mit dem Höchstbietenden einen Vertrag zu schließen. Bei vorzeitiger Beendigung des Angebots kommt ebenfalls ein Vertrag mit dem Höchstbietenden zustande, es sei denn, der Verkäufer war aufgrund eines berechtigten Grundes zur Rücknahme seines Angebots befugt. A hat sich bei der Eingabe des Artikels weder geirrt noch war ihm die Übereignung unverschuldet unmöglich. Er war nicht berechtigt, sein Angebot vorzeitig zurückzunehmen. Zwischen J und A ist ein **wirksamer Kaufvertrag** zustande gekommen. A ist gemäß § 433 Abs. 1 Satz 1 BGB verpflichtet, J das Sofa Zug um Zug gegen Zahlung des Kaufpreises zu übereignen und zu übergeben. Indem A die vertraglich geschuldete Leistung nicht erbringt, handelt er pflichtwidrig. Übereignung und Übergabe des Sofas sind ihm aufgrund der inzwischen erfolgten Veräußerung unmöglich (§ 275 BGB). Da sich A für eine anderweitige Veräußerung entschieden hat, hat er die Unmöglichkeit auch subjektiv zu vertreten. J steht ein Schadensersatzanspruch aus §§ 280 Abs. 1, 3; 283 BGB zu. Er kann von A gemäß § 249 BGB den Ersatz des Werts verlangen, den das Sofa bei erfolgter Übereignung gehabt hätte, abzüglich des Kaufpreises in Höhe von 100 €, den er als zuletzt Höchstbietender hätte aufbringen müssen.

---

20 OLG Düsseldorf MMR 2013, 300, 301.
21 Angelehnt an: BGH MMR 2015, 167; BGH NJW 2011, 2643.
22 BGH NJW 2005, 53, 54; BGH NJW 2011, 2643, 2644.

Fall 289: Schnäppchen

Jutta (J) möchte ihr gebrauchtes Auto (Wert: 20.000 €) verkaufen und bietet es bei einer Online-Auktionsplattform mit einem Startgebot von 1 € an. Detlef (D) nimmt das Angebot wenige Minuten später an, wobei er ein Maximalgebot von 555,55 € festlegt. Nach ca. sieben Stunden bricht J die Auktion ohne Angabe von Gründen ab. D ist zum Zeitpunkt des Abbruchs mit seinem 1-€-Gebot der einzige Bieter. Ist der Kaufvertrag aufgrund des erheblichen Missverhältnisses von Leistung und Gegenleistung nichtig?[23]

Gemäß § 138 Abs. 1 BGB ist ein Rechtsgeschäft, das gegen **die guten Sitten** verstößt, nichtig. Nach § 138 Abs. 2 BGB gilt dies insbesondere dann, wenn sich jemand unter Ausnutzung der Unerfahrenheit oder des Mangels an Urteilsvermögen eines anderen Vermögensvorteile gewähren lässt, die in einem auffälligen Missverhältnis zu der gewährten eignen Leistung stehen. Das von J für das Auto abgegebene Gebot von 1 € steht in erheblichem Missverhältnis zu dessen Wert von 20.000 €. Ein erhebliches **Missverhältnis von Leistung und Gegenleistung** ist jedoch allein nicht ausreichend, eine sittenwidrige Gesinnung des Bieters anzunehmen. D macht im Rahmen der Auktion lediglich von einer ihm eröffneten Kaufmöglichkeit Gebrauch. Die Chance auf Schnäppchen macht grade den Reiz von Online-Versteigerungen aus[24] und ist für diese typisch. Ein Höchstgebot unterhalb des Marktpreises ist sittlich nicht zu missbilligen. Mit dem Start ihrer Auktion hat J sich mit den Verkaufsbedingungen einverstanden erklärt. Der zwischen J und D geschlossene Kaufvertrag ist nicht gemäß § 138 Abs. 1 BGB sittenwidrig und nichtig.

Fall 290: Pferdeanhänger

Eileen (E) bietet im Rahmen einer Online-Auktion einen Pferdeanhänger zu einem Startpreis in Höhe von 1 € an. Um den Auktionsverlauf zu ihren Gunsten zu manipulieren, gibt sie über ein zweites Benutzerkonto Gebote ab. Eigengebote sind nach den zugrundeliegenden AGB der Auktionsplattform unzulässig. Ohne das Eigengebot der E hätte Bieter Friedolin (F) den Anhänger zu einem Kaufpreis in Höhe von 1 € erworben. Hat F gegenüber E Anspruch auf Übergabe und Übereignung des Pferdeanhängers aus § 433 Abs. 1 Satz 1 BGB?[25]

F hat gegenüber E Anspruch auf Übereignung und Übergabe des Pferdeanhängers aus § 433 Abs. 1 Satz 1 BGB, wenn zwischen beiden ein wirksamer Kaufvertrag zustande gekommen ist. Online-Auktionen sind keine Versteigerung gemäß § 156 BGB, sondern richten sich nach den allgemeinen Regeln des Vertragsschlusses.[26] Nach §§ 145 ff. BGB

---

23 Angelehnt an: BGH NJW 2015, 548.
24 BGH NJW 2015, 548, 549.
25 Angelehnt an: BGHZ 211, 331 = BGH NJW 2017, 468.
26 BGH NJW 2005, 53, 54.

kommt ein Vertrag durch Angebot und Annahme zustande. Indem E die Auktion mit einem Kaufpreis von 1 € startet, gibt sie ein verbindliches Verkaufsangebot an den zum Ende der Auktionslaufzeit Höchstbietenden ab. Wie sich aus § 145 BGB sowie den Plattform-AGB ergibt, ist der Vertragsschluss „einem anderen" und damit einem mit E personenverschiedenen Bieter anzutragen.[27] E kann mit einem über ein zweites Benutzerkonto abgegebenes Eigengebot keine wirksame Annahmeerklärung abgeben. Das an einen anderen adressierte Angebot der E hat F mit seinem bei Auktionsende bestehenden Höchstgebot von 1 € angenommen. Somit ist zwischen E und F ein wirksamer Kaufvertrag zustande gekommen. F kann von E Übereignung und Übergabe des Anhängers aus § 433 Abs. 1 Satz 1 BGB verlangen.

Fall 291: Abbruchjäger
Ralph (R) möchte sich zunutze machen, dass Anbieter bei einer Online-Auktion nur in Ausnahmefällen berechtigt sind, ihr Angebot zurückzuziehen. In der Hoffnung, dieser werde sein Angebot zurückziehen, bietet er für ein von Alex (A) angebotenes Segelboot. A bricht die Auktion tatsächlich ab. Obwohl R weiß, dass A das Boot erneut zum Verkauf anbietet, bietet er diesmal nicht mit und verlangt von A die Erfüllung des Kaufvertrags. A weigert sich, den Kaufvertrag zu dem zum Abbruchzeitpunkt niedrigen Höchstgebot des R zu erfüllen. Wie schon in vielen vergleichbaren Fällen, verlangt R wie geplant die Differenz zwischen Kaufpreis und tatsächlichem Wert des Segelboots als Schadensersatz.[28]

Der Schadensersatzanspruch des R kann sich aus §§ 280 Abs. 1, 3, 281 Abs. 1 BGB ergeben. Mit Abbruch der Auktion ist zwischen R und A ein wirksamer Kaufvertrag (§ 433 BGB) über das Segelboot zustande gekommen. Beide haben wirksame Willenserklärungen abgegeben. Dass R nie die Absicht hatte, das Segelboot zu erwerben, steht dem nicht entgegen. Der Kaufvertrag ist aufgrund fehlender Anhaltspunkte für eine Sittenwidrigkeit auch nicht nach § 138 Abs. 1 BGB nichtig. Die Voraussetzungen eines Schadensanspruchs liegen vor. A hat die von ihm geschuldete Leistung schuldhaft nicht erbracht. Der Schadensersatzanspruch ist jedoch nicht durchsetzbar, wenn die Geltendmachung ausnahmsweise rechtsmissbräuchlich (§ 242 BGB) ist. Rechtsmissbrauch i. S. d. § 242 BGB ist nur in Ausnahmefällen anzunehmen und liegt nicht schon deshalb vor, weil R als sog. Abbruchjäger tätig ist. Hier kommt jedoch hinzu, dass R sich in vielen Fällen vergleichbar verhält und die erneute Möglichkeit, das Boot von A zu erwerben und so einen anderweitigen Erwerb zu verhindern, nicht nutzt. Die Geltendmachung des Schadensersatzanspruchs durch R ist damit in diesem Fall gemäß § 242 BGB rechtsmissbräuchlich.

---

27 BGHZ 211, 331 ff. = BGH NJW 2017, 468, 469.
28 Angelehnt an: BGH MMR 2016, 737; LG Görlitz BeckRS 2016, 08624 – „Abbruchjäger".

5. Widerruf von Willenserklärungen

Nach der Legaldefinition in § 312c Abs. 1 BGB sind **Fernabsatzverträge** Verträge, bei denen der Unternehmer (§ 14 BGB) oder eine in seinem Namen oder Auftrag handelnde Person und der Verbraucher (§ 13 BGB) für die Vertragsverhandlungen und den Vertragsschluss ausschließlich Fernkommunikationsmittel verwenden, es sei denn, dass der Vertragsschluss nicht im Rahmen eines für den Fernabsatz organisierten Vertriebs- oder Dienstleistungssystems erfolgt.

    Fernkommunikationsmittel sind nach § 312c Abs. 2 BGB alle Kommunikationsmittel, die zur Anbahnung oder zum Abschluss eines Vertrags eingesetzt werden können, ohne dass die Vertragsparteien gleichzeitig körperlich anwesend sind, wie Briefe, Kataloge, Telefonanrufe, Telekopien, E-Mails, über den Mobilfunkdienst versendete Nachrichten (SMS) sowie Rundfunk und Telemedien.

Fall 292: Der schusselige Online-Händler

Timo (T) kauft bei Online-Händler U ein Autoradio, das ihm am 15.4. zugestellt wird. Der schusselige U vergisst, T über sein Widerrufsrecht zu belehren. Hat Timo am 17.11. noch die Möglichkeit, seine Erklärung zu widerrufen?

Bei Fernabsatzverträgen ist der Unternehmer verpflichtet, den Verbraucher über sein Widerrufsrecht zu informieren (§ 312d Abs. 1 BGB i. V. m. Art. 246a EGBGB). Zwischen U und T ist ein Fernabsatzvertrag i. S. d. § 312c Abs. 1 BGB zustande gekommen. Die **Widerrufsfrist** beginnt nicht zu laufen, bevor der Unternehmer den Verbraucher entsprechend den Anforderungen von Art. 246a § 1 Abs. 2 Satz 1 Nr. 1 EGBGB unterrichtet hat (§ 356 Abs. 3 Satz 1 BGB). T wird von U nicht über sein Widerrufsrecht informiert. Gemäß § 356 Abs. 3 Satz 2 BGB erlischt das Widerrufsrecht spätestens zwölf Monate und 14 Tage nach Erhalt der Ware. T hat das Autoradio am 15.4. erhalten. Sein Widerrufsrecht ist damit am 17.11. noch nicht erloschen. Er kann seine Erklärung noch widerrufen.

Fall 293: Die CD

Laura (L) kauft über das Internetangebot des Unternehmens U eine CD mit ihren Lieblingshits. Nach dem Entfernen der versiegelten Verpackung stellt sie fest, dass sie diese CD schon besitzt. Kann sie den Widerruf erklären, wenn sie diesbezüglich ordnungsgemäß belehrt wurde?

Zwischen L als Verbraucherin und U ist über dessen Internetangebot, d. h. mittels Telemedien als Fernkommunikationsmittel i. S. d. § 312c Abs. 2 BGB, ein Fernabsatzvertrag (§ 312c Abs. 1 BGB) zustande gekommen. Grundsätzlich haben Verbraucher bei derartigen Verträgen gemäß § 312g Abs. 1 BGB ein Widerrufsrecht nach §§ 355 ff. BGB. Soweit die Parteien nichts anderes vereinbaren, besteht bei Verträgen zur Lieferung von Ton- oder Videoaufnahmen oder Computersoftware in einer versiegelten Packung kein Widerrufsrecht, wenn die Versiegelung nach der Lieferung entfernt wurde (§ 312g Abs. 2 Nr. 6 BGB). L hat die versiegelte Verpackung von der gekauften CD bereits entfernt. Ihr steht somit kein Widerrufsrecht zu.

6. Sachmängel

Fall 294: Eine mangelhafte Kaffeemaschine

Klaas (K) kauft bei Online-Händler F eine Kaffeemaschine mit Mahlwerk. Nachdem er diese am Mittwoch, den 12.3. erhalten hat, muss er enttäuscht feststellen, dass das Mahlwerk nicht funktioniert. Am liebsten möchte er sofort vom Vertrag zurücktreten. F ist seinen Informationspflichten nachgekommen. Was kann Klaas unternehmen?

Zwischen K und F ist ein Kaufvertrag zustande gekommen (§ 433 BGB). F ist verpflichtet, K die Sache in mangelfreiem Zustand zu verschaffen (§ 433 Abs. 1 Satz 2 BGB). Das Mahlwerk der Kaffeemaschine funktioniert nicht. Die Kaffeemaschine weist damit nicht die übliche Beschaffenheit auf und eignet sich nicht für das Mahlen und Zubereiten von Kaffee. Es handelt sich um einen **Sachmangel** i. S. d. § 434 Abs. 1 Satz 2 Nr. 2 BGB. Dieser Mangel liegt bereits bei der Übergabe der Kaffeemaschine an K und damit im Zeitpunkt des Gefahrübergangs (§ 446 Satz 1 BGB) vor. K hat die Möglichkeit, **Mängelansprüche** geltend zu machen (§ 437 BGB). Zunächst kann er **Nacherfüllung** verlangen, wobei er die Wahl hat, ob er den Mangel beseitigen lässt oder die Lieferung einer mangelfreien Sache verlangt (§§ 437 Nr. 1, 439 Abs. 1 BGB). Erst wenn die Mängelbeseitigung fehlschlägt, F die Nachbesserung verweigert oder diese unzumutbar ist, kann K vom Vertrag zurücktreten (§§ 437 Nr. 2, 440, 323 BGB). Da K sofort vom Vertrag zurücktreten möchte, erscheint die Geltendmachung eines Sachmangels nicht sinnvoll.

K kann seine Erklärung innerhalb von 14 Tagen ab Erhalt der Kaffeemaschine (Mi, 12.3.) widerrufen. Die Frist ist nach §§ 187 Abs. 1, 188 Abs. 1 BGB zu berechnen. Die Berechnung beginnt am Tag nach Erhalt der Kaffeemaschine, also Donnerstag, den 13.3. und endet mit Ablauf des 14. Tages, also am Mittwoch, den 26.3. Spätestens am 26.3. (vgl. § 312g Abs. 1 i. V. m. § 355 Abs. 1, 2 BGB, 356 Abs. 2 Nr. 1a) BGB; § 187 Abs. 1, 188 Abs. 1 BGB) muss K gegenüber F eine eindeutige Widerrufserklärung abgeben (§ 355 Abs. 1 Satz 3 BGB), diese aber nicht begründen (§ 355 Abs. 1 Satz 4 BGB). Möchte K von seinem Widerrufsrecht Gebrauch machen, muss er die Kaffeemaschine innerhalb von 14 Tagen nach Abgabe der Widerrufserklärung zurücksenden (§ 357 Abs. 1; 355 Abs. 3 BGB). Da dies seinem Begehren, vom Vertrag zurückzutreten, eher gerecht wird, ist K zu raten, seine Erklärung rechtzeitig zu widerrufen.

Fall 295: Der dreibeinige Tisch

Online-Händler O ist auf den Verkauf von Wohnzimmertischen spezialisiert. Um einer Haftung zu entgehen, weist er seine Kunden ausdrücklich auf den Gewährleistungsausschluss hin. Benedikt (B) bestellt bei O einen Tisch. Beim Auspacken stellt er fest, dass diesem ein Bein fehlt. Er verlangt die Lieferung eines vierbeinigen Tischs.

B kann Lieferung eines mangelfreien Tischs verlangen, wenn ihm ein Recht auf Nacherfüllung aus §§ 437 Nr. 1, 439 Abs. 1 BGB zusteht. Zwischen O und B ist ein Kaufvertrag über einen Tisch zustande gekommen (§ 433 BGB). Dem Tisch fehlt beim Auspacken ein Bein, weshalb er bereits bei der Übergabe und damit bei Gefahrübergang (§ 446 Satz 1 BGB) nicht die vereinbarte Beschaffenheit aufweist und damit mangelhaft ist (§ 434 Abs. 1 Satz 1 BGB). O und B könnten jedoch einen die Nacherfüllung ausschließenden **Gewährleistungsausschluss** vereinbart haben. Verbraucher B kauft bei Unternehmer O einen Tisch und damit eine bewegliche Sache, weshalb es sich gemäß § 474 Abs. 1 Satz 1 BGB um einen Verbrauchsgüterkauf handelt. Gemäß § 476 Abs. 1 Satz 1 BGB sind von der Mängelgewährleistung abweichende Vereinbarungen zum Nachteil des Verbrauchers unwirksam. O und B konnten den Gewährleistungsausschluss daher nicht wirksam vereinbaren. B steht gemäß §§ 437 Nr. 1, 439 BGB ein Nacherfüllungsanspruch zu.

I. Wettbewerbsrecht[1]

Kurzübersicht

- Das Gesetz gegen den unlauteren Wettbewerb (UWG) schützt Verbraucher i. S. d. § 2 Abs. 2 UWG, § 13 BGB, sonstige Marktteilnehmer i. S. d. § 2 Abs. 1 Nr. 2 UWG (Vertikalverhältnis) sowie Mitbewerber i. S. d. § 2 Abs. 1 Nr. 3 UWG (Horizontalverhältnis) vor unlauteren geschäftlichen Handlungen (§ 1 Satz 1 UWG). Es schützt das Interesse der Allgemeinheit an einem unverfälschten Wettbewerb (§ 1 Satz 2 UWG).
- Als sog. Lauterkeitsrecht dient es der Kontrolle des Marktverhaltens.[2]

Geschäftliche Handlung i. S. d. § 2 Abs. 1 Nr. 1 UWG

- Für die Anwendbarkeit des UWG ist eine geschäftliche Handlung Voraussetzung. Eine geschäftliche Handlung liegt vor, wenn die Voraussetzungen des § 2 Abs. 1 Nr. 1 UWG erfüllt sind:
  - Es muss eine Handlung oder Unterlassung einer natürlichen oder juristischen Person vorliegen.
  - Das Verhalten muss Unternehmensbezug haben, d. h. zugunsten des eigenen oder eines fremden Unternehmens erfolgen.
  - Die Handlung kann vor, während oder nach Geschäftsabschluss vorgenommen werden.
  - Sie muss Marktbezug haben, d. h. auf andere Marktteilnehmer einwirken und damit Außenwirkung entfalten.
  - Es muss ein objektiver Zusammenhang mit dem Absatz oder Bezug von Waren oder Dienstleistungen gegeben sein. Redaktionelle Beiträge, die allein der Information und Meinungsbildung der Leser, Hörer oder Zuschauer dienen, stehen nicht in einem objektiven Zusammenhang mit dem Absatz von Waren oder Dienstleistungen[3] (sog. „Medienprivileg").

---

1 *Fechner*, Medienrecht, 6. Kapitel, Rn. 39 ff.
2 *Fechner*, Medienrecht, 6. Kapitel, Rn. 46.
3 BT-Drs. 16/10145, 21.

Unzulässige geschäftliche Handlungen

- Die in der „Schwarzen Liste" („Black-List") im Anhang Nr. 1–30 zu § 3 Abs. 3 UWG genannten geschäftlichen Handlungen von Unternehmern gegenüber Verbrauchern i. S. d. § 2 Abs. 2 UWG i. V. m. § 13 BGB (business-to-consumer, B2C) sind stets unzulässig (§ 3 Abs. 3 UWG).
- In den Fällen des § 7 Abs. 2 i. V. m. Abs. 1 UWG ist eine unzumutbare Belästigung stets unzulässig.

Beispiele bzw. Spezialtatbestände für unlauteres Handeln

- Der **Rechtsbruch** nach § 3a UWG erfordert eine Zuwiderhandlung gegen eine gesetzliche Vorschrift, die auch dazu bestimmt ist, im Interesse der Marktteilnehmer das Marktverhalten zu regeln.
- § 4 UWG dient dem Mitbewerberschutz.
  - – § 4 Nr. 1 UWG schützt Mitbewerber vor **Herabsetzung und Verunglimpfung.**
  - – § 4 Nr. 2 UWG schützt Mitbewerber vor unwahren geschäftsschädigenden Tatsachenbehauptungen gegenüber Dritten (**„Anschwärzung"**).
  - – § 4 Nr. 3 UWG schützt Mitbewerber vor der **Nachahmung** ihrer Produkte.
  - – § 4 Nr. 4 UWG schützt Mitbewerber vor **gezielter Behinderung.**
- Gemäß § 4a Abs. 1 S. 1 UWG sind **aggressive geschäftliche Handlungen** unlauter.
- Nach § 5 Abs. 1 Satz 1 UWG sind irreführende geschäftliche Handlungen unlauter.
- Im Wege einer **Irreführung durch Unterlassen** handelt unlauter, wer dem Verbraucher eine wesentliche Information vorenthält (§ 5a Abs. 2 UWG) oder den kommerziellen Zweck einer geschäftlichen Handlung nicht kenntlich macht (§ 5a Abs. 6 UWG).
- **Vergleichende Werbung** i. S. d. § 6 Abs. 1 UWG ist in den Fällen des § 6 Abs. 2 UWG unlauter. Sie darf nicht irreführend sein (§ 5 Abs. 3, 1. Var. i. V. m. § 5 Abs. 1 Satz 2 UWG).

Beachte: Die Rechtsfolge (Unzulässigkeit) ergibt sich jeweils aus § 3 Abs. 1 UWG.

Bei der Beurteilung von geschäftlichen Handlungen gegenüber Verbrauchern ist auf den durchschnittlichen Verbraucher abzustellen (§ 3 Abs. 4 Satz 1 UWG).

Generalklauseln

- § 7 Abs. 1 Satz 1 UWG schützt Marktteilnehmer vor **unzumutbarer Belästigung**, insbesondere durch Werbung (§ 7 Abs. 1 Satz 2 UWG). Als selbstständiger Tatbestand ist § 7 Abs. 1 Satz 1 UWG neben der großen Generalklausel des § 3 Abs. 1 UWG anwendbar.

- Bei unlauteren geschäftlichen Handlungen gegenüber Verbrauchern kommt die kleine Generalklausel („Verbrauchergeneralklausel") des § 3 Abs. 2 UWG i. V. m. § 3 Abs. 1 UWG in Betracht.
- Der Auffangtatbestand des § 3 Abs. 1 UWG erfasst unlautere Geschäftspraktiken von Unternehmen gegenüber Verbrauchern (B2C) sowie das Verhältnis von Unternehmern (B2B).[4]

Haftung

- Im Falle der Verbreitung wettbewerbswidriger Äußerungen in Medien haftet neben dem Urheber der Äußerung jeder an der Weitergabe und Verbreitung Beteiligte, soweit sein Verhalten eine geschäftliche Handlung i. S. d. UWG darstellt.[5]
- Bei Veröffentlichungen wettbewerbswidriger Anzeigen haften Presseunternehmen nur bei der Verletzung einer Prüfpflicht. Diese beschränkt sich auf grobe und unschwer erkennbare Rechtsverstöße.[6]
- Gemäß § 9 Satz 2 UWG kann ein Schadensersatzanspruch gegen verantwortliche Personen von periodischen Druckschriften nur bei einer vorsätzlichen Zuwiderhandlung geltend gemacht werden. Dieses Privileg ist auf andere periodisch erscheinende Medien entsprechend anwendbar.[7] Nicht privilegiert ist, wer den Inhalt der Anzeige aktiv (mit)gestaltet hat, was vor allem bei Eigenwerbung anzunehmen ist.[8]

Prüfungsvorschlag

Möglicher Prüfungsaufbau
1. Anspruchsgrundlage: Unterlassung / Schadensersatz § 8 / § 9 UWG
2. geschäftliche Handlung gemäß § 2 Abs. 1 Nr. 1 UWG
3. Unlauterkeit
   - Katalogtatbestände der »Schwarzen Liste« (Anhang zu § 3 Abs. 3 UWG)
   - gem. § 7 UWG: unzumutbare Belästigung
   - gem. § 6 UWG: unlautere vergleichende Werbung
   - gem. § 5 UWG: irreführende geschäftliche Handlungen durch Tun oder Unterlassen (§ 5a UWG)
   - gem. § 4 UWG: Mitbewerberschutz
   - gem. § 4a UWG: aggressive geschäftliche Handlungen
   - gem. § 3a UWG: Rechtsbruch
   - gem. § 3 Abs. 2 UWG: Verletzung der unternehmerischen Sorgfalt

---

4 BT-Drs. 18/4535, 8.
5 BGH NJW 2015, 3377, 3379 – „Tip der Woche".
6 BGH NJW 2015, 3377, 3379 – „Tip der Woche".
7 *Köhler*, in: Köhler/Bornkamm, UWG, § 9 Rn. 2.13.
8 BT-Drs. 15/1487, 23.

jeweils i. V. m. der Rechtsfolge des § 3 Abs. 1 UWG: Unzulässigkeit
- gem. § 3 Abs. 1 UWG: Auffangtatbestand
4. Weitere Voraussetzungen der Anspruchsgrundlage
   (Unterlassung: Wiederholungsgefahr
   Schadensersatz: Verschulden)
5. Ergebnis
Beachte: Der Schaden lässt sich auf dreifache Weise berechnen: Konkreter Schaden
(§§ 249 ff. BGB), Herausgabe des Verletzergewinns oder angemessene (fiktive) Lizenzgebühr.[9]

Beispielsfälle

1. Geschäftliche Handlung

Fall 296: Wintermantel

Nach einer erfolgreichen Diät bietet Katharina (K) ihren zu groß gewordenen Wintermantel in einem Internet-Auktionshaus an. Handelt sie damit geschäftlich?[10]

Gemäß § 2 Abs. 1 Nr. 1 UWG handelt **geschäftlich**, wer vor, bei oder nach Geschäftsabschluss zugunsten eines fremden oder eigenen Unternehmens tätig ist und dies mit der Förderung des Absatzes oder Bezugs von Waren oder Dienstleistungen oder mit dem Abschluss oder der Durchführung eines Vertrags über Waren oder Dienstleistungen objektiv zusammenhängt. K handelt nicht zugunsten eines anderen Unternehmens, sondern im Eigeninteresse. Eine Einordnung ihres Verhaltens als geschäftliche Handlung kommt daher nur dann in Betracht, wenn sie damit den Absatz des eigenen Unternehmens zu fördern beabsichtigt. Sie ist Unternehmerin i. S. d. § 2 Abs. 1 Nr. 6 UWG, wenn sie die geschäftliche Handlung im Rahmen ihrer gewerblichen, handwerklichen oder beruflichen Tätigkeit vornimmt. Eine gewerbliche Tätigkeit setzt ein auf eine gewisse Dauer angelegtes, selbstständiges und planmäßiges Anbieten entgeltlicher Leistungen am Markt voraus.[11] Der einmalige Verkauf eines Wintermantels ist nicht gewerblich. K ist keine Unternehmerin i. S. d. § 2 Abs. 1 Nr. 6 UWG. Sie fördert weder ein fremdes noch ein eigenes Unternehmen und handelt damit nicht geschäftlich i. S. d. § 2 Abs. 1 Nr. 1 UWG.

Eine **gewerbliche Tätigkeit** setzt ein selbstständiges und planmäßiges, auf eine gewisse Dauer angelegtes Anbieten entgeltlicher Leistungen am Markt voraus.[12]

---

9 Siehe hierzu die Erläuterungen bei D. S. 139.
10 Vgl. auch Fall 236, S. 178.
11 BGHZ 167, 40, Rn. 40 = BGH NJW 2006, 2250, 2251 – „Tierkauf"; BGH GRUR 2009, 871, 874.
12 BGHZ 167, 40, Rn. 40 = BGH NJW 2006, 2250, 2251 – „Tierkauf".

Fall 297: Uhren-Auktion

Gerald (G) erwirbt regelmäßig fabrikneue Uhren von einem Schmuckhändler und bietet diese in einem Online-Auktionshaus an. Zwischen Mitte Januar und Mitte März verkauft er 114 Artikel. Sein Verkäuferprofil verfügt über insgesamt 273 Kundenbewertungen ("Feedbacks"). Handelt er geschäftlich?[13]

Ob ein Anbieter von Waren auf einer Internet-Plattform geschäftlich i.S.d. § 2 Abs. 1 Nr. 1 UWG handelt oder im privaten Bereich tätig ist, ist aufgrund einer **Gesamtschau aller relevanten Umstände** zu beurteilen. Anders als K verkauft G nicht nur einmalig einen Artikel, sondern veräußert zwischen Mitte Januar und Mitte März insgesamt 114 Uhren. Aufgrund des verhältnismäßig großen Umfangs seiner Verkaufstätigkeit in einem Zeitraum von drei Monaten und dem Umstand, dass er regelmäßig neuwertige Uhren ankauft und weiterverkauft, ist nicht mehr von privaten Gelegenheitsverkäufen auszugehen. Gegen einen Privatverkauf spricht auch die mit 273 Bewertungen hohe Zahl an Kundenfeedbacks. Sein gewerbliches Handeln dient der Absatzförderung seines Unternehmens. G handelt geschäftlich i.S.d. § 2 Abs. 1 Nr. 1 UWG.

Fall 298: Newsletter

Sebastian (S) gibt monatlich einen *„Finanzberatungs-Newsletter"* heraus, der ca. 40.000 Abonnenten zugestellt wird. Neben allgemeinen Informationen, die sein Image als kompetenten Dienstleister fördern sollen, enthält der Newsletter Werbung für das Angebot des S. Stellt die Verbreitung des Newsletters eine geschäftliche Handlung i.S.d. UWG dar?[14]

Die Verbreitung des Newsletters ist eine geschäftliche Handlung i.S.d. § 2 Abs. 1 Nr. 1 UWG, wenn ein **objektiver Zusammenhang** zwischen dem Verhalten des S und der Förderung des eigenen Absatzes gegeben ist. Ein solcher fehlt i.d.R. bei redaktionellen Beiträgen, die allein der Information und Meinungsbildung der Adressaten dienen.[15] Der von S herausgegebene Newsletter dient dem Zweck, seine Beratungsdienste bekannt zu machen und ihm das Image eines kompetenten Dienstleisters zu verleihen. Der Newsletter bietet zwar Hintergrundinformationen, dient jedoch nicht ausschließlich der Information der Leserschaft, sondern vor allem seiner Werbung. Die Verbreitung des Newsletters ist geeignet, die Anbahnung von Geschäftsabschlüssen und den Absatz seines Unternehmens zu fördern. Die Verbreitung hängt mit dem Warenabsatz objektiv zusammen. Es handelt sich um eine geschäftliche Handlung i.S.d. § 2 Abs. 1 Nr. 1 UWG.

---

13 Angelehnt an: BGH GRUR 2009, 871 ff. – „Ohrclips".
14 Angelehnt an: OLG Köln NJOZ 2010, 729; BGH MMR 2012, 101 – „Coaching-Newsletter".
15 BT-Drs. 16/10145, 21.

Fall 299: Versicherungsberater

Die N-Zeitung veröffentlicht einen kritischen Artikel mit dem Titel „*Versicherungsberater beraten schlecht*", in dem auch allgemeine Tipps für den Abschluss von Versicherungsverträgen gegeben werden. Infolgedessen wechseln einige Kunden ihren Berater. Während Versicherungsberater Theodor (T) über Verluste klagt, kann Melina (M) sich über Neukunden freuen. Besteht ein objektiver Zusammenhang zwischen dem Beitrag der N und Absatzsteigerung der M?

Aufgrund des sog. „Medienprivilegs" ist ein objektiver Zusammenhang bei einem redaktionellen Beitrag zu verneinen, wenn er allein der **Information und Meinungsbildung** der Adressaten dient.[16] Der Beitrag der N beschränkt sich auf die journalistische Berichterstattung über Versicherungsberater und informiert damit lediglich über eine im öffentlichen Interesse liegende Angelegenheit. Umstände, die darauf schließen lassen, dass neben der publizistischen Aufgabe die Förderung des eigenen oder fremden Absatzes über eine bloße Begleiterscheinung hinausgeht, sind nicht ersichtlich. Zwischen dem Beitrag der N und der Absatzsteigerung der M besteht kein objektiver Zusammenhang.

Fall 300: Die unkritische Anpreisung

Die M-Zeitschrift veröffentlicht einen redaktionellen Artikel, in dem die Vorzüge des Softwareherstellers S einseitig und unkritisch hervorgehoben werden. Ob M hierfür von S ein Entgelt erhalten hat, lässt sich nicht ermitteln. Liegt ein objektiver Zusammenhang mit der Absatzförderung vor?

Der Begriff des „objektiven Zusammenhangs" ist funktional zu verstehen.[17] Die Handlung muss bei objektiver Betrachtung darauf gerichtet sein, durch Beeinflussung der geschäftlichen Entscheidung von Verbrauchern oder sonstigen Marktteilnehmern den Absatz oder Bezug von Waren oder Dienstleistungen des eigenen oder eines fremden Unternehmens zu fördern.[18] Bei der Presseberichterstattung über ein Unternehmen ist die in Art. 5 Abs. 1 Satz 2, 1. Var. GG grundgesetzlich garantierte Pressefreiheit zu berücksichtigen. Der Artikel des M dient nicht allein der Information der Leserschaft, sondern unmittelbar auch der Werbung für S. Da sich nicht nachweisen lässt, ob M für die redaktionelle Berichterstattung über S ein Vorteil gewährt wurde, kommt es auf den Inhalt des Artikels an, wobei die Begleitumstände zu berücksichtigen sind. Für einen objektiven Zusammenhang mit der Absatzförderung spricht die Einseitigkeit der Berichterstattung sowie die Anpreisung des S. Eine derartig übermäßig werbende Anpreisung dient nicht allein der Information der Leserschaft. Ein **objektiver Zusammenhang** mit der Absatzförderung liegt daher vor.

---

16 BT-Drs. 16/10145, 21.
17 *Köhler*, in: Köhler/Bornkamm, UWG, § 2 Rn. 48.
18 BGH GRUR 2013, 945, 946 – „Standardisierte Mandatsbearbeitung".

Fall 301: Medienprivileg

Gunnar (G) ist der Auffassung, Medienunternehmen seien durch Art. 5 Abs. 1 Satz 2 GG geschützt und würden daher nie geschäftliche Handlungen i. S. d. § 2 Abs. 1 Nr. 1 UWG vornehmen. Stimmt das?

Eine **geschäftliche Handlung** i. S. d. § 2 Abs. 1 Nr. 1 UWG liegt nur vor, wenn die Handlung bei der gebotenen objektiven Betrachtung dem Ziel der Förderung des Absatzes oder Bezugs von Waren oder Dienstleistungen dient. Bei Medien sind die Wertungen der Art. 5 Abs. 1 GG; Art. 11 GR-Charta zu beachten. Medien haben die Aufgabe, die Öffentlichkeit über Vorgänge von allgemeiner Bedeutung zu unterrichten und damit zur öffentlichen Meinungsbildung beizutragen. Redaktionelle Beiträge, die allein der Information und Meinungsbildung der Leser, Hörer oder Zuschauer dienen, stehen nicht in einem objektiven Zusammenhang mit dem Waren- oder Dienstleistungsabsatz.[19] Dieser ist gegeben, wenn Medien das Ziel verfolgen, Verbraucher bei ihrer geschäftlichen Entscheidung zu beeinflussen. Sofern sich Medienunternehmer genau wie andere Unternehmer am ökonomischen Wettbewerb beteiligen, nehmen sie geschäftliche Handlungen i. S. d. § 2 Abs. 1 Nr. 1 UWG vor.

2. Mitbewerber

Mitbewerber ist gemäß § 2 Abs. 1 Nr. 3 UWG jeder Unternehmer, der mit einem oder mehreren Unternehmern als Anbieter oder Nachfrager von Waren oder Dienstleistungen in einem konkreten Wettbewerbsverhältnis steht.
    Beachte den **abweichenden unionsrechtlichen Mitbewerberbegriff.** Der Mitbewerberbegriff in § 6 Abs. 1 UWG ist Art. 2 lit. c) der RL 2006/114/EG entnommen und dient der Umsetzung dieser EU-Richtlinie. Er ist damit unionsrechtlich zu bestimmen.[20] § 2 Abs. 1 Nr. 3 UWG ist nicht unmittelbar anwendbar. Vielmehr sind die vom EuGH entwickelten Kriterien maßgeblich. Der EuGH verlangt, dass die von den Parteien auf dem Markt angebotenen Waren *„in gewissem Grad substituierbar sind“*, was der Fall ist, *„wenn Waren in gewisser Weise gleichen Bedürfnissen dienen können“*.[21] Nach der Rechtsprechung des BGH besteht ein **konkretes Wettbewerbsverhältnis** nicht nur dann, wenn zwei Parteien gleichartige Waren oder Dienstleistungen innerhalb desselben Endverbraucherkreises abzusetzen versuchen und dies zur Folge hat, dass dieses Wettbewerbsverhalten den anderen beeinträchtigen, d. h. im Absatz behindern oder stören kann.[22] Es besteht vielmehr auch dann, wenn zwischen den Vorteilen, die die eine Partei durch eine Maßnahme für ihr Unternehmen oder das eines Dritten zu erreichen sucht und den Nachteilen,

---

19 BT-Drs. 16/10145, 21.
20 *Lettl* Wettbewerbsrecht, § 8 Rn. 18.
21 EuGH GRUR 2007, 511, 513 – „De Landtsheer/CIVC“.
22 BGH NJW 2001, 371 – „Vielfachabmahner“; BGH GRUR 2015, 1129, 1131 – „Hotelbewertungsportal“.

die die andere Partei dadurch erleidet, eine Wechselwirkung in dem Sinne besteht, dass der eigene Wettbewerb gefördert und der fremde Wettbewerb beeinträchtigt werden kann.[23]

Fall 302: Reisen und Bewerten

Um ihr Online-Reisebüro bekannt zu machen, betreibt die N-AG (N) zusätzlich ein Hotelbewertungsportal. Ben (B) führt ein Hotel in Regensburg. Zimmer können unmittelbar über seine Internetseite gebucht werden. Sind N und B Mitbewerber i. S. d. § 2 Abs. 1 Nr. 3 UWG?[24]

Gemäß § 2 Abs. 1 Nr. 3 UWG ist **„Mitbewerber"** jeder Unternehmer, der mit einem oder mehreren Unternehmern als Anbieter oder Nachfrager von Waren oder Dienstleistungen in einem **konkreten Wettbewerbsverhältnis** steht. Zwischen N und B besteht jedenfalls dann ein **konkretes Wettbewerbsverhältnis**, wenn beide gleichartige Waren oder Dienstleistungen innerhalb desselben Endverbraucherkreises abzusetzen versuchen, weshalb das Wettbewerbsverhalten des einen den anderen beeinträchtigen, also im Absatz behindern oder stören kann.[25] Da N ein Online-Reisebüro sowie ein Hotelbewertungsportal betreibt und B ein Hotel führt, bieten sie keine gleichartigen Leistungen an. Jedoch betreibt N das Hotelbewertungsportal, um die Attraktivität ihres Reisebüros zu erhöhen, wobei eine negative Hotelbewertung geeignet ist, den Absatz des Hotelbetreibers B zu beeinträchtigen. Zwischen einer negativen Hotelbewertung und den damit verbundenen möglichen Absatzeinbußen des B und der positiven Auswirkung des Hotelbewertungsportals auf den Wettbewerb des Reisebüros besteht eine **Wechselwirkung** in dem Sinne, dass der eigene Wettbewerb gefördert und der fremde Wettbewerb beeinträchtigt werden kann. Da an das Vorliegen eines konkreten Wettbewerbsverhältnisses im Interesse eines umfassenden lauterkeitsrechtlichen Individualschutzes keine hohen Anforderungen zu stellen sind,[26] ist ein Wettbewerbsverhältnis zu bejahen. N und B sind Mitbewerber i. S. d. § 2 Abs. 1 Nr. 3 UWG.

Fall 303: Reiseliteratur

Unternehmerin Bettina (B) bietet Reisedienstleistungen an. Auf ihrer Website präsentiert sie neben Reisen unter der Überschrift *„Reiseliteratur und Verbraucherschutz"* einige Ratgeber aus dem Angebot des Y. Werden diese angeklickt, öffnet sich dessen Produktseite. Für jeden über ihre Seite angebahnten Buchkauf erhält B eine Werbekostenerstattung. Die Verbraucherzentrale (L) bietet auf ihrer Seite neben Beratungs-

---

23 BT-Drs. 15/1487, 16; BGH GRUR 2015, 1129, 1131 – „Hotelbewertungsportal"; BGH GRUR 2014, 1114, 1116 – „nickelfrei".

24 Angelehnt an: BGH GRUR 2015, 1129 ff. – „Hotelbewertungsportal".

25 Vgl.: BGH NJW 2001, 371 – „Vielfachabmahner"; BGH GRUR 2015, 1129, 1131 – „Hotelbewertungsportal".

26 BGH GRUR 2016, 1193, 1194 – „Ansprechpartner".

dienstleistungen einen Ratgeber mit dem Titel „*Ihr Recht auf Reisen*" zum Kauf an. B meint, sie stehe mit ihr im Wettbewerb. Ist B nach § 8 Abs. 1, 3 UWG aktivlegitimiert?[27]

Gemäß § 8 Abs. 3 Nr. 1 UWG stehen die Ansprüche nach § 8 Abs. 1 UWG jedem Mitbewerber zu. Die Mitbewerbereigenschaft setzt nach § 2 Abs. 1 Nr. 3 UWG das Bestehen eines konkreten Wettbewerbsverhältnisses voraus. Das ist gegeben, wenn B und L gleichartige Produkte innerhalb desselben Endverbraucherkreises abzusetzen versuchen. Bei dem Vertrieb von Reisen einerseits und der Verbraucherberatung sowie dem Vertrieb verbraucherrechtlicher Literatur andererseits, handelt es sich nicht um gleichartige Angebote auf demselben sachlichen Markt. B und L sind in unterschiedlichen Branchen tätig, es besteht kein gemeinsamer Kundenkreis. Ein mittelbares **Wettbewerbsverhältnis** setzt zwar keine Branchengleichheit voraus, jedoch müssen die Parteien durch ihr Handeln irgendwie miteinander in Wettbewerb treten. B stellt Y lediglich eine Werbefläche zur Verfügung. Im Falle der Förderung fremden Wettbewerbs muss das konkrete Wettbewerbsverhältnis zwischen dem geförderten Y und dessen Mitbewerberin (L) bestehen. B kann als Y förderndes Unternehmen nicht selbst nach § 8 Abs. 1, 3 Nr 1 UWG gegen Handlungen der L vorgehen. Insoweit fehlt es an einer eigenen Mitbewerbereigenschaft. B ist somit nicht nach § 8 Abs. 1, 3 UWG anspruchsberechtigt.

Fall 304: Frauen und Fußball

Sandy (S) verkauft über eine Online-Handelsplattform ausschließlich Frauenzeitschriften während Guido (G) über dieselbe Plattform nur Fußballmagazine anbietet. Besteht zwischen den beiden Unternehmern ein konkretes Wettbewerbsverhältnis?[28]

Zwischen S und G besteht ein **konkretes Wettbewerbsverhältnis**, wenn sie gleichartige Waren innerhalb desselben Abnehmerkreises abzusetzen versuchen und dies den anderen behindern oder stören kann. Dabei kommt es darauf an, ob die angebotenen Zeitschriften aus der Sicht der angesprochenen Verkehrskreise **austauschbar** sind. Entscheidend ist, ob ein durchschnittlich informierter, verständiger und aufmerksamer **Durchschnittsverbraucher** einen Austausch ernsthaft in Betracht zieht.[29] S bietet Frauenzeitschriften zum Kauf an, während G Fußballmagazine vertreibt. Ein **verständiger Durchschnittsverbraucher**, der nach Fußballmagazinen sucht, greift nicht alternativ zu den von S angebotenen Frauenzeitschriften. Das Angebot der S ist daher nicht geeignet, den Absatz der Fußballmagazine zu behindern oder zu stören. Die Zeitschriften sind nicht austauschbar. Die Betroffenen stehen auch nicht in anderer Weise miteinander im Wettbewerb. Zwischen den Parteien besteht kein konkretes Wettbewerbsverhältnis i. S. d. § 2 Abs. 1 Nr. 3 UWG.

---

27 Angelehnt an: BGH GRUR 2014, 573 – „Werbung für Fremdprodukte".
28 Angelehnt an: OLG Braunschweig MMR 2010, 252.
29 BGH GRUR 2002, 828, 829.

Ein **konkretes Wettbewerbsverhältnis** besteht nicht nur dann, wenn zwei Parteien gleichartige Waren oder Dienstleistungen innerhalb desselben Endverbraucherkreises abzusetzen versuchen und dies zur Folge hat, dass dieses Wettbewerbsverhalten den anderen beeinträchtigen, d. h. im Absatz behindern oder stören kann.[30] Es besteht vielmehr auch dann, wenn zwischen den Vorteilen, die die eine Partei durch eine Maßnahme für ihr Unternehmen oder das eines Dritten zu erreichen sucht und den Nachteilen, die die andere Partei dadurch erleidet, eine Wechselwirkung in dem Sinne besteht, dass der eigene Wettbewerb gefördert und der fremde Wettbewerb beeinträchtigt werden kann.[31]

3. Die „Schwarze Liste" – § 3 Abs. 3 i. V. m. Nr. 1–30 des Anhangs zu § 3 Abs. 3 UWG

Fall 305: Lockangebot
Online-Händler Horst (H) wirbt auf seiner Internetseite mit: *„Smartphones der Marke F für 299,– €, nur in limitierter Stückzahl und nur am 23.3. ab 18 Uhr".* Bereits um 18:04 Uhr ist das Smartphone nicht mehr erhältlich. Ist dies eine unzulässige Handlung i. S. d. Anhangs zu § 3 Abs. 3 UWG?[32]

Das Angebot des H ist nach Nr. 5 des Anhangs zu § 3 Abs. 3 UWG unzulässig, wenn es sich um ein Warenangebot i. S. d. § 5a Abs. 3 UWG handelt und er nicht darüber aufklärt, dass er hinreichende Gründe für die Annahme hat, er werde nicht in der Lage sein, diese oder gleichartige Waren einen angemessenen Zeitraum in angemessener Menge zum genannten Preis bereitzustellen oder bereitstellen zu lassen (**Lockangebote**). Ein Warenangebot i. S. d. § 5a Abs. 3 UWG liegt hier vor. H informiert auf seiner Seite in angemessener Weise über die Möglichkeit, das Smartphone zu erwerben. Er weist jedoch nicht auf die fehlende Verfügbarkeit hin. Nach Nr. 5 des Anhangs zu § 3 Abs. 3 UWG ist nicht die unzulängliche Bevorratung unzulässig, sondern die unzureichende Aufklärung über diese. Allein der Hinweis *„nur in limitierter Stückzahl"* ist nicht geeignet, die Irreführung der Verbraucher, sie könnten das Smartphone erwerben, zu beseitigen. Dadurch erfährt der Verbraucher lediglich, dass das Smartphone nicht in unbegrenzter Stückzahl verfügbar ist und sich seine Erwerbschancen durch einen früheren Geschäftsabschluss erhöhen. Innerhalb von vier Minuten gibt es jedoch keine realistische Erwerbschance. H weist nicht in erforderlichem Umfang darauf hin, dass der ihm zur Verfügung stehende Vorrat an dem beworbenen Smartphone der Nachfrage innerhalb eines angemessenen Zeitraums voraussichtlich nicht genü-

---

30 BGH NJW 2001, 371 – „Vielfachabmahner"; BGH GRUR 2015, 1129, 1131 – „Hotelbewertungsportal".
31 BT-Drs. 15/1487, 16; BGH GRUR 2015, 1129, 1131 – „Hotelbewertungsportal"; BGH GRUR 2014, 1114, 1116 – „nickelfrei".
32 Angelehnt an: OLG Koblenz GRUR-RR 2016, 201.

gen wird. Es handelt sich um ein nach Nr. 5 Anhang zu § 3 Abs. 3 UWG unzulässiges Lockangebot.

Fall 306: Flappenwerbung

Um das Titelblatt der November-Ausgabe der Z-Zeitschrift ist ein Werbeumschlag gelegt, der ca. 1/3 der Titelseite verdeckt (sog. Flappe oder Vorschaltblatt). Auf deren Vorderseite ist lediglich zu lesen: *„Wir verplempern zu viel Zeit im Auto".* Erst nachdem der Leser der Aufforderung, die Zeitschrift umzudrehen, nachkommt, erkennt er, dass es sich um Werbung für den öffentlichen Nahverkehr handelt. Ist die Gestaltung der Flappe nach § 3 Abs. 3 UWG unzulässig?[33]

Nach **Nr. 11 des Anhangs zu § 3 Abs. 3 UWG** ist eine **als Information getarnte Werbung** unzulässig.[34] Sofern ein Unternehmer den Einsatz redaktioneller Inhalte zu Zwecken der Verkaufsförderung finanziert, ist dies i. d. R. als unzulässige Werbung anzusehen,[35] es sei denn, der werbende Charakter geht aus dem Inhalt oder der optischen Darstellung eindeutig hervor. Der auf der Vorderseite der Flappe abgedruckte Text erweckt zwar den Eindruck, zum redaktionellen Inhalt der Zeitschrift zu gehören, lässt jedoch bei isolierter Betrachtung keinen Rückschluss auf das werbende Unternehmen oder dessen Produkte zu. Diesbezüglich fehlt es an einem Einsatz zum Zwecke der Verkaufsförderung. Unter Berücksichtigung der Werbeanzeige auf der Rückseite ist der werbende Charakter der Anzeige für einen **durchschnittlichen Leser** offensichtlich. Sobald er die Zeitschrift wie aufgefordert umdreht, erkennt er den Zusammenhang von Vorder- und Rückseite und damit den werbenden Charakter. Als Einheit betrachtet, erweckt die Flappe daher nicht den Eindruck eines redaktionellen Beitrags. Es handelt sich nicht um eine als redaktionellen Inhalt getarnte Werbung. Die Gestaltung der Flappe ist nicht nach § 3 Abs. 3 i. V. m. Nr. 11 des Anhangs zu § 3 Abs. 3 UWG unzulässig.

Fall 307: Verbraucher oder Unternehmer?

Unternehmer Siegmar (S) verkauft Waren über eine Internetplattform. Dabei gibt er vor, als Verbraucher zu handeln. Ist das zulässig?

Gemäß § 3 Abs. 3 UWG sind die im Anhang zu dieser Vorschrift aufgeführten geschäftlichen Handlungen gegenüber Verbrauchern stets unzulässig. Dies gilt auch für die unwahre Angabe oder das Erwecken des unzutreffenden Eindrucks, der Unternehmer sei **Verbraucher** i. S. d. § 2 Abs. 2 UWG i. V. m. § 13 BGB (Nr. 23 des Anhangs zu § 3 Abs. 3 UWG). S gibt vor, als Verbraucher zu handeln. Sein Verhalten verstößt daher gegen § 3 Abs. 3 UWG i. V. m. Nr. 23 Anhang zu § 3 Abs. 3 UWG.

---

33 Angelehnt an: BGH GRUR 2011, 163 – „Zeitschriftenwerbung".
34 Siehe z. B. auch § 6 TMG; § 7 Abs. 3 RStV.
35 BGH GRUR 2011, 163, 164 – „Zeitschriftenwerbung".

Fall 308: Zeugnisaktion

Das L-Kaufhaus wendet sich mit einer sog. *„Zeugnisaktion"* an Schulkinder. Die Werbung lautet: *„Komm mit deinem Sommer-Zeugnis in den L-Markt und erhalte beim Kauf eines Produktes deiner Wahl für jede „Eins" 2 Euro Ermäßigung auf deinen Einkauf."*[36]

Gemäß § 3 Abs. 3 UWG i. V. m. Nr. 28 des Anhangs zu § 3 Abs. 3 UWG ist die in eine Werbung einbezogene **unmittelbare Aufforderung an Kinder**, selbst die beworbene Ware zu erwerben, eine unzulässige geschäftliche Handlung. Die Werbung *„Komm mit deinem Sommer-Zeugnis in den L-Markt..."* richtet sich an Kinder und fordert diese zu einem Einkauf im L-Markt auf. Die Werbung fordert die Kinder jedoch nicht auf, ein konkret beworbenes Produkt zu kaufen, sondern bezieht sich auf das gesamte Warensortiment des L-Marktes. Die Aussprache eines globalen Kaufappells genügt den Anforderungen der Nr. 28 des Anhangs zu § 3 Abs. 3 UWG nicht.

4. Spezialtatbestände (§§ 3a – 6 UWG)

a) Rechtsbruch

Fall 309: Das Heft zur Sendung

Die öffentlich-rechtliche Rundfunkanstalt R findet in V einen Verlag, der bereit ist, Inhalte einer von ihr produzierten Kochsendung für eine Zeitschrift aufzuarbeiten und im thematischen Rahmen der Sendung zu ergänzen. Hierfür räumt sie V das Recht ein, die Marke der Sendung zu verwenden. Bei V erscheint nun monatlich das Magazin *„zur erfolgreichen Kochsendung der R"*. R bewirbt die Zeitschrift in ihrer Sendung sowie auf ihrer Website. Für Inhalt, Vertrieb und Gestaltung ist V verantwortlich. Handelt R unlauter?[37]

R handelt i. S. d. § 3a UWG unlauter, wenn sie einer gesetzlichen Vorschrift zuwiderhandelt, die auch dazu bestimmt ist, das Marktverhalten im Interesse der Marktteilnehmer zu regeln und dies dazu geeignet ist, den Verbraucher spürbar zu beeinträchtigen. Gemäß § 11a Abs. 1 Satz 2 RStV kann der öffentlich-rechtliche Rundfunk programmbegleitend Druckwerke mit programmbezogenem Inhalt anbieten. § 11a Abs. 1 Satz 2 RStV bezweckt, die Betätigung des öffentlich-rechtlichen Rundfunks auf dem Markt der Druckwerke zum Schutz von Presseverlagen zu begrenzen.[38] Die Vorschrift öffnet dem öffentlich-rechtlichen Rundfunk den Zugang zum Markt der Druckwerke und regelt zugleich sein Verhalten auf diesem Markt. § 11a Abs. 1 Satz 2 RStV ist damit eine **Marktverhaltensregelung** i. S. d. § 3a UWG. § 11a Abs. 1 Satz 2 RStV gestattet R lediglich das eigene Angebot von Druckwerken. R bietet die Zeitschrift nicht selbst an,

---

36 Angelehnt an: BGH NJW 2014, 3373 – „Zeugnisaktion".
37 Angelehnt an: BGH GRUR 2017, 422 – „ARD Buffet".
38 BGH GRUR 2017, 422, 425 – „ARD Buffet".

da sie weder die wirtschaftliche noch die publizistische Verantwortung für diese trägt. Aus § 11a Abs. 1 Satz 2 RStV ergibt sich das an den öffentlich-rechtlichen Rundfunk gerichtete Verbot, das Angebot von Druckwerken durch Dritte zu unterstützen. Dies gilt auch dann, wenn es sich dabei um programmbegleitende Druckwerke mit programmbezogenem Inhalt handelt.[39] R ist es unter Berücksichtigung der verfassungsrechtlich geschützten Interessen der Presse verboten, das Angebot eines Druckwerks durch Dritte zu fördern. Indem sie V dadurch unterstützt, dass sie in ihrer Sendung sowie auf ihrer Website für die Zeitschrift wirbt und die Marke für das Magazin lizensiert, verstößt R gegen § 11a Abs. 1 Satz 2 RStV. Durch ihr Verhalten hat sie V gegenüber anderen Verlagen einen unzulässigen Vorteil im Wettbewerb um Käufer derartiger Zeitschriften verschafft. Der Verstoß gegen § 11a Abs. 1 Satz 2 RStV ist geeignet, die Interessen von Verbrauchern, sonstigen Marktteilnehmern oder Mitbewerbern spürbar zu beeinträchtigen. R handelt nach § 3a UWG unlauter.

Eine gesetzliche Vorschrift ist im Hinblick auf den Zweck des Gesetzes gegen den unlauteren Wettbewerb, die Marktteilnehmer vor unlauteren geschäftlichen Handlungen zu schützen (§ 1 Satz 1 UWG), nur dann eine **Marktverhaltensregelung** i. S. v. § 3a UWG, wenn sie eine auf die Lauterkeit des Wettbewerbs bezogene Schutzfunktion hat. Hieran fehlt es, wenn die Vorschrift lediglich bestimmte Unternehmen von bestimmten Märkten fernhalten oder die Rahmenbedingungen des Wettbewerbs festlegen soll.[40]

b) Mitbewerberschutz

Fall 310: Betrüger

Unternehmer Yanis (Y) bezeichnet seinen Mitbewerber Enzo (E) in der neuesten Ausgabe seines regelmäßigen Newsletters als *„Betrüger"*. Worauf sich die Vorwürfe beziehen, bleibt dabei im Dunkeln. Ist die geschäftliche Handlung des Y nach § 4 Nr. 1 UWG unlauter?[41]

Indem Y seinen Mitbewerber E als Betrüger bezeichnet, könnte er dessen Tätigkeit herabsetzen und damit gemäß § 4 Nr. 1 UWG unlauter handeln. Dies ist der Fall, wenn er sich abträglich über ihn äußert und dies zu einer sachlich nicht gerechtfertigten Verringerung der Wertschätzung des Mitbewerbers führt.[42] Eine abträgliche Äußerung ist umso eher zulässig, je nützlicher die Information für den Adressaten ist, je sachlicher die Kritik präsentiert wird und je hinreichender der Anlass für diese ist.[43] Ebenso ist zu berücksichtigen, ob durch die Kritik von der Meinungsäußerungsfreiheit

---

39 BGH GRUR 2017, 422, 425 – „ARD Buffet".
40 BGH GRUR 2017, 422, 424 – „ARD Buffet".
41 Angelehnt an: BGH MMR 2012, 101 – „Coaching-Newsletter".
42 BGH NJW 2016, 3373, 3377 – „Im Immobiliensumpf".
43 BGH MMR 2012, 101, 103 – „Coaching-Newsletter".

(Art. 5 Abs. 1 Satz 1, 1. Var. GG) im Rahmen einer privaten Auseinandersetzung oder im Zusammenhang mit einer Frage von allgemeinem öffentlichen Interesse Gebrauch gemacht wird. Bei der Aussage des Y handelt es sich um eine pauschal abwertende Darstellung der Tätigkeit seines Mitbewerbers E. Ein hinreichender Anlass für die Kritik ist nicht ersichtlich. Es werden keine konkreten Umstände genannt, die den Vorwurf der Betrügerei belegen könnten. Ein berechtigtes Informationsinteresse der Adressaten besteht nicht. Der Leser erhält keine Hintergrundinformationen in Form einer sachlichen Auseinandersetzung. Die Äußerungen des Y sind herabsetzend und damit gemäß § 4 Nr. 1 UWG unlauter.

Fall 311: Karnevalskostüm

Discounter F wirbt in seinem Werbeprospekt für ein Karnevalskostüm. Die Abbildung zeigt eine als „*Pippi Langstrumpf*" kostümierte Person. Abgesehen von Haarfarbe und Zöpfen, hat die Abbildung jedoch keine Ähnlichkeit mit der von Astrid Lindgren beschriebenen Figur. Ada (A), Inhabererin der urheberrechtlichen Nutzungsrechte an dem Kinderbuch, ist der Ansicht, die Werbung sei nach § 4 Nr. 3 UWG unlauter.[44]

Die Werbung für das Karnevalskostüm ist nach § 4 Nr. 3 UWG unlauter, wenn F Waren oder Dienstleistungen ihres Mitbewerbers **nachahmt** und auf dem Markt anbietet, die eine wettbewerbliche Eigenart aufweisen und besondere Umstände i. S. d. § 4 Nr. 3 a) – c) UWG vorliegen, die ihr Verhalten als unlauter erscheinen lassen. Der Begriff der Waren und Dienstleistungen ist weit zu verstehen und umfasst sämtliche Arbeits- und Leistungsergebnisse, auch wirtschaftlich verwertete fiktive Figuren. Die Kinderbuchheldin „*Pippi Langstrumpf*" weist aufgrund der individuellen Ausgestaltung **wettbewerbliche Eigenart** auf. Sie wird von der Autorin Astrid Lindgren detailliert beschrieben und verfügt über unverwechselbare Charaktereigenschaften sowie ausgeprägte äußere Merkmale. Sie ist grundsätzlich nach § 4 Nr. 3 UWG schutzfähig. Zwischen den Merkmalen, die die Figur „*Pippi Langstrumpf*" ausmachen und der Gestaltung des Kostüms bestehen mit Haarfarbe und Frisur nur geringe Übereinstimmungen. Eigenständige Leistungen, die lediglich an ein Erzeugnis anknüpfen, stellen keine Nachahmung des Erzeugnisses dar.[45] Die Abbildung des Kostüms beeinträchtigt nicht die Leistung, die bei der Schaffung der literarischen Figur erbracht wurde, sondern allenfalls eine Leistung, die an deren Beliebtheit anknüpft. Die übernommenen Gestaltungsmittel machen nicht die wettbewerbliche Eigenart der Romanfigur aus. Bei der Abbildung des Kostüms handelt es sich damit nicht um eine nach § 4 Nr. 3 UWG unlautere Nachahmung der fiktiven Kinderbuchfigur.

---

44 Angelehnt an: BGH GRUR 2016, 725 – „Pippi-Langstrumpf-Kostüm II"; siehe auch Fall 186, S. 143.
45 BGH GRUR 2016, 725, 728 – „Pippi-Langstrumpf-Kostüm II".

Ein Erzeugnis besitzt **wettbewerbliche Eigenart**, wenn dessen konkrete Ausgestaltung oder bestimmte Merkmale geeignet sind, die interessierten Verkehrskreise auf seine betriebliche Herkunft oder seine Besonderheiten hinzuweisen.[46] Zwischen dem Grad der wettbewerblichen Eigenart, der Art und Weise der Nachahmung und den besonderen wettbewerblichen Umständen besteht eine Wechselwirkung. Je höher die wettbewerbliche Eigenart und der Grad der Nachahmung, desto geringer sind die Anforderungen an die die Unlauterkeit begründenden besonderen Umstände und umgekehrt.[47]

Fall 312: Tippfehler-Domain
Die W-AG betreibt die werbefinanzierte Website *„Wettbewerbsrecht-Online"*. Wer die Seite der W aufrufen möchte, sich aber vertippt, indem er ein „t" vergisst, gelangt auf eine unter dem Namen *„Wetbewerbsrecht-Online"* von der V-GmbH registrierte Domain (sog. Tippfehlerdomain). Von dieser Seite wird er automatisch auf eine Webewebsite für eine Versicherung geleitet, wofür V ein Entgelt bekommt. W hält dies für eine unlautere gezielte Behinderung.[48]

V handelt gemäß § 4 Nr. 4 UWG unlauter, wenn sie ihren Mitbewerber gezielt behindert. W und V stellen ihre Internetseiten zu Werbezwecken zur Verfügung, wobei die „Tippfehlerdomain" geeignet ist, Nutzer auf die Seite der V statt der W zu leiten und damit den Absatz der V zu fördern, während der Absatz der W gemindert wird. Sie stehen damit als Mitbewerber i. S. d. § 2 Abs. 1 Nr. 3 UWG in einem konkreten Wettbewerbsverhältnis. Eine **gezielte Behinderung** durch V setzt eine Beeinträchtigung der wettbewerblichen Entfaltungsmöglichkeit der W voraus, die über die mit jedem Wettbewerb verbundene Beeinträchtigung hinausgeht. Sie muss gezielt den Zweck verfolgen, Mitbewerber an ihrer Entfaltung zu hindern und sie dadurch zu verdrängen oder dazu führen, dass der beeinträchtigte Mitbewerber seine Leistung am Markt durch eigene Anstrengung nicht mehr in angemessener Weise zur Geltung bringen kann.[49] Die „Tippfehlerdomain" der V verfolgt den Zweck, Nutzer, die die Website der W gezielt ansteuern und sich dabei vertippen, auf ihre Seite zu leiten. Eine Vielzahl der betroffenen Nutzer wird sich aus Verärgerung einen anderen Anbieter als W suchen, wodurch ihm Werbeeinnahmen entgehen können. V stellt sich mit ihrer Seite zwischen W und deren Kunden. W kann ihre Leistungen infolgedessen nicht mehr durch eigene Anstrengung zur Geltung bringen. W wird durch die „Tippfehlerdomain" der V i. S. d. § 4 Nr. 4 UWG gezielt behindert.

---

46 BGH GRUR 2008, 1115, 1117 – „Büromöbel"; BGH GRUR 2010, 80, 82 – „Laufräder".
47 BGH GRUR 2010, 80, 82 – „Laufräder".
48 Angelehnt an: BGH GRUR 2014, 393 – „wetteronline.de".
49 BGH GRUR 2014, 393, 395 – „wetteronline.de".

Eine **unlautere Behinderung** setzt eine Beeinträchtigung der wettbewerblichen Entfaltungsmöglichkeiten der Mitbewerber voraus, die über eine mit jedem Wettbewerb verbundene Beeinträchtigung hinausgeht und bestimmte Unlauterkeitsmerkmale aufweist. Die Beeinträchtigung ist i.d.R. unlauter, wenn gezielt der Zweck verfolgt wird, Mitbewerber an ihrer Entfaltung zu hindern und sie dadurch zu verdrängen oder wenn die Behinderung dazu führt, dass die beeinträchtigten Mitbewerber ihre Leistung am Markt durch eigene Anstrengung nicht mehr in angemessener Weise zur Geltung bringen können. Ob dies der Fall ist, ist anhand einer Gesamtwürdigung alle Umstände des Einzelfalls zu beurteilen.[50]

c) Irreführende geschäftliche Handlungen

Fall 313: Mein Wocheneinkauf

Der X-Supermarkt gibt regelmäßig die Kundenzeitschrift *„Mein X-Markt"* heraus. Auf einer Seite ist neben einigen im Markt erhältlichen Produkten das bekannte Warentest-Logo einer Verbraucherorganisation abgebildet. Obwohl nur eines der abgebildeten Produkte dieses Logo erhalten hat, lässt es sich diesem nur bei genauer Betrachtung der Produktanordnung zuordnen. Bei flüchtiger Betrachtung sieht es so aus, als gelte das Logo für alle abgebildeten Produkte. Handelt es sich bei der so gestalteten Seite der Kundenzeitschrift um eine irreführende geschäftliche Handlung?[51]

Die Veröffentlichung der Werbeanzeigen dient dem Absatz der die Anzeige schaltenden Hersteller der beworbenen Produkte sowie des X-Markts und stellt damit eine geschäftliche Handlung i.S.d. § 2 Abs. 1 Nr. 1 UWG dar. Diese ist gemäß § 5 Abs. 1 Satz 2 Nr. 1 UWG **irreführend**, wenn sie zur Täuschung geeignete Angaben über wesentliche Merkmale der Ware enthält.[52] Anzunehmen ist das, wenn der Eindruck, den sie bei den maßgeblichen Verkehrskreisen erweckt, mit den tatsächlichen Verhältnissen nicht übereinstimmt. Der Durchschnittsverbraucher wird den Prospekt des X eher beiläufig durchblättern und die Werbung nur flüchtig wahrnehmen. Aus der Sicht eines solchen Verbrauchers lässt sich keine eindeutige Zuordnung des Test-Logos zu einem bestimmten Produkt erkennen. Er wird das Test-Logo sämtlichen dort abgebildeten Produkten zuordnen und unterliegt so einer Täuschung bezüglich eines wesentlichen Merkmals dieser Produkte. Eine irreführende geschäftliche Handlung i.S.d. § 5 Abs. 1 Nr. 2 UWG ist damit zu bejahen.

---

50 Z.B.: BGH GRUR 2014, 393, 395 – „wetteronline.de".
51 Angelehnt an: BGH NJW 2015, 3377 – „TIP der Woche".
52 BGH NJW 2015, 3377, 3378 – „TIP der Woche".

Fall 314: Mondpreis

Online-Händler Matze (M) wirbt mit folgendem Angebot: „*Smart-TV, früher 1.849,–
Euro, jetzt für nur 555,– Euro!*" Der Preis in Höhe von 1.849 € ist frei erfunden und
wurde tatsächlich niemals verlangt. Handelt M unlauter?

M handelt unlauter, wenn er eine **irreführende geschäftliche Handlung** vornimmt,
die geeignet ist, den Verbraucher oder sonstigen Marktteilnehmer zu einer geschäftlichen Entscheidung zu veranlassen, die er andernfalls nicht getroffen hätte. Die Werbung des M ist nach § 5 Abs. 1 Nr. 2 UWG irreführend, wenn er unwahre Angaben
über das Vorhandensein eines besonderen Preisvorteils oder den Preis verbreitet. M
täuscht vor, den ursprünglichen Preis in Höhe von 1.849 Euro auf 555 Euro reduziert
zu haben. Dies dient allein dem Zweck, den aktuellen Preis besonders günstig erscheinen zu lassen. Indem M unrichtige Angaben über den Preis macht, nimmt er eine irreführende geschäftliche Handlung vor. Diese ist geeignet, Verbraucher auf sein Angebot
aufmerksam zu machen und kann sie zu einer Kaufentscheidung veranlassen, die sie
ohne die Irreführung über den Preis nicht getroffen hätten. M handelt nach § 5 Abs. 1
Nr. 2 UWG unlauter.

Fall 315: Spitzenstellung

Die Online-Apotheke (A) wirbt mit „*Deutschlands größte Online-Apotheke*". Diese Aussage ist nicht zutreffend. A ist nicht klein, es gibt aber einige Online-Apotheken ver-
gleichbarer Größe. Stellt die Werbung eine irreführende geschäftliche Handlung dar?

Die Werbung ist nach § 5 Abs. 1 Satz 2 Nr. 3 UWG **irreführend**, wenn sie unwahre
Angaben über Unternehmenseigenschaften enthält. Werbebehauptungen über die Un-
ternehmensgröße werden im Verkehr häufig ernst genommen, da Verbraucher die Un-
ternehmensgröße oft mit Leistungsfähigkeit sowie einem Angebot an qualitativ hoch-
wertigen und preiswerten Produkten in Verbindung bringen.[53] Ein durchschnittlich
informierter, verständiger und aufmerksamer Verbraucher wird bei der Aussage
„*Deutschlands größte Online-Apotheke*" davon ausgehen, dass A andere Online-Apotheken hinsichtlich des Umsatzes übersteigt, über ein größeres Warensortiment verfügt oder die meisten Kunden hat, diese A am häufigsten und umfangreichsten nutz-
ten und andere Online-Apotheken erst mit erheblichem Abstand folgen.[54] A hat gegenüber anderen Online-Apotheken keine **Spitzenstellung**. Ihre Werbung ist auch keine
allein der Anpreisung dienende, offensichtlich nicht ernst gemeinte Übertreibung,[55]
ohne erkennbar sachlichen Hintergrund. Ihre Werbung enthält unwahre Angaben
über die Größe der Apotheke und ist gemäß § 5 Abs. 1 Satz 2 Nr. 3 UWG irreführend.

---

53 BGH GRUR 1969, 415, 416 – „Kaffeerösterei".
54 Vgl. BGH GRUR 2004, 786 – „Online-Dienste".
55 So z. B.: „DIE ‚STEINZEIT' IST VORBEI!" als Werbung für die Herstellung von Bauwerken
in Holzrahmen-Bauweise (BGH GRUR 2002, 982 – „DIE ‚STEINZEIT' IST VORBEI"!).

d) Irreführung durch Unterlasen, § 5a UWG

Fall 316: Preisrätsel

Der redaktionelle Teil der B-Zeitung enthält unter der Überschrift „*Preisrätsel*" einen Text, der sowohl redaktionelle Elemente als auch Werbung für den ausgelobten Gewinn enthält. Für den Leser ist nicht auf den ersten Blick erkennbar, dass es sich nicht um einen redaktionellen Beitrag der B, sondern um Werbung des Herstellers des ausgelobten Produkts handelt. Prüfen Sie die Unlauterkeit nach § 5a Abs. 6 UWG.[56]

B handelt nach § 5a Abs. 6 UWG[57] unlauter, wenn sie den **kommerziellen Zweck** des Textes nicht kenntlich macht, sofern sich dieser nicht unmittelbar aus den Umständen ergibt und das **Nichtkenntlichmachen** geeignet ist, den Verbraucher zu einer geschäftlichen Entscheidung zu veranlassen, die er andernfalls nicht getroffen hätte. Sofern der redaktionelle Teil einer Zeitung mit Werbung vermischt wird, ist i. d. R von einer Irreführung der Leser durch **Nichtkenntlichmachung des kommerziellen Zwecks** auszugehen, wenn der redaktionelle Beitrag das Produkt über das durch eine sachliche Information bedingte Maß hinaus werbend darstellt. Der durchschnittliche Leser wird bei einem Gewinnspiel erwarten, dass der ausgelobte Gewinn positiv dargestellt wird und diesem eine andere Bedeutung beimessen als einem redaktionellen Beitrag. Etwas anderes gilt, sobald das Gewinnspiel aus Werbung und redaktionellem Inhalt besteht und der durchschnittliche Leser nicht mehr zwischen Werbung und redaktionellem Inhalt zu unterscheiden vermag. Angesichts des Abdrucks im redaktionellen Teil der Z wird der Leser den in diesem Teil des Beitrags enthaltenen Informationen, einschließlich der besonders lobenden Produktbeschreibung, größere Bedeutung beimessen und ihm unkritischer gegenüberstehen, als entsprechenden, ohne Weiteres als Werbung erkennbaren Angaben des Herstellers selbst. Dies ist geeignet, ihn zu einer geschäftlichen Entscheidung i. S. d. § 2 Abs. 1 Nr. 9 UWG zu veranlassen, die er ansonsten nicht getroffen hätte. Indem B den ausschließlich kommerziellen Zweck des Gewinnspiels nicht kenntlich macht, handelt sie nach § 5a Abs. 6 UWG unlauter.

e) Vergleichende Werbung, § 6 UWG

Werbung ist jede Äußerung bei der Ausübung eines Handels, Gewerbes, Handwerks oder freien Berufs mit dem Ziel, den Absatz von Waren oder die Erbringung von Dienstleistungen, einschließlich unbeweglicher Sachen, Rechte und Verpflichtungen, zu fördern.[58]

---

56 Angelehnt an: BGH GRUR 2013, 644 – „Preisrätselgewinnauslobung V".
57 Beachte: Grundsätzlich sind die Tatbestände des Anhangs zu § 3 Abs. 3 UWG vorrangig zu prüfen. Zu denken ist hier insbesondere an Nr. 11.
58 Art. 2 lit. a) RL 2006/114/EG des Europäischen Parlaments und des Rates vom 12. Dezember 2006 über irreführende und vergleichende Werbung („WerbeRL").

Fall 317: Abzocke

Busunternehmer B verfasst einen Artikel für die Z-Zeitschrift in dem zu lesen ist: *„Es befinden sich einige merkwürdige Anbieter auf dem Markt, richtige »Abzocker«. Zu nennen ist z. B. das Busunternehmen A."* Sein eigenes Unternehmen oder Dienstleistungsangebot erwähnt er in dem Artikel nicht. A hält dies nach § 6 UWG für wettbewerbswidrig.[59]

Bei dem Artikel des B handelt es sich um unlautere vergleichende Werbung i. S. d. § 6 Abs. 2 Nr. 5 UWG, wenn er darin die Dienstleistungen seines Mitbewerbers A herabsetzt. Seine Werbung ist i. S. d. § 6 Abs. 1 UWG **vergleichend**, wenn A oder die von ihm angebotenen Dienstleistungen erkennbar sind. Ein Vergleich erfordert, dass die Unterschiede der von A und B angebotenen Dienstleistungen hervorgehoben werden, wobei diese hinreichend austauschbar sein müssen. Die Vorteile des Busunternehmens B müssen gegenüber dem Dienstleistungsangebot des A herausgestellt werden. B kritisiert zwar seinen Konkurrenten A, lässt jedoch seine eigenen Dienste unerwähnt. Es fehlt damit an der für die vergleichende Werbung erforderlichen Bezugnahme auf das eigene Angebot. Die an A geübte Kritik enthält lediglich die unausgesprochene Aussage, dies treffe auf das eigene Angebot nicht zu. Jedoch ist sie sehr allgemein gehalten, weshalb sich dem angesprochenen Verkehrskreis keine Bezugnahme auf das Angebot des B aufdrängt. Die bloße Kritik an der Konkurrenz ist für einen Vergleich i. S. d. § 6 UWG nicht ausreichend. Da es sich nicht um vergleichende Werbung handelt, ergibt sich die Wettbewerbswidrigkeit jedenfalls nicht aus § 6 UWG.

Fall 318: Kamenzer Würstchen

Unternehmer W wirbt für die von ihm hergestellten *„Kamenzer Knackwürstchen"* mit: *„Vergleichen Sie selbst. Machen Sie den Knack- und Geschmackstest".* Handelt es sich dabei um vergleichende Werbung?[60]

Nach der Legaldefinition des § 6 Abs. 1 UWG ist vergleichende Werbung solche, die einen Mitbewerber oder die von einem Mitbewerber angebotenen Waren erkennbar macht. Die Werbung des W ist nur dann vergleichend, wenn sie sein Angebot für „Kamenzer Würstchen" dem Angebot eines Mitbewerbers gegenüberstellt und die von beiden Unternehmern angebotenen Produkte **bis zu einem gewissen Grad austauschbar** sind. W stellt sein Angebot nicht dem eines Konkurrenten gegenüber, sondern fordert den Verbraucher lediglich auf, sich über das Angebot der Mitbewerber zu informieren. Es fehlt damit an dem für vergleichende Werbung erforderlichen Vergleich. Bei der Werbung des W handelt es sich nicht um vergleichende Werbung i. S. d. § 6 Abs. 1 UWG.

---

59 Angelehnt an: BGH MMR 2012, 101, 102 – „Coaching-Newsletter".
60 Angelehnt an: BGH GRUR 1987, 49 – „Cola-Test".

I. Wettbewerbsrecht

f) Unzumutbare Belästigungen

Fall 319: Pop-Up-Werbung

Sobald ein Nutzer die Website des Computermagazins U besucht, erscheint eine den Text verdeckende „Pop-Up-Werbung" in Form einer Banderole, die nach ein paar Sekunden wieder verschwindet. Handelt es sich dabei um eine unzumutbare Belästigung?[61]

Die Pop-Up-Werbung des U ist eine gemäß § 7 Abs. 1 Satz 1 UWG unzulässige geschäftliche Handlung, wenn sie Marktteilnehmer **in unzumutbarer Weise belästigt**. Besuchern der Website wird die „Pop-Up-Werbung" aufgedrängt. Sie verdeckt den Text und wird schon deshalb als störend empfunden. Der Nutzer wird belästigt, indem er an der Wahrnehmung des Seiteninhalts gehindert und der Werbung ausgesetzt wird. Eine Belästigung ist jedoch nur unzumutbar, wenn sie eine derartige Intensität erreicht, dass sie von einem durchschnittlich empfindlichen Adressaten als störend empfunden wird. Die Schwelle zur Unzumutbarkeit ist jedenfalls dann noch nicht überschritten, wenn die störende Werbung innerhalb kurzer Zeit weggeklickt werden kann oder von selbst verschwindet. Da das Pop-Up-Fenster des U nach kurzer Zeit verschwindet, ist die Unzumutbarkeitsgrenze nicht überschritten. Die Pop-Up-Werbung stellt noch keine unzumutbare Belästigung i. S. d. § 7 Abs. 1 UWG dar.

Eine geschäftliche Handlung ist **belästigend**, wenn sie dem Empfänger aufgedrängt wird und inhaltsunabhängig, schon aufgrund ihrer Art und Weise, als störend empfunden wird.[62] Die Belästigung ist **unzumutbar**, wenn sie eine derartige Intensität erreicht, dass sie von einem durchschnittlich empfindlichen Adressaten als unerträglich empfunden wird.[63] Im Rahmen der Unzumutbarkeitsprüfung ist das durch Art. 2 Abs. 1 GG geschützte Interesse, von Werbung verschont zu bleiben, gegen das durch Art. 5 Abs. 1; 12 Abs. 1 GG geschützte Interesse, die jeweiligen gewerblichen Leistungen durch Werbung zur Geltung bringen zu können, abzuwägen.[64]

Fall 320: Bitte keine Werbung!

An Magdas (M) privatem Briefkasten klebt ein Zettel mit der Aufschrift: *„Bitte keine Werbung"*. Zusteller Z wirft wiederholt kostenlose Anzeigenblätter mit redaktionellem Teil und lose eingelegten Werbebeilagen ein. Ist der Einwurf der Gratiszeitung inklusive der Beilagen aufgrund des eindeutigen Sperrvermerks am Briefkasten eine unzumutbare Belästigung i. S. d. § 7 Abs. 2 UWG?[65]

---

61 KG Berlin MMR 2014, 44.
62 BT-Drs. 15/1487, 20; BGH GRUR 2011, 747, 748 – „Kreditkartenübersendung".
63 BGH GRUR 2011, 747, 749 – „Kreditkartenübersendung".
64 BGH GRUR 2011, 747, 749 –„Kreditkartenübersendung"; BGH GRUR 2010, 1113, 1114 – „Grabmalwerbung".
65 Angelehnt an: OLG Hamm GRUR-RR 2011, 469 und BGH GRUR-RS 2012, 13520.

§ 7 Abs. 2 Nr. 1 UWG erfasst auch **Briefkastenwerbung**, durch die ein Verbraucher hartnäckig angesprochen wird, obwohl er dies erkennbar nicht wünscht. Der von M angebrachte Aufkleber bezieht sich auf Werbung. Der Einwurf von Gratiszeitungen, die Anzeigen und einen redaktionellen Teil enthalten, ist nicht erkennbar unerwünscht. Mit dem Sperrvermerk auf ihrem Briefkasten erklärt M lediglich, mit dem Einwurf von Werbeprospekten nicht einverstanden zu sein. Während der Einwurf eines Werbeprospekts nach der insoweit eindeutigen Erklärung des Verbrauchers immer unerwünscht ist, ist bei einem kostenlos gelieferten Anzeigenblatt auf das Interesse des angemessen gut informierten und angemessen aufmerksamen und kritischen Durchschnittsverbrauchers abzustellen. Der redaktionelle Inhalt der Gratiszeitung kann einen Verbraucher auch dann interessieren, wenn er Werbung ablehnt. Die am Bezug von Anzeigenblättern interessierten Leser wissen, dass diese nur kostenlos bezogen werden können, weil sich die Verlage über Werbung finanzieren. Verbraucher sehen das Anzeigenblatt als Gesamtprodukt an, dessen Charakter sich auch durch die losen Werbeeinlagen nicht ändert. Das Aussortieren von Werbeeinlagen aus Zeitungen ist völlig unüblich. Z kann mangels anderslautender eindeutiger Mitteilung der M nur davon ausgehen, die Gratiszeitung mit losen Werbebeilagen in ihren Briefkasten einlegen zu dürfen. Der Einwurf der Gratiszeitung mit loser Werbeeinlage ist trotz des am Briefkasten der M angebrachten Sperrvermerks keine unzumutbare Belästigung i. S. d. § 7 Abs. 2 Nr. 1 UWG.

Ein Verbraucher (§ 2 Abs. 2 UWG i. V. m. § 13 BGB) wird i. S. d. § 7 Abs. 2 Nr. 1 UWG **hartnäckig** angesprochen, wenn er wiederholt mit Werbung konfrontiert wird.[66]

Fall 321: Anruf bei Margret

Kabelnetzanbieter K ruft Verbraucherin Margret (M) an, um sie für den Abschluss eines Vertrags zu begeistern. Zu Beginn des Telefonats informiert er sie über seine Identität sowie sein Vorhaben. K ist der Ansicht, M sei mit dem Anruf einverstanden, da sie zu Gesprächsbeginn nicht widersprochen habe. Ist der Anruf zulässig?

Gemäß § 7 Abs. 2 Nr. 2 UWG ist telefonische Werbung gegenüber einem Verbraucher ohne dessen vorherige ausdrückliche Einwilligung stets als **unzumutbare Belästigung** anzusehen. Die Unzulässigkeit ergibt sich aus § 7 Abs. 1 Satz 1 UWG. Nach dem eindeutigen Wortlaut des § 7 Abs. 2 Nr. 2 UWG muss das Einverständnis bezüglich der Telefonwerbung vor Gesprächsbeginn vorliegen. Nicht ausreichend ist es, wenn die Angerufene den Anruf billigt, nachdem sie zu Gesprächsbeginn über die Identität des Anrufers sowie den geschäftlichen Zweck des Anrufs informiert wurde.[67] Eine entsprechende Informationspflicht ergibt sich schon aus § 312a Abs. 1 BGB. M wird bereits durch den Anruf gestört, zu diesem Zeitpunkt ist die Belästigung bereits eingetreten.

---

66 OLG München GRUR-RR 2014, 162, 164.
67 BGH GRUR 2002, 637, 639 – „Telefonwerbung".

Vor dem Anruf hat M gegenüber K keine ausdrückliche Einwilligungserklärung abgegeben. Eine konkludente Einwilligungserklärung ist nach dem eindeutigen Wortlaut des § 7 Abs. 2 Nr. 2 UWG nicht ausreichend. Der Anruf des K ist eine gemäß § 7 Abs. 2 Nr. 2 i. V. m. § 7 Abs. 1 Satz 1 UWG unzulässige unzumutbare Belästigung der M.

Fall 322: Werbung für Wein

Verbraucher Vincent (V) bestellt bei Hermanns Online-Weinhandlung (H) fünf Kisten *„Müller Thurgau"*, wobei er seine E-Mail-Adresse angibt. H sendet ihm daraufhin regelmäßig Angebote aus seinem Wein-Sortiment. H weist V bei Vertragsschluss und mit jeder E-Mail klar und deutlich darauf hin, dass er der Verwendung seiner Mail-Adresse jederzeit widersprechen kann. Stellt die Nutzung der E-Mail-Adresse für Werbezwecke eine unzumutbare Belästigung dar?

Gemäß § 7 Abs. 2 Nr. 3 UWG ist Werbung mittels elektronischer Post ohne **vorherige ausdrückliche Einwilligung** des Adressaten stets eine unzumutbare Belästigung („Opt-In-Lösung"). Eine unzumutbare Belästigung ist jedoch zu verneinen, wenn die Voraussetzungen des § 7 Abs. 3 Nr. 1–4 UWG vorliegen. § 7 Abs. 3 UWG setzt voraus, dass der Unternehmer die E-Mail-Adresse des Kunden im Zusammenhang mit dem Kauf von Produkten erhalten hat, er diese Adresse zur Direktwerbung für eigene ähnliche Produkte verwendet, der Kunde der Werbung nicht widersprochen hat und er bei Erhebung der Adresse und bei jeder Verwendung klar und deutlich darauf hingewiesen wird, dass er der Verwendung jederzeit widersprechen kann („Opt-Out-Modell"). H nutzt die im Zusammenhang mit einer Weinbestellung erhaltene E-Mail-Adresse, um ihm Wein und damit ähnliche, eigene Produkte anzubieten. Obwohl V regelmäßig klar und deutlich auf die Widerspruchsmöglichkeit hingewiesen wird, widerspricht er der Werbung nicht. Die Voraussetzungen des § 7 Abs. 3 UWG sind erfüllt. Die Werbe-E-Mail des H ist keine unzumutbare Belästigung i. S. d. § 7 Abs. 2 Nr. 3 UWG.

5. Anspruchsberechtigung

Fall 323: Werbung per Mail

Verbraucherin Victoria (V) erhält eine Werbe-E-Mail. Sie möchte keine weiteren Mails dieser Art mehr erhalten und daher einen wettbewerbsrechtlichen Unterlassungsanspruch nach § 8 Abs. 1 UWG geltend machen. Ist dies möglich?[68]

V ist befugt, einen wettbewerbsrechtlichen Unterlassungsanspruch nach § 8 Abs. 1 UWG geltend zu machen, wenn sie diesbezüglich aktivlegitimiert ist. Nach der abschließenden Regelung des § 8 Abs. 3 UWG sind der durch den Wettbewerbsverstoß betroffene Mitbewerber (§ 8 Abs. 3 Nr. 1 UWG), Wirtschaftsverbände (§ 8 Abs. 1 Nr. 2 UWG), qualifizierte Einrichtungen, wie z. B. Verbraucherverbände (§ 8 Abs. 1 Nr. 3

---

[68] Angelehnt an: BGH NJW 2016, 870 – „Unverlangte Werbung".

UWG) sowie Industrie- und Handelskammern (§ 8 Abs. 3 Nr. 4 UWG) aktivlegitimiert. Verbraucher i. S. d. § 2 Abs. 2 UWG i. V. m. § 13 BGB sind nicht berechtigt, Unterlassungsansprüche nach dem UWG geltend zu machen. Sie sind durch das UWG
nur kollektiv, d. h. durch Verbraucherverbände geschützt. Als Verbraucherin ist V
nach dem UWG nicht aktivlegitimiert.

6. Haftungsfragen

Fall 324: Pressehaftung

Die von der A-AG herausgegebene Werbezeitschrift enthält ausschließlich Werbeanzeigen für im Supermarkt S angebotene Produkte. Die Anzeigen werden von den Pro-
duktherstellern erstellt, A hat keinen Einfluss auf deren Gestaltung. Die letzte Ausgabe
der Zeitschrift enthielt eine wettbewerbswidrige Anzeige. Ist A für diese verantwortlich oder kann er sich auf eine eingeschränkte Prüfpflicht berufen?[69]

Medienunternehmen haften für die Veröffentlichung einer wettbewerbswidrigen Werbeanzeige Dritter nur bei einem Verstoß gegen eine entsprechende **Prüfpflicht**.
   Bei der Frage der Haftung eines Medienunternehmens sind die durch Art. 5 Abs. 1
Satz 2 GG sowie Art. 11 GRCh garantierten Medienfreiheiten zu beachten. Der Schutz
umfasst insbesondere Presseerzeugnisse, zu denen auch Anzeigenblätter und Kunden-
zeitschriften, wie die Zeitschrift der A, zählen.[70] Gerade die Presse steht bei ihrer täglichen Arbeit unter Zeitdruck, weshalb die umgehende Überprüfung von Anzeigen die
Pressearbeit unzumutbar erschweren würde. Um die Pressearbeit nicht unangemessen
zu beeinträchtigen, besteht bei Anzeigen keine umfassende **Prüfpflicht**. Diese beschränkt sich auf grobe, eindeutig und unschwer erkennbare Rechtsverstöße.[71] Der
Schutz durch die Pressefreiheit ist dabei umso geringer, je mehr das Presseunternehmen wirtschaftlich handelt und eigennützige Geschäftsinteressen verfolgt und je weniger die Zeitschrift der Vermittlung von Informationen von allgemeinem Interesse und
der öffentlichen Meinungsbildung dient. Ein Medienunternehmen kann sich demnach
grundsätzlich nicht auf eine eingeschränkte Medienhaftung berufen, wenn seine Zeitschrift ausschließlich Werbung enthält. Die Zeitschrift der A ist ausschließlich kom-
merziell ausgerichtet. Tagesaktuelle Berichterstattung findet nicht statt, weshalb keine
rasche Entscheidung über die Veröffentlichung der Anzeigen geboten ist. Sie dient ausschließlich dem Zweck, den Leser zu einem Einkauf bei S zu veranlassen. A kann sich
daher nicht auf die eingeschränkte Prüfpflicht berufen.

---

69 Angelehnt an: BGH NJW 2015, 3377 – „TIP der Woche".
70 Siehe hierzu auch die Fälle 27, S. 23, 37, S. 28 und 46, S. 33.
71 Z. B.: BGH GRUR 1992, 618, 619 – "Pressehaftung II", BGH GRUR 2006, 429, 431.

Fall 325: Der faule Facharzt

Facharzt Manuel (M) wirbt auf seiner Website für seine Behandlungsmethode. Unterhalb des Textes befindet sich ein Link zur Website des V-Vereins, die weitere Informationen zu diesem Thema bietet. So erspart M sich weitere Ausführungen zu dem Thema. Verschiedene Unterseiten der Website des V enthalten irreführende Angaben. Hat M durch die Verlinkung eine geschäftliche Handlung vorgenommen und ist er für den verlinkten Inhalt verantwortlich?[72]

Die Linksetzung ist eine geschäftliche Handlung i. S. d. § 2 Abs. 1 Nr. 1 UWG, wenn sie der Absatzförderung des Unternehmens des M dient. Unternehmer ist nach § 2 Abs. 1 Nr. 6 UWG jede Person, die geschäftliche Handlungen im Rahmen ihrer gewerblichen, handwerklichen oder beruflichen Tätigkeit vornimmt. Der Umstand, dass M als Facharzt freiberuflich tätig ist, steht der Unternehmereigenschaft i. S. d. UWG nicht entgegen. Durch die elektronische Verknüpfung nutzt M den Inhalt der Vereinswebsite, um für seine Dienstleistungen zu werben. Der Link dient der Absatzförderung seines Geschäftsbetriebs. Es fehlt auch nicht an einem objektiven Zusammenhang. Das Medienprivileg kommt ihm nicht zugute. Der Hyperlink verweist nicht auf Hintergrundinformationen zu einem redaktionellen Beitrag, weshalb er nicht allein der Meinungsbildung der Leser dient. Bei dem von M gesetzten Hyperlink handelt es sich um eine **geschäftliche Handlung** i. S. d. § 2 Abs. 1 Nr. 1 UWG. Allerdings begründet diese allein noch keine Haftung für verlinkte Inhalte.[73] M macht sich den Inhalt der Internetseite durch die Linksetzung auch nicht derart zu eigen, dass der Verkehr ihm diesen zurechnet. Der Link ist kein wesentlicher Bestandteil seines Geschäftsmodells. Er entspricht einem Hinweis auf weiterführende Literatur am Ende eines Aufsatzes oder Beitrags, über den sich der interessierte Internetnutzer zusätzliche Informationsquellen zu einem bestimmten Thema selbstständig erschließen kann.[74] M haftet nicht als Störer, da durch die verlinkten Inhalte keine absoluten Rechte verletzt werden.[75] Dass M Kenntnis von den irreführenden Angaben auf der Seite des V hatte, ist ebenfalls nicht ersichtlich. Für den verlinkten Inhalt trifft ihn keine Verantwortung.

---

72 Angelehnt an: BGHZ 206, 103 – „Haftung für Hyperlink".
73 BGHZ 206, 103, Rn. 15 = BGH MMR 2016, 171, 172 – „Haftung für Hyperlink".
74 BGHZ 206, 103, Rn. 20 = BGH MMR 2016, 171, 173 – „Haftung für Hyperlink".
75 Eine Störerhaftung kommt in dem Verhaltensunrecht zuzuordnenden Fällen nicht in Betracht – BGH GRUR 2011, 152, Rn. 48 – „Kinderhochstühle im Internet I"; bei der Verletzung absoluter Rechte, wie der Verletzung geistigen Eigentums (z. B. Urheberrecht) wendet die Rechtsprechung die Störerhaftung nach wie vor an.

Literatur

Ahlberg, Hartwig / Götting, Horst-Peter (Hrsg.): BeckOK Urheberrecht, 18. Edition, 1.11.2017. Zit.: Bearbeiter, in: BeckOK, Urheberrecht, § Rn.

Becker, Eva-Maria / Schwab, David: Big Data im Gesundheitswesen – Datenschutzrechtliche Zulässigkeit und Lösungsansätze, ZD 2015, S. 151–155.

Beuthien, Volker: Vereitelt der Tod die Genugtuung? Zur Unvererblichkeit des Anspruchs auf Geldentschädigung für Persönlichkeitsrechtsverletzung, GRUR 2014, S. 957–960.

Beyvers, Eva Miriam Alexandra / Beyvers, Sarah Elisabeth: Einordnung von Let's Play Videos aus der Sicht des Urheber-, Jugendschutz- und Strafrechts – Überblick über die relevanten Rechtsfragen und Stand der Diskussion, MMR 2015, S. 794–800.

Bisges, Marcel: Die Kleine Münze, der Dreigroschenprozess und der Herstellungsaufwand, GRUR 2015, S. 540–546.

Dietrich, Stephan: Informationsansprüche von Presseangehörigen gegenüber der Bundestagsverwaltung, K&R 2011, S. 385–389.

Dreier, Thomas / Schulze, Gernot: Urheberrechtsgesetz, Kommentar, 5. Auflage 2015. Zit.: Bearbeiter, in: Dreier/Schulze, Urheberrecht, § Rn.

Fechner, Frank: Entscheidungen zum Medienrecht, 3. Auflage 2018, Zit.: – E.

Fechner, Frank: Medienrecht: Lehrbuch des gesamten Medienrechts unter besonderer Berücksichtigung von Presse, Rundfunk und Multimedia, 18. Auflage 2017.

Fechner, Frank / Krischok, Heike / Pelz, Cordula: Auskunftsanspruch der Medien gegenüber Bundesbehörden – Ein Zwischenruf, AFP 2014, S. 213–218.

Fechner, Frank / Rösler, Albrecht / Schipanski, Tankred: Fälle und Lösungen zum Medienrecht, 3. Auflage 2012.

Fechner, Frank / Wössner, Axel: Journalistenrecht: Ein Leitfaden für Medienschaffende: Social Web, Online, Hörfunk, Fernsehen und Print, 3. Auflage 2015.

Fikentscher, Wolfgang / Möllers, Thomas, M. J.: Die (negative) Informationsfreiheit als Grenze von Werbung und Kunstdarbietung, NJW 1998, S. 1337–1344.

Frömming, Jens / Peters, Butz: Die Einwilligung im Medienrecht, NJW 1996, S. 958–962.

Hoeren, Thomas / Sieber, Ulrich / Holznagel, Bernd (Hrsg.): Handbuch Multimedia-Recht, 45. Ergänzungslieferung, Juli 2017.

Hopf, Kristina / Braml, Birgit: Die Entwicklung des Jugendmedienschutzes 2015/2016, ZUM 2016, S. 1001–1013.

Kingreen, Thorsten / Poscher, Ralf: Grundrechte – Staatsrecht II, 33. Auflage 2017.

Köhler, Helmut / Bornkamm, Joachim / Feddersen, Jörn: Gesetz gegen den Unlauteren Wettbewerb, 36. Auflage 2018. Zit.: Bearbeiter, in: Köhler/Bornkamm, UWG, § Rn.

Lauber-Rönsberg, Anne: Das Recht am eigenen Bild in sozialen Netzwerken, NJW 2016, S. 744–750.

Lent, Wolfgang: Elektronische Presse zwischen E-Zines, Blogs und Wikis, ZUM 2013, S. 914–920.

Lettl, Tobias: Wettbewerbsrecht, 3. Auflage 2016.

Liesching, Marc: Das neue Jugendschutzgesetz, NJW 2002, S. 3281 – 3286.

Lorenz, Bernd: Die Anbieterkennzeichnung nach dem TMG und RStV, K&R 2008, S. 340–345.

Maunz, Theodor / Dürig, Günter / Herzog, Roman / Scholz, Rupert, u. a: Grundgesetz, Kommentar, Band I, 81. Ergänzungslieferung, Dezember 2016. Zit.: Bearbeiter, in: Maunz/Dürig, GG, Art. Rn.

Münchener Kommentar zum Bürgerlichen Gesetzbuch, Band 1, *Säcker, Franz Jürgen / Rixecker, Roland / Oetker, Hartmut / Limperg, Bettina* (Hrsg.), 7. Auflage 2015. Zit.: Bearbeiter, in: MüKo, BGB, § Rn.

Paal, Boris P. / Pauly, Daniel A. (Hrsg.): Datenschutz-Grundverordnung, 2. Auflage 2018. Zit.: Bearbeiter, in: Paal/Pauly, DSGVO, Art. Rn.

Sachs, Andreas / Meder, Miriam: Datenschutzrechtliche Anforderungen an App-Anbieter – Prüfungen am Beispiel von Android-Apps, ZD 2013, S. 303–308.

Sachs, Michael (Hrsg.): Kommentar zum Grundgesetz, 7. Auflage 2014. Zit.: Bearbeiter, in: Sachs, GG, § Rn.

Schantz, Peter: Die Datenschutz-Grundverordnung – Beginn einer neuen Zeitrechnung im Datenschutzrecht, NJW 2016, S. 1841–1847.

Schwiering, Sebastian / Zurel, Burak: Gaming & Recht – Zwei Bereiche wachsen zusammen! Aktuelle Entwicklungen der Rechtslage und Diskussion, MMR 2016, S. 440–445.

Spindler, Gerald: Die Verantwortlichkeit der Provider für „Sich-zu-Eigengemachte" Inhalte und für beaufsichtigte Nutzer, MMR 2004, S. 440–444.

Spindler, Gerald / Schuster, Fabian (Hrsg.): Recht der elektronischen Medien, Kommentar, 3. Auflage 2015. Zit.: Bearbeiter, in: Spindler/Schuster, Recht der elektronischen Medien, § Rn.

Wandtke, Artur-Axel / Bullinger, Winfried (Hrsg.): Praxiskommentar zum Urheberrecht, 4. Auflage 2014. Zit.: Bearbeiter, in: Wandtke/Bullinger, UrhG, § Rn.

Wanckel, Endress: Foto- und Bildrecht, 5. Auflage 2017.

Wolff, Heinrich Amadeus / Brink, Stefan (Hrsg.): BeckOK Datenschutzrecht, 22. Edition, Stand: 1.11.2017. Zit.: Bearbeiter, in: BeckOK, Datenschutz, Rn.

Verzeichnis der Kurzfälle

Verzeichnis der Kurzfälle

Stichworte

Die Zahlen verweisen auf die Seiten. Die Namen der Kurzfälle sind kursiv.